임화林和의 영화

저자

백문임(白文任, Baek, Moonim)_ 연세대학교 국문학과 교수. 연세대학교 미디어아트연구소 한국영상문화센터(KOVIC)장. 주요 저서로 『월하의 여곡성-여귀(女鬼)로 읽는 한국 공포영화사』(책세상, 2008), 『형언(形言)-문학과 영화의 원근법』(평민사, 2004), 『춘향의 딸들-한국여성의 반쪽짜리 계보학』(책세상, 2001), 『줌 아웃-한국영화의 정치학』(연세대 출판부, 2001), 『조선영화와 할리우드』(공저, 소명출판, 2014), 『모더니티와 시각의 헤게모니』(공역, 시각과 언어, 2004), 『카메라 폴리티카-현대 할리우드 영화의 정치학과 이데올로기』(공역, 시각과 언어, 1996) 등이 있다.

임화林和의 영화

초판인쇄 2015년 3월 23일 **초판발행** 2015년 3월 30일
지은이 백문임 **펴낸이** 박성모 **펴낸곳** 소명출판 **출판등록** 제13-522호
주소 서울시 서초구 서초중앙로6길 15, 1층
전화 02-585-7840 **팩스** 02-585-7848 **전자우편** somyong@korea.com **홈페이지** www.somyong.co.kr

값 26,000원 ⓒ 백문임, 2015
ISBN 979-11-85877-26-6 93680

이 책은 2014학년도 연세대학교 미래선도연구사업 지원에 의해 작성된 것임.

임화林和의 영화

Im Hwa's Cinema

백문임

소명출판

"오오 적(敵)이여 너는 나의 용기(勇氣)이다"[1]

시인이자 문학평론가로 더 많이 알려진 임화(1908~53)는 20편이 채 못되는 영화평론을 남겼다. 양으로 따진다면 그리 많다고 할 수 없고 1932~39년 사이에는 영화에 대한 글을 거의 발표하지 않지만, 조선에 영화 비평이라는 것이 존재하지 않던 1926년에 쓴 「위기에 임한 조선영화계」부터 일본 프롤레타리아 영화잡지 『신코에이기[新興映畵]』에 쓴 「조선영화의 제경향에 대하여(朝鮮映畵の諸傾向に就いて)」(1930), '조선영화령' 시대에 조선영화의 "근본적 성격"을 논파한 「조선영화론」(1941) 등 조선영화에 대해 가장 중요한 관심과 입론을 보여준 글들을 내놓았다.

잘 알려져 있듯 임화는 영화배우로 활동하는 등 '현장'에 오랫동안 몸담기도 했다. 1927년 가입한 조선영화예술협회에서 만든 〈유랑〉(1928)과 〈혼가〉(1929), 그리고 카프 서기장 시절 청복키노에서 제작했으나 개봉되지 못한 〈지하촌〉(1931)과 〈최후의 승리〉(1936)에 이르기까지 총 네 편의 영화에 주연으로 출연했고, 서광제와 함께 〈북풍〉(1939)을 각색하려 하기도 했다. 조선영화주식회사를 설립한 최남주의 출판사 학예사에서

---

[1] 임화, 「나의 묘지명」, 『삼천리』, 1936.11.

〈혼가〉의 한 장면. 임화와 김태진(「삼천리」, 1941.6)

일했고 1940년부터는 이창용의 고려영화사에 입사하여 문예 일을 맡아 하는 등 거물 사업가들과 오랫동안 호흡을 맞췄다. 임화가 1941년 '공식적인' 조선영화사인 「조선영화발달소사」의 집필자가 된 데에는 당대를 대표하는 문화계 인사로서의 위상만이 아니라 이렇게 조선영화의 초기부터 깊숙이 관여해왔던 이력도 크게 작용했을 것이다.

임화가 처음 쓴 영화평인 「위기에 임한 조선영화계」(1926)는 영화평론이라는 글쓰기가 불과 4~5편밖에 제출되지 않았던 시점에, 더욱이 '조선영화'에 대한 평론은 드물었던 때에 발표된 글이다. 이후 1930년대 초까지 그가 쓴 영화평들이 사회주의적 관점에서 다른 영화인들과 '논쟁'을 하는 형식을 띠고 있는 데 비해, 이 글은 특정한 이념에 기반하고 있지는 않지만 당시 조선영화의 상황을 "위기"라 진단하면서 그 원인과 가능성을 분석하고 있다. 즉 임화는 처음부터 자신의 관점을 내세우고 현실에 개입하는, 그가 평론의 성격으로서 중시했던 '비판적' 글쓰기의 입장을 취하고 있는 것이다. 이후의 영화평론 및 영화사에서도 그는 결코 설명이나 해석과 같은 글쓰기가 아니라 동시대 현실에 대한 개입과 비판으로서의 정치적인 글쓰기의 태도를 견지한다. 이 점에서 임화는 배우로서보다는 평론가로서 확실히 조선영화계에 탁월한 기여를 했다. 글이 담고 있는 내용으로뿐만 아니라 글쓰기의 대화적, 수행적, 정치적 성격으로도 말이다.

그래서 임화의 영화평론은 그 자체만으로 이해하기보다는 당대의 상황과 다른 논자들의 글들을 포함한 맥락 속에서 읽어야 그 좌표와 의미가 파악되는 측면이 강하다. 우리는 그의 각 글이 어떤 맥락에 개입하고자 고안되고 쓰여진 것인지, 누구에게 말을 걸고 있는 것인지를 찾아야 한다. 더욱이 검열과 구속의 규제를 일상적으로 의식해야 했던 식민지 이론가의 전략, 특히 식민지 말기로 갈수록 고도의 간접화법을 구사하게 되는 수사학적 전략까지도 염두에 두어야 한다. 조선의 영화평론들을 시간순서대로 훑어보다 보면 특히 '조선영화령(1940)'을 즈음해서 평론가들의 어조와 내용이 급격하게 변화되는 것을 발견하게 되는데, 임화의 가장 중요한 영화평들은 이 시기(1940~42)에 집중적으로 발표된다. 오랫동안 영화평론 활동을 하지 않던 그가 어쩌면 가장 글을 쓰기 힘들어진 상황에 적극적으로 개입했다는 것은, 그만큼 이 시기가 평론이라는 글쓰기의 생명력이 경각에 달한 때였음을 보여주는 동시에, 임화가 이제 난숙기에 달한 전략을 구사하는 진풍경을 보여준다는 뜻이기도 하다.

한편, 15년여의 기간에 걸친 이 평론들 사이에는 유의미한 관점의 변화

가 보인다. (1928~31년 사이 발표된 사회주의 영화평론을 제하면) 〈아리랑〉(1926)이 개봉되기 전에 발표한 첫 평론에서 임화는 조선에 연극 전통이 부재한 점을 안타까워하고, 이제 막 순영화극 제작에 돌입한 조선영화계가 '시대극'에만 골몰하는 점을 비판한다. 연극 전통의 부재가 영화의 정체(停滯)를 낳았다면, 〈춘향전〉으로 시작한 순영화극 제작은 동시대의 문제를 다루는 현대물이 아니라 대중에 영합하는 시대물에로 집중됨으로써 "조선민중이 원하는 것"을 담아낼 수 없다는 것이다. 반면 1941년의 「조선영화론」에서는 바로 이 단점을 조선영화가 자생했던 원동력으로서 적극적으로 평가하는데, 자본과 기술이 부족했던 조선영화는 연극과 고대소설 등 인접문화와의 "협동"을 통해 그 "근본성격"을 확립했다는 것이다. 이런 관점의 차이는 「조선영화론」의 집필 동기, 즉 임화가 개입하고자 했던 맥락에 기인하는 것으로, '조선영화령' 국면과 일본 제국의 전시(戰時)광역권론에서 조선영화가 규정되는 방식을 비판하려는 동기에 의해 추동된 것이다. 문학이나 미술, 음악 등 여타 부문과 달리 영화를 "특수한 것"으로 취급하여 전시 국가통제에 복속시키려는 '조선영화령'과, 구미(歐美) 제국주의에 맞서 일본을 중심으로 한 아시아 영화의 구도 속에서 조선영화사를 서양영화의 "오염"으로부터 자립하여 내선일체의 도구로 "발달"해 온 것으로 치환시키려는 논리(이치카와 사이[市川彩]의 『아시아 영화의 창조와 건설(アジア映畵の創造及建設)』(1941)로 대표되는)에 대한 비판이 그것이다. 「조선영화론」에서 임화가 강조하는 조선영화의 예술적 성격 및 혼종적 성격은, 조선영화가 선전도구가 아니라 문학이나 미술, 음악 등과 마찬가지로 조선적 현실을 다루는 예술이며, 서양영화에 "오염"된 것이 아니라 그 혼종적 성격으로 인해 "내지 및 세계 어느

나라와도 다른" 독특한 성격을 형성했음을 주장하기 위해 제출된 개념들이다. 오랫동안 논란이 되었던 임화의 '이식' 개념은 조선영화의 존재론을 규명하는 이 풍경 속에서 가장 효과적으로 그 가치를 드러내는 게 아닐까 한다.

임화의 마지막 영화평론인 또 다른 「조선영화론」은 통제회사 설립을 목전에 두고 있는 1942년, 평론가들 중 아무도 조선영화의 가능성을 전망하지 않고 있을 때 제출된 글이라는 점에서 중요하다. 이 글에서 임화는 조선영화가 "병약한 사람의 살아가는 생리"를 체득하고 있음을 강변하면서, '국민영화'라는 전체주의적 개념에 조선영화가 해소되지 않도록 "만들어나가는 것"으로서의 조선영화를 계속 구상해야 한다고 역설한다. 조선영화를 어떤 고정된 정체성에 정박시키지 않고 계속 "만들어나가는 것"으로 간주하는 이런 관점은, 이 책에 실린 글들을 쓰는 내내 어떤 화두처럼 남아 있었다. 아마도 이렇게 조선영화를 유동적인 복수(複數)의 좌표들 속에서 생성 중인 것으로 보려던 임화의 영화론에 이끌렸기에, 나의 글들은 시간적이기보다는 공간적인 측면에 더 집중되었는지도 모른다. 어떤 일관된 관점이 확립되고 전개되는 궤적을 재구성하는 것보다는, 각 국면에서 임화가 개입했던 상황들을 더듬는 작업이 훨씬 흥미로웠다. 그리고 그런 작업을 통해 오히려 임화 영화론의 진면목, 즉 단순히 "가장 현대적인 예술"로서 영화에 매혹되었던 모던 보이로서가 아니라 근대 자본주의의 모순이 구현된 매체로서 조선영화를 집요하게 탐구했던 노회한 이론가로서의 면모가 부각되리라 믿었다.

물론, 못다한 이야기가 많이 남아 있다. 이제 발걸음을 떼어놓은 조선영화 연구가 평론 혹은 평론가를 본격적으로 조명하기까지는 어쩌면 더 많은 시간을 기다려야 할지도 모른다. 이 책이 앞으로 생산될 그 연구들과 어서 '연루'되기를 고대한다. 일단은, 그동안 임화의 전집들에서 제외되었던 영화평론 등을 자료로 수록하게 된 것을 기쁘게 생각한다. 순진하지도, 격정적이지도 않은 태도로 조선영화라는 흥미진진한 대상을 껴안는 임화의 논의들을 많은 분들이 눈여겨 보아주기 바란다.

많은 분들에게 감사해야 할 것이다. 기억을 더듬어 보면, 임화 영화론에 처음 관심을 갖게 된 것은 2003년 『매혹과 혼돈의 시대』(소도)에 실린 글을 쓰면서였다. 이후 성사되지는 못했으나 영화 학술지를 만들려고 오래 만났던 친구들과의 모임과, 문학과 영상학회에서의 발표를 통해 나는 설익게 임화 영화론을 재단해보려고 하기도 했다. 그것이 '실패'였음을 스스로 입증하기 위해 이 책이 쓰여졌다고 해도 과언이 아니다. 임화 영화론에 대해 발표할 기회를 주고 진지하게 토론해준 시카고의 박현희와 최경희 선생님, 프린스턴의 스티븐 정, 맥길의 미쉘 조, 김선아, 김소연, 안진수, 정지연, 『문학사 이후의 문학사』 기획에 불러준 푸른역사 아카데미 분들, 임화문학연구회 분들, 임화 자료를 공유해 준 박정선 선생님, 연세대학교 문과대학과 미디어아트연구소의 '한국영상문화센터(KOVIC)', '한국영화 파이' 친구들, 자꾸 식구가 늘어가는 '시네마바벨' 친구들, '조선영화란 하오' 친구들, 마지막 꼭지(이 책의 2장)를 쓰게 채찍질했던 연세대 국학연구원의 『동방학지』 편집진(특히 김현주, 김항 선생님), 일본 자료를 활용하는 데 도움주신 김재영, 다지마 데츠오, 임성모, 이

정욱, 와시타니 하나 선생님들과 와다 요시히로, 따뜻한 도시락으로 격려해주었던 양혜은, 책 제목을 제안해 준 김예림, 그리고 이번에도 내 옆에 아주 가까이 있어준 얼토와 당토.

이 책을 기꺼이 출간해 주신 연세대학교 근대한국학 연구소의 김영민, 한수영, 노혜경 선생님, 그리고 꼼꼼히 편집해준 소명출판 안솔 선생님 등 여러 분들께도 감사드린다.

가장 기억에 남는 건 2010~11년 연구년을 보내던 프린스턴 대학 도서관의 고즈넉한 분위기와, 이 글들을 쓰며 생겨났던 목과 어깨의 통증이다. 중년(!)으로 넘어가는 시기에 만났던 임화의 영화론은 여러 가지 의미에서 나에게 의욕을 되돌려 주었다.

2015년 새해 첫날 정발산 자락에서
백문임

차례

책머리에―"만들어나가는 것"으로서의 조선영화 3

제1장 프롤레타리아 영화와 종족지(ethnography) 사이에서 13

1. 병약한 사람의 살아가는 생리 14
2. 아메리카니즘에서 러시아니즘으로 18
3. "우리들의 영화" 28
4. 매혹적인 카니발리즘 40
5. 자본주의적 사실 43
보론 1) "발달된 반동영화", 〈메트로폴리스〉(1927) 47
보론 2) 일본 프로영화 담론의 '식민지 영화'―〈아세아의 람(嵐)〉(1928)의 경우 55

제2장 조선영화라는 (불)안정한 위치―『조선영화발달소사』(1941)의 생산 65

1. '조선영화'의 발견 68
2. '공식적인' 영화사 생산과 '고전'의 확립 87
3. '아시아 영화'와 조선영화 101
4. 해방 후… 118

제3장 영화사(史)의 좌표와 '예술성과 기업성'의 변증법 123

1. '예술성과 기업성'의 변증법 124
2. "조선영화의 예술적 성격"―농촌·묘사·정서 131
3. 아시아에서 '전시'되는 내선일체 139
4. "만들어나가는 것"으로서의 국민영화 141
보론) 『대지』, 전체주의, 기록성―〈복지만리〉(1941)가 실패한 이유 151

제4장 조선영화의 존재론 - 「조선영화론」(1941)을 중심으로 **163**

　1. '영화령'을 전유하며 말하기　165

　2. 조선영화의 존재론—영화는 예술'이다'　169

　3. 조선영화의 토대　177

　4. 조선영화의 환경　185

　5. 예술의 수단　195

부록 자료　199

　＝**영화평론**＝

　1. 「위기에 임한 조선영화계」(『매일신보』, 1926.6.13·20)

　2. 「심심풀이로」(『매일신보』, 1926.8.8)

　3. 「조선영화를 이렇게 성장시키자—평(評)과 감독의 대중적 감시를」
　　(『조선일보』, 1928.4.29~5.4)

　4. 「조선영화가 가진 반동적 소시민성의 말살—심훈 등의 도량에 항하야」
　　(『중외일보』, 1928.7.28~8.4)

　5. 「최근 세계영화의 동향」(『조선지광』 83, 1929.2)

　6. 「영화적 시평(時評)」(『조선지광』 85, 1929.6)

　7. 「조선영화의 제경향에 대하여(朝鮮映畵の諸傾向に就いて)」(『新興映畵』, 1930.3)

　8. 「서울키노 〈화륜(火輪)〉에 대한 비판」(『조선일보』, 1931.3.25~4.3)

　9. 「여배우 인상기—이월화, 신일선」(『모던조선』, 1936.9)

　10. 「기계미(機械美)」(『인문평론』, 1940.1)

　11. 「뉴-스와 만화—경일(京日) 문화영화극장」(『매일신보』, 1940.2.9)

　12. 「〈히틀러 전(傳)〉」(『경성일보』, 1940.3.27)

　13. 「조선영화와 기술」(『매일신보』, 1940.4.3)

　14. 「유료시사회」(『매일신보』, 1940.4.30)

15. 「조선영화발달소사」(『삼천리』, 1941.6)

16. 「조선영화론」(『춘추』, 1941.11)

17. 「영화의 극성(劇性)과 기록성(記錄性)」(『춘추』, 1942.2)

18. 「조선영화론」(『매일신보』, 1942.6.28~30)

＝좌담회, 간담회, 대담＝

1. 「종합간담회─신극은 어디로 갔나? 조선영화의 새출발」(『조선일보』, 1940.1.4)

2. 「영화문화인 간담회」(『매일신보』, 1940.2.10)

3. 「총력연맹 문화부장 시과영삼랑(矢鍋永三郞)·임화 대담」(『조광』, 1941.3)

4. 「좌담회─조선영화의 신(新)출발」(『조광』, 1942.1)

＝영화소설＝

1. 「신문지와 말대리」(『별나라』, 1929.5·7)

참고문헌　372

간행사　376

프롤레타리아 영화와
종족지(ethnography) 사이에서

그리고 근일에 어디서든지 성행하는 영화 즉 활동사진으로 말하면 발명 연대도 퍽 가깝고하나 그의 특장인, 종래 연극같이 배우가 일일이 돌아다니지 아니하면 볼 수가 없는 연기를 아무런 데서라도 가만히 앉아서 볼 수가 있는 것 즉 장소의 초월, 또한 후세에까지 전할 수가 없는 연극(순간적 생명을 가진 연출자의 예술)을 어느 시대 사람이나 다 볼 수 있게 하는 시간의 초월, 한 번에 여러 본씩 제작을 하여 일반 민중의 요구에 응(應)케 하는 것 등 여러 가지 의미로 민중오락적 성질에 있어서 연극보다 훨씬 보급성이 풍부함으로 그의 발달보급의 급속한 것은 실로 경악(驚愕)할 만한 사실이다.

요컨대 누구이고 현대인으로서 영화를 모른다면 그보다 더 큰 무지는 없을 것이다. 즉 이럴 만치 활동사진은 무서웁게까지 널리 보급된 것이다. 그러고 민중오락으로서 민중예술로서 사회교화기관이란 데서 또는 지어(至於) 선전광고 모든 학술연구 기관으로서 현재에 활동사진만치 광범중대한 사명을 가지고 따라서 다대한 효과를 내이는 것은 없고 또다시 없을 것이다.

말하자면 활동사진은 현대인의 생활요소로부터 절대로 제거할 수 없게 된 오락으로서 예술로서 또 기타 여러 가지 의미에서 영화는 우리의 생활에 일종의 양(糧)이 되어 있다는 것이다.[1]

1. 병약한 사람의 살아가는 생리

임화(林和)의 영화에 대해 이야기한다는 것은 어떤 패배의 기록을 더듬는 일인 동시에 그 패배의 도정에 수반된 이론적, 수사학적 고투들을 들춰내는 작업이기도 하다. 식민지 조선에서 "모든 예술 중에서 가장 중요한 예술"[2]인 영화를 두 차례나 포기(해야)했던 사연, 바꿔 말하면 두 차례나 무언가를 시도했던 사연을 건드려야 한다.

지금 내가 염두에 두는 장면들은 임화의 출연작 〈지하촌〉(강호 감독)

---

1 星兒[임화], 「위기에 임한 조선영화계」, 『매일신보』, 1926.6.13.
2 1922년 루나찰스키와의 대화에서 레닌이 한 말로, 조선과 일본의 많은 평론가들이 인용하고 있다.

〈유랑〉(1928)의 한 장면(『조선일보』, 1928.2.12)

이 상영 허가를 받지 못해 "필름채 어둠 속에 사라진" 1931년, 그리고 그
가 격앙된 어조로 수사학의 줄타기를 하며 마지막 영화론을 쓰던 1942
년이다. 첫 번째 장면의 임화는 배우로 출연한 세 번째 영화이자 조선
에서 생산된 네 번째 프롤레타리아 영화인 〈지하촌〉을 끝마친 참이며
여기에 같이 출연했던 이귀례와 함께 청복극단에서의 공연도 준비하고
있었다. 김윤식은 임화가 1928~29년에 출연했던 〈유랑〉(김유영 감독, 1928),
〈혼가〉(김유영 감독, 1929)가 대중의 주목을 받지 못하자 일단은 영화를 포기
했다고 말하지만,[3] 1929~30년 동경에 머무는 동안 임화는 일본 프롤레
타리아 영화잡지 『신코에이가[新興映畵]』에 최초의 조선 프롤레타리아

3　　김윤식, 『임화연구』, 문학사상사, 1989, 146~166쪽.

영화사인 「조선영화의 제경향에 대하여」(朝鮮映畵の諸傾向に就いて, 1930.3)를 기고한 바 있었고, 경성으로 돌아온 뒤에도 다시 배우로서 〈지하촌〉에 출연하고 '〈화륜〉(김유영 감독, 1931) 논쟁'을 통해 영화조직의 문제를 정비하는 등 여전히 영화에 깊이 관여하고 있었다. 더욱이 동경에서 함께 돌아온 이귀례와 〈지하촌〉, 청복극장과 신건설사의 연극에 출연하고 1936년에도 영화 〈최후의 승리〉에 출연하기로 하는 등[4] 배우로서의 작업에서는 활동폭을 넓혔던 것처럼 보이기도 한다. 그러나 검열로 훼손된 채로라도 상영이 되었던 과거 영화들과 달리 〈지하촌〉은 여러 우여곡절을 거쳐 제작되지만[5] 결국은 필름을 압수당한다. 『신코에이가』에 기고한 글에서 임화가 "검열의 가위에 맞서려면 일본 프롤레타리아 영화동맹의 직접적이고 철저한 원조"가 필요하다고 역설했던 이유를 떠올리게 만드는 사건인 셈이다. 그리고 몇 달 후 임화는 구속된다.

두 번째 장면에서 임화는 일본의 식민지 중 조선에서만 시행되었던 조선영화령(朝鮮映畵令, 1940)으로 단일한 국영 영화사가 설립될 무렵, 민간영화사가 아닌 조선군(軍)의 프로파간다 영화 〈그대와 나(君と僕)〉(허영 감독, 1941)가 장차 "국민적 영화"의 모델로 제시된 상황에서 여전

---

4 『영화조선』제1권(1936.9)과 제2권(1936.11)에는 영화조선사에서 제작한 9권짜리 현대극 〈최후의 승리〉가 곧 개봉될 것이라는 광고가 실리지만, 어떤 이유에서인지 결국 개봉되지 않았다. 이 광고에 소개된 이 영화의 제작 및 출연진은 다음과 같다.
  "제공 신량, 감독 황일현, 촬영 민우양, 편집 유벽촌(박루월), 출연 신기남, 이규설, 임화, 김정숙, 강춘희, 이정희."
5 1930년 말 조직된 청복키노에서 〈늘어가는 무리〉를 제작하려던 것을 제목을 〈지하촌〉으로 바꿔 1931년 1월 촬영을 시작했고, 이 과정에서 출연진도 대폭 교체된다. 한편 강호는 출자주의 호의로 제작이 시작되었으나 자금 결핍으로 제2의 출자주가 나서게 되었는데, 이 출자주가 개작을 요구하고 상영권을 독점하려고 하는 등 "무리하고 횡폭한 요구"를 했고 그 와중에 "김유영 일파"가 출자주와 결탁하여 훼방을 놓았다고 말한다(강호, 「조선영화운동의 신방침-우리들의 금후 활동에 대하여」, 『조선중앙일보』, 1933.4.7~15).

향토사극 〈유랑〉(전8권) = 조선영화예술협회의 제1회 작품으로 이종명 씨의 〈유랑〉을 김영팔 씨가 각색하여 남한산성과 양주 등지를 배경으로 하여 향토기분이 농후하게 촬영 중인데 근근 완성되리라 하며 주연은 임화 군과 조경희 양이라더라.
(사진은 임화(우) 조경희(좌))"(『매일신보』, 1928.1.31)

히 조선영화의 "재출발"을 꾀해야 한다고 말하고 있다. 전시체제 하 모든 예술인들이 국가에 등록된 기능인으로 전락하는 상황에서 그는 여전히 조선영화의 가능성이 있다고 말하는 셈인데, 그 방도를 찾지 않고 눈앞의 이익에 연연하는 영화인들에 대한 답답함을 표하는 것이 이 마지막 영화론[6]이다. 전쟁 프로파간다 영화 외에 다른 가능성이 차단된 이 상황은 일견 1931년보다 더 나빠 보이지만, "병약한 사람의 살아가는 생리", 즉 늘상 빈약하게 살아왔던 사람은 종종 건장한 사람이 살아

---

6   임화, 「조선영화론」, 『매일신보』, 1942.6.28~30.

가기 힘든 조건에서도 견뎌내는 재주가 있음을 지적하는 그의 태도는 노회한 식민지 이론가의 단면을 보여준다. "특수한 국민적 예술로서의 우수한 조선영화"라는, 이중삼중의 줄타기의 소산인 임화의 영화론은 국영회사 설립과 파국을 향해 치닫는 전쟁 상황에서 제출될 수 있는 어떤 논리의 정점이다.

그래서 어찌보면, 첫 번째 장면이 있었기에 두 번째 장면이 가능해졌다고 할 수 있다. 가장 젊고 대중적인 예술인 영화에 매혹되었던 한 청년이 막다른 골목을 맞닥뜨리지 않았더라면, 지배자의 코드를 전유하며 운신 공간을 만들어가는 "병약한 사람의 살아가는 생리"가 터득되지 않았을 것이다.

2. 아메리카니즘에서 러시아니즘으로

이 글에서 나는 〈지하촌〉의 좌절이 있기 전인 1929~30년 사이에 임화가 발표한 매우 흥미로운 영화평 세 편을 고리로 삼아, 당시 조선의 프로영화인들이 공통적으로 가지고 있던 세계영화에 대한 인식을 살펴보고, 임화가 제국-식민지 관계 속에서 조선 영화의 위상을 구축하는 양상을 짚어보려고 한다. 처음 영화평을 발표한 1926년부터 1931년까지 임화가 발표한 영화관련 글은 (영화소설을 제외하고) 조선에서 발표한 7편과 일본 프롤레타리아 영화잡지 『신코에이가』에 일본어로 발표한 1편 등 총 8편이다. 그중에서 소비에트를 포함한 서구영화의 경향을 진단한 「최근 세계영화의 동향」(『조선지광』 83, 1929.2)과 당시 최대 화제작 〈메트로폴리스(Metropolis)〉(프리츠 랑 감독, 1927)를 분석한 「영화적 시평」(『조선지광』 85, 1929.6)은 1920년대 후반 미국-유럽-소비에트를 꼭짓점으로 삼아 영화라는 매체를 통해 조선의 영화인이 어떻게 '세계'와 동시성을 호흡하고 있었는가를 잘 보여준다. 그리고 일본 프로 영화인들을 독자로 발표한 「조선영화의 제경향에 대하여」는 뚜렷한 사관에 의해 쓰여진 최초의 조선영화사라는 의미 외에도, 사회주의와 영화라는 매체가 제국-식민지 사이에 '시차(時差)'를 생산하는 것이 아니라 동시성을 구현한다는 점을 강변하는 글이다. 즉 이 글들은 그야말로 사회주의라는 세계관과 영화를 통해 전지구적이면서 동시대적인 공간적, 시간적 좌표를 획득하려는 식민지 이론가의 감각을 잘 보여준다고 할 수 있다.

「최근 세계영화의 동향」은 당시 조선의 프로 영화인들이 공통적으로 가지고 있던 세계영화의 흐름에 대한 관념, 즉 단순화시켜 표현하자면 '미국영화는 자본주의적 상품이고 유럽영화는 예술 텍스트이며 소비에트 영화는 새로운 미래를 보여준다'는 관념을 단적으로 보여주는 글이다. 제1차 세계대전을 계기로 전 세계 영화시장을 석권한 미국의 영화사들은 유럽의 "저명한 감독과 배우와 기타 기술자"(감독으로는 에른스트 루비치와 무르나우, 배우로는 에밀 야닝스와 콘라드 바이트, 폴라 네그리 등)를 스카우트했고 또 유럽의 영화인들 역시 최적의 제작여건을 갖춘 할리우드로 몰려가기도 했다. 그러나 이미 철광업, 자동차 산업과 더불어 미국 내 최대 산업으로 시스템화된 할리우드에서 개인적인 스타일을 고수하기란 쉬운 일이 아니었다. 1920년대 유럽 아방가르드 영화의 자유로운 실험정신을 높이 사는 평자들은 유럽으로 이주한 영화인들을 비난하거나 그들이 할리우드에서 만든 영화들이 상품으로 전락했다고 비판하기도 했는데, 임화 역시 동일한 시각을 보여준다. 영화광으로서의 면모를 유감없이 발휘하여 임화는 당시 조선의 지식인들 사이에 인기 있었던 감독 무르나우가 독일에서 만든 〈최후의 인(Der letzte Mann)〉(1924)에 비할 때 그가 할리우드로 간 뒤 만든 〈썬라이즈(Sunrise : A Song of Two Humans)〉(1927)는 형편없다고 비난하며, 할리우드로 간 유럽 영화인들이 혹자는 "아메리카니즘에 동화"되어 타락하고 혹자는 "상업주의에 염증이" 나서 다시 유럽으로 돌아올지도 모른다고 말한다. 한편 프랑스와 독일은 "평범무미한 미국영화의 범람하는 세계에서 새로운 자극을 주"었던 영화를 생산한 것으로 평가되는데, 프랑스의 "가난한 청년 예술가" 디미트리 키르사노프가 만든 〈메닐몬탄(Ménilmontant)〉(1926)은 저예산 중편으로서 자막이 거의 없는 실험작이었고, 1920년대를 풍미한 "대서특필할 제명작" 독일 표현주의 영화는 프리츠 랑의 대작 〈메트로폴리스(Metropolis)〉(1927)에서 정점을 찍는다. 그런데, 유럽 영화가 할리우드의 상품과 달리 '예술작품'이라 하더라도, 임화가 보기에 유럽 영화가 할리우드의 대안이 될 수는 없고 나아가 조선영화 혹은 "인류"가 지향해야 할 방향이 되어서도 안 된다. 할리우드와 유럽영화를 뛰어넘어 "인류의 문화의 새 기록을 만들고 있는 소비에트 연방의 영화"가 등장했기 때문이다.

여기서 내가 주목하는 지점은, 1929년 당시 임화 및 조선의 영화인들에게 할리우드와 유럽의 영화는 친숙한 것이었던 반면 소비에트 영화는 완전히 낯선 대상이었다는 사실이다. 서광제같은 평론가는 "아메리카니즘에서 러시아니즘으로" 향하자고 여러 차례 이야기하는데, 문제는 "영화 자본주의"의 미국영화에 대안이 되는 소비에트 영화를 1929년 당시 조선 관객들은 단 한편도 접할 수 없었다는 사실이다. 임화는 "저 기적적 천재" 에이젠슈테인의 영화들부터 최근 제작 중인 〈자유의 가책(돌아오지 않는 영혼 : Prividenie, kotoroe ne vozvrashchaetsya)〉(아브람 룸 감독, 1929), 〈영화기계를 가진 남자(Chelovek s kino-apparatom)〉(지가 베르토프 감독, 1929)의 소식까지 전하며 "열정과 감격"을 느낀다고 말하지만, "우리는 아직 그 영화의 하나도 못보았"다고 말할 수밖에 없었다. 일본에서는 1927년부터 간헐적으로 소비에트 영화가 상영되긴 했으나, 에이젠슈테인의 〈전함 포템킨(Bronenosets Potemkin)〉(1925), 푸도프킨의 〈모(母, Mat)〉(1926)와 같은 대표작들이 상영허가를 못받았던 사정은 일본이나 조선이나 마찬가지였다. 조선에서는 1930년에서야 "처음 보는 소비에트 영화"라 소개된 〈산송장(Zhivoy trup)〉(표도르 옷셉 감독, 1929)이 개봉되었고(정확히 말하면 이 영화는 소비에트와 독일의 합작품이다), 1931년 푸도프킨의 〈아세아의 람(嵐)(Potomok Chingis-Khana)〉(1928)이 상영되긴 하지만, 검열로 훼손된 채였다. 『신코에이가』와 같은 일본 프롤레타리아 영화잡지에는 소비에트 영화에 대한 최신 뉴스와 화제작의 시나리오 등이 지속적으로 소개되었고 조선의 신문잡지에도 간헐적이나마 그에 대한 기사들이 실리지만, 조선에서 소비에트 영화의 실체란 1930년대 초까지는 '부재'했던 셈이다. '몽타쥬'와 같은 소비에트 영화이론의 경우도 푸도프킨의 『영화 감독과 영화 각본론』이 일본에 번역되는 1930년이 되어서야 소개되기 시작한다.[7]

이에 비해 미국영화는 1916년부터 조선인 극장에서 상영되는 영화의 90% 이상을 차지했을 정도로 영향력이 있었다.[8] 일본의 마르크스주의 영화이론가이자 프로 영화운동의 지도자였던 이와사키 아키라(岩崎昶)[9]가 1920년대 말~30년대 초에 다름 아닌 '미국영화'의 흐름에 지대한 관심을 기울였다는 점, 그리하여 『영화와 자본주의(映畵と資本主義)』라는 책을 펴냈다는 점을 염두에 둘 때, 임화 등 조선의 프로 영화인들이 "대자본의 영화"인 미국영화를 비판 및 극복의 대상으로 여겼다는 점을 이해하기는 어렵지 않다. 조선영화계에서 최초로 '평론'이라는 담론장을 만든 프로 영화인들에 의해 처음으로 미국영화는 타락한 자본주의 산업의 전형으로 간주되기 시작하고,[10] 나운규와 이경손, 김영환 등 기성 영화인들의 영화는 미국영화를 모방했다는 비판에 직면하게 된다. 이에 비해 1920년대에 "영화사상의 대서특필할 제명작을 낳은 나라" 독일의 표현주의 영화는 당시 임화를 비롯한 조선의 지식인들을 가장

---

7 야마모토 키쿠오(山本喜久男)는 일본 영화에 소비에트 영화가 영향을 끼치기 시작한 것은 1930년부터라고 말한다. 그 직접적인 원인으로 그는 경향영화의 유행, 〈투르크십(Turksip)〉(Victor A. Turin 감독, 1929), 〈아세아의 람〉과 같은 본격적인 소비에트 영화의 공개, 푸도프킨의 『영화 감독과 영화 각본론』의 번역출간 등을 거론한다. 山本喜久男, 『日本映畵における外國映畵の影響』, 早稻田大學出版部, 1983, 186~187쪽.

8 1916~49년 사이 조선에서 할리우드의 문화적 의미에 대해서는 연구모임 시네마바벨 편, 『조선영화와 할리우드』, 소명출판, 2014 참조.

9 이와사키 아키라는 1929년 일본 프롤레타리아 영화동맹(프로키노)의 설립에 참가했고 위원장을 역임했으며 일본영화령 시행에 대해 유일하게 반론을 썼던 평론가로서, 1940년 치안유지법 위반으로 체포되었다가 1941년 출옥한 뒤 만주영화협회의 촉탁으로 일했다(사토 다다오[佐藤忠男], 『日本の映畵人』, 日外アソシエーツ, 2007, 81~82면). 그는 고려영화사가 만주영화협회와 합작으로 〈복지만리〉(전창근 감독, 1941)를 제작하는 데 큰 도움을 주기도 했다.

10 예컨대 서광제는 조선에서 영화평론의 효시가 미국의 초특작 〈벤허(Ben-Hur : A Tale of the Christ)〉(프레드 니블로 외 감독, 1925)를 비판하는 글들이었다고 말한다. 서광제, 「영화비평 소론」, 『중외일보』, 1929.11.21~26.

매료시켰던 것으로 보인다. 몇 가지 예외를 제외한다면, 이들이 언급한 주요 독일 영화들은 조선에서 대체로 개봉이 되었다. 임화가 언급한 〈최후의 인〉, 〈곡예단(Varieté, E. A.)〉(듀퐁 감독, 1925), 〈대백림교향악(Berlin : Die Sinfonie der Grosstadt)〉(발터 루트만 감독, 1927), 그리고 임화가 자세히 분석한 〈메트로폴리스〉는 모두 독일 우파(UFA)사가 낳은 걸출한 촬영기사 칼 프로인트(Karl Freund)의 작품들이기도 한데, 과감한 앵글을 구사하고 여러 대의 카메라를 활용해 역동적인 흐름을 보여주는 그의 스타일은 할리우드에도 영향을 주는 등 무성영화 전성기를 대표하는 것이었다.

저 먼 곳에서 "인류의 문화에 새로운 방향"을 제시한다는 소비에트 영화들의 실체는 접할 수 없는 상황에서, 유럽영화는 조선에서 제작되고 소비되는 영화들에 짙은 그림자를 드리운 미국영화에 일종의 대안으로 받아들여졌다. 임화가 세계영화를 스케치할 때 중심이 되는 것은 "천재적 예술가"라는 낭만주의적 개념으로, 이는 영화가 신기한 발명품이나 오락물이 아니라 '예술'의 일종으로 간주되기 시작한 1920년대 조선의 담론지형을 반영한다. 특히 프로영화인들에게 이 개념은 자본주의 상품으로서 퇴폐적, 반동적 쾌락을 제공하는 미국 영화에 대립되는 범주로 간주된다. 임화는 미국 영화에 유일한 희망이 있다면 채플린과 스턴벅, 스트로하임이라는 '예술가'들이 있기 때문이고, 유럽 영화는 프랑스와 독일의 감독, 작가, 카메라맨 등 '예술가'들이 일구어낸 성과라 말한다. 소비에트 영화의 특성이 "감독이나 스타의 개인주의"를 절대로 용납하지 않는 집단적 지도 시스템이라고 하면서도 에이젠슈테인, 푸도프킨, 베르토프 등 "천재" 감독들을 소개하면서 "진정한 영화예술은 러시아의 젊은 천재의 손에서 성장"된다고도 한다. 이와 같이 유럽 예술영화를 소비에트 영화의 대체제로 삼았던 사정은 그 시기 임화를 비롯한 여타 조선 영화인들에게도 마찬가지였다. 그렇다면 문제는 유럽 예술영화와 소비에트 영화를 어떻게 구별할 것인가 하는 점이다.

임화와 비슷한 시기에 이와사키 아키라가 발표한 유럽영화에 대한 글들은 이에 대한 힌트를 제공한다. 요컨대, 1929년경 유럽 영화 중 모델이 될 만한 것은 "서구에서 가장 강한 노동자 조직을 갖고 있으며 민중영화동맹이라는 좌익적 영화단체를 갖고 있는" 독일의 프롤레타리아 영화이고, 그 외의 영화들은 반동영화(이탈리아와 독일의 군국주의 영화), 부르조아 퇴폐영화(할리우드), 도피의 영화(유럽 아방가르드)로서 비판 및 극복되어야 한다는 것이다. 에이젠슈테인과 푸도프킨의 혁명선전영화가 원본 그대로 상영되는 독일은[11] 지리적으로도 소비에트와 가까워 그 영향을 많이 받으며, 일찍이 프롤레타리아 생활에서 취재하고 자본주의의 모순을 폭로한 영화들(특히 〈喜びなき街(Die freudlose Gasse)〉(1925), 〈第五階級(Die Verrufenen)〉(1925))로 일본에 큰 영향을 미치기도 했고, 1927년에는 "독일의 〈전함 포템킨〉"이라 불리는 서구 유일의 프롤레타리아 영화 〈직공(Die Weber)〉(프레데릭 젤닉 감독)을 생산하기도 했다. 소비에트의 주요작들이 그러하듯 〈직공〉과 같은 프롤레타리아 영화 역시 일본과 조선에서 상영될 가능성은 요원한 상황이지만, 이제 이름만 "전위"일 뿐 정치적으로 결코 급진적이지 않은 유럽 예술영화들, 감독들의 "예술적 소요(逍遙)"를 보여주는 영화들에 대해서는 비판을 해야

---

11 당시 소비에트 영화가 가장 규제없이 상영되었던 국가는 미국과 독일이었다고 한다.

한다는 입장이 명확히 표명된다.[12] 임화 역시 '부재'하는 소비에트 영화의 대체재 역할을 유럽 예술영화가 해낼 수는 없다고 생각하고 있었던 것 같은데, 그러나 이와사키 아키라처럼 이 영화들을 "도피의 영화"로서 낙인찍기 위해서는 '내용'과 '형식'을 기계적으로 분리시켜야만 했다.

> 그리하여 (소비에트 영화는—인용자) 과거 1년에 그런 것과 같이 언제든지 인류의 문화에 새로운 방향으로의 전개를 촉진하고 예술로서의 영화가 갈 길을 **독불(獨佛) 등의 사람들과 같이 형식이나 기교뿐이 아니라 내용의 전방면에서** 그 새로운 전개국면을 지시하고 있는 것이다. 우리들은 그렇게 주저치 않고 모든 다른 문화와 예술영역에서 그런 것같이 진정한 영화예술은 러시아의 젊은 천재의 손에서 성장된다고 말하는 것이다. (강조—인용자)[13]

여기에서 임화는 독일과 프랑스의 영화가 "형식이나 기교" 면에서만 새로운 방향을 보여주는 반면 소비에트 영화는 "내용의 전방면"도 포함하여 새로운 전개국면을 지시하고 있다고 말하는데, 이러한 이원론적 태도는 당시 조선의 평론가들, 특히 영화의 이데올로기 분석에 주력했던 1920년대 말~30년대 초 평론가들에게서 공통적으로 나타나는 것이었다.

임화의 경우 이 이원론을 적용하여 분석한 유럽영화의 사례가 바로 독일 우파의 최대작 〈메트로폴리스〉이다. 이 영화가 개봉되기 전에 임화는 〈대백림교향악(Berlin : Die Sinfonie der Grosstadt)〉 이상의 감격과 경이

---

12 岩崎昶, 「ドイシに於けるプロレタリア映畵の歷史」, 『新興映畵』 창간호, 1929.9, 12~18쪽.
13 임화, 「최근 세계영화의 동향」, 『조선지광』 83, 1929.2, 82쪽.

영화 〈메트로폴리스〉의 로봇 마리아
http://intergalacticrobot.blogspot.kr/2012/06/helen-oloy.html
(최종 접속일 : 2014.6.7)

를 기대하는데,[14] 실제로 〈메트로폴리스〉는 당시 전 세계에 걸쳐 최대
의 화제작이었다. 이 영화는 프로 영화인들이 비난해 마지않던 할리우
드 대작영화 〈벤허〉를 능가하는 "1년 반의 제작기간, 3만 6천 명의 대규
모 엑스트라, 세 배나 초과한 530만 마르크라는 기록적인 예산으로 세
계에서 가장 비싸고 가장 거대한 영화, '슈퍼 영화(Überfilm)'"[15]였다. 고
도로 문명화된 미래 세계를 다룬 S.F.물로서 웅장한 셋트와 획기적인
로봇, 그리고 앞서 말했던 칼 프로인트의 역동적인 카메라가 무성영화
최고의 스펙터클을 생산해 낸 것이다. 임화는 계급대립이 극화되지 못
하고 종교적 화해라는 이데올로기를 통해 타협에 이른 것을 극렬하게
비판하면서 결국 내용상 이 영화가 "반동" 영화임을 지적하지만, 이 영

---

14 "기원 2천년대의 기계문명의 말로(末路) 자본주의의 기결(己決)을 취급한 테아 폰 하부 여
    사 작(作)의 극을 프리츠 랑 감독과 명기사 칼 프로인트의 촬영과 오토 푼더(유명한 구성주
    의화가)의 장치와 루돌프 크라인록케의 주연 등 미증유의 명 '트리오' 밑에서 생산된 명영화
    〈메트로폴리스〉의 출현이다. 이 영화도 전일 우리가 본 〈대백림(大伯林)교향악〉(칼 프로인
    트의 촬영) 이상의 감격과 경이를 가지고 대하게 될 것이다." 위의 글, 79쪽.
15 볼프강 야콥센 외, 이준서 역, 『독일영화사 1 - 1890년대~1920년대』, 이화여대 출판부, 103쪽.

화에서 초점화되는 것은 팜므 파탈 이미지와 결합된 로봇 마리아, 익명의 노동자 군중을 시각화하는 몹씬, 그리고 임화가 상세히 분석했던 셋트의 화려함이다. 임화는 "①내용, ②셋트, 연기 기타"로 나누어 분석을 하면서 전자면에서의 반동성과 후자면에서의 선진성을 별개로 평가하는데, 이런 이분법적인 태도는 당시 다른 평자에게서도 발견된다.

> 여기에 우리는 무엇보다도 〈메트로폴리스〉란 일편 영화의 내용에서나 기교에서나 그들의 정치적인 야도(野圖)를 보게 되는 것으로 제일 보고 배운 데를 찾는다면 첫째 세트이고 그다음에는 감독 프리츠 랑의 놀라울만치 통일화한 군중연출 등을 들 뿐이다.[16]

> 온갖 영화는 한 개의 사상을 갖는다. 〈메트로폴리스〉의 사상은 크리스천이즘이요 협조주의다. 그러나 동란이 일어날 때까지의 묘사는 실로 지금까지의 영화에서 보지 못하던 놀라울 만큼 심각한 노동자들의 생활을 보인다. 찬란한 기계문명에 대한 상상이 끔찍하게 훌륭하다. 그 세트의 무대 그 카메라워크의 교묘 — 이것이 우리의 눈을 빼앗는다.[17]

남궁옥의 지적대로, 당시 조선 지식인들은 분명 〈메트로폴리스〉로 정점에 달한 무성영화 전성기 유럽 '예술영화'들의 셋트, 카메라워크, 세련된 연출 등에 "눈을 빼앗"기고 있었고, 직접 보지는 못했지만 소비에트 영화들도 그와 대등한 "형식이나 기교" 수준에 도달해 있다고 믿

---

16 임화, 「영화적 시평」, 『조선지광』 85, 1929.6, 66~67면.
17 남궁옥, 「백년 후 미래 사회기」, 『중외일보』, 1929.5.2.

고 있었던 듯하다. 다시 말해, 임화가 "천재 예술가"라는 개념을 모든 세계영화 분석에 통용되는 보편적 개념처럼 사용했듯이, "형식이나 기교"는 그것이 올바른 이데올로기와 결합되는 한, 그것 자체로는 문제시되는 범주가 아니었던 것이다. 그렇기 때문에 〈메트로폴리스〉와 같은 영화를 거부할 수 있는 유일한 방법이란, "눈을 빼앗"는 "형식이나 기교"로부터 내용을 분리하여 그 반동적 성격을 명확히 지적하고 비판하는 것이었다.

어찌보면, 식민지 지식인들에게 사회주의와 영화는 '세계'와 공유하는 동시성의 감각을 제공한다는 점에서 많은 공통점을 갖고 있었다. 하지만 사회주의와 영화는 제국-식민지의 맥락에 놓일 경우 식민지를 비동시적인 시간대로, 가시성(visibility)의 대상으로 밀어 넣는 역할을 하기도 한다. 그것은 사회주의의 진화론적 시간성과 영화의 지표성(indexicality)이 발현되는 특수한 맥락 내에서 작동되는 하나의 방식인 셈인데, 1930년에 임화가 동경에서 맞닥뜨린 것이 그중 하나였다.

3. "우리들의 영화"

임화가 동경에 있을 당시 일본 프롤레타리아 영화잡지인 『신코에이가』에 발표한 「조선영화의 제경향에 대하여」는 프롤레타리아의 입장에서 기술된 최초의 조선영화사라 할 만하다. 1926년부터 1931년 사이

朝鮮映畫の
諸傾向に就いて

林 和

帝國主義時代に於ける植民地及半植民地と云ふものは、常にその文化的地位に於いても野蠻未開な地位に置かれてゐる。支配的國家の高度の經濟的××、文化的施設並びにその獨自的發達の沮害はあらゆる方法を以つて、朝鮮に於ても合併以來その規を逸することなく完質に行はれてゐた。

それが彼の一九一九年三月の國民的××に依つて朝鮮民族が×を以つて戰ひ取つた幾らかの自由（それは所謂彼等が云ふ「文化政治」なのである——朝鮮文新聞其他州版物の許可等）、それは朝鮮に於いてのあらゆる新らしい文化運動を望出せしめた。

だが映畫のタン生は諸々の事情、即ち日本映畫の未發達と世界映畫の今日の如き隆盛に達するには未だ幼年時代に過ぎなかつた等の關係上ずつと遅れて一九二三、四年の頃、初めて當時流行してゐた新派の連鎖劇に使はれたのをもつてその嚆矢とした。

それから以後すべての領野に亘る新文化運動の加速度的發展と急激な諸情勢

(115)

『신코에이가』(제2권 3호, 1930.3)에 실린 임화의 「조선영화의 제경향에 대하여」

에 발표한 영화평론 중 단연 선명한 입장을 취하고 있는 이 글은, 조선에서 1928년을 기점으로 하여 "값싼 로맨틱한 민족적 애수와 감격적 경향"을 드러내는 방계적 계통에서 벗어난 "프롤레타리와 농민들의" 영화가 등장했다고 분석하고, 1929년 말에는 이 "중요한 역사적 모멘트"에 당면하여 드디어 프롤레타리아영화운동의 조직적 주체 즉 '신흥영화예술가동맹'이 탄생했다고 선언한다. 프롤레타리아적 역사관을 조선영화에 적용한 최초의 사례라 할 수 있는 이 역사서술은, 식민지 검열제도와 경제적 제약 등 모든 불리한 조건 속에서도 대담한 조직체를 구성해낸 조선 영화인들의 현재(1930년 초) 상황을 진보적 시간관 내의 정점에 위치짓는다. 식민당국의 "검열의 가위와 항쟁하는 데에는, 일본 프롤레타리아 영화동맹의 직접적, 철저적인 원조"가 필요하다고 역설하며 글을 맺고 있지만, 일본보다 훨씬 더 열악한 상황임에도 프롤레타리아 영화들을 생산해 왔으며 마침내 조직체까지 만들었다는 데 대한 자부심을 숨기지 않는다.

실제로 조선에서 1928년부터 프롤레타리아 영화를 제작했다는 사실은 일본의 상황과 비교할 때 특이한 것이었다. 임화가 프롤레타리아 영화로 거론하는 〈유랑〉(1928), 〈암로〉, 〈혼가〉 등 세 편은 1927년 결성되어 프롤레타리아 영화운동의 전위들을 배출해낸 조직 '조선영화예술협회'에서 제작되거나 그 자장 안에서 만들어진 것이다. 일본의 경우 '프로키노'가 결성되어 야마센[山宣] 고별식과 메이데이 등을 촬영한 것이 1929년이었고, 상업영화회사에서 만든 '경향영화'로서 최초라고 일컬어지는 〈산 인형(生ける人形)〉(우치다 토무[内田吐夢] 감독)이 개봉된 것도 1929년이었다.[18] 즉 조직 결성과 작품 생산만 놓고 보았을 때 조선의 프롤레타리아 영화운동이 일본의 그것보다 1년 정도 앞서 진행되고 있었

---

[18] 기타가와 데츠오[北川鐵夫]는 프롤레타리아 극장영화반이 9.5미리 '파테 베이비'로 메이 데이를 촬영한 1927년을 일본 프로영화의 기원으로 삼지만(新興映畵史 編, 『プロレタリア映畵運動理論』, 天人社, 1930, 4쪽), 사토 다다오는 그것이 실질적으로는 사사 겐쥬(佐々元十)의 개인적인 활동에 가까운 것이었기에 조직적 산물이라고 보기 어렵다고 말한다(佐藤忠男, 『日本映畵史1(1896~1940)』, 岩波書店, 2006, 305~306쪽). 한편 프로키노 창립과정에 대해서는 마키노 마모루[牧野守], "Rethinking the Emergence of the Proletarian Film League in Japan(Prokino)", A. M. Nornes(trans.), Aaron Gerow · A. M. Nornes(ed.), *In Praise of Film Studies*, Kinema Club, 2001, pp.15~45) 및 이효인, 「카프영화와 프로키노의 전개과정 비교연구」, 『한민족문화연구』 41집, 2012.10 참조.

던 셈이다. 이 점을 명시하는 것이 임화가 이 글을 쓴 동기 중 하나로
보인다.

여기서 잠깐 조선과 일본의 프롤레타리아 영화운동이 갖는 성격에
있어서 근본적인 차이점 하나를 지적하도록 하자. 적어도 임화가 이
글을 발표하는 1930년 초까지, 조선에서는 소위 비합법적 독립영화 운
동, 즉 '자주(自主) 제작, 자주(自主) 상영'이라고 하는 일본 프롤레타리아
영화운동의 모토가 구현되는 것이 불가능한 상황이었다. 조선에서 생
산된 세 편의 프롤레타리아 영화는 각기 조선영화예술협회, 남향키네
마, 서울키노 등 '합법'적인 소형 프로덕션에서 제작한 것으로, 극장에
배급하여 경제적 이윤을 얻는 것을 목적으로 하는 상업적 시스템 내에
서 나온 것이다. 다시 말해 일본보다 더 엄격한 통제 하에 놓인 식민지
에서 영화의 제작과 상영은 법률의 테두리 바깥에서, '독립'적으로 이
루어질 수 없다는 큰 차이점을 갖는 것이다. 그렇다고 해서 상업적 시
스템이라는 것이 구미나 일본에서와 같이 자본과 설비를 갖춘 산업으
로 구축되어 있는 것도 아니었다. 주지하듯 조선 영화산업은 메이저
영화사라는 것이 존재하지 않은 채 소규모 프로덕션이 "난립"[19]하는 방
식으로 형성되었기에 주먹구구식 제작방식이 횡행했지만, 그렇기 때
문에 역설적으로 영화감독들이 자유롭게 재량을 발휘할 운신폭이 넓
었다. 훗날 임화는 이렇게 자본의 혜택도 못 입은 대신 그 폐해도 입지
않았기에 생겨났던 "자유"를 언급하면서, 이로 인해 조선영화는 시스
템화된 산업 내에서 생산되는 것과는 다른, 일본영화와도 "이질적인"

19 임화, 「조선영화발달소사」, 『삼천리』, 1941.6, 200쪽.

특성을 갖게 되었다고 말한다.[20] 요컨대 1930년 초까지 조선에서 프롤레타리아 영화의 제작과 배급, 상영은 일차적으로는 식민지 영화정책의 경직성 때문에 합법성의 테두리를 벗어나서 전개되기 어려웠고, 다음으로는 청산 혹은 저항할 기성 부르주아 영화산업이라는 것이 형성되어 있지 않았기에 '독립'영화의 노선을 택할 근거가 없었다.

일본 영화운동과의 이 차이점은 임화의 글과 동일한 지면에 실린 우에다 이사외上田勇]의 「조선의 프롤레타리아 영화운동」에서도 지적된다.

> 신흥영화예술가동맹의 강점은 그들의 손안에 서울키노 영화공장이 있다는 것이며, 제작영화는 바로 조선 내에 배급되고 상영된다는 것이다.
> 조선프롤레타리아 영화운동은 정치적 ×압과 극도의 검열의 손이 예상되는 한 ×합법적 활동은 허용되지도 않을 것이며(이 점은 우리 일본 프롤레타리아 영화동맹의 창립 당시와는 다르다), 당연히 앞으로 진행되어야 할 방향으로 현재 진행 중이며, 앞으로는 그 합법성의 범위를 대중의 힘과 함께 넓혀 가면서 진전시켜야 할 것이다.[21]

이 글은 당시 일본 영화동맹 교토지부를 방문하고 있던 김유영으로부터 전해들은 조선영화의 상황을 소개하는 것인데, 소규모 프로덕션에서 제작을 하여 상업영화로서 유통되는 조선 프롤레타리아 영화의 상황이 일본과 다르다는 점, 그리고 조선의 영화계가 "우리 일본 내지

---

20 임화, 「조선영화론」, 『춘추』, 1941.11.
21 上田勇, 「조선의 프롤레타리아 영화운동」, 『新興映畵』, 1930.3, 114쪽; 번역본은 한국영상자료원 영화사연구소 편, 『일본어 잡지로 본 조선영화』 1, 2010, 204쪽.

에서는 상상 이상의 정치적 경제적 압박"을 받고 있기에 합법적 프레임 내에서 진행될 수밖에 없다는 점을 지적하고 있다. 따라서 조선에서는 '경향영화'와 '프로영화'의 구별, 즉 이와사키 아키라가 정의하듯 상업영화의 시스템 내부에서 제작되었는가 여부를 기준으로 두 가지를 구별하는 방식[22]은 적어도 1930년 조선의 상황에서는 무의미한 것이었다.

그런데, 임화의 이 글은 단순히 조선영화를 '소개'하는 글이 아니다. 주목해야 할 것은 이 글의 집필 동기로, 이 글이 말 걸고 있는 대상이 누구이고 임화가 문제삼고 있는 지점이 무엇인가 하는 점이다. 앞당겨 말하자면, 임화는 일본의 영화인들에게 조선영화가 피식민의 스테레오타입을 생산하는 매체로 간주되는 것을 경계하고 있다.

이 글은 일본 프롤레타리아 영화운동의 주체들과 그 운동에 관심을 갖고 있는 독자들을 대상으로 쓰여진 것으로, 세심하게 독해할 경우 임화의 집필 동기는 두 달 전 같은 지면에 게재되었던 일본 프롤레타리아 시인 고오리야마 히로시[郡山弘史]의 「조선영화에 대해서(朝鮮映畵に就いて)」[23]를 반박하기 위한 것이었음을 알 수 있다. 1924~28년 초 경성에 머물렀

---

22 岩崎昶,「傾向映畵の問題」,『映畵と資本主義』, 往來社, 1931, 247~263쪽.
23 『新興映畵』(1930년 1월호)에 실린 이 글은 한국영상자료원 영화사연구소 편,『일본어 잡지로 본 조선영화』1(2010)에 번역되어 있다. 그런데 이 번역본에서는 저자를 "고오리야마 히로부미"로 잘못 표기하고 있다고 생각된다. 郡山弘史는 1924~28년 사이 경성에 머물렀던 일본 시인인 고오리야마 히로시로, 현재까지 확인할 수 있는 그의 약력은 다음과 같다. 1930년대 프롤레타리아 시인으로서 활약한 그는 센다이[仙台]의 도호쿠가쿠인[東北學院] 영문학과를 졸업하고 1924년부터 1928년까지 경성부립 제일보통고등학교의 교사로 일했다. 이 기간 동안「경성시화회(京城詩話會)」를 결성해서 시를 쓰기 시작하고 프롤레타리아 시인회에 가입하여 나프에서도 활약했다. 1926년에는 생전의 유일한 시집인『일그러진 달(歪める月)』을 펴냈는데, 재조선 체험을 바탕으로「ちある·か·しよ」,「くるとうく」,「京城驛」이라는 3편의 시를 남겼다.『日本浪曼派』(1935~38 발행됨)의 동인이기도 하다.

던 고오리야마 히로시는 "조선영화계의 대표자"로 나운규를 지목하면서, 조선민중의 민족감정 즉 식민지적 상황에 대한 반감이 나운규의 영화를 매개로 소통되고 있다고 말한다.

물론 다른 나라들처럼 조선에서도 영화는 그 영업 가치에 의해 좌지우지되고 있으며, 내용 또한 일반민중의 쁘띠부르주아적 향락에 그 중심을 맞추고 있는데, 아무리 그렇게 침투를 당하더라도 그들의 머릿속에서 조선민족 전체가 무거운 짐을 지고 있는 현재의 식민지적 상황이 그들의 뇌리에서 없어지지는 않을 것이다. 다른 열강국민들은 이성적 의식에 의존해 획득한 것이, 그들에게는 **거의 선천적이라고 할 수 있을 정도로 뿌리깊이 어떤 명료한 반역적인 감정에까지** 침투되어 있다. 이런 의욕은 다른 여러 기술상의 미비한 문제로 가득한 그들의 영화를 그 점에서는 월등 탁월한 외국 작품과 대립하게 하여, 때로는 민중들이 그들의 영화에 훨씬 강하게 매료되는 원동력을 발휘했다. (…중략…)

버나드 쇼가 어리석게도 유럽 각국의 영화에 대한 관객의 수준이 연애물이나 에로스물 이상으로 발달한 것을 증명하기 위해, 픽포드나 채플린이 얼마나 환영받는가를 말한 적이 있는데, 동양의 한 식민지인 조선민족은 일찍부터 훨씬 앞서가고 있던 것이다. 이는 일본 내지에서는 흥행영화와 프롤레타리아 영화가 아직 같은 수준의 대중성을 가지고 있지 못한 현상보다 더 여러 의미에서 주목할 만한 현상이라고 생각한다. **조선 내에서 나운규의 영화에 숨은 반역성은 항상 대중을 대표하고 있다.** 그래서 만약 그의 영화가 경성, 평양, 부산 이 세 도시 이외의 상영관에서도 상영될 때는 그 반향과 침투력은 상상 이상의 것이 될 것이다.(강조―인용자)[24]

---

24 郡山弘史, 「朝鮮映畵に就いて」, 『新興映畵』, 1930.1, 133~134면. 한국영상자료원 영화사연

고오리야마가 조선에 머물던 시절 조선영화계의 화제작은 단연 〈아리랑〉(1926)이었으며 최고의 스타 역시 나운규였던 게 사실이다. 고오리야마는 나운규에 대한 조선 관객들의 열광을 "어떤 반역적인 감정"의 코드로 읽어내면서, 메리 픽포드나 채플린과 같은 할리우드 스타들에 매료되는 것보다는 이런 "민족영화"를 환영하는 식민지의 상황을 고무적이라 지적하고 있다. 검열로 1/3이 삭제된 〈풍운아〉(나운규 감독, 1926)같은 영화에서도 연애와 활극이라는 장르의 틀 속에서 서양문화와 제국주의에 대한 풍자와 폭로를 읽어내는 것은 이런 열광의 힘이라는 것이다. 프롤레타리아 영화가 대중적 인기를 얻지 못하고 있는 일본 상황과 비교했을 때, 상업영화이면서 이런 "반역성"을 지닌 영화가 대중성을 지니는 조선의 현상은 주목할 만하다고 말한다. 고오리야마에게 있어서 〈풍운아〉는 그래서 당시 조선영화의 상황에서 생산될 수 있는 최대치의 "프로파간다"였던 셈이다.

　　반면 프롤레타리아 영화 〈유랑〉, 〈혼가〉에 출연했고 평론활동을 통해 이경손, 안종화, 나운규 등 기성 영화인들의 '반동적 성격'을 비판하는 데 투신했으며 마침내 '신흥영화예술가동맹'의 결성까지 이루어낸 임화의 입장에서, 고오리야마의 관점은 받아들일 수 없는 것이다. 우선은 물론 고오리야마가 1928년 초까지만 조선에 머물렀기에 나운규 프로덕션의 그후 행보를 알지 못하고, 〈유랑〉에서 시작된 프롤레타리아 영화의 흐름을 경험하지 못했기 때문이다. 그런 제한된 정보와 경험을 가진 일본인이 조선영화를 비교적 상세하게 소개하는 첫 글을 일

구소 편, 『일본어 잡지로 본 조선영화』 1, 2010, 192~193쪽에 실린 번역본을 인용하되 원본과 대조하여 수정했다.

본 프롤레타리아 영화잡지에 기고한 것에 대해 개입하려는 의도가 임화에게는 있었을 것이다. 두 번째는 고오리야마가 나운규를 "반역성"의 표상으로 의미화하면서 조선영화를 피식민의 "민족영화"로 환원해 버리기 때문이다. 1930년의 맥락에서 임화는 조선 내에서의 계급적 분화에 몰두하고 있었기 때문에, 조선에서 프롤레타리아 영화의 발흥을 간과하고 조선영화를 "민족영화"로만 환원하는 시각에 대해 강하게 개입할 필요성을 느꼈던 것으로 보인다. 다음과 같은 구절에서 임화는 고오리야마를 겨냥하며 조선 내에서의 계급적 분화를 명확히 천명한다.

고오리야마 씨가 말하는 것같은 '국민적', '민족적'이라는 명목으로 그 반동성을 방치할 하등의 이유도 조선의 프롤레타리아트는 갖고 있지 않다.[25]

임화는 이 글의 서두에서도 이미 고오리야마의 이름을 언급한 적이 있는데, 여기에서는 고오리야마가 조선영화를 소개하는 태도의 저변에 깔린 식민주의적 (무)의식을 건드리고 있어 좀 더 흥미롭다. 일단 임화는 일본의 독자들에게 조선영화가 "보기 드문" 것, 다시 말해 그것의 존재여부 자체가 그간 관심의 대상이 되지 못했다는 데 대해 예민하게 반응하고 있으며, 고오리야마의 글이 조선영화를 단편적으로 소개하는 데 치중함으로써 일종의 '이국취미'에 호소하고 조선영화의 본질, 즉 역동적인 움직임 중에 있는 "제 경향"을 파악하지 못하게 했다고 보고 있다.

---

25 임화, "조선영화의 제경향에 대하여", 『新興映畵』, 1930.3, 123면.

그러면서도 조선의 영화는 억압받는 민족으로서의 감정을 그 작품 속에 담고 또 분화(分化)와 추이(推移)하는 계급관계도 명료하게 표현하기까지에 이르렀다.

그러므로 지금 여기에서 조선영화의 발달해온 역사에 대한 보기드문 소개를 하기보다도, 그것이 가진 제 경향을 불충분하게나마 서술하는 것이 보다 더 의의가 있지 않을까 생각하는 것이다. 본지(本誌) 신년호에 고오리야마 히로시라는 사람이 조선영화를 소개한 것을 통해 제군(諸君)은 식민지 조선에도 영화가 존재하고 있다고 말하는 것을 알게 되었다고 생각되는데, 나는 그 보기 드문, 단편적인 소개보다도 더 기뻐할 만한 것, 즉 조선의 프롤레타리아트와 농민이 진정한 '**우리들의(我々の) 영화**'를 가지고 있었다는 점을 전해주고 싶다. (강조–인용자)**26**

임화가 일본의 프롤레타리아 영화인들에게 조선영화에 대해 가장 강조하고 싶었던 것은 어떤 '복음(福音)', 즉 조선에 드디어 프롤레타리아트와 농민들의 영화가 탄생했다고 하는 소식이다. 앞서도 언급했듯 이 탄생은 일본에서보다 1년 정도 앞선 것이었고, 그 선후(先後)를 떠나 일본과 조선의 영화인들이 같이 기뻐할 만한 일이어야 하는 것이다. 즉 일본의 프롤레타리아 영화잡지에 기고하는 조선의 영화인 임화는 제국 / 식민지의 종속, 위계 관계보다는 이것이 더 중요한 것이 아니냐며 '복음'을 강조하는 것이다.

그 존재조차 알 수 없었던 조선영화에 프롤레타리아의 영화가 탄생했다는 이 소식은 그래서 고오리야마 같은 일본 지식인들에게 기쁜 소

---

26 임화, 위의 글, 116쪽.

식이었을까 놀라운 소식이었을까. 임화가 "기뻐해야 할 일"이라는 표현을 쓴 데에는 이 소식이 그저 놀라운 소식이 아니라 '마땅히 기쁜' 소식이어야 하는 것 아니냐고 '강변'하려는 의도가 느껴지기도 한다. 그리고 이에 심증을 더하는 것은 바로 "우리들의(我々の) 영화"라는 표현이다. 이때 "우리"에 속하는 건 조선의 프롤레타리아트와 농민들인가, 조선인들인가, 아니면 일본과 조선의 프롤레타리아트와 농민들 모두인가? 임화가 여기에 강조부호를 해놓았던 것은, 이것이 바로 고오리야마 히로시가 사용했던 다음의 표현을 자신이 의도적으로 반복하는 것임을 드러내기 위해서이다.

조선에서 새로운 영화운동의 서막은 〈춘향전〉 및 〈심청전〉으로 열렸지만, 두 작품 모두 조선 고대문학, 아니 전설에 가까운 내용을 영화한 것이어서 촬영기사의 노력을 보여주는 데 그쳤다. 물론 그 영화들을 제작하기 시작하면서, 조선민족은 '**우리(我等)の) 영화**'를 가지게 되었다. (강조－인용자)[27]

고오리야마가 사용한 "우리(我等)"라는 단어와 임화가 사용한 "우리들(我々)"이라는 단어의 사전적 정의는 동일하고, 그 뉘앙스에 있어서도 차이가 없다. 임화가 고오리야마가 사용했던 단어와 일부러 상이한 표현을 채택한 것인지 여부는 명확하지 않다. 그러나 분명한 것은 고오리야마가 사용했던 단어를 고의로 반복／차용하면서 차이의 효과를 발생시킨다는 점이다.

---

27 郡山弘史, 위의 글, 131～132쪽.

조선에서 처음 상업용 극영화가 제작되던 1920년대 초반을 얘기하는 고오리야마의 맥락에서 "우리"란 "조선민족"을 의미한다. 즉 고오리야마의 입장에서 이때의 "우리 영화"란 (고오리야마 자신은 제외된) '조선민족의 영화', 나아가 '그들의 영화'로 치환되는 것이다. 이로써 그가 조선영화를 소개하면서 나운규 영화의 대중성을 중심에 놓고 민족영화로 소개하는 글의 논지와도 호응하는 의미, 즉 '피식민자들의 영화'로서 조선영화라는 의미가 드러난다.

　　임화는 고오리야마가 "우리"라는 기표와 피식민성, 민족이라는 기의 사이에 만들어놓은 이 배타적인 결박 관계를 흔들어놓는다. "조선의 프롤레타리아트와 농민들이 진정한 '우리들의(我々の) 영화'를 가지게 되었다"는 문장에서 "우리"는 누구인가? 만약 "우리"가 프롤레타리아트든 농민이든 그들이 '조선인'이라면, 이 글을 읽는 일본의 영화인들에게 그것이 '복음'이 되어야 할 이유는 무엇인가? 일본어로 쓰여진 임화의 글의 독자들(일본인)이 이 소식을 "기뻐해야 할 일"로 받아들이기 위해서는, "조선의 프롤레타리아트와 농민들"과 자기자신을 "우리"라는 이름으로 묶어야만 한다. 즉, 고오리야마처럼 "우리"라는 단어에서 자기자신을 제외해서는 안 되는 것이다.

4. 매혹적인 카니발리즘

고오리야마는 다년간 조선에서 직장을 갖고 생활했던 일본인으로서, 이 글에서 처음으로 조선의 영화를 본격적으로 일본인들에게 소개한다는 자의식을 갖고 있었을 것이다. 그리고 그의 의도는 특별히 조선인이나 조선영화를 폄하하려던 것이 아니라, 오히려 '나운규'로 대표되는 조선(영화)의 "반역성"을 일본인들에게 각인시키려는 연대의식마저 갖고 있었을지도 모른다. 하지만 그것은 영화라는 매체를 통해 조선(인)을 종족적인 '게토'로 만드는 "시각적 인류학(visual anthropology)"의 관점을 도입한다는 대가를 치러야 했다. 파티마 토빙 로니는 20세기의 매체인 영화를 통해 서구의 식민주의가 비서구 식민지인을 시각화함으로써 그 이미지를 소비하는 양상을 "매혹적인 카니발리즘(fascinating cannibalism)"이라 이름붙였는데, 이때 카니발리즘이란 (비서구 야만인들이 그러하다고 알려진 것처럼) 사람의 신체를 먹어치우는 게 아니라 사람의 신체의 이미지를 (눈으로) 먹어치우는 걸 말한다.[28] 주지하듯 이러한 이미지 소비를 뒷받침한 것이 진화론과 거기에 기반한 역사관인데, 조선에 거주했던 프롤레타리아 시인 고오리야마가 다음과 같이 나운규의 이미지를 묘사하는 시각 역시 이 카니발리즘에서 그리 멀리 떨어져 있는 것 같지는 않다.

---

28 Fatimah Tobing Rony, *The Third Eye : Race, Cinema, and Ethnographic Spectacle*, Durham and London : Duke University Press, 1996, p.10.

고오리야마 히로시의 글에 실린 삽화 : "〈아리랑〉의 한 장면 : 나운규와 신일선(여)"

　나운규는 활동사진 배우들 사이에서 흔히 볼 수 있는 호남도 악한의 얼굴도
아니다. 그의 약간 밋밋한 얼굴에 대해 조금 익숙한 사람들은 **조선인 특유의 얼굴**
이라고 할 것이다. 게다가 너무 어두운 그의 표정도 음산한 지하실의 분위기이
다. 또렷하게 움직이는 눈동자, 움푹 들어간 볼, 크게 벌려진 입, 그 속에서 언제
나 뾰족하게 정렬된 치아, 조금 허약하게조차 보이는 중간 체격이면서도 종종
걸음과 큰 보행을 재주 있게 구별해서 사용하는 양 다리, 그래서 그에게는 〈아
리랑〉의 광인이나, 〈풍운아〉, 〈들쥐〉의 부랑자 등이 가장 잘 어울리는 역이었
다. (…중략…) 나운규의 용모는 배타적이고 너무 제한이 많아, 배우로서의 포
용성이 모자라는 것도 사실이다. 이는 그의 단점이라고도 할 수 있는데, 이후
조선영화가 발전할 방향을 생각할 때, 이런 그의 결함이 민족영화의 궤도를 왜
곡시킬 수 있을까? 나는 아니라고 본다. 오히려 나운규가 가진 부랑자적인 측면

이야말로 보다 많이 필요하게 되리라. (강조-인용자)[29]

호남의 얼굴도, 악한의 얼굴도 아닌 "음산한 지하실"의 분위기, 배우로서는 분명 단점이 많은 외모이지만 그 자신이 제작한 영화들의 광인, 부랑자 주인공의 페르소나와 잘 부합하는 이 나운규의 용모를 고오리야마는 "조선인 특유"의 것이라 말하며 미래의 조선영화에서 나운규의 역할에 기대를 보내고 있다. 그러나 이 광인과 부랑자란 피식민의 트라우마를 구현한 이미지에 다름 아닌 것으로, '미래의 주역' 프롤레타리아트와 농민과는 거리가 먼 것이었다.

그리하여 임화의 대응은 조선(인)을 게토화하는 제국의 사회주의자에 맞서 그가 말하는 '우리'의 내포와 외연을 반성할 것을 촉구하는 데 더해, '나운규'로 이미지화되는 피식민의 에스노그라피화(ethnographization)에 개입하는 것으로 이루어진다. 이를 위해 흥미롭게도 임화는 조선의 프롤레타리아 영화 〈혼가〉에서 구사된 "몽타쥬"를 언급한다.

이후에는 조선영화예술협회의 프롤레타리아적 경향을 지닌 김유영 일파가, '서울키노'의 이름으로 발표한 〈혼가〉와, 김영환이라는 활동변사의 손으로 만들어진 〈약혼〉이 1929년의 중요한 작품이었다. 전자인 〈혼가〉는 내용적으로는 별로 이렇다 할 만한 것은 없었지만, 화면구성의 역학성과 **몽타주의 선명함**으로 젊은 감독 김유영의 새로운 진보를 보였다. (강조-인용자)

---

29 郡山弘史, 위의 글, 132면. 이 부분은 한국영상자료원의 번역본 190~191면을 그대로 인용했다.

앞서도 언급했듯 소비에트 몽타쥬 이론은 일본과 조선에서 1930년에 소개되기 시작한 것, 즉 일본과 조선의 영화인들이 동시에 접하게 된 사회주의적 창작방법론이었다. 이 혁명적 창작방법으로 임화는 '나운규'라는 피식민의 이미지를 치환하고자 했던 것이고, 이것은 사회주의와 영화라는 것이 진화론적 역사관과 시각적 인류학의 도구로서 '시차(時差 / 視差)'를 생산하는 것이 아니라 동시성, 나아가 혁명이라는 미래를 구현하는 것이어야 한다고 말하는 행위였다.

5. 자본주의적 사실

1936년 〈최후의 승리〉에 배우로 출연했던 것을 제외하면, 1931년 3월 「서울키노 〈화륜〉에 대한 비판」이라는 글을 마지막으로 (1939년 〈북풍〉 각색으로 다시 영화관계 일을 시작하기까지) 임화가 한동안 영화에 관여하지 않게 된 것은 비단 검열과 구속이라는 정치적 상황 때문만은 아니었던 것 같다. 임화가 동경으로 떠나던 1929년 무렵에는 '소문'으로만 들려오던 토키의 존재가 1930년부터는 조선의 극장에 그 실체를 드러내게 되었다는 사실, 이것은 프롤레타리아 영화운동만이 아니라 조선영화의 위상 자체를 위태롭게 만들었다고 생각된다. 1929년 초 임화는 영화의 본질적 특성으로 첫째, "기계"적 메커니즘에 의해 만들어진다는 물적 조건을 지적하고 둘째, 자본주의적 상품으로서 점점 더 "자본적 세력의 우월한 영화를 생산케 한다"는 이데올로기적 특성을 "결정적인 자본주의적 사실"로 언급한 바 있지만, 1927년 미국에서 시작된 토키가 초래할 급격한 변화에 대해서는 심각하게 의식하지 못하고 있었던 듯하다.[30]

　　과거의 문화가 가진 바 모든 예술의 영역에서 그 기능을 탈취하고 있다고 해도 좋은 문화사의 사생아 영화라는 이름한 예술은 지금 우리가 안전(眼前)에 보는 것과 같이 그 표현수단이 다른 모든 예술같이 단순하지 않으며 따라서 그것은 근대사회의 **기계**문명의 발달에 의거하여 생산된 그만치 그것은 완전히 한 개의 산업으로 자본가 기업가의 손을 거치지 않으면 아니되게 되었다. 그러므로 이것은 근대사회의 일반적 법칙과 함께 그것은 벌써 산업의 부문을 구성하는 **훌륭한 기계공업**으로서 큰 규모 밑에서 발달하는 것이다. 그리하여 소위 우리들의 예술이라고 명목한 부문에서 생산하는 예술품과는 전연 한 개의 의의를 달리한 물건이 놀라울만한 거량(巨量)으로 생산되는 것이다. 그러므로 영화란 예술은 완전히 근대 **기계공업**의 생산품으로 시장에서 다른 상품과 같이 순연한 경제적 조건하에서 서로 경쟁하게 된 것이다.

　　그리고 우리가 여기서 혼동하여서는 아니될 것은 연극예술과 같이 영화는 종합예술이란 명목만으로 물려버릴 수가 없다는 것이다. 그것은 연극보다 그 종합이란 영화의 전요소를 구성하는 요소는 예술 이외의 과학적으로밖에 동정(動靜)하지 않는 한 개의 **기계**의 참가에 있다는 것이다. 그리고 다음의 요인은 영화제작의 각부문의 종업(從業)상태는 결코 연극의 그것과 같은 단순한 의미의 것

30　실제로 1933년까지도 토키는 조선의 사정상 제작이 불가능하다는 진단 혹은 주장들이 제기되고 있었다.

이 아니다. 영화는 대자본(적어도 거만(萬) 이상) 밑에서 움직이는 완전히 그것은 기타 산업 부문에 그것과 같이 분업상태를 띄고 있는 것이다. 그리고 이것은 종업원 즉 제작관계의 예술가의 이해와는 전연 상위한 입장에서 자꾸자꾸 대량으로 생산된다는 제사실이 더욱더욱 영화를 근대 자본주의의 일반적 법칙에 의거케 하야 자본적 세력의 우월한 영화를 생산케 한다는 결정적인 자본주의적 사실을 맞는 것이다. (강조-인용자)[31]

반면 같은 시기 이와사키 아키라는 "영화 자본주의"의 종주국 미국을 예로 들어 토키를 기술이나 예술적인 측면보다 경제적인 측면에서 봐야 한다고 주장한다. 1920년대 중반까지 금융산업과의 결합을 통해 포화상태에 이른 미국 영화산업은 그 위기를 타개하기 위해서 토키를 도입했다. 제작과 상영 과정에서 대부분의 설비를 개조해야 하는 이 새로운 시스템의 도입은 산업을 활성화시키기에 적절한 계기가 되었으며, 그렇기 때문에 고정자본과 높아진 제작비를 마련하지 못하는 중소규모의 영화사들(유나이티드 아티스트, 메트로, 파테 등)은 몰락하게 되었다. 토키의 도입은 영화산업으로 하여금 영화사들끼리 통합(횡단적 결합)하거나 토키 관련 특허를 갖고 있던 여타(전기, 라디오, 축음기 등) 산업 자본들과 결합(종단적 결합)하게 강제함으로써 자본주의화를 촉진시킨 것이다.[32] 이와사키 아키라는 물론 이런 상황이 영화 노동자들이나 관객 등 프롤레타리아트에 대한 착취를 수반하는 것이기 때문에 영화 자본주의의 종말로 귀결될 것이라고 진단하지만, 1930년 경성에 돌아온 임화가 맞닥뜨려야 했던 상황은 토키 영사시설을 갖춘 극장들에서 상

---

31 임화, 「최근 세계영화의 동향」, 『조선지광』 83호, 1929. 2, 76〜77면.
32 岩崎昶, 「資本主義映畵發達史」, 앞의 책, 23〜33쪽.

영되는 미국과 유럽의 화려한 토키 영화들, 그리하여 토키를 제작할 수 없는 조선영화의 입지는 이전보다 훨씬 줄어들어버린 "자본주의적 사실"이었다.

무성영화 제작비의 3배 이상을 필요로 하는 토키영화 만들기를 거부하고, 프롤레타리아 영화운동의 다른 길을 모색하는 것은 가능했을까? 역설적으로 바로 이 시점부터 조선의 프로 영화인들은 독립영화, 즉 '이동영화', '소형영화' 등을 실험하기 시작하는데, 임화의 출연작 〈지하촌〉은 이 언저리에서 생산되어 1차 카프 검거사건으로 이어지는 문제작이었다.

/ 보론 1 /
"발달된 반동영화"

〈메트로폴리스〉(1927)

토마스 앨세서[1]는 "도회지의 모더니티, 영화적인 도시, 베를린의 황 금기인 1920년대(Golden Twenties). 지난 세기를 표현하는 이 클리셰들은 프리츠 랑이 1926~27년 사이에 만든 말썽많은 걸작 〈메트로폴리스〉에서 가장 선명하게 표현되었다'고 말한다. 5~60년 후에는 〈더 월(Pink Floyd The Wall)〉(알란 파커 감독, 1982), 〈블레이드 러너(Blade Runner)〉(리들리 스콧 감독, 1982) 등에 인용됨으로써 포스트모더니즘에 영감을 준 작품으로 회자되는 이 영화는, 1924년 10월, 프리츠 랑이 프로듀서인 에리히 폼머와 함께 뉴욕 맨하탄의 마천루 야경을 본 후 "미래 도시"에 대한 영감을

---

1   Thomas Elsaesser, *Metropolis*, BFI, 2012.

얻어 만들어지게 되었다.

그런데 앨세서는 이 두 사람의 뉴욕 방문보다 더 의미심장한 것은 이후 이들이 할리우드를 방문했다는 사실이라고 말한다. 독일영화는 제1차 세계대전 전 할리우드 영화에 대항하는 선도적 지위를 차지하고 있었고, 패전 후에도 정부의 지원에 힘입어 1923년까지는 자국 시장에서 할리우드에 우위를 점했으며(독일영화의 점유율 60%, 할리우드는 25%), 아돌프 주커와 독일 흥행업자들이 정부에 압박을 가함에 따라 마침내 파루파멧 합의(farufamet agreement)[2]가 도출되는 1925년 말까지는 전성기를 유지했다. 하지만 자국과 유럽 시장에서 할리우드에 맞설 수 있었다 하더라도, 독일영화가 미국 시장에 침투하는 일은 전혀 다른 문제였다. 〈니벨룽엔(Die Nibelungen)〉(1924) · 〈니벨룽엔(Die Nibelungen : Kriemhilds Rache)〉(1924)이 프랑스에서 거둔 성공으로 고무되어 있던 프리츠 랑과 에리히 폼머는 캘리포니아의 할리우드 스튜디오를 방문한 것을 계기로, '과연 독일영화를 미국에 수출할 수 있을까?'라는 의문에 대한 선명한 대답을 마침내 얻게 된다. 찰리 채플린, 토마스 인스, 메리 픽포드 외에 1921년 미국으로 이주한 독일 감독 에른스트 루비치를 할리우드에서 만났고, 더글라스 페어뱅크스로부터는 독일 우파(UFA)사가 국제적인 스타들을 기용하지 않는 한 할리우드를 뛰어넘을 수 없을 거라는 말을 듣는다. 1920년대 중반부터 독일의 영화인들(감독 루비치, 무르나우, 배우 콘라트 바이트, 에밀 야닝스 등)은 속속 할리우드로 근거지를 옮기고 있었고, 할리우드 방문 후 〈메

---

2   독일 우파사가 파라마운트 및 MGM의 영화 20편씩을 상영하는 댓가로 미국 영화사들이 우파사의 영화 10편을 미국에서 상영하기로 한 이 합의는 토키가 도래하면서는 유지되지 못하게 된다.

트로폴리스〉를 제작한 프리츠 랑과 에리히 폼머, 촬영기사 칼 프로인트 역시 머지않아 미국으로 이주하여 할리우드에서 커리어를 이어나가게 된다.

우파사는 할리우드에 대항할 길은 퀄리티 영화(quality film)을 제작하는 것이라 생각하여, 이미 〈칼리가리 박사의 밀실(Das Cabinet des Dr. Caligari)〉(로베르트 비네 감독, 1920)로 독일 표현주의의 명망을 마련한 에리히 폼머를 1923년 제작부장으로 기용했었다. 프리츠 랑의 아내이자 우파사의 수석 작가였던 테아 폰 하부(Thea von Harbou)의 시나리오에 근거한 〈메트로폴리스〉는 '파르파멧 합의' 이후에 제작된 첫 메이저 영화로, 에리히 폼머가 감독에게 부여한 무제한의 권한과 숙련 기술자들의 헌신 등 우파사의 전형적인 스튜디오 스타일로 만든 작품이다. 1925년 5월 촬영이 시작되어 1927년 1월 시사회를 열게 되는데, 제작기간 내내 우파사는 1주일이 머다하고 계속 매체에 다양한 정보를 흘림으로써 대중들의 관심을 붙잡아 놓았고, 여기에는 빌리 와일더, 알프레드 히치콕, 에이젠슈테인 등 해외의 유명 영화인들이 촬영장을 방문한다든가 하는 이벤트도 한몫을 했다. 그러나 베를린에서의 시사회는 좋은 반응을 얻지 못했고, 미국 등 해외에서도 마찬가지였다. 그리고 곧 도래한 발성영화에 의해, 〈메트로폴리스〉는 1928년 이후 완전히 사람들의 뇌리에서 잊혀졌다. 1970년대 이후 학자와 수집가들이 과거 무성영화를 아카이빙하고 복원하려는 시도들이 생겨나기 시작하면서 비로소 이 작품은 다시 세간의 관심을 끌기 시작한다.

〈메트로폴리스〉는 조선극장에서 1929년 5월 1일 개봉되었다. 임화 외에도 심훈,[3] 남궁옥[4] 등이 이 영화에 대한 평론을 발표하는데, 특히 심훈과 임화는 일본에서 출간되었던 테아 폰 하부의 소설을 이미 접하고 있었던 듯하다. 임화가 봤다고 언급하는 "일본의 대중문학전집"을 확인하지 못해 정확히 어떤 소설인지는 알 수 없으나, 앨세서에 의하면 테아 폰 하부는 1926년 8월부터 신문에 소설을 연재하기 시작했고 소설 단행본을 1927년 1월, 즉 영화 시사회 즈음해서 출간했다. 또 조선에서 개봉된 〈메트로폴리스〉는 "R생"에 의하면[5] 미국 버전을 일본에서 수입하여 검열 후 상영한 것(일본 개봉은 1929년 4월[6])이었던 듯하다. 미국 버전이란, 베를린에서 시사회가 있기 전 미국에 유출된 네가티브를 파라마운트사에서 1/4 정도 줄여 1927년 3월 개봉한 것을 말한다. 총 12릴이었던 분량을 7릴로 줄이는 과정에서 프레더와 마리아, 헬(프레더의 어머니)을 둘러싸고 프레더의 아버지 프레더슨과 로트방 박사가 벌인 경쟁, 프레더의 조력자들(조세팟, 게오르기, '슬림') 등의 부분이 삭제되었다. 조선의 필자들은 이 작품에서 자본가 계급과 노동자 계급의 대립이 시각적으로는 첨예하지만 이데올로기적으로는 타협으로 결론을 맺는 데 대해 "이 영화가 자본주의 국가 더구나 조선같은 식민지에서도 상영을 허락하는 까닭이 이점에 있다"(남궁옥)라고 말하거나 "배급국 '아메리카'를 거쳐 다시 편집된 것인 고로 미지근한 인상밖에 주지 않는 것인지"도 모르겠다(R생)고 말하는데, 계급문제와 관련해서 미국 개봉 버전이 프리츠 랑의 애초 의도를 실제로 '곡해'한 것인지 여부는 사

---

3 심훈, 「'푸리츠 랑그'의 역작 〈메토로포리쓰〉」, 『조선일보』, 1929. 4. 30.
4 남궁옥, 「백년 후 미래 사회기, 〈메트로폴리스〉 인상」, 『중외일보』, 1929. 5. 1.
5 R生, 「우파사 작 〈메트로폴리스〉」, 『동아일보』, 1929. 5. 2.
6 山本知佳, 「日本における『メトロポリス(1927)』の評價に關する一考察」, 日本大學文理學部 人文科學研究所, 『研究紀要』, 2014.

실 알 수 없다. 독일에서는 베를린 시사회 이후 박스오피스에서도 반응이 좋지 않자 약 900미터를 삭제한 버전으로 다시 1927년 8월에 개봉을 했는데, 앨세서는 이 재개봉 버전은 미국 버전과 가깝다고 말한다. 더욱이 감독 프리츠 랑은 세가지 버전(독일용, 파라마운트용, 우파사의 해외 배급용)으로 영화를 만들었기에, 애초부터 오리지날이란 존재하지 않았다고도 할 수 있다.

이 작품의 이데올로기에 대해서도, 앨세서는 개봉 당시부터 수십 년 후 복원전에 이르기까지 얼마나 상반되는 평가들이 제기되었는지를 나열한다. 1920년대에는 산업화나 사회적 불평등, 진보의 문제 등이 주된 관심사였는데, 독일 공산주의자들은 이 영화가 '계급화해'를 그려낸다는 점을 비난했다. 하지만 계급갈등과 사회긴장을 그린다는 점에서 우익 논자들도 이 영화에 동의하지 않았다. 한편 제작자 에리히 폼머와 감독 프리츠 랑이 유태인이라는 점에서, 이 영화는 미국의 환심을 사려고 노력하는 유태인 자유주의자들의 영화라는 비난을 받기도 했다. 이탈리아와 터키에서 몇 차례 상영 후 금지가 됐을 때의 근거는 이 영화의 볼셰비키적 경향이었고, 1940년대 크라카우어에 의해서는 "나치 영화의 원형"이라는 평가를 받기도 한다. 나아가 페레스트로이카 시대의 러시아 관객들은 "이 영화에서 다루는 화해야말로 바로 지금 우리가 필요로 하는 것"이라 말함으로써, 이 영화를 공산주의와 옐친 시대 사회파시스트 이데올로기의 자장 안에 동시에 놓는다. 각 시대의 해석이 각 시대가 선호하는 것, 그 이데올로기적인 상황을 보여주는 바로미터라고 했을 때, 〈메트로폴리스〉는 수십 년에 걸쳐 다양한 이데올로기적 상황 속에서 시대적 선호도에 따른 해석을 낳아온 텍스트인 셈이다.

한편, 조선의 평자들이 한결같이 주인공 부자(父子)의 이름을 "존 마스타만과 에릭크"로 표기하고 있는 것은 의문이다. 현재 우리가 확인할 수 있는 영화의 자막과 IMDB 등 데이터베이스에서 아버지의 이름은 "프레더슨", 아들은 "프레더"이기 때문이다.

이중 임화의 글은 당시 지식인들에게 깊은 인상을 남긴 듯한데, 이글로 인해 임화는 (배우로서만이 아니라) 영화평론가로서 입지를 굳힌 것으로 보인다. 임화의 글은 일본의 마르크스주의 평론가 구라하라 고레히토[藏原惟人]의 글과 비교해서 읽을 경우 더 흥미로와진다. 임화도 관심을 가졌던 "기계"의 문제를 중심으로 구라하라 고레히토는 〈메트로폴리스〉의 표현주의가 기계를 페티쉬화하는 반면 다큐멘터리 〈베를린 도시교향악(Berlin : Die Sinfonie der Grosstadt)〉(발터 루트만 감독, 1927)의 구성주의는 기계를 과학적으로 다룬다고 지적하고 있다. 아래 잠시 인용해 둔다.

앞서 언급했던 프리츠 랑의 〈메트로폴리스〉와 비교하는 것은 흥미있다. 그것은 〈메트로폴리스〉의 기계가, 〈베를린 도시교향악〉의 그것에 비하여 낡은 느낌의 것이라는 것을 말하는 것은 아니라고 하여도, 이 두 영화 안에는 기계의 취급방식에 있어 전혀 다른 태도가 보인다. 하나의 기계는 맹목적이고 신비적이며, 다른 하나는 합목적적이며 현실적이다. 그리고 그것은 필경, 낡은 소부르조아적 인텔리겐챠와 기술적 인텔리겐챠의 기계를 대하는 시각의 차이에 다름 아니다. (…중략…)

프롤레타리아 예술은 이 미래파로부터 구성파에로 진행해온 기계미에 대한 견해를 계승한다. 그러나 그때 그는 구성파 중에조차 아직 잔존해 있는 바의 기계의 페티시즘, 기계에 대한 맹목적 찬미(그것은 기술적 인텔리겐차의 심리이다)와 철저하게 결별한다. 기계는 프롤레타리아 예술의 주인공일 수는 없다. 프롤레타리아 예술의 주인공은 항상 사회, 인간이다. 기계는 단지 이 사회의 물질적 방면에 있어서 가장 새롭고 가장 중요한 요소로서 찬미되는 데 지나지 않는다.

그렇지만 기계는 프롤레타리아트의 생활과 밀접하게 결부되어 있다. 기계는 프롤레타리아 예술의 중요한 요소로 되지 않으면 안 된다. 우리는 현대 소비에트의 영화, 특히 그 자신 기계 기사였던 에이젠슈테인의 〈전함 포템킨〉, 지가 베르토프의 여러 작품에 있는 훌륭한 기계의 묘사, 소비에트의 건축의 도처에 이용된 메카니즘 등등을 거론할 수 있다.[7]

7   藏原惟人, 「新芸術形式の探求へ」, 『改造』, 1929. 12.

일본 프로영화 담론의 '식민지 영화'

〈아세아의 람(嵐)〉(1928)의 경우

1930년 일본의 사회주의 영화 잡지 『프롤레타리아 에이가(プロレタリ
ア映畵)』는 「식민지 영화 특집」을 마련하는데, 필자 중 하나인 사사 겐
쥬(佐佐元十)가 밝히는 바 프롤레타리아 영화운동이 '식민지 영화'[1]에 주
목해야 하는 이유는 다음과 같은 것이다.

식민지 정책 — 이 정책이 없이는 자본주의는 존재하지 않는다(부하린, 「제
국주의와 세계경제」) — 은 수억 만의 정복당한 식민지 및 반식민지의 노역자

---

1 여기에서 사사 겐쥬는 '식민지 영화'가 식민지를 배경으로 한 것, 식민지에서 취재한 것, 현재
자본주의국가가 형성되기 전의 미개지를 그린 것(예컨대 파라마운트의 〈버지니아〉), 식민지,
반식민지의 민족을 주제로 한 것(MGM의 〈할렐루야〉) 등을 통칭하는 편의적 개념이라고 말
하고 있다. 사사 겐쥬, 「植民地映畵に就て」, 『プロレタリア映畵』 제2권 9호, 1930.9, 17~18쪽.

를 ×××××에 이르게 한 것으로서, 식민지 문제는 따라서 세계적 규모에 있어서 민족문제이다.

그래서 전 세계는 결국 두 종류의 민족으로 분할된다. 즉 한편에는 극소수의 ××민족이 있고, 다른 한편에는—식민지, 반식민지, 세력범위 등의 그 나머지 전 세계—×착취, 완전히 권리가 없는, ×압박민족이 있다. 이 근본적인, ××적 마르크시즘(레닌이즘)의 견지에서, 부르주아 영화의 식민지(민족)물은 그것이 결국 극소수의 착취민족에 어떻게 이용되고 있는가를 폭로하고 이 해독(害毒)의 범람으로부터 식민지(영화)가 상영되는 각 열강의 본국 및 식민지의 노동대중의 자각에로, 세계적인 결합에로 영화비평가(마르크시스트)의 붓은 향하지 않으면 안 된다.[2]

즉 자본주의와 그 제국주의 단계를 "세계 경제"와 관련하여 이해할 때 제국의 식민지 정책 및 거기에 종사하는 식민지 영화의 이데올로기적 성격을 비판하고 "각 열강의 본국 및 식민지의 노동대중의 자각"이 가능하도록 만드는 데 사회주의 영화비평의 임무가 놓여있다는 것이다. 「식민지 영화 특집」은 영국 제국주의에 맞서 싸우는 몽고 민족과 러시아 적군파의 연대투쟁을 그린 소비에트 영화 〈아세아의 람(Potomok Chingis-Khana)〉(푸도프킨 감독, 1928)의 영화소설[物語]과 사사 겐쥬의 「식민지 영화에 대하여」, 그리고 북사할린[北樺太]과 상하이의 영화 소식을 담은 꼭지들로 이루어져 있는데, 여기에서 〈아세아의 람〉은 일본 프롤레타리아 영화인들이 이상적으로 생각하는 모델로 제시된다. 몽고든 조

---

2   위의 글, 27쪽.

선이든 식민지 프롤레타리아 영화는 "선진제국의 프롤레타리아 영화와 결합하지 않으면 완성할 수 없"[3]다고 했을 때, 순진한 몽고 청년이 영국인에게 착취당한 후 러시아 빨치산을 만나 사회주의 혁명이 곧 민족해방의 길임을 깨닫는다는 이 영화의 메시지는 곧 소비에트의 우방이 되는 몽고를 다룬 모범적인 '식민지 영화'의 사례인 것이다.

그런데, 1930년 일본에서 개봉된 〈아세아의 람〉은 검열로 인해 500척이 삭제되었을 뿐만 아니라 몽고민족과 러시아 빨치산의 연합이 "몽고 의용군"으로 변형되고, 내용 전체가 황인종과 백인종의 대립으로 치환되어 버리게 된다. 한 논자는 이 "왜곡"에 대해 이렇게 불평한다.

'현명한' 내무성의 검열관은 소비에트 영화 〈아세아의 람〉을 왜곡해 버렸다.

전편을 통해 컷된 척수는 500척에 이르고, 영화의 줄거리조차도 검열관의 선호에 따라—정확히는 부르조아지의 선호를 쫓아—왜곡되어 버렸다. 러시아인과 몽고인의 ✕색 빨치산이 몽고 의용군으로 변형되어 있을 뿐만 아니라 전편에 걸쳐 '황색인종이여, 백인을 아세아에서 몰아내라'는 식으로 변해버렸다.

골계스러운 것은, 빨치산의 의용군이 제국주의 국가의 군대를 습격하는 부분이, 이것도 ✕✕주의가 기관의 역린(逆鱗)에 저촉되어 컷된 결과, 영국의 군대가 의용군의 대장 한 사람을 상대로 하여 철포를 쏜다든가 기관총을 난사한다든가 하는 소동을 벌이고 있는 것처럼 되어버렸다.

〈아세아의 람〉은 이제 푸도프킨의 〈아세아의 람〉이 아니고 일본 검열관의 〈아세아의 람〉이 되어 있다.[4]

---

3   위의 글, 17쪽.
4   「〈アジアの嵐〉の歪曲」,『プロレタリア映畵』제2권 9호, 1930.9, 58쪽.

〈아세아의 람〉의 한 장면.
『プロレタリア映画』, 1930.9, 14쪽.

〈아세아의 람〉의 한 장면.
『プロレタリア映画』, 1930.9, 8쪽.

검열에 의해 삭제된 장면에는 아마도 주인공인 몽고 청년 바이르가 산속에서 러시아 빨치산들을 만나는 장면, 즉 다양한 인종이 유대감을 형성하는 유토피아적 분위기로 채색되어 있는 장면이 포함되어 있었을 것이다. 그리고 위의 내용에 미루어보건대, 몽고인과 러시아 빨치산이 연대하여 영국군과 벌이는 전투 장면에서 이 저항군의 집단적인 모습 역시 삭제되고 대신 개인적인 모습만 강조되어 있었던 듯하다. 그 결과 소비에트 혁명세력과 몽고 민족해방 세력의 연대라고 하는 이 영화의 메시지는 황색인종과 백인의 대립이라는 인종주의적인 것으로 변질되고, 이렇게 검열로 인해 영화의 내용이 왜곡되었기 때문에, 『프롤레타리아 에이가』에서는 영화의 원래 내용을 상세히 알리기 위해 영화소설을 게재한 것으로 보인다.

잠깐 덧붙이자면, 이렇게 영화의 내용 자체를 변화시킬 수 있는 영화검열은 아이러니컬하게도 일본 프롤레타리아 영화인들로 하여금 영화의 몽타쥬, 그리고 기성(既成)의 영화 클립들을 활용해서 새로운 영화를 만들어내는 "재편집(再編輯, compilation)"의 힘에 주목하게 만들었다.

위의 기사가 실린 『프롤레타리아 에이가』의 편집후기에는 "우리나라에 처음으로 소비에트 영화의 본격적인 작품"이 나타났지만 "부르조아지에 의해 왜곡"되고 있으며 "이 문제는 (이와사키 아키라의-인용자) '재편집' 논문과 함께 읽으면 좋을 것이다."라는 짤막한 언급이 있다.[5] 푸도프킨의 책 『영화 감독과 영화 각본론』이 번역 소개되던 1930년대 초, 일본 영화인들은 "혁명적 창작방법론"으로서 소비에트 몽타쥬에 눈을 뜨면서 그것을 영화창작에 도입하려 시도하고 있었다. 이와사키 아키라는 『프롤레타리아 에이가』에 「영화와 컷트, 재편집에 대하여(映畵とカツト・再編輯について)」를 게재하고 영화강좌에서도 몽타쥬와 "재편집"을 가르치면서 그 자신 〈아스팔트의 길〉(1930)이라는 영화를 제작하기도 한다. 누가 만든 영화인가 하는 문제보다는 어떤 목적을 위해 어떻게 필름조각들을 취사선택하여 전유하는가 하는 문제가 프롤레타리아 영화인들이 고려해야 할 새로운 전략으로 주목받기에 이른 것이다. 마침 만주사변을 즈음하여 일본에서 군부나 만철(滿鐵) 혹은 신문사들이 제작하던 뉴스릴과 '식민지 영화'들도 적극적으로 이 재편집 테크닉을 구사하고 있었고, 주지하듯 제2차 세계대전을 전후해서는 자국 혹은 우방에서 제작된 필름과 적대 진영에서 제작된 필름을 구별하지 않고 목적에 따라 재편집하여 사용하는 프로파간다 전략이 크게 유행했었다. 바야흐로 제국주의, 혁명, 전쟁을 계기로 영화라는 매체는 이데올로기를 은밀히 유포하는 허구적 세계를 창조하는 상품으로서만이 아니라 사용자의 의도와 목적에 따라 분해되고 조립되는 클립으로서 그

---

5   「편집후기」, 『プロレタリア映畵』 제2권 9호, 1930.9, 113쪽.

물질적 속성이 더욱 부각되게 된 셈이다.[6]

한편, 〈아세아의 람〉의 인종간 연대는 일본의 검열관만이 아니라 유럽의 지식인들에게도 불편한 감정을 낳았던 것 같다. 〈아세아의 람〉이 파리에서 개봉되었을 때 프랑스 평론가와 문인들이 보인 "신경질"적인 반응을 보고하는 마츠오쿠니노스케[松尾邦之助]에 의하면, 그들은 이 영화에서 동양인들이 (서구) 민족해방운동의 상징인 잔다르크와 달리 너무 쉽게 원하는 바를 얻는다는 점, 비서구에서 헌신적으로 봉사하는 선교사나 의사와 같은 '착한' 백인들을 간과한 채 백인들을 악하게만 묘사했다는 점 등을 지적하며 불편한 심경을 감추지 못했다. 이 반응들에 대해 마츠오쿠니노스케는, 몽고민족에게 호의를 보인 감독 푸도프킨과 달리 서양인들은 군대를 이끌고 동양을 침략하지 않았느냐고 덧붙인다.[7] 동양과 서양, 황색인종과 백인종을 구별(차별)하는 파리 지식인들의 독법과, 그것을 소개하는 한편으로 그 이항대립 구도를 (반대 방향에서이지만) 받아들이는 마츠오쿠니노스케의 시각은, 일본 검열관이 재편집을 통해 만들어낸 〈아세아의 람〉의 인종주의적 메시지와 묘하게 공명하는 셈이다.

그러나 이 영화가 이렇게 인종주의의 맥락에서 전유되었다는 사실 자체는, 그만큼 서구 제국주의에 대한 아시아 식민지의 민족해방 투쟁

---

6 〈아세아의 람〉 등 프롤레타리아 영화가 일본과 중국에서 검열 등 재편집을 통해 "반동적인" 영화로 변모된 사례는 조선 영화인들에게도 알려졌으며, 한편 이런 "기성영화의 재편집"을 통해 경제적으로 영화제작을 할 수 있다는 아이디어 역시 제기되기도 한다. 예를 들면 김유영, 「금일-영화예술」, 『조선일보』, 1931.8.6〜9.5; 박완식, 「금후 영화운동의 원칙적 중심과 제―카프 영화부에 입각하여」, 『신계단』 제1권 제8호, 1933.5.

7 (在巴里)松尾邦之助, 「問題になった 〈アジアの嵐 : 原名 〈ジンギスカンの末裔〉」, 『新興映畫』 제2권 4호, 1930.4, 13〜16쪽.

을 사회주의 혁명의 일환으로 간주하는 〈아세아의 람〉이 파리 지식인들과 아시아 검열관들에게 도전적인 실천으로 받아들여졌음을 반증하는 것이다. 앞서 언급한 빨치산 아지트의 유토피아적 장면은, 민족해방 운동과 사회주의 혁명의 연대가능성만이 아니라 인종적 차이 / 차별이 무화되는 가능성까지 담아내고 있다. 바이르와 다양한 인종으로 구성된 빨치산들 사이에 역동적으로 교환되는 시선들은, 보는 자와 보이는 자의 관계가 반드시 제국 / 식민지, 서구 / 비서구의 권력적 위계 관계로 구성되지는 않을 수도 있다고 역설한다. 나아가 빨치산 대장이 마침내 숨을 거두기까지 세 차례 삽입되는 바이르의 클로즈업, 그것도 동일한 크기와 앵글, 동일한 표정으로 반복되는 이 클로즈업은, 의미와 행위의 중심이 빨치산 대장으로부터 이제 바이르에게로 이행될 것임을 성공적으로 각인시킨다. 특히 대장이 숨을 거둔 후 삽입된 클로즈업은 몽고 민족해방과 사회주의 혁명이 어떻게 결합되어 어떤 실천으로 나아갈 것인지를 의미화하는 데 상당히 효과적이다. 앞서 두 차례 삽입된 클로즈업은 바이르가 매우 주의깊게 빨치산 대장을 바라보고 그의 말에 귀기울이고 있음을 강조하는 의미를 띠었다면, 이 마지막 클로즈업은 이후에 몽타쥬되는 무기(총)를 바라보는 시선의 주체를 바이르로 지명함으로써 단숨에 사회주의라는 추상적, 보편적인 당위가 인간의 몸과 목소리로부터 벗어나 상징(투쟁)으로 비약하는 과정을 보여준다.

물론 이 빨치산 아지트 장면에서 모든 사람들이 평등한 시각적 지위를 차지하고 있는 것은 아니다. 순진하던 바이르가 사회주의 혁명의 중요성을 '각성'하게 되는 결정적인 순간은 자기희생적으로 싸우던 러시아 빨치산 대장이 숨을 거두면서 "모스크바에 귀기울이라!"라고 외칠 때로서, 이 대장은 시각적, 청각적 중심(모든 사람들이 대장의 마지막 모습을 주시하고 그의 말에 귀를 기울인다)을 차지하고 있다. 몽고의 민족해방과 공산화에 있어서 소비에트의 지도적 위치를 강조한다는 점에서, 이로부터 1920년대 소비에트에서 태동한 유라시아주의의 흔적을 읽어낼 수도 있다.[8] 일본 『프롤레타리아 에이가』의 「식민지 영화 특집」에서 이 영화를 소비에트 '동맹'을 다룬 모범적인 '식민지 영화'의 사례로 다룬 것은, 어쩌면 일본의 오래된 식민지 대만과 조선을 언급하지 않은 이 특집의 무의식이 반영된 태도일지도 모른다. 좀 더 과장하자면, 식민지 프롤레타리아 운동은 "선진제국의 프롤레타리아 운동의 지원"이 있어야만 완성된다는 사사 겐쥬의 전제는 '소비에트-몽고'의 관계를 '일본-일본의 식민지'의 관계와 은연중 동일시하는 시각일 수도 있다. 모스크바를 중심으로 한 동심원에서 모스크바의 바로 바깥에는 동양의 선진국 일본이 있고, 마치 소비에트가 몽고민족과 연대했듯 일본은 일본의 식민지와 연대하여 그들을 도와야 한다는 시각.

　사사 겐쥬는 일본의 식민지와 관련한 영화로는 조선에 관한 문화영화들만 간단히 언급하는데, 그가 나열하는 여러 종류의 식민지 영화 중 "사회극 영화", 즉 피압박 민족에 대한 동정적 태도를 보이는 것처럼 하면서 그들과의 융화를 강조하는 영화들이 "실은 각 열강의 가장 기만적인 착취수단에의 강화로서 재비판되어야 한다"고 강조하면서 일선(日鮮) 융화극의 교육영화 〈步み〉,[9] 〈君萬歲の旗の下に〉, 〈순수한 정신

8　이 영화에 나타난 유라시아주의에 대해서는 이희원, 「상상의 영토화―현대 러시아 영화의 유라시아주의 기획」, 『동북아문화연구』 33집, 2012, 575~597쪽 참조.

처럼(純精神の如し)〉[10]을 예로 든다. 일본의 프롤레타리아 영화잡지에 조선영화 관련한 기사들이 몇 차례 게재되기는 하지만, 제국 일본에서 "만국의 ××적 프로레타리아트의 소비에트 운동에, ××적 프로레타리아트와 동맹하여, 전 세계의 제국주의에 ××하여, 식민지 및 피압박 민족의 일체의 민족해방운동을 집중, 결합하여 근본적인 커다란 선을 꿰뚫는 내용의 영화"가 제작되었다거나 조선에서의 제작을 지원했다거나 한 기록은 찾아보기 힘들다. 더욱이 만주사변을 계기로 해서는 일본 사회주의 영화인들의 관심이 중국의 동향 및 일본 내의 파쇼화에로 집중된다.

---

9 『조선총독부 키네마(朝鮮總督府キネマ)』(소화14년)에서 추천영화 제10호로 기록하고 있는 〈步〉(朝日キネマ市川撮影所 제작, 德永態一郎 소유, 추천연월일 1930년 3월 6일)와 동일한 영화가 아닐까 한다.

10 일본영화 데이터베이스에는 이 영화의 서지를 "오카자키 프로(岡崎プロ) 제작, 1929.6.24, 6권"이라고 기록해놓고 있고, 『조선총독부 키네마(朝鮮總督府キネマ)』(소화14년) 역시 제작자로 오카자키 프로덕션이라 명기하며 소유자는 김동주(金東周), 조선총독부 추천 제1호 작품(추천연월일은 1929년 5월 9일)이라고 소개하고 있는데, 『國際映畵新聞』 1929년 7월에는 조선의 도쿠나가(德永)프로덕션이 제작한 영화라고 하는 다음과 같은 기사가 실려 있다. "〈나라의 대성인 니치렌[國聖大日蓮]〉을 배급해서 호평을 얻고 있는 동 영화보국회에서는 이번에 조선의 도쿠나가[德永]프로덕션이 제작한 〈순수한 정신처럼〉의 전국배급권을 획득했다. 이 영화는 〈킹그〉에 게재되었던 내선융화의 교육실화에 대한 미담이 원작인데, 강경심상소학교 교장 무토 후지오[武藤不二夫] 씨가 원작자이며 도쿠나가 구마이치로 씨가 제작을 총지휘했다. 그리고 시흥군청 관리 이기선 씨를 비롯하여 박순봉, 이경자, 쓰카모토 도스이[塚本桃水] 등의 많은 조선인이 같이 출연하는 적절한 교육영화다." 한국영상자료원 영화사연구소 편, 『일본어 잡지로 본 조선영화』 1, 2010, 15쪽.

2장

조선영화라는 (불)안정한 위치

「조선영화발달소사」(1941)의 생산

  현재까지 확인된 바 임화는 1932~39년 사이에 (「여배우 인상기」(1936)를 제외하고) 영화평을 발표하지 않았다. 이 시기는 사회주의 영화운동의 침체기와 조선영화계의 소강상태('토키'를 제작하지 못했던 몇 년간)를 거친 후 여러 내외적 환경의 변화로 '조선영화'를 둘러싼 제도적, 산업적, 담론적 지형이 큰 변동을 겪던 때이다. 만주사변 이후 중국대륙에의 진출을 시도하던 일본 영화사와 합작으로 〈군용열차〉(1938)를 만들었던 서광제와 함께 1939년 말 〈북풍〉을 각색하고 있다는 기사를 통해 임화는 다시 영화계에 등장하는데, 이 시기는 전쟁기 영화통제책으로 일본에서 '일본영화법'이 공포되고 곧 그 조선 버전이 실행될 것이 예고된 때였다. 식민지 시대 조선영화론에 임화가 가장 크게 기여를 하게 되는 것은 바로 이 '조선영화령' 국면에 발표한 글들을 통해서이다. 일단 흥미롭게도, 임화는 조선영화사(史)의 저자로서 이 시기 영화론 집필을 시작한다. 그러나 그가 남긴 조선문학사(들)와는 달리, 이 영화사에서 임화는 개인으로서가 아니라 일종의 '대표저자'로서 이름을 남긴다.

여기에서는 최초의 '공식적인' 조선영화사로서 임화의 「조선영화발달소사」(1941)를 지목하고, 이 영화사의 생산 과정에 개재되었던 벡터들로서 일본의 전시(戰時)광역권론, 조선총독부의 조선 특수사정론, 조선영화인들의 조선영화 특수성론, 그리고 임화의 예술성론과 고전론을 제시하고자 한다. 이 벡터들은 1931년 만주사변 이후의 공간적 전환, 즉 '아시아'라는 지역과 그 속에서 제국-식민지의 공간적 좌표를 마련해 낸 리저널리즘(Regionalism)의 대두와, 이 공간적 전환이 추동한 시간축으로서의 식민지 역사서술이라는 그물망 속에서 분석될 것이다. 이 공간과 시간의 축 속에서 네 가지 벡터들은 때로는 충돌하고 때로는 상호보완하면서 식민지 조선영화의 (불)안정한 위치를 확보했다.

담론으로서 '조선영화'는 1934년, "외국영화"와 "국산영화"를 구별하면서 조선에서 외국영화의 점유율을 통제하기 시작한 조선총독부의 활동사진영화취체규칙을 통해 "국산영화"의 하위범주로서 탄생했다. 외국 / 국산 사이의 경계설정은 '국가'를 단위로 하여 외부와 내부를 구획하는 공간적 관념을 도입하도록 만들었고, 조선을 일본이라는 국가와 동일시하도록 만드는 동시에 일본의 식민지로서 그 종족적(ethnic) 차이를 확인하도록 강제했다. 당시 일본은 물론 일본의 다른 식민지에서는 시행되지 않았던 이 취체규칙이 조선에서 실험됨으로써, 불현듯

‘조선영화’의 정체성이 도마 위에 오르게 된 것이다. 미국영화의 상영 비중이 압도적이었던 조선의 극장에서 외국영화의 점유율이 낮아지도록 강제했던 이 취체규칙으로 인해 비중이 커질 것으로 기대된 “국산영화”란 일본영화인가, 조선영화인가, 아니면 둘 다인가. 제국과 식민지에게 동시에 던져진 이 고민과 모색은 “국산”이라는 개념 속으로 조선영화를 해소하는 게 아니라 “국산”의 하위 범주로 ‘일본(내지) / 조선’이라는 분할된 범주를 생산하고 또 그 경계를 불안정하게 만들면서 식민지 말기까지 지속된다.

조선의 관객들이 보지 말아야 할 영화와 보아야 할 영화를 ‘국가’라는 구획을 통해 규제하는 이러한 시각성(visuality)의 정치학은, 만주사변 이후 구미(歐美) 제국주의에 맞서면서 일본의 세력 범위를 보유, 확대한다는 리저널리즘의 공간적 전환과 더불어 ‘조선영화’의 과거와 현재와 미래 모두를 가시화(visualize)하는 시간성을 도입하게 만들었다. 영화사 서술에만 한정하자면, 1938년 최초이자 최후의 민간행사였던 ‘조선일보사 영화제’에서 시작된 조선영화사 생산 작업은 1940년 또 다른 “문화입법”인 ‘조선영화령’ 국면의 아카이빙 작업을 거쳐 마침내 1941년 공식적인 영화사, 즉 「조선영화발달소사」를 낳기에 이른다. 임화의 이름으로 발표된 이 영화사는 일본 최초, 세계 최초로 아시아의 영화 전반을 집대성한[1] 이치카와 사이[市川彩]의 『아시아 영화의 창조와 건설(アジア映畵の創造及建設)』(國際映畵通信社出版部, 1941.11)』에 「조선영화사업발달사(朝鮮映畵事業發達史)」의 일부로 수록됨으로써 일본 제국의 전시광역권론 속

---

1   村山匡一郎, 「市川彩『アジア映畵の創造及建設』解題」, 牧野守 監修, 『日本映畵論說大系 第 1期, 戰時下の映畵統制期(10)』, ゆまに書房, 2003, 452쪽.

에서 좌표를 마련하게 된다. 그러나 『아시아 영화의 창조와 건설』에 조선영화사의 저자는 이치카와 사이도, 조선의 영화인들도, 임화도 아닌 "조선총독부"로 기록되어 있다. 이 글에서 주목하고자 하는 것은 이렇게 다양한 주체들, 즉 조선일보사라는 민간언론, 조선의 관객들과 영화인들, '조선영화인협회'와 '조선영화문화연구소'의 사료작업, 1940년과 1941년에 조선영화사를 집필했던 임화, 그리고 영화사 생산 작업의 최종적인 저자로 등재된 조선총독부라는 다양한 주체의 목소리가 갖는 관계들이다. 1934년 취체규칙부터 1941년 진주만 공격 직전까지 길항했던 이 목소리들을 통해 '조선영화'의 자리는 어떻게 고안되고 가시화되며 인정되고 또 요청되었던 것인가.

1. '조선영화'의 발견

1934년부터 1941년까지의 시기는 처음으로 '조선영화'라는 범주가 가시화되면서 갈등과 협상의 대상이 되었던 때이다. 그 이전에 조선영화에 대한 자의식이 부재했다는 의미에서가 아니라, 조선영화가 '국가'라는 범주와의 관계 속에서 재정위될 필요성에 직면하고 그에 따라 조선영화의 내용과 형식, 그리고 문화적 지위에 대한 논의 역시 이전과는 다른 방식으로 진행되었다는 의미에서이다.

이 시기는 일본의 식민지들 중 조선에서만 시행되었던 두 가지의 영화통제책, 즉 1934년 활동사진영화 취체규칙과 1940년 조선영화령의 자장 안에 놓여있다. 전자는 일본에 앞서 조선에서 먼저 실험된 것이었고 후자는 일본의 영화법을 조선에도 적용한 것으로, 조선총독부가 '조선영화'의 존재를 일본영화로 해소시킬 것인가 아니면 보존, 유지하며 통제, 활용할 것인가를 줄곧 가늠하고 있었음을 보여준다. 이때 '조선영화'의 외포와 내연은 늘 동일했던 것이 아니어서, 1934년 취체규칙이 조선의 극장과 관객, 즉 관람성을 대상으로 한 것이었다면 1940년의 영화령은 조선영화의 제작, 즉 텍스트의 생산을 대상으로 한 것이었다. 그러나 주목해야 할 것은 이 제도들을 통해 조선총독부는 일본영화를 조선에 직접 배급함으로써보다는 조선영화를 통해서 문화적 통치를 하고자 했다는 점이다. 물론 조선총독부가 조선영화 산업의 기반을 마련해 주었다거나 육성했다는 것을 말하는 것은 아니다. 그러나 조선영화의 존재를 무화(無化)시키는 방식으로가 아니라 조선영화를 가시화하여 조선 민중의 교화를 위해 활용, 통제하는 방식으로, 그래서 조선영화에 특수성을 부여함으로써 일본제국의 보편성을 확보하는 방식으로 통치했다는 점은 지적해 두어야 한다.

그 이유는 일차적으로 조선 관객들 사이에서 일본영화의 영향력이 미미했던 반면 조선영화에 대한 선호도가 높았기 때문이고, 1934년 취체규칙이 시행될 즈음엔 침체된 상태였던 조선영화가 예상치 않게 영향력이 커지면서 중일전쟁기에는 가장 유력한 매체가 되었기 때문이며, 그렇기 때문에 적절히 통제한다면 전시체제기 동원에 있어서 식민지 정부의 통치능력을 입증할 효과적인 도구로서 활용될 수 있다고 간주되었기 때문이다. 이것이 식민지 말기 조선영화를 해소하지 않았던

'조선 특수사정론'이라 말할 수 있을 것이다. 즉 1934~41년 조선영화의 존재는 조선총독부의 일방적 시혜에 의해 보존된 것도, 강압적 통제에 의해 말살된 것도 아니고, 여타 매체에 비해 매우 빠른 시일 내에 조선인의 일상과 감각에 영향력을 확보한 가장 대중적인 문화로서의 지위 때문에 생명력을 지니게 된 측면이 있다. 이 생명력은 때로는 통제책이 예기치 않게 열어놓은 가능성에 편승하고 때로는 본질적인 위기에 직면하면서 이어간 것이기에, 조선영화는 단 한 순간도 안정적인 정체성에 정박된 적이 없어 보인다. 그래서, 이 시기 조선영화에 대해 얘기한다는 것은 끊임없이 재정위되던 조선영화의 좌표들을 살펴보는 작업이기도 하다.

1) "국산영화"와 자기-종족지(auto-ethnography)

1934년 취체규칙은 영화의 정체성을 규정하는 데 처음으로 '국가'라는 범주를 도입함으로써, 조선영화의 위치를 "국산영화"와 종족지 언저리에 재정위하도록 만들었다. 이 통제책은 13개의 조항과 별도의 훈령을 통해 "외국영화"와 "국산영화" 사이를 구획화하고, "일본국민성에 배반하는 외국영화"의 상영비율을 제한하는 반면 "국산영화", "사회교화상 우량한 영화에 대하여는 보호하고 또 강제상영"하게 함으로써,[2] 조선영화에 있어서 처음으로 국적과 사회적 기능이라는 가치평가 기

---

2 「映畵取締府令」, 『朝鮮年鑑 : 昭和10年』, 573쪽.

준을 결합시킨다. 조선총독부는 이 제도가 일본(1937년 9월)보다 '먼저' 조선에서 시행되었음을 줄곧 강조하는데, 이화진은 이 취체규칙이 일본 제국을 통틀어 처음으로 시도된 "스크린 쿼터제"라 정의하며, 서양영화가 압도적인 비중을 차지했던 조선의 극장에서 일본영화의 영향력을 확대시키기 위한 것이었다고 말한다.[3] 하지만 의도했든 안했든, 영화에 '국가'의 범주를 도입함으로써 이 제도는 "국산영화"의 하위 범주로 일본영화와 더불어 '조선영화' 역시 호명하게 되었고, 그 사이에 놓인 경계를 모호하게 만드는 동시에 명료하게 만드는 효과를 초래했다. 즉 '국가'라는 구획화는 순식간에 "외국영화"를 경계 바깥으로 밀어내버리면서 경계의 내부, 즉 "국산영화"의 범주를 생산했으며, '조선영화'와 '국가'의 관계를 담론의 무대 위에 올려놓게 된 것이다. 이 제도가 조선영화 육성책이 결코 아니었음에도 불구하고, '국가'의 경계 외부가 아니라 내부로 위치지워지면서 조선영화는 일본영화와 불가피하게 경합 혹은 협상을 벌여야 했다. 외국영화가 사라져가는 조선의 극장에서 일본영화는 "국산영화"라는 이름으로 점유율을 높여갈 수 있었지만, 반대로 조선영화는 이제 일본영화와 마찬가지로 "국산영화"인 동시에 일본영화와는 차별화되는 특성을 지닌 종족영화[4]로서 조선만이 아니

---

3 이화진, 「두 제국 사이 필름 전쟁의 전야(前夜)―일본의 '영화제국' 기획과 식민지 조선의 스크린쿼터제」, 연구모임 시네마바벨 편, 『조선영화와 할리우드』, 소명출판, 2014, 185~225쪽.

4 본고에서는 이 시기 조선영화의 범주가 "국산영화"라는 보편적 개념과 동일시되는 동시에 변별되는 것으로 고안되었다는 의미에서, 즉 보편성과 특수성의 "역사적 공범성"(나오키 사카이의 용어로 하자면 "쌍형상화")를 부각시키기 위해 '종족영화'라 지칭한다. 본고와 비슷한 시기 조선영화의 로컬리티를 다루는 유승진의 경우 당시 조선영화가 "미국영화, 프랑스영화, 독일영화, 일본영화, 체코영화 등과 같이 '국제영화(international cinema)'라는 체제의 한부분을 담당하는 영화로서 상상되었다는 점" 즉 "국제영화라는 픽션적 장(場)" 내에서 상상되었다는 점을 감안하여 역시 "상상적 차원에서의 '내셔널 시네마(national cinema)'" 범주를 사용한다(유승진, 「보편으로서의 할리우드와 조선영화의 자기규정의 수사학」, 연구

라 제국의 영토 내에서 유통될 수도 있었기 때문이다.

1932년 조선의 극장에서 "외국영화"는 64%의 점유율을 차지했던 반면 취체규칙 시행 이후인 1935년 검열 비중에서는 33%, 상영비중에서는 27%를 차지함으로써, 이전과 확연한 차이를 보여주게 된다.[5] 1930년대 중반 수입영화의 대부분이 토키였던 반면 아직 변변한 토키를 생산하지 못하고 있던 조선영화의 상영 비중은 여전히 4%대로 미미했지만, 조선의 많은 영화인들은 "외국영화"의 지분이 줄어들면서 생산되게 된 스크린의 공백들이 일본영화와 더불어 조선영화의 몫으로 배당된 것이라 생각하며 조선영화의 장래를 밝게 전망하고 있었다. 이 낙관의 근거는 무엇보다 조선의 관객들이 지난 수십 년간 그래왔듯, 일본영화에 대해 갑자기 취미를 갖게 되지는 않을 것이라는 점이었고, 두 번째는 토키 시대의 영화란 언어의 문제와 직결되는 것이기 때문에 조선 관객에게는 조선어로 만들어진 조선영화가 필요할 것이라는 점이었다. 최장의 다음과 같은 관측은 이런 낙관적인 태도를 단적으로 보여준다.

조선영화취체부령은 조선의 영화제작기업에 확실한 장래성을 보장하고 있으며 금후 진전될 조선영화기업의 성황을 명백히 지시하고 있다. 이 취체령에 의해 금년부터 각 영화상설관은 1/3 이상의 조선산 또는 일본산 영화를 상영하

모임 시네마바벨 편, 위의 책, 227~263쪽). "'보편으로 환원되지 않는' 조선영화만의 미학적 특수성"이 갈등과 경합 속에 고안된 양상을 규명하고자 한다는 점에서 본고의 문제의식과 공유되는 측면이 있으나, 유승진이 보편/특수 인식의 "공범성"에 주목하기보다는 그 사이를 위계적 관계로 상정하면서 영화라는 매체의 (보편적) 특성상 그것을 극복할 수 있는 가능성을 모색하는 차원에서 "내셔널 시네마" 범주를 사용한다는 점에서 차이가 있다.

5   「映畵」,『朝鮮年鑑 : 昭和11年』, 491쪽.

도록 되었는데, 현재 조선인 상대의 각 극장에서는 조선영화의 공급이 근소하므로 그 대개를 일본내지영화로 충당하고 있다.

현재 조선에 있는 40여 관의 영화극장의 일선인(日鮮人) 관객별 숫자는 알 수 없으나 그 대부분이 조선인 상대로 경영되고 있는 것은 쉽게 추측할 수 있다. 극장에서 상영되는 일본 내지(內地) 영화가 조선인 관객에게 얼마나 많은 흥미를 주고 있는가는 일반 관중들이 잘 알고 있을 것이다. 일본내지 영화에 대한 조선인 관객의 취미는 과거 조선인 상대극장에서 전부 구미(歐美) 영화만을 상영하고 있었던 사실로 미루어서도 그 호오(好惡)를 판단할 수 있다.

현재 조선 영화는 조선인 관중이 절대로 요구하고 있고, 그 제작사업은 필연적으로 발전단계에 서 있다. 조선 영화는 금후 대중의 취미를 자극해 영화에 대한 관심을 촉진시킬 것이니, 일반 경비의 발전과 함께 조선 영화의 수요는 더욱 증가할 것이다. 우선 명년도에는 상기한 취체령에 의해 일약 1/2 이상 국산영화 상영규정이 실시될 것이니, 조선 영화의 공급이 막대하게 부족할 것이다. 이에 따라 그 제작 기업에 급속한 박차를 가하게 될 것이다. (…중략…)

발성영화에 있어서 민족어의 문제는 선진영화제작자들에게 상당한 곤란을 주고 있으며 그에 대한 방책을 여러 가지로 재고하고 있으나 아직 별로 성공한 예가 없다. 이 문제는 그네들의 어떠한 기술로도 영구히 해결되지 못할 것이다. (…중략…)

이리하여 금후 제작되는 조선 영화에는 조선의 자연이 그 배경일 것은 물론 조선인 감독이 절대로 필요하며 주연부터 엑스트라까지 그 전부가 조선인이 아니면 안 된다는 것이 이 방면의 평론가·기술자들의 합치된 이론이다. 이러한 **조선영화제작의 특수성**은 조선에 있어서 영화기업에 외지 자본의 투자를 불가능하게 하며 조선인 독자의 기업으로서 장래의 발전을 전망할 수 있다.(강조─인용자)[6]

좌로부터 〈나그네〉의 배우 문예봉, 감독 이규환, 이규환의 은사 스즈키 쥬키치(鈴木重吉)
(『매일신보』, 1936.11.29)

더욱이 이 시기는 일본의 영화산업이 포화상태에 달해 제국의 다른 영토, 즉 이제 열리기 시작한 만주와 조선으로의 확장을 꾀하던 때였고, 일본영화와 더불어 "국산영화" 내부에 자리를 차지하게 된 조선영화도 이 확장된 시장으로서의 국가, 즉 조선만이 아니라 내지와 만주까지 순환할 수 있는 일종의 통행증을 얻게 된다. 적어도 조선의 민간 영화사들이 제작에 대한 주도권을 상실하게 될 것이 확실시되는 1941년 말까지는, 중국 대륙을 염두에 두며 조선에 진출한 일본 대기업과 조선영화계는 경쟁관계라기보다는 공조관계를 도모했던 것으로 보인다. 일본의 자본 및 (특히 토키 관련) 기술과 조선의 에스닉한 소재가 결합하여 조선과 일본에서 성공했을 뿐만 아니라 유럽 등 해외에도 진출했던 〈나그네〉(이규환, 1937)는 이 공조의 이정표를 제시했다.

이런 맥락에서 조선영화인들이 모색했던 것은 두 가지로 요약될 수 있다. 하나는 '국가'라는 범주와 조선영화의 관계를 재정위하는 것이고, 다른 하나는 확장된 국가의 시장에서 유통될 수 있는 상품으로서의 가치를 확보하는 문제이다. 이 둘은 물론 맞물려 있는데, '국가'의 경계가 생성될 때 조선영화는 '조선적인 것', 즉 종족적 특수성을 구현하는

---

6   최장, 「영화기업의 장래」, 『조선일보』, 1936.6.20・23.

것이어야 경쟁력을 지닐 수 있었고, 그것이 국가-시장 내에서 유통되기 위해서는 상품으로서의 보편성을 획득해야 했기 때문이다. 이 시기 조선영화인들이 주장했던 "향토영화"와 '토키' 달성 문제, 그리고 '예술성' 획득 문제는 이 모색이 과거와는 다른 시간성과 공간성의 배치 속에서 고안된 것임을 보여준다.

2) "향토영화"

먼저 "향토영화"[7]에 대한 모색은 만주사변 이후 대륙으로 향하는 통로로서, 이후에는 대륙병참기지로서 조선의 지정학적 위치가 새삼 주목받게 된 사정과, 전쟁을 계기로 뉴스영화, 문화영화 등 영화의 보도적, 저널리즘적, 교육적 기능이 중시되던 맥락에서 시작되었다. 다시 말해 전쟁으로 제국의 경계가 확장됨에 따라 개방된 대륙, 나아가 아시아라는 시장은 조선영화가 '조선적인 것'을 구현하는 향토상품의 라벨을 획득할 필요성을 낳았고, 이국적인 풍물을 소개하는 뉴스영화와 같은 다큐멘터리 형식은 이와 호응했다. 전쟁과 다큐멘터리가 맞물리며 숱한 종족지가 생산된 것은 제1차 세계대전 즈음부터 전 세계에 나타난 현상이지만, 조선의 경우엔 1930년대 중반부터 일본 제국의 권역 내에서 적극적으로 자기-종족지의 생산을 모색하게 되었던 것이다.

---

7 이 시기 조선영화의 "향토색"에 대한 논의로는 이화진의 「식민지 영화의 내셔널리티와 '향토색'—1930년대 후반 조선영화 담론 연구」, 『상허학보』 13, 2004 참조.

일본내지에서 조선영화의 상연을 절대로 환영하고 있다. 여기에는 세가지의 좋은 이유가 있다.

첫째는 일본내지 영화는 전체적으로 내용 취재에 있어서 딜레마에 깊이 빠져 있기 때문에 새것을 욕구하는 관객에게 권태를 주는 이때에 아직까지 많이 대해보지 못한 조선영화는 기술적으로보다도 풍속과 에그소틱한 정서, 그리고 조선현실의 생활상태를 취재한 까닭에.

다음은 양화(洋畵) 수입금지로 전국적 배급부족이 한 개의 큰 원인이다. 양화가 자유로 수입될 때는 숫자상으로 보아 4할 이상이 양화로서 상설관의 상영프로를 채웠는데 그것이 중단되고 보니 일본내지의 촬영소의 제작능률이 갑자기 배상(倍上)이 되기는 절대로 불가능하므로 한 개의 영화가 기쁘고 좋은 것은 불문하고 우선 상영프로를 채우기 위해서라도 조선영화의 배급이 전국화했었다는 점이다. 이러한 유리한 정세는 과거의 조선영화의 제작비용의 5, 6배를 들여도 넉넉히 수지를 맞출 수가 있게 되었다.

셋째는 사변 이래 전국적으로 사상경향이 조선영화와 일본내지영화에 대한 선입견적 입장에서의 구별을 두지 않게 되어가는 듯하다. 즉 조선영화라고 해서 조선의 풍속과 생활을 그린 작품이라고 해서 배급에 대해 차이를 두지 않는다.[8]

"풍속과 에그소틱한 정서"를 조선영화의 유효한 전략으로 간주하는 이런 태도는 조선영화를 바라보는 조선 영화인들의 관점에 이전과는 다른 '또 하나의 눈'이 개재되기 시작했음을 말한다. 즉 다른 국가 혹은 민족과의 비교적 관계 속에서 조선영화를 바라보기 시작했다는 것, 조선 외부의 관객들이 조선영화를 바라보는 눈으로 조선영화를 바라보

---

8   유영삼, 「영화심정(2) 흑자(黑字)와 예술작품」, 『동아일보』, 1938.7.8.

기 시작했다는 것이다. 파티마 토빙 로니(Fatimah Tobing Rony)의 표현을 빌려 이 '또 하나의 눈'을 자기 자신이 보여지고 있다는 것을 아는 자의 눈("제3의 눈"[9])이라고 한다면, "향토영화"란 만주와 일본이라는 새로운 관객들의 시선을 조선영화인들이 전유하여 그 관객들의 시선에 부응하는 상품으로서 고안된 것이라 할 수 있을 것이다. 처음부터 수출을 염두에 두고 만들어지는 영화란 그렇지 않은 영화와는 다른 내용과 다른 형식을 요청하기 마련이다. 그리하여 조선영화사에서 처음으로 생겨난 이 '조선적인 것'에 대한 모색은 선험적으로 상정된 어떤 본질이나 정체성을 발현하는 문제가 아니라, 곧 외부(타자)의 시선을 발견하는 일이었다고 할 수 있다. 나오키 사카이의 번역론을 차용하자면 이런 내부의 정체성이란 구획짓기(bordering, 조선영화의 경우 '국가' 범주의 등장) 이전부터 존재했던 것이 아니라 구획짓기 행위에 의해 생산된다[10]는 것을 보여주는 사례인 것이다.

3) 토키

한편, 1930년대 중반에 조선영화가 극장에서 받아들여지기 위해서는 '토키'라는 상품형식을 확보해야만 했다. 아무리 조선인이 만든, 조선인이 등장하는 영화라 하더라도 이미 5년여간 세련된 서양 토키를

---

9 Fatimah Tobing Rony, *The Third Eye : Race, Cinema, and Ethnographic Spectacle*, Durham and London : Duke University Press, 1996, pp.4~13.

10 Naoki Sakai, "Theory and Asian humanity : on the question of humanitas and anthropos", *Postcolonial Studies* 13-4, 2010, pp.441~464.

관람해왔던 조선 관객들로서는 더 이상 조선 무성영화에 만족하지 않고 있었고[11] 만주와 내지의 관객들 역시 미숙한 토키에 대해 조선영화라는 이채(異彩)만으로 호응할 수는 없었기 때문이다. 이 시기 일본의 영화회사들이 조선영화계와 합작을 시도했던 것은 조선 및 만주 시장으로의 진출을 위해서였지만, 조선의 영화인들 입장에서는 시장 확보의 문제만이 아니라 토키 기술을 습득할 수 있는 좋은 기회라 여겨 여기에 호응했던 측면이 강하다.

> 그러니 조선에서는 토키가 초기이고 하니 누구보담도 앞서 토키에 관한 모든 기술을 섭취하는 것이 조선의 영화감독의 급선무이다.
> 현재 조선의 영화인의 인재(人材)로서는 도저히 훌륭한 토키는 절대로 제작될 수 없는 것이다. 그런 의미에 있어 나는 한사람의 토키 감독으로서의 완성된 기술자가 되려면 **일본 내지의 우수한 영화회사와 기술적 제휴를 당분간 하여 토키제작의 프로세스나마라도 완전히 해득한 후에** 조선토키를 제작하지 않으면 언제나 조선영화는 장난감에 불과할 것이다. (강조-인용자)[12]

그런데, 이때 일본 영화란 토키기술의 원천인 것이 아니라 원천의 대체재일 뿐이다. "외국영화"가 조선의 스크린에서 점차 사라져가는 상황에 대해 서광제가 보이는 비관적 태도는 이런 맥락에서 흥미롭다.

---

11 서광제는 "여름에 동복을 입으면 텁텁하고 더워 못견디듯이 젊은 제네레슌에 사이렌트는 벌써 환등과 같은 감을 주었다"라고 지적한다. 「영화의 원작문제」, 『조광』, 1937.7.
12 서광제, 「영화발성에 관한 각서 (하)」, 『동아일보』, 1938.5.24.

나는 외국영화 수입금지에 대하여 중대한 관심을 갖는 것은 **토키라는 것이 외국에서 발명되고 바야흐로 토키에 도전하고 있는 조선영화계에 좋은 교재가 없어지지나 않을까** 우려하기 때문이다. 일본내지의 영화계에 살펴보더라도 4사연맹과 동보(東寶)가 서로 인기배우를 뺏고 싸우는 통에 좋은 영화가 제작되지 못하는 것을 우려하는 인사가 많은 데다가 그보다 더 큰 경쟁상대인 외국영화가 전연 수입금지된다면 **일본내지영화의 질적 저하**는 물론 토키 초기 발전도상에 있는 조선영화계에도 큰 영향이 있을 것은 물론이다.

그러나 외국영화가 전연 수입되지 아니하면 자연 현재상설관에서들 국산영화를 드리채야 할 것이니까 조선영화가 많이 제작될수록 흥행으로나 기업으로나 성공할 것이라고 생각해서는 큰 잘못이다. 조선안에도 "영화를 보지 못하면 산보람이 없다"고까지 생각하는 시대적 모더니스트가 많다.

이 팬들은 오늘의 조선영화로서는 도저히 흡수시키지 못할 것이니 이러한 현상에 **과연 외국영화 수입금지로 인한 조선영화에 다량 생산의 조선영화가 갖인 자신의 예술성으로나 기술적으로나 기업적으로 성공할 것인가?** 금일의 조선 토키팬은 위에서 말한 고급팬이 절대다수이며 그전에 사이렌트의 저급영화 팬은 흥행극단의 연극팬으로 떨어지고 말았다. 이 고급의 토키팬 더욱이 우수한 외국영화를 상대로 보는 도시의 다대수의 양화팬을 현재의 조선영화를 접대하기에는 너무나 낯이 간질지 않을까? (…중략…)

조선의 영화예술가에게 특히 감독 절대의 생활의 안정을 주라. 그리고 그들에게 **넓은 세계의 예술을 구경할 기회를 주라.** 그래야만 조선에서도 훌륭한 영화가 나오리라는 것을 단언한다. 생활이 없는 곳에 예술이 없다.(강조-인용자)[13]

---

13 서광제, 「연예계회고-영화계의 1년」, 『동아일보』, 1937. 12. 16.

서광제는 조선과 일본에서 외국영화 수입을 제한한 정책이, 조선영화가 시급히 해결해야 할 토키 정착을 저해할 뿐만 아니라 일본영화의 질 또한 떨어뜨리게 될 것이라고 지적하고 있다. "우수한 외국영화"를 통해 고급한 감상안을 갖게 된 "토키팬"은 토키로 전환되지 못한 조선영화에 만족하지 못할 뿐만 아니라 일본영화 역시 외국영화를 대체하지 못하게 되리라는 것이다. 여기에서 주목할 것은, 토키라는 테크놀로지가 외국영화, 특히 구미영화를 통해 이미 전지구화, 보편화된 영화의 '형식'이 되어 있다는 점이다. 서광제는 외국영화를 "좋은 교재", "넓은 세계의 예술"이라 부르고 있는데, 이는 조선과 일본에서 시행된 취체규칙을 통해 외국영화를 대체할 것이라 기대되었던 "국산영화"의 정체성을 규정하는 조건이 바로 바깥의 "외국영화", 토키 기술이 앞선 구미영화라는 점을 지적하는 것이다. "외국영화"가 사라지는 일본과 조선에서 "국산영화"가 유통되기 위해서는 이미 외국 토키영화로 인해 형성된 관객들의 기대치, 즉 구미식 스탠다드를 충족시켜야 한다는 것은, "국산영화"란 그것을 제작한 인력과 자본, 혹은 그 내용 여하가 어떻든 기술면에서는 토키가 구미영화 수준으로 구현된 것이어야 함을 의미했다. 따라서 "외국 영화"는 정부의 주장대로 "일본정신을 저해하는", "우량"하지 않은 영화인 것이 아니라 이미 일본과 조선의 관객 및 영화인들에게 규범이자 모델이 되어 있었다. 토키는 각 국가와 민족에게 언어를 부여했는지는 모르겠으나, 더 근본적으로는 이미 스탠다드화된 테크놀로지로서 전지구적 보편성을 획득하면서 전 세계 관객들의 감각을 셋팅해 놓았던 것이다.

4) 예술성

이런 사정은 조선영화 앞에 던져졌던 또다른 과제, 즉 '예술성'의 획득에 대해서도 마찬가지였다. 조선영화인들은 조선을 종족지적으로 묘사하는 "향토영화"와 토키 테크놀로지의 결합을 목표로 거기에 매진했지만, 소재와 테크놀로지만으로는 달성될 수 없는 또다른 스탠다드, 즉 '예술성'을 획득해야 한다는 과제에 맞닥뜨린다.

우리는 덮어놓고 이출만을 생각할 것이 아니라 무엇보다도 영화제작상에 있어서 내지영화계와 조선영화계와의 현단계의 차이성과 발전과정의 특이성을 정확히 인식할 필요가 있다고 생각한다. 즉 내지영화계를 살펴보면 그곳은 자본주의적 자유경쟁에서 발달되고서 현금과 같은 공고한 시장성을 획득하였다고 볼 수 있다.

그런데 내지영화계에 있어서 그러한 지위와 내용을 조선영화계에서 구한다는 것은 무리라고 할 수밖에 없다. 또 그리고 현금 내지영화계에서 조선영화를 환영한다는 것은 (그 진의는 하여간) 전시하의 영화부족과 조선에 대한 정치적 관심 내지 문화적 관심에서이겠는데 그렇다고 해서 덮어놓고 조선의 특수성과 민족성이라 하여 농부의 생활이나 어촌의 생활만을 그려보내면 곧 싫증이 날 것은 뻔한 사실이다. 더구나 발성영화가 되면서는 영화라는 건 국제성을 잃었다. 훌륭한 외국영화도 언어 때문에 문제가 많은데 하물며 **예술성이 희박한 우리 영화**가 감상수준이 훨씬 높은 그곳 관중을 상대로써 어느 정도까지나 버티어 나갈지가 의문이다.[14]

---

14 임유, 「조선영화의 이출문제」, 『동아일보』, 1939. 2. 5.

그러나 조선영화사상 처음으로 제기된 이 '예술성'이라는 문제는 1930년대 중반부터 가장 뜨거운 논의의 대상이 되었던 만큼이나 모호하고 합의되지 않은 정치성과 결부된 것이었기에 별도의 고찰을 요한다. 1934년 취체규칙은 제작에 대해서는 어떤 가이드라인도 제시하지 않았지만 "우량영화", "우수영화"에 대해서 제도적 편의와 강제상영을 가능하게 하는 등 영화의 "사회교화"적 기능을 중시하는 영화관념에 기반한 것이었다. 흔히 일본의 영화통제책이 독일 나치의 영화통제책을 모방한 것이라고 하지만, 힐마 호프만(Hilmar Hoffmann)에 의하면 히틀러나 괴벨스는 영화를 결코 예술작품으로 간주하지 않았고, 무지한 대중을 현혹시키는 저급한 오락이라는 관념을 견지하고 있었다.[15] 반면 일본에서는 영화의 예술성 담론이 번성했으며, 영화인들은 정부의 영화통제책이 '드디어' 영화의 예술적 가치를 국가가 인증해주는 과정인 것으로 받아들였다. 조선에서도 1934년 취체규칙을 조선영화의 산업적 가능성을 열어놓는 것으로서만이 아니라 영화라는 대중매체를 '국가'에 의해 공인받는 계기인 것으로 인식하면서, 그 공인을 획득하기 위해서 '예술성'을 담지해야 한다는 논의들이 대두된다. 이때의 '예술성' 관념은 1940년 조선영화령 시기로 가면 영화를 "국가의 문화재"[16]와 동일시하는 태도로 이어지기도 한다.

다른 한편으로 '예술성' 논의는, 조선에서 영화의 정치적, 문화적 중요성이 커지고 산업화 가능성이 점쳐짐에 따라 영화를 단순한 상품이

---

[15] Hilmar Hoffmann, *The Triumph of Propaganda : Film and National Socialism*, Berghahn Books, 1996, pp.90~97.

[16] 오영진, 「조선영화의 일반적 과제」(『신시대』, 1942.6), 이경훈 편역, 『한국 근대 일본어 평론, 좌담회 선집-1939~1944』, 역락, 2009, 167쪽.

아니라 어떤 사상과 정신이 담긴 창작물로 간주하려는 시각이 대두한 것과 관련된다. 물론 1920년대에도 찰리 채플린이나 무르나우, 프리츠 랑, 에이젠슈테인, 푸도프킨 등 서양의 영화감독이나 에밀 야닝스같은 배우들은 '예술가'로 평가되었지만, 조선영화와 조선영화인을 대상으로 '예술성'의 잣대로 평가하려는 시도는 1930년대 중반 이후 급격히 증가한다. 토키 테크놀로지라는 구미 스탠다드가 이 시기 조선영화가 상품으로 유통되기 위한 물질적, 기술적 기반이 된 것처럼, 구미 영화가 갖고 있는 퀄리티와 미학, 정신적 가치 등도 요청되게 된 것이다. 여기에는 토키 이후 영화에서 문학적, 연극적 요소, 즉 다이알로그(대사)가 중요해짐에 따라 문인(文人)들이 영화에 다양하게 연루되던 상황도 관련된다. 즉 이미 '예술성'을 갖고 있다 여겨지던 기성 문화부문의 가치기준이 영화에도 적용되면서, 감독을 가리켜 "영화작가"라 부르는 명명법도 자리잡게 된다.

마지막으로 1930년대 중반 이후 '예술성' 논의는 이 시기 첨예한 과제였던 "기업화"의 문제와 언제나 짝을 이루어 전개되었고, "향토영화"와 토키 테크놀로지의 결합만으로는 해결되지 않는 '조선영화'의 정체성을 모색하는 개념으로서 제기되었다는 점에서 주목을 요한다. 많은 논자들이 지적했듯 이 시기 "기업화" 논의가 조선영화사상 처음으로 (대자본이 진출하여 토키 스튜디오를 갖추고 노동인력을 분화하는 등) 체계적인 영화 시스템을 갖추는 문제였다면, '예술성' 논의는 조선영화의 과제가 "기업화"에로만 집중되는 것을 견제하며 조선의 현실에 맞는 시스템과 미학을 고안할 것을 촉구하는 문제였다. 사실 이렇게 '예술성' 논의를 구미 혹은 국가가 마련해놓은 스탠다드의 관점(이 경우 조선영화는 언제나 스탠다드에 못미치는, 뒤처진 시간성에 놓인다)에서가 아니라 조선의 현실과의 관계 속에서 피력한 논자들은 극히 소수였지만, 첫째, 그간 자본주의적으로 "기업화"되지 않은(못한) 조선영화의 성격 자체를 조선영화의 특수한 시스템과 미학으로서 적극적으로 평가하려 했다는 점, 둘째, "향토영화"의 자기-종족지가 조선의 실상과 맺고 있는 관계를 비판하면서 "리얼리즘"을 제창했다는 점, 마지막으로 조선영화의 과거와 현재와 미래를 담지하는 주체로서 조선영화인의 예술적 "정신"을 촉구했다는 점에서 의미가 있다.

먼저, **기업적인 면에 있어서는 불우하고 예술적 면에 있어선 행복한 것이 조선영화인**이란 것을 우리는 널리 깨달아야 한다. 예술성을 조장도 하지만 그 발육을 억압도 하는 이중성격자인 현대의 영화기업체제에서 천연적으로 해방된 상태를 특성으로 하는 조선영화는 이 점에서 그것에 관여하고 있는 사람들로 하여금 자유의 아들들이 되게 하였고 공전의 혜택을 욕(浴)한 복받은 행복아의 자랑을 자각할 것이다. (…중략…)

조선영화의 비약이란 곧 조선영화인들의 자각에 있다. 그것은 또 조선영화의 리얼리즘 건의에 대한 기초정신이며 영화에 대한 영화 이전에 용의되어야 할 모든 것의 기본문제, 인텔리젠스의 공급과 배양도 이로부터 시작되는 것이다. 우리는 남보다 유독히 영화의 상품성에 조급하고 골돌할 필요도 없다. 따라서 이것은 **조선영화인의 입장에만 허흥된 광명의 일면**이다. (강조-인용자)[17]

---

17 김태진, 「조선영화의 비약」, 『동아일보』, 1940. 3. 13～28.

자본과 물질적 토대가 빈약하여 스튜디오 하나 설립하지 못한 채 주먹구구식으로 영화를 제작해왔던 지난 20여 년간의 조선영화를 "기업적인 면에서는 불우하고 예술적인 면에서는 행복"하다고 말하는 김태진의 이런 태도는, "전혀 자본의 원조를 받지 못한 대신 그의 폐해도 입지 아니했다"고 하며 이것이야말로 "내지와도 다른 조선영화의 특질"[18]이라고 말하는 임화의 관점과 매우 유사하다. 사실 조선영화 제작에 있어서 안정적인 자본과 합리화된 시스템이 갖추어지지 않았기 때문에 외국에 비해 감독이 창조적인 역량을 발휘할 여지가 많았다는 지적들이 있을 만큼,[19] 조선영화사는 물적 조건의 빈약함을 영화인들의 정열을 통해 극복하면서 진행되어 온 측면이 있다. 위에서 김태진은 이를 "자각"이라 표현했고, 임화는 영화인들의 주체적 정신, 즉 "영화를 자기 표현의 예술적 수단으로 형성하려는 정신"이라고 말한다. 김태진과 임화 모두 조선영화에서 "기업화"에의 지향이 정점을 향해 가던 시점에 시행된 조선영화령 국면이라는 "전환기"에 "조선영화의 근본적 성격", 즉 초창기부터 저류를 형성해온 특질을 밝힘으로써 그것을 "장래 조선영화의 가장 독자적인 성격 내지는 가치있는 요소"로 발전시킬

18　임화, 「조선영화론」, 『춘추』, 1941.11, 92쪽.
19　주영섭, 「조선영화전망」, 『문장』, 1939.4; 나웅, 「조선영화의 현상」, 『에이가효론[映畫評論]』, 1937.1. 한편, 일각에서는 미국이나 일본과 같은 스튜디오 시스템이 아니라 체코나 프랑스의 프로덕션 제작방식을 제안하기도 하는데(주영섭, 「영화수상」, 『동아일보』, 1938.7.1~2; 유영삼, 「영화심정(2)―흑자와 예술작품」, 『동아일보』, 1938.7.9), 특히 주영섭은 영화제작단체를 "인간(기술자)과 자본(생산기구)으로 조성된 영화기업단체"와 "영화예술가만으로 조직된 프로덕션"으로 나누면서, 국가의 통제 하에서 제작되는 소련, 독일이나 대자본 아래 집중된 제작단체에서 제작되는 영국, 미국, 일본이 아니라 "소자본의 분립 내지 인간(영화예술가)만의 조직체"가 제작하는 프랑스 등 약소제국[諸國]의 방식을 모델로 제시한다. 그것은 조선의 현실상 부득이한 것이기도 하지만, 무엇보다도 프랑스에서와 같은 프로덕션 제작방식에서("스펙타클로 장식한 아메리카의 백만불 영화보다") "걸작"이 생산되었기 때문이다.

것을 촉구하는 것이다.

그리고, 이 시점에 조선에서는 처음으로 '공식적인' 영화사가 생산되기에 이른다. 임화의 이름으로 발표된 「조선영화발달소사」가 그것인데, 조선의 영화 산업을 낱낱이 통계화하고 영화인들을 모두 국가에 등록함으로써 전면적인 통제의 대상으로 삼는 시각성의 정치학이 전면화하는 시기에 조선 영화의 과거와 현재를 정리하는 역사서술이 고안되고 실행에 옮겨졌다는 사실은 의미심장하다. 마치 1934년 취체규칙으로 인해 '국가'라는 경계가 고안되었을 때 '조선영화'가 탄생하고, '또하나의 눈'이 등장했을 때 '조선적인 것'에 대한 모색이 시작되었던 것처럼, 조선의 민간 영화 제작이 종말을 향해가는 순간 '조선영화사(史)'가 생산된 것이다. 1941년은 더욱이 조선에서의 영화 제작이 식민지정부와 조선군(軍)에 의해 주도될 것임을 예고하는 상징적 작품으로서 〈그대와 나〉(허영 감독)가 개봉한 때이기도 하다. 조선인 최초의 지원병 전사자 이인석의 죽음으로 시작되는 이 영화는 1941년 시점에 생산된 조선영화사의 '현재'와 '미래'로서 기록될 것인가. 만약 그렇게 된다면, 〈그대와 나〉 이전의 조선영화의 역사, 즉 조선인들의 손에 의해 제작된 조선영화의 역사란 〈그대와 나〉라는 목적을 향해 진보해온 균질적인 전사(前史)들로 환원되어 버릴 것인가. 마침 「조선영화발달소사」는 이렇게 조선영화의 위치가 또다른 좌표로 이동되기 직전이라는 "전환기"에 생산됨으로써 거기에 개재된 다양한 저자들의 목소리를 그대로 담고 있다는 점에서, 흥미로운 맥락을 보여준다.

2. '공식적인' 영화사 생산과 '고전'의 확립

1938년 즈음, 조선에서는 처음으로 조직적, 집단적인 차원에서 조선영화에 대한 자료수집과 고증, 그리고 영화사 기술 작업이 이루어진다. 조선영화의 과서를 돌아보며 현재와 미래를 신난하고자 하는 시도는 1925년부터 종종 있어왔지만, 개인적이고 단발적인 회고록을 지면에 발표하는 데 그치는 것이었다. 영화사란 한 개인의 힘으로 쓰여지기에는 매우 어려운 글일 것이다. 사적인 회고록이 아니라 국가/민족/종족 단위의 영화사를 기술하는 작업에는 자료를 수집하고 고증하는 조직 혹은 기관의 지원이 필요하다. 조선영화 제작의 초기부터 현장에 몸담아왔던 영화인이라 하더라도, 개인적인 기억에 의존하여 영화사를 서술하는 데에는 한계가 있었다. 더욱이 비(非)문자적인 문화 생산물을 보존하고 분류하는 공공 시스템이 부재했던 식민지에서라면, 영화사란 서로 어긋나는 개인적인 기억들이 계속 쌓여만 가는 기억의 더미에 머물 가능성이 높다. 실제로 1930년대 말에 이르기까지 산발적으로 제출된 개인들의 영화사는 조선에 영화가 처음 도래하던 상황이나 제작된 영화들에 대한 기억들이 논자들마다 상이하거나 충돌되는 일이 허다했다.[20] 여기에는 영화가 하나의 '보존'할 만한 문화적 산물로

20　이것이 반드시 부정적이거나 미흡하기만 한 것은 물론 아니다. 1938년 '조선일보사 영화제' 이전 산발적으로 출간된 영화사 혹은 회고의 기록들은, '사실' 차원에서는 부정확하다 하더라도 각기 조선영화의 역사를 어떤 방식으로 바라보고자 했는가 하는 태도를 선명하게 보여주는 미덕도 갖고 있다. 실제로 1930년대 말에 이르기까지 '최초의 조선영화란 무엇인가'에 대한 논의도 논자들마다 상이했는데, 이것은 단순히 기억의 정확성 문제가 아니라 조선영화에 대한 정의와 평가, 예컨대 연극과 접목된 연쇄극 필름을 영화로 볼 것인가, 조선인이

간주되지 않았던 상황과, 배급과 흥행의 측면만을 데이터화했던 식민지 정부의 통제 위주 아카이빙, 그리고 '검열'과의 관계 속에서 숨바꼭질하듯 영화 텍스트를 직조해야 했던 제작 상황 등이 맞물려 '조선영화'라고 하는 것의 존재를 독립된 심급으로 연구할 토대가 부재했던 역사가 작용했다.

수십 년이라는 짧은 역사이지만 그간 조선영화가 밟아온 도정을 자료의 수집과 고증을 통해 정리하는 작업이 처음으로 이루어진 것은 1938년 '조선일보사 영화제'를 통해서였고, 처음으로 '공식적인' 조선영화사가 마련된 것은 1941년 임화의 「조선영화발달소사」를 통해서였다. 이때 '공식적'이라는 것은 조선의 관객과 영화인들, 임화, 그리고 조선총독부가 이 영화사의 생산에 일종의 공동저자로서 작인(作因)이 되었다는 의미에서인데, 그 이유를 짚어보면 다음과 같다.

1) 기억의 공공화 – '조선일보사 영화제'(1938)

첫째, 민간언론과 조선영화인들의 조직적 활동에 의해 처음으로 관객들과 함께 '조선영화'에 대한 기억을 공유했던 1938년 '조선일보사 영화제'[21]가 이 영화사 생산의 발단일 뿐만 아니라 그 공유된 기억이 영

감독한 영화만을 조선영화로 볼 것인가, 자본과 기술면에서도 일본으로부터 '독립'한 작품을 조선영화로 볼 것인가 등 영화라는 집단적 산물에 대한 관점과 식민지 상황에서의 정체성에 대한 관념의 다양성을 보여주기 때문이다.
21 '조선일보 영화제'를 『조선일보』라는 언론미디어와 영화와의 관계 속에서 정리한 논의로 김승구의 「1930년대 『조선일보』의 영화 관련 활동」, 『한국민족문화』 36, 2010.3 참조.

'조선일보사 영화제' 첫날 상영되었던, 나운규의 유작 〈오몽녀〉(1937)
(『매일신보』, 1938.1.2)

화사의 내용을 이루었다고 보기 때문이다. 나는 조선 최초이자 최후의 영화제였던 이 행사의 가장 큰 의미는 그간 만들어진 영화들과 그것을 제작한 영화인들에 초점을 맞춘 '제작사(史)'를 정리했다는 데 있다고 본다. 조선에서 영화의 유통과 상영을 통제해 왔던 조선총독부에서도 조선인들이 만든 영화들의 프린트를 보존하기는커녕 그에 대한 리스트조차 정리해두지 않았던 것으로 보인다. 따라서 조선일보사와 영화인 조직이 1938년, 그간 제작된 조선영화의 프린트와 문서자료를 수집하며 또 유실된 자료에 대해서는 『조선일보』 지면을 통해 대대적으로 발굴을 시도함으로써[22] 마련한 리스트야말로 조선영화의 '제작사' 정

---

22 영화제 추진위원회는 다음 영화들에 대해서는 "스틸, 브로마이드, 스냅" 등 아무런 흔적도 찾을 수가 없으니 혹 소장하고 있는 영화애호가들은 연락을 바란다는 광고를 게재했다. 「영화 애호자에 고함」, 『조선일보』, 1938.11.18.

리에 기초가 되었다고 할 수 있다.

이렇게 조선영화의 '제작사'를 마련했다는 것은 한편으로는 조선영화의 정체성을 그 제작된 영화 텍스트 자체에서 찾고자 하는 시각을 보여주는 것이고, 다른 한편으로는 그것을 제작한 영화인들의 행위를 유의미한 창작 행위로서, 조선영화의 정체성을 형성해온 문화적 행위로서 가치부여하고자 하는 시각을 보여주는 것이다. 이 영화제를 맞아 조선영화인을 대표하여 안종화는 「20년 고투의 형극로—조선영화발달의 소고」[23]라는 글을 발표하는데, 이 글은 1925년, 조선영화에 대한 개관으로서는 처음으로 지면에 등장했던 이구영의 글과 공명하는 지점이 있다. 이구영의 글은 다음과 같이 시작한다.

우리에게는 영화사가 없다. 적어도 우리의 손으로 작품을 발표해보기도 2년 전이요 작품으로도 10여 편이 못된다. 그러면 내가 쓰려는 조선영화계의 과거사도 불과 2년 전이요 2년 후인 현재다. 사실 말하면 우리 영화계는 폐허다. 아니 처녀지다.[24]

서양에서 발명된 영화가 조선에 도래한 지 20여 년이 지난 후 쓰여진 이 글에서 이구영이 "우리에게는 영화사가 없다"고 말하는 이유는, 영화사란 곧 영화 '제작'의 역사라고 생각하기 때문이다. 실제로 이 글에

〈월하의 맹서〉, 〈해의 비곡〉, 〈비련의 곡〉, 〈신의 장〉, 〈동네호걸〉, 〈흥부놀부전〉, 〈나의 친구여〉, 〈멍텅구리〉, 〈암로〉, 〈먼동이 틀 때〉, 〈괴인의 정체〉, 〈홍련비련〉, 〈운명〉, 〈꽃장사〉, 〈회심곡〉, 〈도적놈〉, 〈딱한 사람들〉, 〈회고〉.

23 안종화, 「20년 고투의 형극로—조선영화발달의 소고」, 『조선일보』, 1938.11.20~27.
24 이구영, 「조선영화계의 과거-현재-장래(1)」, 『조선일보』, 1925.11.23.

서 큰 비중을 차지하는 것은 초기 서양영화의 수입 과정과 그에 대한 관람성을 설명하는 내용인데도, 이구영에게 있어서 이 "감상만의 시대"[25]는 영화사의 전사(前史)라는 의미만을 지니는 셈이다. 조선영화의 제작이 늦어졌을 뿐만 아니라 양적으로도 빈약하게 출발했던 이유를 이구영은 자본의 부족과 영화 사업가의 부재에서 찾는데, 이러한 환경은 식민지 시기 내내 조선 영화인들을 괴롭혔던 것이기도 하다. 제작보다는 흥행을 중심으로 운영되던 조선영화산업에서 체계적인 프로덕션을 통한 조선영화의 생산은 어려웠고, 자본주의 변덕이나 즉흥적인 기획에 휘둘리며 졸속으로 만들어진 작품들의 질은 향상되기가 어려웠다. 이구영의 글 이후에 발표된 개인적인 영화사들[26]은 한결같이 이런 시스템의 결여를 조선영화의 문제점으로 지적하면서도, 열악한 환경 속에서 영화 제작을 멈추지 않았던 영화인들의 "고투"에 경의를 표하기도 한다. 자본과 시스템이 부재했던 조선영화계에서 유일한 자산이란 영화인력 뿐이었다고 보기 때문이다. 이제 조선영화 제작이 활기를 띠고 내지와 만주로까지 진출을 꿈꾸는 1938년 상황에서 조선 영화

---

25 임화, 「조선영화론」, 『춘추』, 1941.11, 84쪽.
26 '조선일보사 영화제' 이전까지 조선의 지면에 발표된 영화사 혹은 회고록은 현재까지 확인된 바 다음과 같은 것들이다.
　　이구영, 「조선영화계의 과거-현재-장래」, 『조선일보』, 1925.11.23~12.15; 「조선영화계 현상」, 『동아일보』, 1927.11.16~17; 「동트는 조선영화계」, 『매일신보』, 1927.10.20~28; 심훈, 「조선영화총관-최초 수입 당시부터 최근에 제작된 작품까지의 총결산」, 『조선일보』, 1929.1.1~4; YY생, 「여우(女優) 언파레이드 영화편-영화 10년의 회고」, 『동아일보』, 1931.7.22~8.2; 윤백남, 「조선영화사 만화」, 『신흥예술』 창간호, 1932.5; 손위빈, 「조선영화사-10년간의 변천」, 『조선일보』, 1933.5.28; 「현대 조선 원조이야기-그것은 누가 시작하였던가?」, 『매일신보』, 1936.1.7; 백야생, 「조선영화 15년」, 『조선일보』, 1936.2.21~3.1; 「우리들의 혈한 개척자들」, 『조선일보』, 1938.1.3; 안종화, 「탄생된 지 불과 50년, 지금은 오락의 왕좌」, 『매일신보』, 1938.5.5.

'제작사'를 마련하며 안종화가 과거 20년간 끊임없이 영화를 제작해 왔던 영화인들의 노력을 "형극로"라 표현하며 감회에 젖는 것은, "우리에게는 영화사가 없다"던 이구영의 13년 전 한탄에 대한 때늦은 화답처럼 보인다.

'조선일보사 영화제'의 또다른 의미는, 조선 관객들과 함께 조선영화 작품들을 대상으로 한 집단적인 '기억의 공동체'를 형성했고 그 중심에 나운규와 그의 〈아리랑〉(1926)을 놓음으로써 조선영화의 '고전'을 마련했다는 데 있다. 실제로 이 영화제는 바로 전해 여름 세상을 떠난 나운규의 추도제였다고 해도 과언이 아니다. 관객 투표를 통해 "조선영화 베스트 10"(무성, 유성)을 선정하는 이벤트를 하고 그 상위 3편씩을 재상영했는데, 화제의 중심은 유성영화가 아니라 무성영화들, 그중에서도 상위 3편 중 2편을 차지한 나운규의 영화들이었다. 유성영화 베스트 3 중에도 나운규의 유작 〈오몽녀〉(1937)가 선정되었으니, 이 영화제 기간에 상영된 6편의 영화 중 반수가 나운규가 제작하거나 출연한 영화였던 셈이다.[27] 1938년 당시 조선영화계가 토키로의 전환에 박차를 가하고 일본 유수 영화사들과의 합작과 수출 등 제2의 전성기를 맞이하는 흥분에 싸여 있던 분위기를 감안할 때, 이 영화제에서 십여년 전 나운규의 무성영화들을 소환하며 추도의 공감대를 형성했다는 사실은 흥

---

27 이 투표에는 총 5천여 명이 참여했으며, 각기 무성영화와 유성영화 3편씩을 적어내는 방식으로 이루어졌다. "베스트 텐"으로 선정된 작품들은 다음과 같다. 무성영화는 1위 〈아리랑 전편〉(4,947표), 2위 〈임자없는 나룻배〉, 3위 〈인생항로〉, 4위 〈춘풍〉, 5위 〈먼동이 틀때〉, 6위 〈청춘의 십자로〉, 7위 〈세동무〉, 8위 〈사랑을 찾아서〉, 9위 〈풍운아〉, 10위 〈낙화유수〉(차점 〈철인도〉). 유성영화는 1위 〈심청전〉(502표), 2위 〈오몽녀〉, 3위 〈나그네〉, 4위 〈어화〉, 5위 〈도생록〉, 6위 〈홍길동전 후편〉, 7위 〈장화홍련전〉, 8위 〈미몽〉, 9위 〈아리랑고개〉, 10위 〈한강〉(차점 〈춘향전〉). 「명화 '베스트 텐' 당선」, 『조선일보』, 1938.11.23.

미룹다. 〈아리랑〉 등을 다시 보며 "고인(故人), 스크린에 생동"[28]이라고
했던 이 영화제의 아나크로니즘은, 무성영화 시대를 장식한 〈아리랑〉
과 나운규를 이미 극복된, 낡은 유물로 간주하는 것이 아니라 현재 유
성영화기로 진입한 조선영화를 있게 만들었던 '고전'으로 추대하는 인
증의 의미가 있었다고 해야 할 것이다.

임화가 「고전의 세계, 혹은 고전주의적인 심정」에서 "유물"과 "고전"
을 구별한 논리에 의하면, 〈아리랑〉 등 나운규의 작품은 과거의 것이
현재 가운데에 흡수되고 부정되는 연속적인, 발전의 시간성 속에 놓인
"유물"이 아니라, 독립한 의미와 가치를 갖고 있는 채 현재에도 존재하
는 비연속적인, 독창의 시간성 속에 있는 "고전"이다. 임화는 전자의 시
간성을 정치와 기술에 통용되는 것으로, 후자의 시간성은 문화와 예술
에 속하는 것이라 말한다. 그리고 어떤 것을 "나의 고전"으로 받아들인
다는 것은, "특수한 풍토, 고유한 민족 가운데 나서 독자의 사고와 감수
(感受)의 양식 가운데 안아졌음에도 불구하고 보편적인 것으로 세계와
영원 가운데 나아가서 독립한 것"이라는 인증 행위이다.[29] 즉 〈아리
랑〉과 나운규를 '고전'으로 추대한 것은 영화라는 매체가 과거의 것들
을 연속적, 단선적 시간성 속에 해소해 버리면서 진보하는 정치나 기술

---

28 영화제 기간 동안 '베스트 3'에 선정된 무성영화 한편과 유성영화 한 편씩을 묶어 상영했는
데, 첫날은 〈아리랑〉과 〈오몽녀〉가 함께 묶임으로써 나운규의 영화 두 편이 상영되었다. 이
첫날 분위기를 전하는 기사는 다음과 같이 말하고 있다. "맨처음에 상영된 영화 〈아리랑〉에
미쳐서 날뛰는 영진으로 분장한 옛사람의 얼굴이 스크린에 나오자 관중은 박수로서 추도의
뜻을 표하고 긴장과 감격 가운데서 성동호, 윤화 양씨의 해설로 끝난 다음 나씨의 감독 작품
인 발성영화 〈오몽녀〉가 끝나고」, 「고인, 스크린에 생동—만당(滿堂) 관중 숙연 감상」, 『조
선일보』, 1938.11.27.

29 임화, 「고전의 세계, 혹은 고전주의적인 심정」, 『조광』, 1940.12(임화문학예술전집 편찬위
원회 편, 『임화문학예술전집 2—평론 2』, 소명출판, 2009, 278~289쪽).

에 속하는 것이 아니라, 현재(와 미래)에도 독자적인 가치를 지니고 존재하는 문화와 예술의 영역에 속한다는 것을 공적으로 확증하는 이벤트였다고 할 수 있고, 다른 한편으로는 조선이라는 특수한 상황에서 창조되고 향유된 작품도 보편적인 의미를 갖는 것일 수 있다는 공감대를 형성한 이벤트였다고 할 수 있다.

이렇게 식민지 시대 최초이자 최후로 조선 관객과 영화인들이 형성했던 단발적인, 그러나 대규모적인 기억의 공공화는 임화의 「조선영화발달소사」에 그대로 반영된다. 영화제를 통해 수집, 정리된 조선영화 자료와 그 '제작사'에 초점을 맞춘 이벤트는 조선영화사를 제작의 역사로 서술하는 데 수렴되고, 나운규의 〈아리랑〉을 '고전'으로 추대한 대규모 추모행사는 조선을 대표하는 무성영화로 이 작품을 자리매김하는 것으로 반영된다. 이것은 임화의 「조선영화발달소사」가 임화 개인의 관점이나 취향만을 반영한 저작이 아니라 1938년 영화제에서 집대성된 자료와 기억의 종족적 집단화를 대표 집필한 저작이라는 것을 말해준다.

그러나 여기에는 대표저자로서 임화의 이론화 작업이 개재되어 있다는 점 또한 잊지 말아야 할 것이다. 일단 임화가 조선영화의 제작사, 즉 생산된 텍스트를 중심으로 영화사를 서술할 때 방법론이 되는 것은 크게 세 가지라 할 수 있다. 하나는 영화가 독자적이고 자율적인 매체로 성립해가는 과정을 추적한 것, 두 번째는 조선영화 제작산업의 특수성을 밝히는 것, 마지막으로는 "예술성과 기업성"의 통합을 강조하며 나운규의 〈아리랑〉(무성)과 이규환의 〈나그네〉(유성)를 '고전'으로 자리매김하는 것이다. 그리하여 조선의 영화사란 연극과 같은 여타 매체의 보조 역할을 하던 것(연쇄극)에서 스스로 완결된 텍스트로 변화해 온 것이며, 관청의 선전수단이었던 것에서 벗어나 자기목적적인 텍스트로 진화해 온 것이 된다. 이런 관점에 의하면 조선에서 최초로 제작된 영화가 연쇄극 〈의리적 구토〉(1919)라는 사실 자체가 중요한 것이 아니라 "완결된 형태의 영화"로서의 출발(〈춘향전〉(1923))을 무엇으로 볼 것인가가 중요해진다. 또 산업적으로는 단발적인 프로덕션의 난립 상태를 거쳐 체계적인 시스템을 갖추는 도정에 놓여있지만, 1941년 현재 조선 영화인들을 사로잡고 있던 "기업화"에의 열망이 오해하듯 조선영화산업이 원시적인 수공업단계를 거쳐 산업화 단계로 진입한 것이 중요한 것이 아니라 그것이 "예술성"의 획득과 어떻게 통합하느냐가 중요한 것이다.

2) '합작'으로서의 영화사

둘째, 임화의 「조선영화발달소사」를 최초의 '공식적인' 영화사라 지칭하는 이유는 이외에도 이 글이 집필, 출간된 맥락이 중일전쟁기 조선 영화령 실시를 분기점으로 하여 새로운 영화, '신체제' 하의 영화로서 조선영화의 정체성과 역할에 대해 논의하는 두 차례 『삼천리』 특집과 관련되고 1941년 11월, 대륙문화협회전무이사이자 이치카와 영화경제 연구소장이었던 이치카와 사이[市川彩]가 펴낸 『아시아 영화의 창조와 건설』에 이 글이 「조선영화사업발달사」의 일부로 수록되기 때문이다. 「조선영화발달소사」는 1941년 6월 『삼천리』의 「조선영화인협회 결성기념 '영화문화와 신체제', 특집에 발표되는데, 이 글은 1940년 5월 삼천리사에서 대대적으로 기획한 「'조선문화와 산업' 지상(誌上) 박람회」[30]에 「문화편」, 「지원병편」과 더불어 무기명으로 실린 「영화편−조선영화발달사」를 약간 수정한 채 임화의 이름으로 재출간한 것이다.

1940~41년은 조선영화령의 시행으로 조선영화의 제작 통제라는 새로운 국면을 맞아 조선영화의 존재가치가 시험대에 오르고, 통제를 위해 조선영화의 모든 사항이 낱낱이 가시화되고 국가에 등록되는 상황이었다. 이치카와 사이의 『아시아 영화의 창조와 건설』의 참고목록에는 조선 관련 자료로 "조선총독부 편 「조선총독부 자료」(1939·1940년도)"가 제시되어 있는데, 이즈음 조선총독부가 조선군보도부, 키네마순보사, 조선영화인협회와 함께 '영화문화전람회'를 주관하고 영화문화강습회, 영화연구회를 개최하여 이치카와 사이가 '동아의 영화정책에 관해서'라는 제목으로 강연을 한 것 등을 염두에 둘 때, 1940년 「조선영화발달사」는 애초부터 이치카와 사이의 『아시아 영화의 창조와 건설』에 수록될 조선총독부의 자료로서 조선총독부의 위촉에 의해 집필되었을 가능성이 크다. 이 문제는 이 시기 임화가 고려영화사에 문예부 촉탁으로 있었으며 고려영화사 사장이었던 이창용이 설립한 '조선영화문화연구소'에 관여하고 있었다는 사실과 관련하여 좀 더 흥미로워진다.

30 "삼천리사 편집국 편"으로 되어 있는 이 "지상(誌上)특집"의 목록을 소개하면 다음과 같다. 제1편 시국편(반도출신 귀중양원의원(貴衆兩院議員) 회담), 제2편 지원병편(이광수의 「지원병훈련소 방문기」 포함), 제3편 문화편(신문과 잡지, 도서관과 장서, 출판사, 박물관, 서원), 제4편 영화, 연극편(조선영화발달사, 조선영화제작총람, 1년간 연극, 영화 관람객과 입장료, 조선내 주요 영화사와 제작소, 조선내 주요 연극장과 정원, 조선주요 연극단체와 배우인명, 조선내 주요 레코드 제작사 일람), 제5편 조선 13도의 물산과 문화편(경기도의 생율과 고려인삼 등, 충청도의 부여신궁, 고려호도 등, 전라도의 쌀, 제주해녀, 조선지 등, 경상도의 경주고적 등, 강원도의 소, 금강산 등).

1930년대 후반부터 내지와 대륙을 누비여 영화 사업을 벌여온 수완가 이창용의 경력상 조선영화문화연구소는 조선총독부와의 밀착관계 속에서 조선 영화사와 산업의 조사, 정리 작업을 진행해 왔을 것이라는 짐작이 가능하며, 고려영화사에서 1940년부터 일하기 시작했던 임화가 「조선영화발달사」의 집필로 이 작업에 관여하기 시작했다고 볼수 있기 때문이다.

즉 1938년 '조선일보사 영화제'를 통해 처음으로 수집, 정리된 조선 영화 '제작사'는 조선총독부가 통치기간 내내 집적했던 각종 데이터와 결합하고 또 조선영화인협회 및 조선영화문화연구소의 연구 작업에 흡수되는 한편 조선총독부의 위촉 및 승인을 통해 1940년 「조선영화발달사」를 마련하게 되었고, 이 영화사가 1941년 임화의 이름으로 재출간되는 동시에 『아시아 영화의 창조와 건설』에 재수록된 것이라 할 수 있다. 따라서 1941년 임화의 「조선영화발달소사」는 조선영화 제작사와 인력을 심사하고 등록시킴으로써 통제의 대상으로 삼는 식민지 정부의 시각성의 정치학과, 제국 내에서 종족 문화의 존재의의를 부여잡으려 했던 조선영화인들의 합작(collaboration)의 결과라 말할 수 있을 것이다. 1940년 『삼천리』의 「조선문화 지상(誌上) 박람회」 특집의 편제가 보여주듯, 조선 13도의 물산인 고려 인삼, 금강산 등과 더불어 이채를 띤 조선영화의 존재가 시각화되는 방식은 일본 제국의 보편성을 강화하는 동시에 제국 속으로 해소될 수 없는 조선 문화의 유동적인 정체성을 강변하는 효과를 낳기도 한다. 이 합작이 물론 제국 / 식민지라는 불균등한 힘의 배치를 은폐하거나 간과하지는 못할 것이다. 그러나 제국의 영화통제책에 의한 식민지 문화의 "말살"이라거나 그 통제에 대한 피식민자들의 "협력"이라는 이분법적 틀로서는 이 시기 '조선영화'를 둘러싸고 벌어졌던 다양한 길항과 타협, 나아가 적대가 갖는 창조적인 성격[31]을 설명하기 어렵다. 임화가 '조선영화'의 개념이란 고정된 것이 아니라 "만들어나가는 것"[32]이라고 주장했듯, 어쩌면 당시 조선영화인들은 고정된 정체성에 '조선영화'를 정박시키기보다는 끊임없이 그 내포와 외연을 유동시키면서 '조선영화'의 자리를 생산해 나갔는지도 모른다.

3) 임화의 저자화(author-ization)

조선의 영화사 생산에 작용했던 이 여러 가지 벡터들, 즉 '조선영화'의 존재의의를 둘러싸고 일본제국의 저널리스트 이치카와 사이, 조선

---

31 레이 초우는 이질적인 문화끼리 대면할 때 생겨나는 "스테레오타입"이 중요한 이유는 그것이 풍부하고 이질적인 의미들을 고정화시키기 때문이 아니라 오히려 때로는 통용되지 않는 과잉의 지점까지 의미를 밀고 나감으로써 매우 다양하고 모순적인 경계들을 생산해 내는 창조성을 보여주기 때문이라고 말한다(Rey Chow, "Brushes with the-Other-as-Face : Stereotyping and Cross-Ethnic Representation", Paul Bowman(ed.), *Rey Chow Reader*, Columbia University Press, 2010, pp.48~55). 예컨대 「조선문화 지상(誌上) 박람회」에서 제시되는 숱한 종족지적 스테레오타입들은 그것이 '조선문화'를 경직된 경계 안에 가두기 때문이 아니라 제국의 시선을 경유, 전유하며 '조선문화'라 정의되는 표상 및 아이템들을 끊임없이 생산해내는 과정의 산물이기 때문에 문제적이다. 영화에서의 자기-종족지 전략이 생산한 모순과 과잉들(〈나그네〉의 아류작들부터 식민지 말기 선전영화에 이르기까지)에 대해서도 그것이 고정시킨 것보다는 생산하고 창조해낸 것들(그래서 마침내 정치적인 기능을 수행하는 것들)에 더 관심을 기울여야 하는 것도 이 때문이다.

32 "임화는 민간 조선영화사가 국영회사로 통폐합되는 시기에 발표한 마지막 영화평론에서 "국민적 영화"라는 것의 성격은 고정된 것이 아니라 만들어나갈 수 있는 것이며 그것은 "예술로서의 조선영화의 성격"을 모색함으로써 해결해야 한다고 강변한다", 임화, 「조선영화론」, 『매일신보』, 1942.6, 28~30쪽.

총독부, 조선영화인들, 그리고 임화 사이에 이루어졌던 이 합작은 물론 제국과 식민지라는 힘의 (불)균형 속에서 이루어진 것이었고, 특히 이치카와 사이의 『아시아 영화의 창조와 건설』은 그것을 극명하게 보여준다. 『아시아 영화의 창조와 건설』의 리저널리즘의 의미에 대해서는 다음 절에서 살펴보기로 하고, 여기에서는 조선영화사 생산에 관여한 집단적 저자들, 즉 제국과 식민지 정부, 식민지 영화인들이라는 다중의 저자들 사이에 임화라는 개인의 이름이 기재되었다는 사실에 대해 잠깐 덧붙이자. 왜 '조선일보사 영화제'를 맞아 대표로 영화사를 쓰기도 했고 영화인협회 회장이기도 했던 안종화가 아니라 시인이자 문학평론가인 임화가 저자로 이름을 올린 것일까.

물론 임화는 1926년부터 영화평론을 발표했으며 1930년에는 일본 프롤레타리아 영화잡지 『신코에이가』에 조선영화사를 쓰기도 했고 1928~36년 사이 배우로 활동했던 만큼, 영화사를 집필하기에 자격이 부족했다고 말할 수는 없을 것이다. 그러나 1938년 영화인들이 대대적으로 참여했던 '조선일보사 영화제'에 임화는 관계자로 참여하지는 않았고 '조선일보사 영화제'를 즈음하여 조선영화계의 대표적인 전승자, 발화자로 떠오른 것은 단연 안종화였다. 더욱이 안종화의 기억과 회고는 '조선일보사 영화제'를 기화로 마련된 아카이브와 궤를 같이 하는 것이었기 때문에, 그는 기억과 자료의 담지자로서 대표성과 권위를 갖고 있기도 했다. 무엇보다 안종화는 조선영화령 시행을 맞아 조직되었던 '조선영화인협회'의 회장을 맡았던 반면 임화는 이 단체에 가입하지 않고 '조선문인협회'의 임원으로 등록되어 있었다. 즉 최초의 공식적인 영화사를 집필한다면, 그것은 임화가 아니라 안종화인 편이 자연스러웠던 것이다.

그러나 임화가 1940년 고려영화사에 입사하여 조선영화문화연구소의 촉탁으로 일하던 중 '공식적인' 조선영화사의 저자로 등재된 맥락은, 1930년대 중반 이후 조선총독부가 영화통제정책을 통해 강조하고 조선영화인들이 호응했던 조선영화의 질적인 향상, 즉 '문학'으로 대표되는 예술적 지위의 확보[33]라는 과제 속에서 이해되어야 한다. 조선을 대표하는 문학이론가이자 '문화계 인사'로서 임화의 위상은, 상업주의에 물들고 교양을 갖추지 못했다고 비난받았던 영화인들에 비해 조선영화사의 저자로서 추천되기에, 즉 저자로서의 권위를 부여받기(author-ized)에 가장 적합했는지도 모른다. 조선영화령 공포로 조선영화의 존재가 '전환기'를 맞았다고 판단하여 그 자신의 영화평론들 중 가장 중요한

---

33 이런 맥락에서, 일반 관객들이 투표하여 '베스트' 조선영화들을 선정했던 '조선일보사 영화제'와 달리 18명의 문인들이 부여한 점수를 근거로 조선영화, 내지영화, 서양영화 각 10편씩을 선정한 1941년 6월호 『삼천리』의 「영화문화와 신체제」 특집은 흥미롭다. 임화를 비롯하여 채만식, 백철, 이효석, 김동환, 안회남, 이용악, 정인택, 최정희 등이 개별 영화들에 10점 만점을 기준으로 부여한 점수들이 모두 공개되어 있다는 사실은, 당시 영화의 '질'을 평가하는 데 있어서 영화인들보다는 문인들의 견해(점수)가 매우 공신력을 갖고 있었음을 보여준다. 또 영화제목과 숫자만 도표화되어 있는 이 "채점록"에는 조선영화에 대해서는 절대평가가 아니라 "조선영화의 수준에서 채점하기로 함"이라는 단서가 달려있어, 서양영화와 내지영화는 절대평가가 가능한, 즉 스탠다드를 충족시키는 영화들인 반면 조선영화는 열등한 수준이라고 하는 위계화의 구조도 보여준다. 좀 더 흥미로운 것은 이 채점록이 공개됨으로써 조선의 문인들은 자신들이 심판자로서의 문화적 위상을 갖고 있다는 걸 드러낼 뿐만 아니라, "내지영화"에 대한 자신들의 인지도 및 취향 또한 공개하고 있다는 사실이다. 이 문화적 인증 행위에 "내지영화"를 포함시키는 것이 이 문인들의 의사에 의한 것인지는 알 수 없으나, 이들이 (서양영화나 조선영화에 비해) 얼마나 많은 내지영화를 보았는가, 일본 문부성에서 '추천'한 영화들에 대한 이들의 평가는 어떠한가 등등 결코 문화적이라고만은 할 수 없는 자신의 '취향'을 고백하거나 오히려 심사당하는 것처럼 보이기도 한다. 한편, '조선일보 영화제'에서 무성영화 베스트 3가 〈아리랑〉, 〈임자없는 나룻배〉, 〈인생항로〉, 유성영화가 〈심청〉, 〈오몽녀〉, 〈나그네〉 순서였다면, 무성과 유성 구별없이 부여한 문인들의 점수를 합산했을 때 최고점수를 받은 것은 〈아리랑〉(유일하게 베스트 10에 든 무성영화이다), 그다음은 〈여로(나그네)〉, 〈한강〉 순이다.

글들(「조선영화론」(1941), 「영화의 극성과 기록성」(1941), 「조선영화론」(1942))을 발표하며 개입을 시도했던 영화광 임화 역시, 조선영화인들의 집단적 목소리를 대변하여 조선영화사의 저자로서 기꺼이 이름을 내걸었을 것이다.

이 '공식적인' 조선영화사는 그래서, 전쟁기 조선민중을 통제하기 위해 조선영화의 영향력을 활용하고자 했던 식민지 정부의 정책과, 그 정책을 전유하며 조선영화의 자리를 박탈당하지 않으려 했던 조선영화인들의 노력, 그리고 조선의 특수성을 표현하는 매체로서 조선영화의 문화적 중요성에 주목하여 문학의 기득권을 활용하고자 했던 임화의 개입이 (불)균형한 상태로 합작하여 창출해낸 기록인 셈이다.

3. '아시아 영화'와 조선영화

일본에서 중국 등 아시아 국가의 영화에 대한 정보가 거의 존재하지 않던 시절에 아시아 각국의 영화 현황을 기록한 이치카와 사이의 앤솔로지『아시아 영화의 창조와 건설』은, 일본의 식민지 경영을 위해 대대적으로 아시아의 영화산업, 제도, 그리고 역사를 조사하는 맥락에서 기획되었다. 일찍이 "영화사업"의 관점에서 아시아의 영화산업에 관심을 갖고 있던 저널리스트 이치카와 사이는『국제영화연맹』,『국제영화신문』 등을 발간하며 1920년대부터 조선과 중국 등을 방문했고, 중일전쟁 발발 후 특히 중국에 관심을 갖게 되어 일년 중 1/3의 기간을 중국에 머물기도 했다. 『아시아 영화의 창조와 건설』에서 그는 영화산업이 발달하지 않은 여타 아시아 국가와 달리 전 세계의 화교 체인을 기반으로 유럽에까지 영화를 소개하고 있던 중국을 파트너로 삼아 일본이 주축이 되어 새로운 아시아 문화를 창조하자는 전망을 보이고 있다. 1933년 '영화국책제안'에 연명하면서 적극적으로 영화통제에 참여했던 이치카와 사이가 일본의 진주만 공습 직전 출간한 이 책이 전시광역권론의 구상과 공명하고 있었음은 물론이다.

특히 앤솔로지는 전시기 일본 제국주의가 생산한 광역권론, 즉 일본의 팽창과 함께 아시아 각 민족의 해방, 공생을 주창하는 이념이 공간적, 시간적으로 구현된 형식이다. 요네타니 마사후미(米谷匡史)[34]는 전시광역권론은 반제, 민족운동 등 동아시아에서 일어났던 저항을 극복하고 일본의 세력권을 재정의하려는 시도로 제출된 것이라고 말하는데, 일본 제국주의에 의한 지배영역의 확대가 식민지화의 형식이 아니라 거꾸로 아시아 각 민족의 해방, 공생으로 변증(弁証)된 것이 이 논의라는 것이다. 일본은 만주사변 이후 만주에서부터 중국 점령지, 나아가 동남아시아로 세력권을 확대해 가지만, 영토로서 병합한 것이 아니라 '만주국', '중화민국'(왕징웨이 정권), 필리핀, 미얀마(버마) 등의 독립, 발전을 지원하는 형식을 취한다. 실질적으로는 일본이 점령, 지배하며 군사, 정치, 경제적으로 영향을 끼치지만, 이 국가들이 독립국가라는 형태를 취하고 맹주인 일본과 연합해 나아가는 형식으로서의 '동아신질서', '대동아공영권'

---

34 요네타니 마사후미, 조은미 역, 『아시아/일본—사이에서 근대의 폭력을 생각한다』, 그린비, 2010, 148~190쪽.

을 구상하면서, 아시아 각 민족의 해방, 공생을 실현할 것을 주창했다는 것이다. 피터 두스(Peter Duus)는 이렇게 형식적으로는 식민지화, 영토 확장을 하지 않으면서 실질적으로는 세력권을 확대해가는 제국주의 방식을 "식민지 없는 제국주의(Imperialism without colonies)"라 말하는데, 일본의 경우 만주사변 이후에 이런 제국주의 형식을 취하기 때문에, 오래된 식민지였던 조선과 타이완은 이미 주권과 독립을 이미 빼앗긴 것으로 간주한다. 그러나 요네타니는 아시아 각 민족의 해방, 공생이라는 이념은 제국의 영토 밖에서 독립국가의 형태를 취한 지역에 대한 호소일 뿐만 아니라 제국 내부의 공식적인 식민지였던 조선과 타이완을 향한 호소이기도 했고, 그렇기 때문에 전시기 조선과 타이완에서는 '동아신질서', '대동아공영권'으로의 참여(參畵)를 통해 자립, 발전을 지향하게 되었다고 지적한다. 물론 전시기 일본 제국주의는 여전히 조선, 타이완의 독립은 인정하지 않은 채 식민지 통치를 유지했기에 모순적이고 기만적이었지만, 그럼에도 불구하고 조선과 타이완의 자립, 발전을 인정하면서 아시아의 사회와 경제를 논하는 지역개발 논리가 있었기 때문에 제국주의의 식민지화로서 주체를 부정당해 온 조선, 타이완 민족이 주체성을 회복하고 자립, 발전해 나갈 것을 촉구하는 논리로 수용되었다는 것이다.

1) 통제로서의 자립

『아시아 영화의 창조와 건설』이 갖는 앤솔로지로서의 형식은 아시아 각 국가/민족이 자립, 발전함으로써 '아시아'라는 공생의 광역권을 형성한다는 논리를 공간적으로 시각화한 형식인 동시에, 과거부터 현재에 이르기까지 각 국가 / 민족의 영화사가 자립과 발전의 길을 걸어왔다는 것을 확증하는 시간성에 기반하고 있다. 타이완 영화사에 뒤이어 수록된 「조선영화사업발달사」에서, "발달사"라는 진화론적 시간성 속에 조선영화의 과거와 현재, 그리고 미래는 무엇으로 정향되어 있는 것인가.

「조선영화사업발달사」에서 임화의 「조선영화발달소사」의 내용을 수록한 부분과 그 나머지 부분은 조선영화의 과거, 현재, 미래를 평가하는 관점에 있어서 차이를 보인다. 일단 「조선영화사업발달사」의 구성을 살펴보면 다음과 같다.

① 조선문화의 원천과 홍릉

② 영화홍행의 남상(濫觴) 및 소개자

③ 외국영화의 배급

④ 초기의 영화홍행 및 영화관의 보급

⑤ 초기의 영화제작

⑥ 독립 프로 난립의 발단

⑦ 조선영화계의 총아 나운규

⑧ 심적(心的) 동요시대의 미로

⑨ 조선어 토키의 탄생

⑩ 기술과 예술의 상관관계

⑪ 조선주요영화제작 남표(覽表)

⑫ 영화제작부문의 구성

⑬ 조선영화제작소 일람(소화16년3월 현재)

⑬-1. 조선영화인협회 규약

⑭ 반도영화 국책의 전진

⑭-1. 조선활동사진영화취체규칙

이중 ⑤~⑩의 내용은 『아시아 영화의 창조와 건설』이 출간되기 몇 달 전 『삼천리』의 특집호에 실린 임화의 「조선영화발달소사」와 동일한 내용이고, ⑪ 역시 1940년 『삼천리』 특집호에 소개되었던 「20년간 작품제작 연대기」를 토대로 하고 있다. 「조선영화사업발달사」에는 물론 ⑤~⑩의 내용 외에도 다른 내용들, 즉 ①~④의 배급, 흥행과 관련된 내용 및 ⑫~⑭의 제도 관련한 내용이 추가되어 있지만, 조선영화의 제작사를 기술하는 ⑤~⑩의 내용은 1940년과 1941년에 『삼천리』에 출간된 것을 그대로 게재하고 있는 셈이다. 여기에서 주목할 것은 임화의 「조선영화발달소사」에서 조선영화 '제작사' 이전의 부분, 즉 조선에 영화가 수입된 후 제작이 시작되기 전까지의 20여 년을 서술하는 부분이 이치카와 사이의 책에서는 전면적으로 개작이 되어 있다는 점, 그리고 「조선영화발달소사」의 마지막 문장, 즉 ⑩의 마지막 문장인 "자기의 예술적 성격의 획득과 기업화의 길"을 전망하는 문장은 삭제되면서 1941년 막 개봉된 조선군 제작의 〈그대와 나〉에 대한 설명으로 대체되어 있다는 사실이다. 다시 말해 「조선영화발달소사」의 서두 부분, 즉 조선영화 제작사가 시작되기 전의 부분과 마지막 부분, 즉 조선영화의 현재를 서술하는 부분이 다른 내용으로 대체되어 있어서, 마치 임화가 출간한 영화사로부터 '조선영화 제작사'만 떼어내어 이 책에 수록한 것과 같은 형국인 셈이다.

제작의 전사(前史)를 서술하는 내용과 제작의 현단계, 즉 조선군이 제작의 주체로 등장하는 내용을 수정 혹은 첨가하는 데 임화 자신이 얼마나 관여했는지는 알 수 없다. 하지만 이치카와 사이의 책이 출간될 즈음 임화가 발표한 「조선영화론」(1941.11)은 「조선영화발달소사」가 『아시아영화의 창조와 발전』에 실리며 수정됨으로써 일어난 영화사 서술 관점의 변형에 대한 의도적인 반박이라고 독해될 수 있기에, 이 수정에 임화가 관여했든 안했든 임화 자신은 거기에 동의하지 않고 있었음을 추측케 한다. 그렇다면 도대체 '제작사'의 서두와 마지막 부분에 어떤 수정이 일어났고 그로 인해 조선영화사는 어떤 좌표로 이동하게 된 것일까.

결론부터 말하자면, 『아시아 영화의 창조와 발전』에서 조선영화사란, 서양영화와 서양인의 영향력에서 벗어나 자립, 발달의 길을 걸었고 종국에는 내선일체의 영화를 제작하기에 이른 역사로 변형되었다고 할 수 있다. 조선에 영화가 도래하여 초기 관람성이 형성되는 시기를 임화는 "활동사진시대"라 부르며 "아직 영화라고 하는 술어조차 생기지 아니한 시대에서 '필름'은 여태까지도 신기한 발견품이요, 활동하는 사진으로서 단순한 오락의 대상에 불과"했고, 이런 사정은 "비단 조선만이 아니라 내지나 활동사진의 원산지인 외국"에서도 마찬가지였다고 말한다.[35] 즉 이 시기는 조선이든 일본이든 서양이든 전 세계적으로 영화를 아직 '예술'로 인식하지 못하던 동일한 역사적 시간대에 속하는 단계라는 것이다. 반면 「조선영화사업발달사」에서는 이 시기를 19

---

35 임화, 「조선영화발달소사」, 『삼천리』, 1941.6.

세기 말 조선이 서양세력에 의해 강제 개항을 맞은 역사적 상황과 연결지어, 구미제국의 "문화공작"에 의해 조선에 구미문화가 "이식"되었고 영화 역시 "백인의 손"에 의해 수입되던 단계로 의미화한다. 그리하여 임화의 글에서는 주목되지 않았던 구미인들의 면모(아스트하우스, 콜브란과 보스트윅, 조지 알렌, 선교사 H. G.모리스 등)와 영화사업이 자세히 기술되게 된다. 또 역시 임화는 소략하게 넘어갔던 일본영화의 유입에 대해서도 일활, 송죽, 천활, 제국키네마, 마키노 등 영화사별 상설관을 정리해 놓고 있으며, 흥미롭게도 단성사 박승필의 흥행업을 "조선문화운동의 일각으로서 종시 일관"한 것으로 언급하고 있다. 이는 이치카와 사이의 주된 관심사였던 "영화사업", 즉 영화의 배급과 흥행(특히 영화관[36]) 산업에 대한 조사가 초기 조선영화사 서술에 적용된 것인 동시에, 조선영화사업의 "발달사"를 곧 구미제국의 "문화공작"으로부터의 자립 과정으로 상정하는 역사관을 보여주는 것이다. 임화가 언급하지 않았던 박승필의 단성사 경영은 이 맥락에서 (일본인이 아닌) 구미 흥행사들로부터 자립하여 "조선문화"를 일구려던 운동으로 의미화된다.

이것은 '아시아' 각국의 구미 제국주의로부터의 해방 운동을 표면상 지지했던 일본의 제국주의적 리저널리즘의 역사관과 다르지 않을 것이다. 중국영화의 영향력이 강했던 타이완과 달리 서양영화의 인기가 높았던 조선에서 영화사업의 "발달사"란 곧 서양영화의 영향력에서 벗

---

36 와타나베 다이스케에 의하면 이치카와 사이는 영미 영화업계 잡지의 영향을 받아 1920년대부터 『국제영화신문』에 전국 도시 영화관에 대한 조사 내용을 게재했고, '영화신체제' 국면을 맞아 급변하는 일본 흥행계의 상황으로 인해 만영 등 아시아 흥행계에 시선을 돌리게 되었다고 한다. 渡邊大輔, 「映畫館調査の「國際性」: 市川彩に見る戰前映畫業界言說の一側面」, 早稻田大學坪內博士記念演劇博物館, 『演劇研究』 35, 2012.

어나는 과정이었다는 시간성이 구현된 것이다. 임화의 '제작사'는 이런 초기 영화사에 뒤이어 수록됨으로써, 이 자립이 조선 영화인들의 손으로 구현되는 과정을 설명하는 내용인 것처럼 맥락화된다. 그리고 마침내, 임화의 글 마지막 문장을 대체한 다음과 같은 설명은, 서양영화의 영향으로부터 자립해 온 조선영화가 현재 도달한 지점이 어디인지를 극명하게 보여준다.

> 조선군 보도부 제작의 〈그대와 나(君と僕)〉는 다사카 도모다카[田阪具隆]의 작품으로서, 문예봉, 김소영 등이 고스기 이사무[小杉勇], 오비나타 덴[大日方傳]과 공연(共演)하여 반도영화계의 내선인사 교류를 진작시키고 있다.[37]

주지하듯 〈그대와 나〉는 일본에서 16년간 살았던 허영(인용문에서는 다사카 도모다카의 영화라고 되어 있으나 실제로는 허영의 감독을 그가 '지도'하는 방식으로 참여했다)이 식민지에서는 최초로 1938년 조선에서 시행된 '지원병' 제도를 제재로 집필한 시나리오를 조선군 보도부가 제작한 영화이다. 이 영화는 "반도영화계의 내선인사 교류를 진작"시켰다는 의미만이 아니라, 『아시아 영화의 창조와 건설』이 출간되던 때 이미 확실시되던 조선의 영화통제, 즉 민간영화사의 종말과 국책영화사의 설립이 가져올 조선영화의 미래상을 예표했다는 의미를 지닌다. 오족협화의 유토피아에서 일본 제국의 승리를 위해 기꺼이 목숨을 바치는 조선인 지원병은, 서양영화의 지배에서 해방되어 자립의 도정을 걷다가 마침

---

37 이치카와 사이, 『アジア映畵の創造及建設』, 國際映畵通信社出版部, 1941.11, 108쪽.

〈그대와 나〉(허영 감독, 1941)의 한 장면 자료제공처:한국영상자료원

내 제국의 통제에 복속되는 조선영화사의 현재(와 미래)에 놓이기에 더할나위 없이 적합한 이미지로 간주된 것이다.

「조선영화사업발달사」는 조선영화사를 이렇게 〈그대와 나〉의 등장으로 마무리한 후 조선영화가 그동안 얼마나 잘 통제되어 왔는가를 강조하는 자료들 및 ⑭「반도영화 국책의 전진」이라는 간략한 통제사를 수록하고 있다. 그런데 흥미롭게도, 이 통제사에서 강조되는 것은 바로 전해인 1940년 공포된 조선영화령이 아니라 1934년 활동사진영화취체규칙이다.

본 규칙은 경찰적 취체 이상으로서 현저히 국책적 색채를 지녀, **내지의 영화법**에 앞서 영화통제에 나아갔다는 것은 주목해야 한다. (강조―인용자)[38]

그 이유 중 하나는 1939년 일본에서 먼저 시행된 영화법을 조선에 거의 그대로 적용한 조선영화령보다는, 일본에서보다 먼저 조선에서 "영화통제"가 시행되었음을 보여주는 1934년 활동사진영화취체규칙이 조선총독부의 자율적인 '위업'으로서 가치가 있다고 여겨서일 것이다. 실제로 이 짤막한 통제사에는 조선의 영화통제가 '내지보다 먼저' 시작되었다는 표현이 총 3차례나 등장하며, 총13개조 전문이 수록되어 있다. 그 내용의 핵심은 앞서도 살폈듯 "외국영화"와 "국산영화"를 구획화하고 "외국영화"를 조선으로부터 축출함으로써, 조선영화를 '국가'의 내부로 복속시키는 것이다.

임화의 「조선영화발달소사」를 수록하면서 조선영화의 제작 전사(前史)를 서양영화 및 서양인의 영향력으로부터 자립하는 과정으로 대체하고, 조선영화 제작사의 끝을 〈그대와 나〉라는 국책영화의 탄생으로 대체하며, 뒤이어 일본제국 중 조선에서 가장 먼저 시행된 "외국영화" 통제책을 덧붙임으로써, 이치카와 사이의 '아시아 영화' 구도에서 조선 영화사는 일본에 의해 구미 제국주의로부터 자립해온 식민지 영화사로서 의미화된다. 임화가 「조선영화발달소사」에서 서술한 제작사 부분의 내용 자체는 보존되었지만, 재수록 과정에서 일어난 첨가와 대체는 그 제작사의 주체를 조선영화인들(의 "고투")이 아니라 일본제국의 식민지 정부인 것으로 변형시키게 된다. 즉 조선영화사는 일본보다 더 철저한 국책적 통제를 펼쳐온 조선총독부에 의해 구미 제국주의로부터 자립해온 식민지 영화사라는 시간적 좌표와, 마찬가지로 구미 제국

---

38 위의 책, 114쪽.

주의로부터 자립해온 여타 국가 / 민족들과의 공생이라는 '아시아 영화'의 공간적 좌표로 재정위된 셈이다.

2) 영화전(戰)-안티 아메리카니즘

여기에서 1934년 취체규칙이 '국가'라는 구획짓기를 통해 조선의 극장에서 축출하고자 했던 "외국영화"가 결국 '미국영화'를 함의하는 것이었음을 지적해야 할 것이다. 식민지 초기부터 조선에 유입된 영화의 양에 있어서는 일본영화가 늘 우세를 차지했지만, 앞서도 언급했듯 조선인들이 관람하는 영화들의 절대 다수는 서양영화, 그중에서도 미국영화였다. 이 점을 염두에 둘 때, 이치카와 사이의 주된 관심이 경제적 측면, 즉 시장으로서의 '아시아'였지만, 그 시장 개척의 논리로서 안티 아메리카니즘의 정치적 외장을 갖추었다는 점은 주목해야 한다.

그는 1921년 '국제영화통신사'를 설립, 1924년부터 영화전문지 『국제영화통신』을 발행했고 1925~34년에는 일본 최초의 영화연감인 『일본영화사업총람』, 『국제영화연감』을 만들었으며 1927~40년에는 『국제영화신문』을 발행한 영화 저널리스트이자 출판인이다. 관동대지진 후 비약적으로 발전하던 일본 영화업계에서 국내외 영화산업의 동향을 정연하게 데이터화, 아카이브화하는 데 기여한 이 출판물들을 통해 이치카와 사이는 간행자로서 영화산업을 향한 능동적인 제언과 조언을 피력했고, 특히 책임편집자의 하나였던 『국제영화연감』에서는 1910년대 후반부터 갖고 있던 중국에 대한 관심이 만주영화 등 중국의 영화사정에 대한 열정적인 분석으로 나타나고 있다. 이런 작업이 집대성된 것이 『아시아 영화의 창조와 건설』인 셈인데, 이 책의 2003년도 복각판 해설에서 무라야마 교이치로는 이치카와 사이가 아시아 각국의 영화를 보는 관점은 영화제작이나 흥행의 측면만이 아니라 "영화 사업"이라는 프레임에서라고 지적한다. 이는 영화를 제작, 배급, 흥행을 포함하는 총체로 간주하는 경제적인 관점을 말하며, 이 관점 하에서 일찍부터 통계적인 조사를 중요시했던 이치카와 사이는 "경제평론가"에 더 가깝다는 것이다.[39]

실제로 이치카와 사이는 "일본영화의 해외진출"을 기술하는 절에서 '아시아'를 중요한 '시장'으로 지목한다. 중일전쟁을 계기로 유럽과 미국에서 일본영화의 판로가 막혔기 때문에 "아시아 민족만이 일본영화가 개척 가능한 유일한 지역"이라는 것이다. 만주사변과 뒤이은 국제연맹 탈퇴로 일본의 국제적 이미지는 실추되고 있었고, 미국에 일본영화의 배급을 시도했던 J. W. 파이파는 〈지나의 밤(支那の夜)〉(1940) 등 화제작을 선정해 놓았지만 미국 정부의 재미(在美)일본자산 동결령으로 장벽에 부딪치고 만다. 제2차 세계대전이 발발할 즈음에는 구미에서 생산되는 프로파간다 영화를 통해 잔학하고 기괴한 일본인의 표상이 전 세계에 유통되고 있었다.[40] 물론 만주사변과 중일전쟁은 해외에서 일본의 인지도를 높이는 계기가 되었기 때문에 일본 뉴스영화의 해외

---

39 村山匡一郎,「市川彩『アジア映畵の創造及建設』解題」, 牧野守 監修,『日本映畵論言說大系 第1期, 戰時下の映畵統制期』10, ゆまに書房, 2003, 453~454쪽.

40 여기에 가장 큰 기여를 한 것은 미국의 뉴스영화이다. 전쟁이 장기화되자 중국은 남경학살 장면 등이 수록된 이 뉴스영화를 근거로 하여 일본의 잔학상을 고발하며 국제여론에 호소했다. 佐藤忠男,『日本映畵史(增補版)』2, 岩波書店, 2006, 45~47쪽.

수출이 증대되기는 했다. 그러나 동맹국인 독일, 이탈리아와의 문화협정으로 영화교류가 이루어지는 것을 제외하고는, 일본 영화가 미국이나 유럽에 판로를 획득하는 것은 어려웠다. 이런 상황을 나열하면서 이치카와 사이는 일본영화가 개척 가능한 유일한 '시장'으로서 아시아를 개척해야 한다고 말하는데, 실제로 그 자신 중일전쟁 이후 '국민문화영화협회'를 설립하여 중국에 일본영화를 수출하려고 노력하기도 했다.

물론 이러한 "영화사업"의 관점은 순수 경제적인 관점에만 머무는 것이 아니라 제국주의 리저널리즘과 공명하는 것이었고, 그의 『아시아 영화의 창조와 건설』이 보여주는 바 아시아 각국 영화산업의 상세한 조사에 기반한 구체적인 기술은 일본 제국의 영화정책과 아시아에서의 영화공작에 유용한 토대가 되었다.

> 아시아 문화에는 아시아 문화로서의 하나의 진로가 있다. 이 진로야말로 아시아 고유의 민족의식의 앙양에 의해 독자의 힘으로 개척하지 않으면 안 된다 (…중략…) 대 아시아 공영권의 수립에 의해 구질서 국가군을 그 질곡에서 해방시키는 날은 공통의 문화적 기초 위에서 민족적인 적극성, 장래성이 파악되지 않으면 안 된다. 그것이야말로 아시아문화 각성의 가장 큰 원동력이다.[41]

"중국의 내용과 일본의 기술이 결합"하여 아시아 공통 신(新)언어를 매개로 창조하자고 하는 '아시아 영화' 개념은 무라야마 교이치로도 지

---

41   이치카와 사이, 앞의 책, 371쪽.

적하듯 이데올로기적으로는 체계화된 것이 아니라 모호한 것이었지만, 그 대타항으로 유럽과 미국, 특히 미국의 영화를 설정한다는 점에서는 매우 선명한 개념이었다. 1941년 시점에서 이치카와 사이가 '아시아 영화'를 제창하는 것은 "세계 4대 영화국"인 일본에서 근년까지 상영작의 70%를 차지했던 미국 영화가 생필름 난으로 인해 해외수송에 곤란을 겪고 있는 절호의 기회이기 때문으로, 이때를 기회로 "세계 인구의 70%를 점하는 아시아 10억 민중"에게 '아시아 영화'는 미국 영화의 대안이 되어야 한다는 것이다.

그리고 이런 관념은 태평양전쟁기 일본의 사상전(戰) 논리와 공명하는 것이기도 했다. 1942년 '근대의 초극' 심포지엄에서 츠무라 히데오[津村秀夫]는 대동아공영권 건설의 최대 장애로 아메리카니즘을 지목하며, 중국 문화의 중심지인 상하이와 홍콩은 물론 필리핀, 버마, 자바 등에서 수입 영화의 75%를 미국 영화가 차지하면서 대중에게 영향을 미치는 이유는 미국 영화가 "현대 문명에 걸맞는 삶의 방식을 생산"했기 때문이라 말한다. 독일에서는 제1차 세계대전 이후부터 미국의 라디오 및 영화와 싸우느라 진력을 다하고 있는데 일본 지식인들은 미국 영화가 세속적인 대중들에게만 영향을 미치고 자신들은 그로부터 자유롭다고 착각하고 있으므로, 미국 물질문명이 전 세계를 잠식하고 있는 상황으로부터 각성해야 한다는 것이다.

영화라는 문명의 이기 그 자체는 현대의 필수적인 것으로서 아메리카에서 생겨난 인간의 생활양식의 하나로서 라디오와 함께 중대한 것이겠지만 하지만 이것을 인간생활, 국민생활 안으로 들여오는 방책에서 한 발짝만 잘못 내딛어도 분명 아메리카니즘이라는 마약에 기만당하게 된다. 지금까지 세계 각국에서 상당히 기만당한 국가들이 많다. 일찌기 동아시아에 있어서 영국과 네덜란드의 식민지 등도 그 예에서 빠지지 않을 것이며, 식민지인 이상 원래가 모국(母國)의 진정한 문화적 힘이 삼투하지 않은 데다가 아메리카 영화의 석권에 놓였기 때문에 오늘날의 결과가 되었다. 아메리카 영화는 아메리카 풍속을 산포한다. 아메리카의 생활양식에 대한 동경을 품게 만든다. 구주의 영국, 프랑스 기타 각소국에서조차 재즈, 에로티시즘, 그리고 낙천주의로써, 1차 대전으로 지친 각 국민을 향해 그 유효한 독소와 동시에 '다대한 매력'을 산포했다. 재즈 음악은 유럽을 휩쓸었다고 말할 수 있다. 왜 그런 것을 중시하지 않는가? 독일과 이탈리아 역시 물론 일찍이 이 영향을 받았었지만 그 위험을 깨닫고 수입을 제한했다. 이어서 2차 대전이 일어나기 2, 3년 전에 완전히 축출했다. 하지만 과거의 독일과 이탈리아의 국산영화에조차 아메리카니즘의 영향은 다분히 나타날 정도이므로, 그 국민풍속이 다소 감염되어 있는 게 당연하다. 소련의 공산주의 영화들과 달리 아메리카 영화는 선량하고 정직한 얼굴을 하고 있기 때문에 더욱 기만적이다. 전통적 문화를 배경으로 갖고 있지 않기 때문에, 오히려 이 영화들은 이해하기 쉽고 보편적인 성격을 갖고 있다.[42]

츠무라 히데오의 구도에서 "근대의 초극"이란 낡은 유럽의 근대정신과 무가치한 미국의 현대정신 모두를 극복하는 일이며, 그 초극의 담지자는 전쟁 후 새로운 유럽을 건설할 독일과 새로운 아시아를 건설할 일본이다. 그런데 미국의 현대 정신은 제1차 세계대전 이후 탄생한 것으로, 상업자본주의에 기반한 개인주의, 쾌락주의와 관련되기 때문에 근

42 津村秀夫, 「何を破るべきか」, 河上徹太郎 他, 『近代の超克』, 富山房, 1979, 118~122쪽.

대정신보다 더 데카당하고 표피적이다. 츠무라 히데오는 오히려 유럽의 근대정신은 물려받을 만하다고 생각하며, 일본의 고전정신 및 전통을 "니체, 도스토예프스키, 톨스토이" 등의 근대정신과 결합하여 계승하는 것이 새로운 문화의 이상적 상태라고 말한다. 이런 의미에서 그는 제2차 세계대전 상황을 "문화전(戰)"이라 부르고, 영화는 제1차 세계대전 직후부터 이 문화전의 일부인 사상전(戰)의 가장 유력한 도구로 간주되었지만 아메리카니즘을 주류로 한 상업주의 때문에 마치 사상을 갖지 않은 상품처럼 인식되고 있다고 말한다. 사상전의 첨병으로서 영화는 미국영화의 매우 강력한 사상, 즉 "아메리카적 물질문명 사상, 향락주의적 윤리, 청교도 사상"[43]에 맞서 국내전선, 동맹국, 중립국, 특히 점령지('아시아')에서 투쟁을 벌여야 한다는 것이다.

앞서도 언급했듯 이치카와 사이의 앤솔로지에서 조선영화는 구미 제국주의의 지배로부터 자립하여 '아시아 영화'라는 광역권에 편입되는 "발달사"의 경로를 밟고 있는 것으로 맥락화되어 있다. 이 자료를 통해 조선총독부가 강하게 내세우고 싶어하던 바 1934년 취체규칙은 조선에서 그 영향력이 절대적이었던 미국영화를 축출하려 했다는 점에서 일본보다 앞선 것이었다. 이는 아시아 각국에서 미국영화를 대체할 '아시아 영화'를 구상하던 이치카와 사이의 편집의도와 호응하는 것이었으며, 츠무라 히데오가 비판하는 미국영화의 "독소와 '엄청난 매력'"에 대한 사상전에 성공한 식민지로서 조선영화를 의미화하는 것이었다.

---

43 津村秀夫, 『映畵戰』, 朝日新聞社, 1944.

이치카와 사이의 책이 출간될 즈음 임화는 「조선영화론」을 발표하는데, 1931년 이후 10년 만에 제출한 본격적 영화평론으로서 이 글은 조선영화령 국면에 대한 개입이자 이치카와 사이의 책에서 「조선영화 발달소사」가 편집된 맥락에 대한 개입으로 독해될 수 있다. 흥미롭게도 조선영화의 초기, 즉 "생성의 시기"로 시선을 돌려 그가 규명하고자 한 것은 여러 가지이지만, 여기에서 조선영화의 성격을 "서구적"이라고 말하며 "이것은 시정해야 할 결함이면서 성육되어야 할 장점"이라고 내세운다는 점에 주목해야 한다. 조선총독부가 축출하려 했던 "외국영화", 이치카와 사이와 츠무라 히데오가 투쟁상대로 지목한 미국영화가 임화에게 있어서는 조선영화의 성격을 형성한 요인으로 긍정되고 있을 뿐만 아니라 이 혼종성을 앞으로도 조선영화의 정체성의 특질로서 육성해야 한다고 말하고 있기 때문이다. 임화가 말하는 "서구영화"가 반드시 미국영화는 아닐 수 있으나, 유럽문화가 제2차 세계대전을 통해 혹 쇠망한다면 유럽의 합리성과 민주주의라는 가치가 (아시아가 아니라) 미국으로 "이동"하여 미국이 유럽문화의 "최후의 서식지"가 되거나 "문화의 신대륙"이 될 것이라 전망[44]하는 점에서는 츠무라 히데오의 안티아메리카니즘과 대립되는 견해를 가졌던 셈이다. 츠무라 히데오가 '근대의 초극'의 유럽쪽 담지자로 지목한 독일에 대해서도, 임화는 20세기의 문화가 "게르만 문화의 지배가" 될 수 없는 이유는 "민주주의가 혈족주의에 의하여 교대될 수 없"기 때문이라고 말한다. 즉 임화에게 있어서 미국은 유럽 근대정신의 계승자로서, 불가역적인(예술

---

44 임화, 「무너져가는 낡은 구라파─문화의 신대륙(혹은 "최후의 구라파인들")」, 『조선일보』, 1940.6.29.

과 달리 정치는 "발전"한다[45] 민주주의의 존속지로서 20세기에 속하는 존재이며, 역시 20세기에 탄생한 조선영화는 생성기부터 서구 근대문화와의 혼종적 성격을 지녔고 앞으로도 이 혼종성을 강화하는 가운데 자신의 정체성을 "만들어나"갈 준비가 되어 있다는 것이다.

4. 해방 후…

2000년대에 들어서기까지 한국의 학계에서는 이치카와 사이나 그의 『아시아 영화의 창조와 건설』의 존재에 그다지 관심을 기울이지 않았다. 일본에서도 사정은 비슷한 것 같은데, 와타나베 다이스케에 의하면 유력한 일본 영화사에서는 별로 언급되지 않았던 이 책이 최근 일본과 식민지 아시아 지역의 비교영화사 연구가 시작되면서 주목을 받게 되었다고 한다. 이치카와 사이의 활동의 기반이었던 『국제영화신문』의 복각판이 출간된 것도 2005~8년에 와서이다. 일본의 안니(晏妮)[46]와 미사와 마미에(三澤眞美惠)[47]가 전쟁기 일본의 대륙영화정책과 관련하여 중국, 만주, 타이완 영화를 비교하는 작업을 한 것이 2010년, 와타나베 다이스케가 이치카와 사이의 활동 중 영화관 조사에 주목한 글을 발표한

---

45 임화, 「고전의 세계, 혹은 고전주의적인 심정」, 『조광』, 1940.12(임화문학예술전집 편찬위원회 편, 『임화문학예술전집 2 ─ 평론 2』, 소명출판, 2009).

46 晏妮, 『戰時日中映畵交涉史』, 東京:岩波書店, 2010.

47 三澤眞美惠, 『「帝國」과「祖國」のはざま:植民地期台湾映畵人の交涉と越境』, 東京:岩波書店, 2010.

것이 2012년, 미국의 일본영화사 연구자 마커스 노네스(A. Markus Nornes)가 『아시아 영화의 창조와 건설』을 리저널리즘 관점에서 분석한 글[48]을 발표한 것은 2013년이다.

그러나 이치카와 사이의 책 자체는 이미 그것이 출간된 1940년대부터 아시아 식민지의 영화사 서술에 영향을 미쳐왔던 듯하다. 무라야마 교이치로는 세계에서 처음으로 아시아 영화를 개관한 "귀중한 자료"로서 『아시아 영화의 창조와 건설』이 1961년 뤼쑤상(呂訴上)이 최초의 대만 영화사인 『대만전영희극사(臺灣電影戱劇史)』를 쓸 때 영향을 미쳤다고 말한다.[49] 해방 후 한국의 경우 1946년 강소천의 「조선영화가 걸어온 길(上)」(『영화시대』 속간 1권 1호, 1946)이 출처를 밝히지는 않았으나 많은 부분 『아시아 영화의 창조와 건설』의 조선영화사 서술에 기대는 것에서 시작하여, 해방 후 대표적인 한국영화사를 집필한 이영일[50]과 유현목[51]은 조선영화를 기술하는 부분에서 이 책을 인용하거나 참고문헌으로 언급하고 있다. 해방 직후 강소천의 글은 조선영화사 초기에 대한 간단한 스케치이기에 논외로 한다 해도, 1969년 한국영화인협회가 한국영화 50주년을 맞아 민족주의적 관점에서 한국영화사를 전면적으로 재서술하려는 기획 하에 편찬한 『한국영화전사』와, 다시 한국영화 60주년을 맞아 1980년 "사회사와 예술사"의 관점에서 집필된 유현목의 『한국영화발달사』가 공통적으로 "질식기", "탄압통제의 절정"

---

48 A. M. Nornes, "The Creation and Construction of Asian Cinema Redux", *Film History : An Interna tional Journal* 25-1, 2013, pp. 175~187.
49 村山匡一郎, 앞의 글, 459쪽.
50 이영일, 『한국영화전사』, 삼애사, 1969.
51 유현목, 『한국영화발달사』, 한진출판사, 1980.

시기라 명명하는 때에 제국주의적 리저널리즘의 맥락에서 생산된 『아시아 영화의 창조와 건설』을 참고하는 이유는 무엇일까.

가장 그럴듯한 추측은, 『아시아 영화의 창조와 건설』에 수록된 「조선영화사업발달사」가 식민지 조선영화를 집대성한 최초의 '공식적인' 영화사로 간주되었기 때문이라는 것이다. 이는 이 책이 '아시아'라는 리저널리즘의 상상력과 거기에 호응하는 앤솔로지라는 공간적인 편제를 통해 여타 아시아 국가 / 민족들과 '동등하게' 조선영화의 자리를 마련해 놓음으로써, 조선영화라는 특수성을 성립시키는 편재성으로서의 보편성의 지위를 차지했기 때문일 것이다. '아시아'라는 추상적인 상위 범주는 그 아래에 각자의 몫을 차지하는 하위 범주의 하나로서 조선영화에 특수성을 부여하고, 앤솔로지의 형식은 이 보편성과 특수성의 "역사적 공범성"[52]을 투명하고 객관적인 과학적 체계로 보이게끔 만들었기 때문이 아닐까.

여기에서 해방 후 영화사 서술에서의 탈식민화 시도가 불충분했다거나 미흡했다고 지적하려는 것은 아니다. 강조하고 싶은 것은 과연 그 최초의 권위있는 조선영화사는 누가, 어떤 목적에서, 그리고 어떤 맥락에서 생산했는가 하는 점이 규명되어야 한다는 점이고, 해방 후 민족주의적 관점에서 조선영화사를 기술하려는 시도들이 어떤 지점에서는 그 영화사를 객관적인 사료인 것처럼 차용하면서 어떤 지점에서는 그 영화사가 생산된 맥락을 협애화시킴으로써 과거의 유산을 오히려 빈약하게 만드는 아이러니컬한 상황을 재고해야 한다는 점이다. 임화

---

52 미건 모리스, 「서문」, 사카이 나오키, 후지이 다케시 역, 『번역과 주체』, 이산, 2005, 29쪽.

의 저작이 해방 후 40여 년이 지나서야 '해금'됨으로써 그간 '공식적인' 조선영화사의 대표저자로서 언급되지 못했던(않았던) 분단과 냉전의 문제는 논외로 치더라도 말이다.

이 글에서 살펴보았듯 『아시아 영화의 창조와 건설』에 수록된 「조선 영화사업발달사」는 (이영일과 유현목이 언급하듯) 이치카와 사이가 직접 쓴 것이 아니라 조선총독부가 마련한 자료를 토대로 한 것이며, 그 자료는 1934∼41년 사이 '조선영화' 범주가 첨예한 갈등과 협상의 대상이 되면서 고안되고 가시화되며 인정되고 또 요청되는 과정 속에서 생산된 것이다. 이 생산 맥락이 보여주듯, 역사는 시간적일 뿐만 아니라 공간적으로 존재하고 또 만들어진다. 즉 조선영화는 단선적이고 일직선적으로 전개된 것이 아니라 또다른 역사들과 공존하는 시간성들과의 관계 속에서 유동하는 좌표로서 존재했다는 점을 간과하지 말아야 할 것이다.

3장

영화사(史)의 좌표와
'예술성과 기업성'의 변증법

앞에서도 언급했듯 「조선영화발달소사」는 임화의 이름으로 발표되기 1년여 전인 1940년 5월, 무기명으로 『삼천리』에 소개된 「조선영화발달사」를 미세하게 수정한 것이다. 그리고 이치카와 사이(市川彩)의 『아시아 영화의 창조와 건설』이 출간된 이후 조선영화문화연구소가 펴낸 「조선영화삼십년사(朝鮮映畵三十年史)」(『映畵旬報』, 1943.7)는 임화의 「조선영화발달소사」를 토대로 하여 수정, 보완된 것이라는 흔적이 보인다. 여기에서는 이 시기 임화의 영화론을 관통하는 문제의식으로서의 '예술성과 기업성'의 명제가 변증법적 대립물로 상정되어 있으며 그것을 '국민영화와 조선영화'의 변증법과 중첩시킴으로써 "조선영화의 예술적 성격"이라는 범주를 도출했음을 규명하고, 그것이 「조선영화발달소사」에서 조선영화의 특수성에 대한 관심으로 나타나는 양상, 「조선영화발달소사」가 『아시아 영화의 창조와 건설』에 재수록되면서 일어나는 좌표의 변화, 그리고 그에 대한 임화의 대응 논리를 살펴보자.

1. '예술성과 기업성'의 변증법

임화의 문제의식은 「조선영화발달소사」(이하 「소사」)의 맨 마지막 문장에 집약적으로 표현되어 있다.

> 주의의 제사정이 여하간에 자기의 예술적 성격의 획득과 기업화의 길은 의연히 조선영화 금후의 운명을 결정하는 것이리라.[1]

흥미로운 것은 이 문장은 1940년도 「조선영화발달사」(이하 「발달사」)에서는 "여하간 자기의 모랄의 획득과 기업화에의 길이 조선영화 금후의 운명을 결정하는 것이라고 본다"라고 되어 있었다는 점이다. 「발달사」와 「소사」의 전체적인 내용은 대동소이하나, 이 마지막 문장에서 "모랄"이 "예술적 성격"으로 바뀐 데서 단적으로 드러나듯, 「소사」는 「발달

---

1   임화, 「조선영화발달소사」, 『삼천리』, 1941.6, 205쪽.

사」를 수정하는 과정에서 "예술"이라는 개념을 사용하여 영화사를 설명하는 방식으로 윤색이 되어 있다.[2] 그리하여 「소사」에서 조선영화사는 "예술적 성격의 획득과 기업화의 길"이 동시 진행되어 온 것으로, 즉 단순한 볼거리로서 활동사진을 감상하던 시대를 지나 연쇄극 필름과 같이 연극의 보조수단으로서 제작되기 시작하다가 독립된 예술 장르로 정착하는 과정을 거쳤으며, 산업적으로는 소규모 독립 프로덕션의 단발적인 제작방식의 시대를 지나 기업화에의 경향이 추진되는 상태에 와 있는 것으로 서술된다.

그런데 위의 문장을 일종의 '전망'으로 마무리하는 이유는, 토키 시대로 접어들면서 조선영화의 기술이 현저히 향상된 것은 사실이나 최근 "조선의 감독들이 현저히 기술편중에 빠져 직장화(織匠化)하려는 경향"을 보이는 것에 경종을 울리기 위해서라고 말한다. 토키 시대로 접어들면서 영화의 제작비는 무성영화의 제작비보다 세 배 정도 늘어나게 되었고, 촬영부터 녹음, 현상에 이르기까지의 전 과정에 있어서 기술과 그것을 가능케 할 설비를 필요로 하게 되었다. 당시 영화담론에서는 토키시대의 영화제작에 있어서 거대 자본의 안정적인 투자, 합리화된 제작시스템에 대한 요구가 그 어느 때보다 강조되고 있었는데, 임화는 "기술"의 발전을 위한 이러한 기업화의 필요성을 인정하면서 그것과 더불어 예술로서의 성격 획득이라고 하는 것을 동시적인 과제로 제시하고 있는 것이다.

---

2 예컨대 〈심청전〉, 나운규 프로덕션에서 제작된 영화들, 〈수업료〉, 〈집없는 천사〉, 〈복지만리〉를 언급하는 대목에서 「발달사」에는 존재하지 않던 "예술", "예술적 성격" 등의 표현을 부가하는 방식으로 수정한 것을 말한다.

영화에 있어서 예술성과 기업성의 이중과제는 이와사키 아키라岩崎昶가 1936년 출간한 『영화론(映畫論)』에서 "영화에 있어서 예술과 기업의 이율성"을 논의한 것을 연상시킨다. 그는 다른 예술과 달리 영화는 태생적으로 "자본주의의 자식"이기 때문에 영화의 본질에 육박하기 위해서는 영화의 기업적 성격으로부터 출발해야 한다고 말하며, 쟝 앱스탱(Jean Epstein)의 샴쌍둥이 비유를 인용해 예술성과 기업성이 불가분의 것임을 주장한다.

> 삼형제는 배[腹]에 있어서는, 즉 생존을 위한 하등한 필요에 의해 결합되어 있지만, 심장에 있어서는, 즉 정서라는 고등한 필요에 의해 분리되어 있는 것이다. 이 형제 중 형이 영화예술이며, 동생 쪽이 영화기업이다[3]

영화는 자본주의 시대의 상품으로서 출발했기 때문에 기업의 논리에 따르지 않을 수 없지만 또 한편 시청각의 재현기술로서 독자적인 예술장르를 형성하지 않으면 안 된다고 하는 "숙명적인 이율배반"을 지니고 있기에, 이 두 가지를 대립, 상극하는 것으로 보는 것(즉 영화를 상품으로서만 간주하거나 예술로서만 간주하는 것)은 예술을 경제적, 사회적 기초에서 유리시키는 관념적인 이원론이라는 것이다. 여기에서 이와사키 아키라는 예술성과 기업성을 변증법적 대립물로서, 즉 "통일의 중에 상극하여 그 상극에 의해 새로운 통일을 만들어내는 상극으로서"[4] 간주해야 한다고 주장하는 것인데, 임화에게서도 이러한 관점은 조선총

---

3 岩崎昶, 『映畫論』, 三笠書房, 1936, 226쪽.
4 위의 책, 228쪽.

독부에 의한 단일제작회사가 출범하기 직전 발표된 「조선영화론」(1942.6)에서 찾아볼 수 있다. 당시 단일회사의 설립으로 생필름 보급과 같은 자재난이 해결되고 설비가 갖추어진다면 영화제작이 합리화, 근대화될 것이라고 하는 영화계의 전반적 분위기에 대해 임화는 이렇게 말한다.

사실 자재(資材)만 있으면 조선영화가 즉시 흥왕한다고 가정하더라도 현재 자재의 융통이라는 것은 기업화의 문제 즉 신회사의 문제가 완전히 해결되지 아니하면 곤란한 상태라는 것은 누구나 아는 사실이요, 또 신회사의 문제라는 것은 **조선영화의 예술적 성격**의 문제와 불가분의 문제라는 것은 쉽사리 알 수 있는 것이다. 요컨대 먼저 예술적 재출발의 문제와 기업적인 비약의 문제를 이야기할 때 잠시 언급한 것처럼 모든 문제가 하나의 중심을 가운데로 부절히 순환하고 있는 데 현금의 조선영화의 문제다. 오직 여기에 있어 신회사의 문제가 이 모든 문제의 원심처럼 보여지는 것은 예술과 기업이란 두 가지 과제 중 기업화의 문제가 선도(先到)한 때문이요, 또 현하의 전환의 사실상의 중심이 기업 조직의 탄생을 둘러싸고 운행되고 있기 때문이다. 요컨대 신회사의 문제라는 것은 재래류의 대자본의 투하라든가 회사합동이 아니라 예술과 기업을 통합한 말하자면 기업적 예술적인 핵심의 문제로서의 성격을 띄고 있음을 생각할 필요가 있다.(강조─인용자)[5]

현재 기업화가 모든 문제의 중심에 있는 것처럼 보이는 이유는 "예술과 기업의 두 가지 과제 중 기업화의 문제가 선도"하고 있기 때문인

---

5 임화, 「조선영화론」, 『매일신보』, 1942.6.28~30.

데, 임화는 여기에서 이 기업화라는 것이 별도의 문제가 아니라 "조선 영화의 예술적 성격의 문제와 불가분의 것"임을, "예술과 기업을 통합한, 말하자면 기업적 예술적인 핵심의 문제"임을 인식해야 한다고 주장하고 있다. 즉 예술과 기업 중에서 현재 국면에서는 기업의 문제가 전면화 되고 있지만, 본질적으로는 이것들이 통일적 과정 중의 계기들임을 인식해야 한다는 것이다. 그는 "과거의 어느 영화를 이야기하는 문장 결미에" 예술화와 기업화의 길을 잘 뚫고 가느냐 마느냐에 조선 영화의 장래가 달려있었다는 말을 한 적이 있음을 환기시키면서 "내가 그 문장에서 이야기하고자 한 것은 결코 과거의 침체의 해명이 아니고 일로부터 다시 침체기가 온다면 역시 이 두 가지의 요인의 미해결과 상호모순에 있을 것이고 의미로 말한 것이요, 또 중요한 것은 그 문장을 이러한 성질의 침체가 어느 정도로 벌써 도래하고 있음을 예감하면서 초하였었다"라고 이야기한다. 즉 이 두 가지 과제가 통일적으로 해결되어야 한다는 것을 이미 「소사」의 집필 당시에 분명히 인식하고 있었음을 설파하면서, 1942년 통제회사의 설립을 코앞에 둔 오늘날, 이 문제는 기업화가 성취되면 모든 것이 해결될 것처럼 현상할 뿐이라고 말하는 것이다.

그런데, 국가에 의한 영화통제가 임박한 순간에 있어서 기업성이란 이와사키 아키라에서와 같이 유물론적 관점만으로는 설명되기 어려운 것이다. 1942년도 조선에서 영화는 더 이상 자본주의의 '상품'이 아니라 국가의 '선전도구'의 역할을 해야 하는 상황에 맞닥뜨리고 있었기 때문이다. 당시 영화의 '신체제'란 영화가 자유주의적, 자본주의적 상업논리에서 벗어나 국가의 문화재로서의 기능을 담당하는 것으로 변화하는 것을 의미했다. 나는 「발달사」에서부터 임화가 국가권력이나 정치의 문제를 '기업화'의 문제로 포괄하여 설명하고 있다고 보는데, 이는 당시 영화통제의 문제를 근대적, 합리적 기업화에의 도정으로 여겼던 조선영화인들에게 효과적으로 말을 걸기 위해서였다고 생각한다. 임화는 당시 상황을 기업화가 전면에 나서는 상황, 그것이 일반화되는 상황으로 파악하며, 그러나 그것이 여전히 변증법적 통일의 과정 속에서 하나의 계기가 모순화되는 것에 불과한 것임을 강조하기 위해 기업화와 예술화의 "불가분"의 관계를 강조하는 것이다. 그리하여 「조선영화론」에는 '기업화와 예술화'의 명제가 '국민영화와 조선영화'의 관계와 중첩되는 논리적 비약의 지점이 노출된다.

그럼으로 신회사의 탄생에서 지금까지의 부진과 침체에 공기는 우선 일소되고 조선영화는 어떻게 되느냐 하는 물음에 대한 해답뿐만 아니라 조선영화는 어디로 가느냐 하는 동태에 관한 암시조차도 나타나리라고 믿을 수 있다. 이 신회사에 관하여는 필자는 국외자의 일인(一人)이요 또 불원간 그 성립과 아울러 상세한 경위가 발표될 것이므로 다언(多言)을 허비치 않거니와 **조선영화의 예술적 성격의 문제**에 관하여는 약간의 용의가 필요하리라고 믿는다.

왜그러냐 하면 신회사의 탄생과 더불어 얻을 것은 이미 정부나 당국의 방침에 명백하고 또 벌써 여러 예술부문이 그 방향을 걸어온 **국민적 예술의 길이란 극히 일반적인 방향**이리라고 생각되기 때문이다. 국민적 영화라는 것은 다른 예술이 그러하듯이 이미 만들어진 범주가 아니라 이로부터 만들어나간 세계 가운데서 더욱 생소한 영역일뿐만 아니라 특히 **특수한 국민적 예술로서의 우수한 조선영화의 문제**란 것은 일층 신중한 문제이기 때문이다. 이것을 고구하는 데서만 이 전환은 가치있는 것이며 그 책무는 여태까지 조선영화를 위하여 심혈을 기울인 모든 사람들의 어깨 위에 있는 것이다.[6] (강조-인용자)

국가통제에 의한 예술의 방향이라는 것은 '일반적'인 것이지만, 그것은 이미 어떤 규준이나 성격이 마련되어 있는 것이 아니라 "이로부터 만들어나"가지는 것이기 때문에, "특수한 국민적 예술로서의 우수한 조선영화"라는 것을 신중하게 고구할 필요 혹은 여지가 있다는 것이다. 여기에서 기업화의 일반적 방향은 국민예술의 일반적 방향과 중첩되고, 거기에 내재된 예술화의 계기는 조선영화의 특수성과 중첩된다. 「조선영화론」은 임화의 영화론에서 처음이자 마지막으로 '국민예술'이라는 개념이 등장하는 글로, 「소사」에서부터 기업화와 예술화라는 개념을 통해 임화가 염두에 두었던 것이 일반과 특수로서 국민영화와 조선영화의 관계였음을 유추하게 만든다. 이러한 중첩의 전략을 통해 국민영화가 일반화되는 상황 내에서 '조선영화'의 위치는 비로소 '예술성'이라는 이름으로 마련될 수 있게 된다. (이런 관점에서 보면 「소사」의 마지막 문장에서 "자기의 예술적 성격의 획득과 기업화의 길"이라고 할 때 "자기의"라는 단어가 중요해지는 셈인데, 임화가 말하는 "예술적 성격"이란 추상적인 것이 아니라 구체적인 '조선의' 예술적 성격인 것이다. 즉 임화가 강조하는 것은 영화의 예술성이 아니라 '조선' 영화의 예술성이다) 즉 이 글에서 반복되는 "조선영화의 예술적 성격"이란 단순히 기업화와 국민영화의 일반적 방향성에 반대하거나 그것에 '저항'하기 위한 유토피아의 영역으로서 예술성을 전면화하

6   임화, 위의 글, 1942.

는 것(이렇게 생각하는 것은 이와사키 아키라에 의하면 "관념론적 이원주의"이다) 이 아니라, 1940년대 초반이라는 특정 국면에서 국민영화의 문제가 일반화되는 것에 대해 조선영화의 특수성이라는 대립적 계기들을 강조할 수 있는 매개개념으로서 예술성을 상정하는 주장이다.

2. "조선영화의 예술적 성격"–농촌·묘사·정서

「소사」에서 "조선영화의 예술적 성격"을 단적으로 보여주는 작품은 〈아리랑〉(나운규, 1926)과 〈나그네〉(이규환, 1937)이고, 이들의 공통점은 "리얼리즘"인 것으로 설명되어 있다. 먼저 이 두 작품을 설명하는 부분을 보자.

조선영화가 소박하나마 참으로 영화다운 게 되고, 또 조선영화다운 작품을 만들기는 대정 15년 나운규의 원작, 각색, 감독, 주연으로 된 〈아리랑〉에서부터다. (…중략…) 〈아리랑〉은 절대한 인기를 득하여 조선영화로서 흥행성적의 최초기기를 만들었을 뿐만 아니라, 조선영화사상 무성시대를 대표하는 최초의 걸작이 된 것이다. 이 작품에 소박하나마 조선사람에게 고유한 감정, 사상, 생활의 진실의 일단이 적확히 파악되어 있고, **그 시대를 휩싸고 있던 시대적 기분이 영롱히 표현되어 있었으며 오랫동안 조선사람의 전통적인 심정의 하나였던 '페이소스'가 비로소 영화의 근저가 되어 혹은 표면의 색조가 되어 표현되었었다.** (…중략…) 뿐만 아니라, 이 작품의 성공은 그 내용에서만 아니라 형성과 기술에 있어서도 재래의 조선영화의 수준을 돌파한 데도 연유하였다. 이만 하면 단순한 호기심에만 끌려 보아오던 관중은, 안심하고 조선영화를 대하게끔 되었었다.

또한 이 작품을 통하여 일세의 인기여배우 신일선을 세상에 내어놓아 **여러 가지 의미에서 〈아리랑〉은 조선의 무성영화시대를 기념하는 '모뉴멘트'였다.** (…중략…)

이규환 씨는 영목중길 씨와 더불어 대구 성봉영화원에서 (신코키네마의 후원 하에) 〈나그네〉를 발표하였다. 이 작품이 어느 정도까지 내지인의 원조를 얻었는지는 별문제로 하고라도 '토키'시대에 들어온 조선영화를 비로소 반석의 토대 위에 올려놓은 작품임은 사실이다. 사람들은 〈아리랑〉을 볼 때와 같이 기뻐하였다. **이 사실은 기술에서만 아니라 내용에 있어서도 관중의 요영('요구'의 오식인 듯―인용자)의 한 부분을 만족시켜준 것을 의미하는 것이다. 또한 여우 문예봉 씨가 비로소 자기의 진심한 가치를 발휘해본 것도 〈나그네〉요, 당대의 여우 문예봉을 세상에 내보낸 것도 〈나그네〉다. 이것은 〈나그네〉가 실로 여러 가지 의미에서 조선영화사상에서 〈아리랑〉과 유사한 의미를 갖는 작품임을 의미한다.** 이 작품에 대한 비평이 여하히 구구하고, 얼마마한 양의 결함이 지적된다해도 '토키'시대에 들어온 이후 조선영화중 아직 그 수준을 초월한 작품이 없는 우수작품은 부동의 사실이다.

사일런트 〈아리랑〉을 성공시킨 것과 같이 〈나그네〉를 성공시킨 것도 '리얼리즘'이란 사실은 명명될 필요가 있다. 내용의 어느 부분에 가서 아무리 수긍하기 어려운 곳에 봉착하더라도 작자가 생활의 진실을 추구하는 경우에는 사람들은 감동을 받는 것이다.[7]

---

7 임화, 「조선영화발달소사」, 『삼천리』, 1941.6. 참고로, 「발달사」에는 존재하지 않던 내용이 「소사」에 와서 추가된 부분은 고딕체로 표시하였고, 『아시아 영화의 창조와 건설』에서 추

〈나그네〉(이규환 감독, 1937)의 한 장면 자료제공처:한국영상자료원

여기에서 임화는 〈아리랑〉이 무성영화의 "기술"과 "조선사람에게 고유한 감정, 사상, 생활의 진실의 일단"을 정확히 파악하는 것 둘 다를 충족시킨 것처럼 〈나그네〉도 유성영화의 "기술"을 반석의 토대 위에 올려놓고 "생활의 진실"을 담아냈다고 평가하고, 이 공통점을 "리얼리즘"[8]이라고 이름붙인다. 나는 이것이 첫째, 조선의 '전통'이 담지되어 있는 '농촌'에 대한 인식, 둘째, 그 '농촌'을 시각적으로 묘사하는 문제, 셋째, 그것을 통해 환기되는 정서적 효과와 관련한 평가라고 생각한다.

〈아리랑〉은 이미 조선 무성영화를 대표하는 작품으로 평가되고 있

가된 부분은 괄호로, 삭제된 부분은 밑줄로 표시하였다. 『아시아 영화의 창조와 건설』에서 나운규의 역할 중 "감독" 부분이 삭제된 것은 눈에 뜨이나, 이 글의 뒷부분에 첨부된 조선영화목록에서는 〈아리랑〉의 감독으로 나운규가 명기되어 있고, 1943년도 「朝鮮映畵三十年史」에서도 마찬가지여서, 『아시아 영화의 창조와 건설』에서 특별한 이유로 "감독" 부분이 삭제되었다고 생각하기는 어렵다.

8 임화의 1940년대 초 영화론에서 "리얼리즘"이라는 용어는 여기에서만 사용되고 있다.

었고, 〈나그네〉 역시 일각의 혹평에도 불구하고 대체적으로 기술과 흥행 면에서 좋은 평가를 얻고 있었지만, 이 두 작품을 각기 무성영화와 유성영화를 대표하는 작품으로 자리매김한 것은 임화의 이 글에서이다.[9] 이화진은 1930년대 후반 〈아리랑〉, 〈임자없는 나룻배〉, 〈나그네〉가 지식인들에 의해 '조선적인 것'을 대표하는 작품들로 정전화되는 양상을 분석하면서, 이때 '조선적인 것'의 내용은 제국과 식민지의 관계를 경／향(京／鄕), 도／농(都／農)이라는 위계 속에서 설정하는 상상력에 의해 '농촌'을 계급 이데올로기가 소거된 노스탤지어의 공간으로 구성한 것과 관련된다고 말한다.[10] 〈아리랑〉과 〈나그네〉는 공통적으로 조선의 농촌을 배경으로 하고 있으며, 내지에서 〈나그네〉가 성공한 것을 계기로 "향토색", "로컬리티"라고 하는 것이 조선영화의 수출전략으로 전면화되었던 것이 사실이다. 그러나 임화가 조선영화의 대표작으로 〈아리랑〉과 〈나그네〉를 선택한 것은 이렇게 "향토색"짙은 조선영화를 브랜드화하는 당시 영화계의 지배적인 분위기를 수용했다거나 "농촌과 농촌 사람들을 타자화함으로써 계몽적 위치를 확인하려는 엘리트들의 욕망"[11]에 의한 것이 아니라, 1940년대 초반 그가 관심을 기울이고 있던 문화적 공간으로서의 '농촌'에 대한 생각 때문이었다. 〈아리랑〉에 대한 서술에서 임화는 "오랫동안 조선 사람의 전통적인 심정

---

9   나운규 및 〈아리랑〉이 집단적인 '기억의 공공화' 과정 속에서 고전으로 자리매김되는 과정에 대해서는 이 책의 2장을 참조하라. 한편, 1943년도 「朝鮮映畵三十年史」에서는 〈나그네〉 (여기에서는 내지 개봉 제목인 〈旅路〉로 표기되어 있다)가 내지에서 성공한 것을 부각시키며 "사람들은 마치 〈아리랑〉 때와 같은 감동을 느꼈다"라고 설명하고는 있으나, 「소사」에서처럼 토키영화의 최고작이라 평가하지는 않고 있다.

10   이화진, 「식민지 영화의 내셔널리티와 '향토색'」, 『상허학보』 13집, 2004.8.

11   위의 글, 384쪽.

의 하나였던 '페이소스'"를 언급하는데, 이는 서구문화의 이식을 특징으로 하는 문화에서는 그 이식을 완수하기 위해서 '전통'과의 교섭이 필요하며 특히 조선에서는 이 '전통'이 '농촌'에 보존되어 있다고 하는 주장을 환기시킨다. 이는 중일전쟁 이후 내지에서 붐을 이루던 '농촌문학', 특히 '토(土)의 문학'과 조선에서 필요로 하는 농촌문학을 구별하기 위한 주장인데, '토(土)의 문학'이 "이념"이라는 근대적-서구적 틀에서 벗어나 농촌에서 새로운 윤리적 기초를 발견하려는, "근대의 한계를 초월"하려는 시도라면, 조선처럼 근대문화의 이식이 완수되지 않은 곳에서는 농촌에 보존되어 있는 '전통'과 이 근대문화를 교섭시켜야 한다는 특수한 "주체화"의 과제 또한 갖고 있기 때문에 내지와는 같은 길을 가기 어렵다는 것이다. 즉 조선의 "새로운 문화창조"란 이식을 주체적으로 완수하기 위해 '전통'과 근대문화를 교섭시키는 과정에서 근대문화의 한계를 초월할 계기를 발견해야 하는 특수한 상황이며, 여기에서 '전통'을 보존하고 있는 '농촌'의 문제가 중요하다는 것이다. 따라서 이때 조선의 '농촌'은 "국가의 고도생산력을 보편화"한다는 차원에서의 미개지, '생산의 확충'을 요구하는 저개발 부분이 아니고 문화적으로도 "문화화, 계몽될 대상"이 아니라, 근대문화의 이식과 초월을 위해 필수불가결한 '계기'인 셈이다. 이때 '전통'이 농촌에 보존되어 있다는 것은 조선 역사에서 상층이 주로 이식된 지나 문화에 의해 생활해온 반면 하층, 민중이 고유문화의 연장 가운데 기천년을 살아왔기 때문이며, 근대 들어서도 서구에서와 같이 "서민문화-시민문화"의 건설을 통해 고유문화를 부흥시키지 못했다는 사정 때문이다.[12]

농촌이 이렇게 "조선에 있어 특히 중요한 과제"라는 것은 영화에 있어 제재로서, 시각적 재료로서, 묘사할 생활의 대상으로서 '농촌'이 중요성을 갖는다는 인식으로 나타난다. 임화는 영화령을 맞아 "재출발"을 도모하는 시점에서 최대 현안 중 하나였던 '원작', 즉 제재를 구하는 문제에 대해 질문을 받자 "농촌에서 제재를 구한다면 훌륭한 것이 많을걸요! 조선 농촌에는 취할 재(材)도 많고 영화적인 풍경도 많습니다. 그리고 뭣보다도 농민생활을 비비드하게 묘사해야지요!"[13]라고 말한다. 그렇다면 〈아리랑〉과 〈나그네〉에서 그가 보았던 것은 무엇인가. 〈아리랑〉에서 설명되는 '전통'이나 '고유성'이란 그 "감정, 사상, 생활의 진실의 일단이 적확히 파악"되어 있는 것이면서 동시에 "시대적 기분이 영롱히 표현", "심정"으로서의 "페이소스"가 표현되어 있는 것이다. 즉 〈아리랑〉에서 '전통'이 보존된 농촌이란 한편에서는 인식의 차원에서, 다른 한편에서는 정서적인 환기의 차원에서 표현되어 있다. 나는 여기에서 영화에서의 "리얼리즘"에 대한 임화의 생각이 단적으로 드러난다고 보는데, 그것은 제재를 시각적으로 묘사하는 행위에 의해 "감정, 사상, 생활의 진실의 일단이 적확히 파악"되는 동시에 정서적으로 환기가 되는 것을 의미한다.

「영화의 극성과 기록성」에서 임화는 "시각적 사실성"이야말로 영화의 본질을 드러내는 것이라고 말하는데,[14] 사건에 치중하기보다 (임화

---

12 임화가 '농촌'에 관심을 기울인 것은 당시 전쟁이라는 상황과 내지에서 "서구의 몰락" 즉 근대세계의 몰락이라는 담론이 총체적으로 "새로운 문화창조"를 요구하고 있었기 때문인데, 그는 내지나 조선과 같은 농업국에서는 전쟁과 같은 "전체적 통합이 문제시될 때" 늘 "역사적 현실의 최대의 내용"으로서 '농촌'이 부상하고, 문화적으로도 내지나 조선과 같이 서구문화를 이식한 곳에서는 "새로운 창조"의 차원으로 나아가려 할 때 "전통"을 담지하고 있는 '농촌'이 하나의 계기로서 떠오를 수밖에 없다고 본다. 임화, 「일본 농민문학의 동향—특히 '토(土)의 문학'을 중심으로」, 『인문평론』, 1940.1; 「농촌과 문화」, 『조광』, 1941.4.
13 「切迫! 영화령이 실시된다—영화문화인 간담회」, 『매일신보』, 1940.2.10.

는 이런 것은 "서구나 내지의 멜로드라마"라고 말한다) 시각적 묘사라고 하는 영화의 특성에 충실할 때 대상의 "진실"이 더욱 잘 드러난다고 보는 것이다. 그리고 〈아리랑〉에서 보듯 영화는 "기분", "심정"과 같은 정서를 표현하고 환기하는 것이고, 나운규가 "조선영화계의 중심"에 자리잡을 수 있었던 이유 역시 그의 영화들에서 "면면한 애수와 더불어 경쾌한 웃음, 울발(鬱勃)한 '니힐리즘'과 더불어 표표(飄飄)한 방랑성 등으로 연상되는 나운규조"[15]라는 정서적 차원을 형성했기 때문이다.[16] 덧붙여 주목해야 할 것은 이런 정서를 환기하는 데 있어서 임화가 '배우'를 강조했다는 점이다. 〈아리랑〉과 〈나그네〉를 설명하면서 각기 "신일선"과 "문예봉"이 이 영화들을 통해 세상에 나왔고 또 "진심한 가치"를 발휘했다는 것인데, 임화는 다른 자리에서 "배우란 소재니까 문학자가 말을 발견하는 것과 꼭같은 것"[17]이라는 말을 하기도 한다.[18]

---

14 임화, 「영화의 극성과 기록성」, 『춘추』, 1942.2.

15 임화, 「조선영화발달소사」, 『삼천리』, 1941.6, 201쪽.

16 1930년도 「朝鮮映畵の諸傾向に就いて」와 「소사」의 가장 큰 차이점 중 하나는 〈아리랑〉 및 나운규에 대한 평가이다. 농민과 프롤레타리아의 영화를 중심에 놓고 서술하는 「朝鮮映畵の諸傾向に就いて」에서 〈아리랑〉은 농촌문제를 다룬 작품으로, 3·1운동을 다룬 〈먼동이 틀때〉와 더불어 주목의 대상이 되면서도 "값싸고 로맨틱한 민족적 애수와 감격적 경향"을 보이고 "피억압 민족의 비진보적 우울의 흐름"을 드러내는 것으로 비판된다. 그리고 이후 나운규는 역사의 흐름에서 멀어지며 "예술타락의 길을 촉진"한 것으로 서술된다. 이 글이 일본 프롤레타리아 영화운동과의 연대 하에 계급적 혁명을 전망하던 시절에 쓰여진 것이라면, 「소사」는 제국의 좌표 속에서 '조선영화의 특수성' 규명에 몰두하던 시절의 산물이라는 차이가 있으며, 전자에서 '농촌'을 계급적 모순이 전형화되는 공간으로 이해한 반면 후자에서는 서구적 근대의 이식 문제를 해결할 수 있는 '전통'이 담지된 공간으로 상정한다는 차이를 보이는 것이다. 1940년대 초반 임화의 영화론에 있어서 이 근대와 이식의 문제는 조선에서 영화가 제작되기 시작하던 "생성"의 과정을 분석한 「조선영화론」(춘추, 1941.11)에서 본격적으로 탐구되며, 여기에서 나운규의 영화는 조선영화의 "근본성격"을 체현한 사례로 제시된다.

17 좌담회 「조선영화의 신출발」, 『조광』, 1942.1.

18 박현희는 "〈나그네〉에서 문예봉이 맡은 옥희 역은 이후 그녀가 연기한 역할들의 성격을 대부분을 갖추고 있었으며 배우 문예봉의 대표이미지를 확립시켰다. 즉, 농촌의 가난한 여인, 어린 아이를 홀로 돌보는 어머니, 그리고 먼 길을 떠난, 혹은 언제 올지 모를 남편을 인내하

이렇듯, 「소사」에서 조선영화사를 대표하는 〈아리랑〉과 〈나그네〉는 조선에서의 문화창조에 있어서 중요한 계기를 형성하는 '전통'이 보존된 공간으로서 '농촌'을 시각적 묘사와 더불어 정서적 환기를 통해 그려내는 "리얼리즘"을 통해 최고작이 되었다. 여기에서 농촌은 노스탤지어의 대상이 아니라 '전통'이 보존되어 있는 공간이며, 영화는 시각적 묘사와 정서적 환기를 통해 그것을 표현하는 매체이다. '새로운 문화 창조'에 있어 이식적 성격을 '전통'과의 교섭을 통해 극복하는 것(그리고 그 과정에서 근대문화를 초월할 계기를 찾는 것)이 조선에 있어 "특히 중요"하다고 하는 문제의식은, 앞서 '국민영화'의 일반적 방향에 대해 조선영화의 특수성을 강조하는 논리와 상통한다. 조선영화는 '전통'과의 교섭을 통해 이식을 완수(혹은 해체)할 "특수"한 과제를 안고 있으며, 이는 농촌에 대한 시각적 묘사를 통해 '전통'을 정서적으로 환기하는 "리얼리즘"으로 "조선영화의 예술적 성격"을 추구함으로써 성취될 수 있다는 것이다.

며 기다리는 아내가 바로 그것이다'라고 지적하면서, 이 '조선의 전통적 여인상'으로서의 이미지가 해방 후까지 계승된다고 말한다. 박현희, 『문예봉과 김신재─1932~1945』, 선인, 2008, 61~67쪽.

3. 아시아에서 '전시'되는 내선일체

이 책의 2장에서 설명했듯, 『아시아 영화의 창조와 건설』에서 조선 영화는 '아시아 영화'라는 구상 내에서 일본 제국의 오랜 식민지로서, 제도적으로나 산업적으로 서양의 영향력에서 '자립'하여 제국에 복속되는 '내선일체'의 도정에 놓여있는 것으로 배치된다. 이는 한편으로 「소사」 집필 이후 제작된 조선군보도부의 "획기적인 작품" 〈그대와 나〉(君と僕, 허영 감독, 1941)에 대한 언급이 『아시아 영화의 창조와 건설』의 영화사(이하 「아시아본」)에 덧붙기 때문이고, 다른 한편으로는 「아시아본」이 조선영화의 제도와 산업을 서술하는 내용 속에 포함되는 방식으로 수록되기 때문이다. '아시아'라는 지정학적 상상력과 '내선일체'로의 도정이라는 균질적 시간관 속에서, 이제 〈아리랑〉과 〈나그네〉는 조선의 "향토색"을 드러낸 '과거'의 영화로 맥락화된다.

이치카와 사이의 '아시아 영화'[19]의 구상에서 주축이 되는 것은 일본과 중국의 영화이다. 그는 "지나 사변은 범아시아 부흥을 위한 하늘의 뜻"이라고 표현하면서, '아시아 영화'의 구상은 일본의 기술과 중국의

---

19 이치카와 사이는 '아시아 영화'가 "아시아 민족을 대상으로 하여 그것에 의해 스스로 아시아에 일대 문화권을 형성할 사명을 갖는다"고 말하면서 그 요건으로서 내용, 용어, 기술적 연구, 신시장 가치에 대해 논의한다. 요지를 정리하면 다음과 같다.
'아시아 영화'의 내용은 여러 아시아 민족의 역사, 철학, 생활을 다루면서 민족적 감각과 동경(憧憬)을 묘사하는 것이어야 하는데, 일본영화가 지도적 입장에 서야 하지만 교화, 지도하는 태도가 아니라 진실로 그들의 문화적 발전에 협력한다는 태도를 갖춰야 한다. 그리고 중국 및 중화권에 수백 종의 언어가 통용되고 있어 의사소통에 용이치 않으므로 '아시아 영화'가 토키를 통해 새로운 아시아 언어를 창조할 필요가 있다. 또한 아시아 영화는 기술면에서 구미영화에 못지않은 능력을 갖추기 위해 연구해야 하며, 전 세계적 차원의 시장을 망라해야 한다. 이치카와 사이, 『アジア映畵の創造及建設』, 國際映畵通信社出版部, 1941.11, 370～375쪽.

테마를 결합하고 제작 자본 역시 일본과 중국의 영화기업과 화교자본을 통해 조달하는 방식으로 이루어져야 한다고 주장한다.[20] 이와모토 겐지[岩本憲兒]는 "타이완, 조선, 만주 이 3개 지역에는 일본의 국책을 강제하는 것이 가능했지만 대전 중의 광대한 중국에는 일본영화를 진출시키는 것도, 쌍방이 납득할 수 있는 합작영화를 만드는 것도 불가능했다"[21]라고 말하는데, 실제로 『아시아본』에서 제도와 산업을 서술하는 부분은 1934년 활동사진 취체규칙으로 조선에서는 "내지보다도 앞서" 이미 영화통제가 시작되었음을 강조하면서, 중일전쟁 이후에도 일본의 영화정책과 보조를 맞추어 1941년 제작기구가 일원화되었으며 11월 중에 "주식회사 조선영화협회"가 성립될 것이라는 전망으로 마무리된다. 더 오래된 식민지인 타이완에서 영화산업이 발달하지 않았고 도시 관객을 제외하고는 관객 대다수가 영화를 접할 기회가 없었기에 "재래 불건전한 지나극을 대체하는 건전오락으로서의 영화공급이 필요"하다고 진단되는 데 비해,[22] 조선에서는 영화문화가 활발했고 다만 서구영화의 상영율이 높았지만 취체규칙과 영화법이 적용되면서 국책

---

20 물론 이때 지도적 위치를 차지해야 하는 것은 일본영화로서, 1941년 '흥아영화협회'(만주영화협회, 중화전영공사, 화북전영공사, 남양영화협회의 연합)가 결성되었으나 아직은 각 협회의 입장을 반영하는 데 치중하고 있어, 일본이 "지도적 협력자"의 위치에서 아시아 공영권의 신질서 건설을 위해 이 협회들을 일괄하는 국책적 기관을 일본 내에 설치해야 한다고 말한다. 위의 책, 376~377쪽.
21 岩本憲兒,「アジア主義の幻影」, 岩本憲兒 編,『映畵と大東亞共榮圈』, 森話社, 2004, 16~17쪽.
22 타이완 영화에 대해서는 이렇게 요약할 수 있다. 메이지 44년 일본인들에 의해 시작된 영화흥행에 있어서 사변 전까지는 상영되는 외국영화의 대부분이 중국영화였지만 1934년부터 시작된 중국영화 수입 제한 및 금지 조치 등으로 1940년 검열건수에서는 일본영화와 외국영화(대부분은 미국영화)로 반분된다. 관객의 70%는 일본인이었으므로 타이완에서 영화문화란 대만 거주 일본인들이 일본영화나 서구영화를 즐기는 방식으로 형성되어 있다. 이치카와 사이, 앞의 책, 86~98쪽.

에 의한 통제의 방향을 취해왔다고 서술되는 것이다. 다시 말해 조선영화는 타이완과 달리 중국영화의 영향이 거의 없었고, 그렇다고 일본영화의 영향이 강한 것은 아니었으나 내지보다 "앞서" 영화통제가 진행되어 왔고 이제 일원화된 통제회사의 설립을 목전에 두고 있기 때문에, 조선영화계에는 '이미' 내선일체가 이루어진 것으로 보이는 것이다.

제도와 산업면에서 '아시아 영화'로서 조선영화가 이렇게 "대륙정책의 전진기지"로서 완전한 통제 하에 놓인 것으로 서술되듯, 영화사 역시 "내선인사 교류"를 진작시키는 〈그대와 나〉에 대한 언급으로 마무리됨으로써, 내선일체를 향한 도정에 놓여왔던 것이라는 맥락화가 발생한다. 이러한 배치에 의해 조선영화사에 있어서 〈아리랑〉이나 〈나그네〉와 같은 작품은 〈그대와 나〉로 상징되는 "재출발"로 수렴되고 해소되는 '과거'의 것으로 물러나게 된다. 즉 민간 영화사가 아닌 '관'에서 제작한 〈그대와 나〉로 인해 '국민영화'의 일반적 방향이 드러나는 것이고, 이는 통제회사의 설립을 목전에 둔 조선영화의 '현재'와 '미래'가 제시되는 순간인 셈이다.

4. "만들어나가는 것"으로서의 국민영화

『아시아 영화의 창조와 건설』의 출간을 위해 조선총독부가 자료를 제공할 무렵 〈그대와 나〉는 아직 촬영 중에 있었지만, 허영의 시나리오를 조선군보도부가 전격 영화화하기 시작한 1941년 봄부터 이 작품의 제작과정은 숱한 화제를 뿌리고 있었다. 그리고 〈그대와 나〉가 개봉할 즈음, 조선영화계는 소위 〈집없는 천사〉(최인규 감독, 1941) '사건'을 맞닥뜨려 술렁거리고 있었다. 잘 알려져 있듯 〈집없는 천사〉 사건이란 조선군 보도부의 추천을 받고 또 조선영화로서는 최초로 내지 문부성의 추천을 받았던 이 영화가 재검열을 통해 문부성의 추천 취하라는 곤욕을 치른 것을 말한다. 공식적으로 추천 취하의 이유는 밝혀지지 않았는데, 여러 가지 추측 속에서 이 '사건'은 〈그대와 나〉의 개봉과 더불어 조선영화의 '재출발'을 강제하는 사건이 되고 말았다. 이창용은 〈집없는 천사〉의 제작 목적을 "경성의 풍경을 현재의 상태 그대로 묘사하고 거리의 부랑자도 점차 바람직한 아이로 키워간다면 일본 신민이 된다는 것"[23]을 보여주려는 것이었다고 밝혔으나, 종국에는 다음과 같은 '공식적인' 발언으로 이 '사건'을 수용할 수밖에 없었다.

최근 〈집없는 천사〉가 어떤 사정에 의해 문부성 추천에서 취소되었지만, 이 영화는 반도의 영화작가들에게 많은 시사점을 주고 있습니다. 물론 사무적으로 추천이 취소되었다는 점에는 불만이 있으나, 이후 작가의 태도를 결정하는 데에는 오히려 좋은 계기가 되었다고 생각합니다.

우리들은 종래 **로컬 컬러, 풍속 그밖에 반도의 독자적인 면**을 주로 제작해 왔지만, 협소한 작가관을 버리고 영화가 내선일체 정신 고양에 노력을 기울여야 한다고 이번에 분명히 인식하게 되었습니다.(강조―인용자)[24]

23 「좌담회―조선영화 신체제 수립을 위해」, 『에이가준보』, 1941.10(한국영상자료원 편, 『고려영화협회와 영화신체제―1936~1941)』, 284쪽).

이창용은 〈집없는 천사〉 사건을 계기로 바로 "로컬 컬러, 풍속, 그밖에 반도의 독자적인 면을 주로 제작"하려던 태도가 더 이상 통용되지 않는 시대가 되었음을 깨달았다고 고백하는 것인데, 여기에서 "로컬 컬러, 풍속"은 하즈미 츠네오(筈見恒夫)가 지적하듯 〈나그네〉 이후 〈한강〉 같은 영화를 말하는 것이고[25] "그밖에 반도의 독자적인 면"이란 〈집없는 천사〉와 같이 조선의 현실을 "현재의 상태 그대로 묘사"하는 것을 가리키는 것이다. 김희윤은 〈집없는 천사〉의 리얼리즘적 화법이 오히려 일본 측 관계자들에게 문제점으로 지목(조선영화는 지저분하고 어둡다는 느낌)받은 것을 언급하며, 부랑아가 충량한 제국신민으로 성장하는 것을 보여준다는 이 영화의 기획은 대동아공영권에서 조선영화의 위치로 지정된 '밝고 명랑한' 성격에 부합하지 못했기에 내지에서 외면당한 것이라고 분석한다.[26]

여기에서 임화의 「소사」가 〈집없는 천사〉 '사건'과 〈그대와 나〉의 개봉 이전에 집필되었으며, 가장 최근의 기대되는 작품들로 〈수업료〉(최인규, 방한준 감독, 1940), 〈집없는 천사〉, 〈복지만리〉(전창근 감독, 1941)를 언급했었다는 점을 상기하자. 임화는 「소사」를 〈집없는 천사〉와 〈복지만리〉의 개봉을 본 직후 초(草)했다고 말하는데,[27] 이 작품들은 〈나그네〉가 내지에서 성공한 이후 활발히 추진되던 '수출용' 트랜스내셔널 영화로, 이창용이 특유의 사업감각과 수완으로 기획한 것이었다. 가난한 농

---

24 「고려영화협회-히로카와 소요(이창용의 창씨명-인용자) 씨의 담화」, 「반도영화계의 임전체제-통합으로의 호전(好轉)-예술과 정치의 조화」, 출전미상(위의 책, 162면).
25 「좌담회-조선영화 신체제 수립을 위해」, 위의 글, 294쪽.
26 김희윤, 「'집없는 천사'의 일본 개봉과 '조선영화'의 위치」, 한국영상자료원 편, 앞의 책, 230~237쪽.
27 임화, 「조선영화론」, 『매일신보』, 1942.6, 28~30면.

촌의 아동이나 도시의 부랑아, 동아시아를 떠도는 노동자 등 조선의 현실과 깊이 관련된 제재를 다루면서도 내지와 대륙에 통용될 수 있는 장르적 관습을 갖추었는데, 〈수업료〉는 베스트셀러였던 소학생의 작문을 원작으로 한 〈綴方教室〉(山本嘉次郎, 1938)에 기대어 "조선의 〈綴方教室〉"[28]이라 알려졌고, 〈집없는 천사〉는 "소비에트의 〈인생안내〉, 아메리카의 〈데드 엔드〉, (내지의－인용자) 〈みかへりの塔〉"에 비유된 아동물이었으며,[29] 〈복지만리〉는 조선영화로서는 최초로 만주영화협회와 합작하여 제작된 것으로, 당시 전 세계적으로 유행하던 다큐멘터리적 스타일을 차용하고 내지의 '대륙영화'의 장르적 틀을 갖춘 것이었다. 고려영화사는 조선총독부 작문상을 받은 〈수업료〉의 영화화를 즉각 감행하고 원작과 시나리오에서 일본인의 힘을 빌리는 시도를 하는가 하면 부분적으로 일본어 대사를 사용하기도 하는 등 내지에 통용될 수 있는 조선영화로서의 상품화를 기획한 것이다. 즉 이 영화들은 당시 조선영화계의 '기업화'의 방향의 가장 선두에 섰던 고려영화사의 치밀한 기획의 산물이었고, 내외의 좋은 반응을 얻었다. 임화는 〈나그네〉 이후 조선영화의 토키수준을 발전시키기 위해서는 예술화와 기업화의 방향을 가지 않으면 안 된다고 말하면서 이 영화들을 가리켜 "작자의 예술적 성격이 서로 다른데 불구하고 흥미있는 비평의 대상이 될 것이다"라고 언급함으로써, 예술성을 갖춘 기업화된 영화의 현단계로서 기대를 표했던 것이다. 그렇다면 「소사」의 집필 이후에 대두된 상황, 즉

---

28 「영화 '수업료'의 주역」, 『매일신보』, 1939.7.1. '수업료'의 기획과 성공에 대해서는 이덕기, 「영화 '수업료'와 조선영화의 좌표」, 『한국극예술연구』, 2009.4 참조.

29 「집없는 천사」 홍보 포스터 문구, 한국영상자료원 편, 앞의 책, 119쪽.

〈집없는 천사〉 '사건'과 〈그대와 나〉의 등장으로 〈아리랑〉과 〈나그네〉와 같은 영화들이 "향토색, 로컬"을 지향하는 '과거'의 영화로 간주되고, "반도의 독자적인 면"으로서 도시 부랑아에 대한 묘사가 "어두운 영화"로서 극복의 대상이 되는 상황에 대해 임화는 어떤 입장을 취했을까?

> 그것은 먼저도 여러 차례 말한 두 가지 조건(예술성과 기업성을 가리킴 — 인용자)의 극한대의 확대재생산인데 이것을 고쳐 말하자면 이번의 침체란 것은 종래의 침체가 자꾸만 두 가지 모순이 주기적으로 표현된 데 불과한 대신 이번엔 근본적으로 이것을 해결하지 아니하고는 도저히 부진상태는 개선될 가능이 없는 그러한 사태다. 그것을 단적으로 표현하는 사실은 〈집 없는 천사〉의 내용과 그것이 동경 봉절을 통하여 환기한 여러 가지 물의요, 조선군이 제작한 〈君と僕(그대와 나)〉이 문제다. 〈집 없는 천사〉에 대한 동경 방면의 물의 속에는 이로부터의 조선영화가 예술적으로 발전해 나가는 데 해결해야 할 과제의 거의 전부라고 해도 좋을만치 제시되어 있었고, 〈君と僕〉의 발표는 군이 영화에 대하여 품고 있는 견해가 간단히 표현되어 있으며 동시 〈집 없는 천사〉를 중심으로 한 물의 가운데서 문제된 몇 가지 점에 대한 현대적인 해결 방법이 선명히 나타나 있었다. 분명히 이 두 가지 사실은 신중히 강구할 문제였고 그 경험을 통하여 시국 하에 있어 조선영화의 예술적 성격이란 것 바꿔 말하면 현하 조선에 있어[30] 제작될 국민적 영화라는 데 대한 윤곽을 그려볼 수가 있었을 것이다.[31]

흥미롭게도 여기에서 임화는 예술성과 기업성이라는 두 가지 모순

---

30 원문에는 "업섯"으로 되어 있으나 오식으로 보인다.
31 임화, 「조선영화론」, 『매일신보』, 1942.6, 28~30쪽.

이 극에 달한 사례로 〈집없는 천사〉 '사건'과 〈그대와 나〉를 언급하고 있는데, 〈집없는 천사〉 '사건' 속에는 "이로부터의 조선영화가 예술적으로 발전해 나가는 데 해결해야 할 과제의 거의 전부"가 제시되어 있었고, 거기에 대한 현대적인 해결방법이 〈그대와 나〉에 분명히 나타나 있었다고 말하고 있다. 이 "현대적인 해결방법"의 구체적인 내용에 대해 더 이상의 언급은 없으나, 추측컨대 조선어 사용과 조선어 복장이 문제되었다고 알려졌고 부랑자 집단과 같이 사회의 "어두운 면"을 다룬 〈집없는 천사〉에 비해, 모든 대사가 일본어로 쓰여졌고 아무런 갈등이 없는 "밝고 명랑한" 내선일체의 유토피아를 그린 점을 지적한 것일 수도 있고, 아니면 지원병 제도와 같이 조선의 상황을 내지에 '선전'하는 동시에 조선 민중의 '계몽'에 활용될 수 있는 영화의 방향성을 〈그대와 나〉가 제시했다고 말하는 것일 수도 있다. 또 〈그대와 나〉가 국민영화의 일반적 방향을 제시하는 동시에 기업화가 제공할 물적 기반의 '미래'를 예표한 것처럼 보이는 데 대한 반응이라고 할 수도 있다. 〈그대와 나〉는 조선영화를 '내선일체'의 도정에 놓는 기획 차원에서 보았을 때도 그야말로 '정답'처럼 여겨졌겠지만, 장차 통제회사에서 제작될 영화는 (〈그대와 나〉의 오프닝이 보여주듯) 첨단 설비와 기술을 바탕으로 미국이나 내지에서와 같이 '항공촬영' 장면을 생산하는 것도 가능할 것이라는 환상 역시 심어주었을 것이다.[32] 분명한 것은 〈집없는 천사〉

---

32 따라서, 〈집없는 천사〉 '사건'이 충격적인 것이었음에도 불구하고 〈그대와 나〉의 제작에 대해 조선영화인들이 회의적인 태도만을 지녔으리라고는 생각되지 않는다. 예컨대 〈그대와 나〉에 앞서 민간영화사에서 내지 수출을 염두에 두고 만든 '최초의' 지원병 영화 〈지원병〉(안석영 감독, 1941)이 있었으나, 제작 기반의 부족으로 지원병 환송 장면조차 제대로 연출하지 못했던 데다가 후반작업이 늦어져 〈그대와 나〉와 비슷한 시기에 개봉하게 됨으로써 영화인들의 연민을 자아냈다.

'사건'과 〈그대와 나〉라는 경험을 통하여 "시국 하에 있어 조선영화의 예술적 성격이란 것 바꿔 말하면 현하 조선에 있어 제작될 국민적 영화라는데 대한 윤곽을 그려볼 수가 있었을 것"이라고 임화가 말하고 있다는 점, 즉 예술성과 기업성의 모순이 시국 하에 있어 조선영화의 예술적 성격을 재구상하도록 요청하고 있음을 지적한다는 점이다. 이는 2절에서도 살펴보았듯 '예술성과 기업성'의 명제를 '국민영화와 조선영화'의 관계와 중첩시킴으로써, 국민영화가 일반화되는 상황 내에서 '조선영화'의 위치를 '예술성'이라는 이름으로 마련하려는 전략이다. 임화는 "국민적 영화"의 일반적 방향을 〈그대와 나〉의 등장을 통해 확인했지만, 그럼에도 불구하고 그 "국민적 영화"라는 것의 성격은 고정된 것이 아니라 만들어나갈 수 있는 것이며 그것은 "예술로서의 조선영화의 성격"을 모색함으로써 해결해야 한다는 것이다.

사실 이러한 태도, 즉 국민영화의 방향성을 조선영화와의 관계 속에서 "만들어나가는" 것으로 인식하는 태도는 임화에게서만이 아니라 이창용 및 조선영화에 우호적인 일본 평론가들에게서도 발견된다. 〈집 없는 천사〉 '사건' 이후 동경에서 가진 좌담회에서 하즈미 츠네오, 이이지마 타다시, 이창용은 향후 조선총독부가 원하는 방향이 무엇인가, 그리고 거기에 어떻게 대처할 것인가를 모색하고 있었다. 이들은 〈집 없는 천사〉 사건으로 "우리들은 막다른 길에 봉착"했다고 말하며 조선과 내지 당국이 검열을 일원화하고 조선영화에 대한 하나의 근본방침을 수립해야 "앞으로 우리들의 방침을 정할" 수가 있다고 하면서, 곧 설립될 통제회사의 방향이 "조선 안에서 조선인을 지도하기 위한 것이 하나이고, 다른 하나는 조선 이외의 사람들, 즉 만주라든가 내지에 대해 가장 친근한 방법을 이용하여 조선의 사정을 알린다는 것"임을 추측 혹은 확인하면서 그에 대처할 방법을 고민한다.[33] 임화의 차별점이라면 이러한 모색을 "조선영화의 예술적 성격"으로, 즉 국민영화의 변증법적 대립물로서의 조선영화와, 기업화의 대립물로서의 예술적 성격을 내세워 주장하고 있다는 점이다. 더욱이, 이런 주장은 조선영화의 존재론, 즉 ("조선영화는 어디로 가느냐" 하는 "동태"에 관한 것이 아니라) "조선영화는 어떻게 되는 것인가?"라는 "존재"에 대한 질문[34]을 처음부터 던짐으로써 마련되었던 것이다. 일반과 특수에 대한 통찰에 기반하고 있었기에 그는 〈집없는 천사〉 사건에 좌절하거나 〈그대와 나〉를 손쉬운 '정답'으로 간주하지 않고, 〈그대와 나〉에 나타난 "현대적인 해결방법"을 모색하여 조선영화의 자리를 마련할 전략을 구상해야 한다고 말할 수 있었던 것이다.

지금까지 임화의 「조선영화발달소사」와 「조선영화론」(1942)을 중심으로 임화 영화론의 핵심개념이라 할 수 있는 '예술성과 기업성'의 변증법적 관계가 '국민영화와 조선영화'의 그것과 중첩됨으로써 "조선영화의 예술적 성격"이라는 개념이 도출되는 양상, 그리고 이 개념이 영화사 서술에서 시도되고 또 영화사가 놓인 좌표에 의해서는 탈락되기

---

33 「좌담회—조선영화 신체제 수립을 위해」, 『에이가준보』, 1941.10(한국영상자료원 편, 앞의 책). 이 좌담회는 〈집없는 천사〉 사건과 통제회사 설립을 계기로 이창용이 내지 평론가들에게 '자문'을 구하는 형식을 띠고 있어 흥미롭다. 조선에서 열린 좌담회들과 달리 조선영화계의 통제에 대한 상당히 강도 높은 비판이 제시되기도 하는데, 이 시기 내지와 조선 영화계의 교류가 합작 등 제작 차원에서만이 아니라 담론적 차원에서도 진행되었던 양상에 대한 고찰이 필요함을 보여준다.

34 임화, 「조선영화론」, 『매일신보』, 1942.6, 28~30면.

도 하지만, 통제회사의 설립 직전까지 견지되는 양상을 살펴보았다.

'예술성과 기업성'이란 1930년대 후반 이후 조선 영화담론의 핵심을 포착한 것으로, 기업화가 확립되어야 예술이 가능하다는 주장을 돌파하는 논리로 마련된 것이다. 즉 기업성이라는 것이 당시 조선 영화계가 해결해야 할 근본적인 모순처럼 현상하고 있으나 그것은 예술성의 문제를 변증법적 대립물로 하는 통일적 관계 속에 있는 것이라는 점을 지적하고, 나아가 이 '예술성과 기업화'의 과제란 국민영화라는 일반적 방향 속에서 조선영화의 위치를 지정하는 문제와 필연적으로 얽혀 있음을 주장하는 논리인 것이다. 이러한 논리는 영화에 있어서 물질적 기반의 문제를 본질적인 것으로 상정하고 그리하여 필연적으로 조선 영화를 제국의 기획 속으로 해소시키게 되는 논리에 대해서도 비판적일 뿐더러, 영화를 산업이나 국가권력의 문제와 동떨어진 예술로 파악하는 추상적이고 낭만적인 관념과도 거리가 먼 것이다. 임화는 이런 변증법적 논리를 바탕으로 영화사 서술에 있어서 "조선영화의 예술적 성격"을 규명하고자 했는데, 이 영화사가 '아시아 영화'라는 정치적, 문화적 지평 속에서 조선영화를 설명하는 것으로 좌표가 옮겨지면서 이 특수한 성격은 '내선일체'라고 하는 '현재'에 의해 극복된 혹은 극복되어야 할 '과거'로서 자리매김되게 된다.

그러나 임화는 〈그대와 나〉의 등장과 조선영화주식회사의 출범을 목격하면서도 "조선영화의 예술적 성격"에 대한 고구를 포기하지 않는다. 한편으로 이는 '예술성과 기업성', '국민영화와 조선영화'의 변증법적 관계에 대한 사고를 견지하고 있었다는 것, 그리하여 이미 되어진 것이 아니라 "만들어나가는 것"으로서의 영화의 미래에 대한 희망을 폐기하지 않았다는 것을 말해주는 것이다. 그리고 다른 한편으로는 〈아리랑〉과 〈나그네〉의 "리얼리즘"을 논할 때 드러났듯 영화의 시각적 묘사와 정서적 효과가 갖는 힘에 대한 신뢰를 잃지 않았음을 드러내는 것이기도 하다. "내셔널리즘도 소시얼리즘도 없어"[35]진 시대에 조선의 현실을 시각적으로 묘사하고 조선의 '배우'를 통해 정서적 효과를 생산할 수 있는 영화는, 어찌보면 '국민예술'의 시대에 있어 문학보다 훨씬 더 유연하게 거기에 대처할 수 있는 장르로 생각되었는지도 모른다.

---

35 임화, 「본격소설론」, 임화문학예술전집편찬위원회 편, 『문학의 논리』, 소명출판, 2009, 298면.

『대지』, 전체주의, 기록성

〈복지만리〉(1941)가 실패한 이유

정치를 예술과 가장 대립되는 물건이라고 한다면, 정치의 일 연장이면서 동
시에 가장 고도화된 정치인 전쟁은 인간의 사회생활 가운데서 예술과 가장 대
척되는 물건일 것이다.[1]

임화의 「영화의 극성과 기록성」(1941)은 당시 민간영화사 최대 기획
작이었던 〈복지만리〉(전창근 감독, 1941)의 실패를 분석하는 글이다. 이
실패는 흥행면에서의 실패를 말하는 것이 아니라 극영화로서의 실패,
특히 당시 유행하던 기록성을 도입하는 과정에서 극적 구성과의 유기

---

1   임화, 「19세기의 청산」, 610쪽(임화문학예술전집 편찬위원회 편, 『임화문학예술전집 3 ─ 문
    학의 논리』, 소명출판, 2009).

적 관계를 훼손시킴으로써 결과한 실패를 말한다. 그런데, 이 실패는 단순히 극작술의 부족이나 연출의 미숙 때문에 생겨난 것이 아니다. 임화는 감독이 주제의식을 전개할 수 없었던 상황, 그리고 개성을 형상화하지 못했던 상황을 그 이유로 지적하고 있는데, 이 논의의 맥락을 이해하기 위해 우리는 펄벅의 『대지』(1931~33)와 중일전쟁기 조선영화의 상황, 그리고 임화의 글이 출간될 무렵 개봉한 〈그대와 나〉(허영 감독)에까지 시선을 돌려야 한다.

우선 〈복지만리〉는 만주영화계와 조선영화계 최초의 합작품으로, 멀리는 만주사변, 가깝게는 중일전쟁을 계기로 급증한 '중국'에의 관심이 반영된 기획이었다. 1938년에 구상되어 3년여 만에 제작된 이 영화는 당시 일본에서 일어나던 "대륙영화"[2] 열풍과 궤를 같이 하며, 일련의 조선 농민들이 동경과 북선(北鮮)지방을 떠돌다 마침내 만주에 개척민으로 정착한다는 내용을 담고 있다. 대륙에 진출하기 위해 조선의 지정학적 이점을 활용하고자 했던 일본영화계와, 부족한 자본과 기술

---

2 〈복지만리〉는 '대륙영화' 중에서도 만주를 이민의 희망에 찬 토지로 그리는 '개척영화'의 경향과 맥락을 같이 하는 것으로 보인다. 내지의 '대륙영화'의 흐름을 분석한 안니에 따르면, 〈새로운 땅(新しき土)〉(Arnold Fanck, 1937)에서 일본병의 보호를 받으며 젊은 남녀가 토지를 개간하는 라스트씬에만 '대륙'이 등장했었다면, 〈大日向村〉(豊田四郎, 1940)에서는 '만주'가 이야기에 부분적으로 들어왔고, 〈沃土萬里〉(倉田文人, 1940)에 이르러 만주가 시종 인물이 활동하는 무대가 되어 이야기의 주축을 지탱하는 불가결한 배경이 되었다. 특히 〈沃土萬里〉는 '기록영화와 극영화'의 혼합적 수법에 대한 논쟁을 불러 일으킬만큼 다큐멘터리적 스타일을 두드러지게 드러내는 것이었다. 이 영화는 상상의 베일에 싸인 '대륙'을 '진실의 모습'으로 환원시킴으로써, 또 이미 '만주'라는 국가가 된 대지를 실사(實寫)함으로써 전쟁영화와는 다른 시각에서 국책영화 표상의 중추에 접근하고자 했다(晏妮, 「'大東亞映畵'への階段: '大陸映畵' 試論」, 岩本憲兒 編, 『映畵と'大東亞共榮圈'』, 森話社, 2004, 135~137쪽). 프린트가 남아있지 않아 확인할 길은 없으나, 기획 단계부터 '대륙영화'라 선전된 〈복지만리〉는 제목의 유사성 및 '기록성'에 대한 논란을 일으켰던 점 등 〈沃土萬里〉와 여러 면에서 유사한 색채를 띠었던 것으로 짐작된다.

〈복지만리〉의 한 장면 자료제공처 : 한국영상자료원　　　　　〈복지만리〉의 한 장면 (『매일신보』, 1941.3.19)

면의 지원을 받아 일본과 중국 시장으로 판로를 넓히고자 했던 조선영화계가 〈군용열차〉 등 합작을 시도하던 것도 이즈음이었다. 고려영화사의 이창용은 상하이 영화계에서 활동 중이던 전창근을 감독으로 영입하여, 동아시아를 떠도는 조선 노동자들의 이야기를 로케이션 촬영과 2,000여 명 엑스트라 동원 등 장대한 스케일로 제작했다. 1941년 개봉 당시 〈복지만리〉는 조선 민간영화사의 작품으로는 최고의 제작비가 들어간 대작이었다.

그런데, 주지하듯 만주사변과 중일전쟁은 동아시아만의 국지전쟁이 아니라 곧 이어질 태평양전쟁으로 증폭되듯 제2차 세계대전의 아시아 축의 의미를 지니는 것이었고, 국제사회에서 중국과 일본에 대한 관심을 불러일으키는 계기가 되었다. 〈복지만리〉가 기획되고 〈군용열차〉가 제작된 1938년, 미국 선교사의 딸로서 중국에서 생활했던 펄벅이 쓴 『대지』가 노벨 평화상을 수상한 것을 두고 임화[3]는 "현재의 긴장한 세계사의 국면 가운데 황당한 걸음을 달리고 있는 지나(支那)를 취재로"

했다는 점이 주요한 원인이었으리라 진단한다. 즉 당시 중국은 "현재 세계사가 전개되는 대 무대"이기 때문에, "세계사적 국면에 등장한 지역만이 항상 세계적 문학의 토양에 있"다는 점을 이 소설이 증명해주고 있다는 것이다. 그런데 이때 임화의 관심을 끈 것은 이 작품이 중국을 다루었다는 점만이 아니라 미국의 작가에 의해서, 19세기 리얼리즘 방식으로 쓰여졌다는 점이었다.

그는 같은 동양인은 쉽사리 발견하기 어려운 "소위 지나적 특성", 즉 세계사의 운명의 결정적인 매듭으로서의 "전형성"이 서양인에 의해서 파악되었다고 보는 것인데, 동양인끼리는 역사적 운명의 공통성을 지니고 있기 때문에 오히려 스스로를 파악하는 인식능력에 제한을 받지만, 서양인은 그렇지 않기 때문에 동양을 더 잘 볼 수 있다는 것이다. 더욱이 그간 동양을 침탈했던 서양 자본주의가 위기에 닥친 당시 상황에서 그 위기가 가장 노골적으로 표현되는 곳은 서양이 아니라 동양이며, 그중에서도 서양의 세례를 받아 큰 변화를 겪었음에도 불구하고 "그중의 한가지도 철저히 변하지는 않은" 중국이야말로 동양의 전형인 동시에 세계적 위기의 전형이라는 것이다. 따라서 중국은 당시 세계사가 전개되는 무대로서, "우리 동양인 자신에 의한 세계사적 행위란 것도 어쩐지 지나를 무대로 해야만 가능한 것"일 수 있다. 임화가 〈복지만리〉의 조선노동자들의 행적을 가리켜 "동양에 있어 20세기적인 민족이동의 중요한 표현"이라고 말한 것은 이런 의미에서 이 영화가 단순히 조선이나 동양의 문제가 아니라 세계사의 문제를 포착하고 있음

---

3 임화, 「『대지』의 세계성」, 임화문학예술전집 편찬위원회 편, 앞의 책, 619~629쪽.

을 지적한 것이다.

그런데, 20세기에 미국인에 의해 쓰여진 『대지』가 19세기 리얼리즘 장편, 본격소설의 형식을 취하고 있는 것은 왜인가. 20세기 서구문학의 행보에 예민한 관심을 갖고 있던 임화는 이 작품이 새로운 20세기 문학의 전망을 암시하는 것도 아니고 19세기 문학을 개조한 것도 아니라 농민 왕룽과 그 아들들, 손자들의 "소위 가족사적 양식으로, 19세기 서구소설 양식의 그대로의 이식에 불과"한 것이지만, 이렇게 "근대 지나가 통과한 모든 역사 계단을 밝게 그려"내는 것은 그런 "본격소설" 형식에서만 가능하다는 것을 보여준다는 점에서 흥미롭다고 말한다. 오히려 펄벅이 순박하게 "전형"을 포착할 수 있었기 때문에 이 소설은 성공한 것이며, 중국이나 세계나 인간을 이해하는 중핵으로서의 리얼리즘이란 어쩌면 20세기 중반으로 이행하는 당시에도 유효한 것임을 보여주는 사례라는 것이다. 임화는 이것이 결국 "서구문화가 아직 19세기적 전통을 떠나버리지 못한 증거"인 동시에 "이제 와선 19세기인 것까지가 대단히 존중된다는 작금의 문화 사정을 반영한 것"이라 말하는데, 이는 그가 다른 글에서 유럽문화가 제2차 세계대전을 통해 혹 쇠망한다면 유럽의 합리성과 민주주의라는 가치가 미국으로 "이동"하여 미국이 유럽문화의 "최후의 서식지"가 되거나 "문화의 신대륙"이 될 것이라 전망[4]한 것을 연상시킨다. 제1차 세계대전 이후 주관으로 도피하거나 시정을 저회하는 것으로 분열되어 성격과 환경의 조화를 이루지 못했던 문학이, 전쟁이라는 또 한번의 "외과적 수술"[5]에 의해 이제는 미

---

4   임화, 「무너져가는 낡은 구라파」, 『조선일보』, 1940.6.29.
5   임화, 「19세기의 청산」, 임화문학예술전집 편찬위원회 편, 앞의 책, 613쪽.

국이라는 새로운 환경에서 19세기적 리얼리즘으로서 재탄생할 수도 있다고 본 것은 아닐까.

이렇듯 『대지』의 노벨상 수상이 보여주듯 '세계문학'이라는 것이 세계사의 무대로서 중국에서 취재하고 그 전형성을 포착하는 본격소설의 형식으로 대두된 것이 세계대전 국면의 양상이라고 하는 임화의 진단은, 조선-일본-만주를 방랑하는 식민지 노동자들을 다룬 〈복지만리〉에 대한 분석에도 적용된다. 다만 이 경우, 『대지』가 성공했던 것과 달리 〈복지만리〉는 왜 성공하지 못했는가에 초점이 맞춰진다는 점에서 차이가 있다. 앞서도 언급했듯 임화는 〈복지만리〉의 조선노동자들의 행적을 단순히 조선이나 동양의 문제가 아니라 세계사적 문제라고 보고 있는데, 미국인 펄벅과 달리 식민지의 영화인들은 이 문제를 리얼리즘, 즉 인물의 성격과 환경의 조화 속에서 그려내는 성취를 이룰 수 없었다.

그 첫 번째 원인을 임화는 감독이 주제의식을 제대로 펼치지 못했기 때문이라고 말한다. 조선의 농민들이 일자리를 구하기 위해 일본에 갔으나 성공하지 못하고 다시 북선지방으로 갔으나 또 실패하여 만주까지 흘러들게 되는 그러한 "동양 민족이동의 중요한 표현 중 하나인 표박(漂迫)의 동기"가 충분히 설명되지 않았던 것인데, 그렇게 정착하지 못하고 떠나지 않을 수 없었던 "쓰라린 사정"을 제시하지 않음으로써 그 "행동의 진실성"이 그려지지 않았다는 것이다. 이렇게 주인공들이 조선을, 일본을, 북선지방을 계속 떠나갈 수밖에 없는 동기가 설명되지 않았다는 지적은 당시 다른 평자들에 의해서도 제기되었다. 만선일보(滿鮮日報)사에서 개최한 시사합평회에서 여러 논자들은 "스토리의 필연성이 부족"하다, "만주에 오는 필연성 등이 좀 희박"[6]하다고 지적하는가 하면 이태우는 "극적 요소가 결핍"[7]되었다고 비판하는데, 그러나 임화는 그 것이 극작술상의 기술적 결함이 아니라고 몇차례 강조하며 "묘사불가 능이었을지도" 모른다고 말한다. 조선농민들이 왜 고향을 떠나야 했는 가, 일본에서 왜 일자리를 얻지 못하고 다시 방랑길에 올랐는가 하는 행 동의 동기, "쓰라린 사정"을 그리지 못한 것은 제작상의 결함이 아니라 식민지 영화가 "묘사불가능"한 영역이었기 때문인 것이다. 다시 말해 임 화는 〈복지만리〉의 실패를 지적하기 위해서 이 글을 쓴 것이라기보다 는, 그 실패의 원인이 다른 논자들이 오해하듯 기술적 미숙이나 부족이 아니라는 점을 밝히기 위해, 나아가 그렇게 실패가 필연적일 수밖에 없 는 조선영화계의 상황을 간접적으로 언급하기 위해 이 글을 쓴 것이다.

실패의 두 번째 원인을 임화는 등장인물들을 "획일적인 집단으로만 보려하고 각개의 개성으로 보려 하지 않"았던 것이라 지적하는데, 이는 첫 번째 원인과 관련된다. 임화는 소설, 연극, 영화 혹은 서사시와 같이 인간을 표현하는 것이 중요한 예술에서는 성격을 통해 인물의 운명과 그가 속한 국가, 사회, 혹은 시대의 운명이 암시되는 것이고 그 성격은 "일상적인 생활세계"의 묘사를 통해 창조되는데, 〈복지만리〉는 그런 생 활세계를 그리지 못함으로써 성격을 구현하지 못했을 뿐만 아니라 개 인의 성격을 "집단적으로 유형화"된 것으로 해소시켜 버렸다고 말한다. "집단을 개성을 통하여 표현한 대신 개성을 집단 가운데 매몰시켰다." 영화 프린트가 남아있지 않아 여기에서 "집단적으로 유형화"되었다는

6   「〈복지만리〉 시사합평」, 『만선일보』, 1941.1.21.
7   이태우(滿映), 「조선영화의 거작 〈복지만리〉를 보고」, 『매일신보』, 1941.3.19.

게 어떤 의미인지 정확히 파악하기 어려우나, 임화가 이 문제 역시 감독이 애초의 의도를 표현하기 곤란했을 상황과 관련되는 듯하다고 말하는 것으로 보아, 유랑의 원인과 고통을 삭제한 채 "일상적인 생활세계"의 묘사란 불가능했기 때문이라는 의미로 생각된다. 벌목, 씨름, 혼인, 음주, 연애 등 인물들의 일상생활을 그들의 심리나 행동동기와 결부시켜 설명할 수 없다면, 그 일상생활은 성격을 창조하는 디테일이 아니라 무의미한 에피소드로 전락할 수밖에 없을 것이기 때문이다.

임화가 이 글의 제목을 「영화의 극성과 기록성」이라 한 것은 이렇게 "묘사불가능한" 감독의 주제의식과 인물의 성격, 세계사적 운명으로 인해 "단편화"한 소재들이 이 영화의 "기록성"을 두드러지게 만들었기 때문이다. 당시 기록영화가 유행하면서 극영화와 기록영화의 정의를 둘러싼 여러 논란과 논의들이 무성했고 〈복지만리〉 역시 조선과 만주의 풍물지를 의도적으로 삽입했던 것은 사실로 보이지만, 임화가 더 관심을 기울였던 것은 그런 풍물지가 성격과 환경의 조화를 낳지 못하고 에피소드로 전락해버릴 수밖에 없게 만들었던 식민지의 상황이었다. 전쟁과 파시즘은 유럽과 식민지의 예술가들로 하여금 스스로의 세계사적 성격을 그려내는 것을 불가능하게 만들었고, 그것을 포착하는 데 아직 유력한 방법론으로서 19세기식 리얼리즘은 펄벅이 보여주듯 이제 미국이라는 신대륙으로 이주 중이었던 것인지도 모른다.

임화의 〈복지만리〉론과 관련하여 덧붙여야 할 것은, 이 글은 그즈음 떠들썩하게 개봉했던 영화 〈그대와 나〉가 보여준 전체주의적 전망에 대한 임화의 반응이기도 했다는 점이다. 〈복지만리〉가 민간영화사 최대이자 최후의 화제작이었다면, 〈그대와 나〉는 조선군보도부가 만든 내선일체 영화로서 조선영화령 시대 조선영화의 미래를 예표하는 최초의 작품이었다. 조선인 지원병 최초의 전사자 이인석의 죽음으로 시작하는 이 영화는 조선의 "성소(聖所)"로 등극한 부여(夫餘)와 지원병 훈련소를 배경으로 하고, 일본인보다 더 일본인다운 조선인 지원병을 주인공으로 삼고 있다. 이광수와 안석영은 이 영화를 가리켜 "진실", "실사(實寫)"라 찬사를 보내고 있는데,[8] 이는 이제 영화를 예술로 간주하는 관념은 더 이상 통용되지 않게 되었음을 반증하는 것처럼 보인다. 국가라는 전체 속에 개인이 해소되는 작품의 등장, 그리고 그것이 조선영화의 미래로 제시되는 상황은, 단지 리얼리즘만이 아니라 그 모든 "문화에 있어 가장 적대적인 상황"이었기 때문이다. 이 문제는 얼마 후 오영진에 의해 아래와 같이 정식화되는데, 여기에서 그가 극영화보다 "기록영화"를 강조한다는 점에 주목하자.

　따라서 영화는 점차 단순한 오락품으로서의 소극적인 지위를 벗어나 국가의 중요한 문화재로서 유력한 프로파간다와 계몽 수단으로서 등장했던 것이다. (…중략…) 영화야말로 인터내셔널한 예술이라고 이야기되었던 것은 이미 옛날 이야기다. 영화는 국가에 밀접하게 연결되면 연결될수록 더욱 민족주의적이고 국가주의적인 색채가 농후해지며, 국가 선전의 유력한 수단으로서 중요한 역할을 떠맡게 되어 온 것이다. (…중략…) 국민 영화는 필연적으로 지금까지 영화계가 별로 주의를 기울이지 않았던 개체와 전체의 문제, 개인과 협동체의 운명을 어떻게 구성하고 어떠한 방향에서 로맨스를 발견해야 하는가 하는 지난

8　「영화 〈君と僕〉의 감상―각계 인사의 찬사 (下)」, 『매일신보』, 1941.11.22.

한 명제에 봉착하고 말았던 것이다. (…중략…) 전체의 움직임을 묘사하는 일, 하나의 협동체, 국가적인 로맨스나 앙분(昻奮)을 묘사해 내는 일은 영화로서 그렇게 곤란한 일은 아니다. 특히 기록영화에 의한 효과는 다른 어떤 장르의 예술에 의한 것보다도 더욱 구체적이며 따라서 직접적이다. 그렇기 때문에 소련에서도 레닌이 영화산업 국영(國營)의 첫 걸음으로서 손을 댄 것은 기록영화의 방향에서였다. 키노프로니카(뉴스영화) 및 아기토카(단편 선동영화)가 소련 영화의 초기에 국가에 헌신한 역할은 위대한 것이었다. 히틀러도 기록영화를 제작했다(레니 리펜슈탈의 〈신념의 승리〉, 〈의지의 승리〉, 〈올림피아〉 및 선전성(宣傳省)이 만든 〈폴란드 진격〉 이하 일련의 르포르타주). 칼 리히터나 구스타프 바이츠키 등에 의해 순수한 나치스 정신에 입각한 극영화가 만들어진 것은 그보다 나중의, 극히 최근의 일이다.

소련이, 그리고 맹방 독일이 모두 영화 재건의 1단계를 기록영화에서 출발한 것은 이유가 없지 않다. 왜냐하면 기록영화의 경우 관중, 즉 영화를 보는 국민 한 사람 한 사람은 각각 스스로 진전해 가는 위대한 '극'의 주인공이 될 수 있기 때문이다. 영화막에 비쳐 나온 사람, 예컨대 한 사람의 병사 또는 근로봉사대원의 행동, 기쁨, 슬픔은 그대로 국민의 한 사람인 관객 자신의 그것이다. 포화의 세례를 받고 있는 한 병사의 아무 장식도 없는 모습은 그대로 언젠가 자신이 체험했던 그것이며, 가까운 장래에 체험하게 될 모습이다. 보는 사람과 영사된 사람 사이에 아무런 거리도 없는 완전한 공감이 거기에 있다. 지도자에게 환호를 지르는 군중의 감정은 그것을 보고 있는 군중의 심리와 완전히 동일하다. 이 대상과의 거리없음과 친밀감, 그리고 완전한 심리적 공명, 그에 의한 효과는 헤아려 알 수 없을 만큼 큰 것이다.

그것이 한번 극영화가 되면 기록영화의 경우와는 감상 심리가 달라진다. 기록영화의 경우 같은 공감 대신에 여기서는 상업주의적인 작품에 대한 감상의 태도, 비판적 태도가 작용하게 된다. 관중은 하나의 상품 또는 예술품에 대한 냉정한 감상자가 되어 극 중에 나오는 주인공이나 사건에 대해 완전히 비판적이 되어 버리는 것이다.[9]

나치정권에서 주목했던 것은 소비에트 몽타쥬의 위력이었는데, 괴벨스는 에이젠슈쩨인의 〈전함 포템킨〉을 프로파간다 영화의 원형으로 보면서, 스탈린이 공식화한 사회주의 리얼리즘 미학보다는 쇼트의 충돌이 야기하는 정서적, 인지적 감화력을 나치 다큐멘터리 효과의 모델로 삼았다. 나치 다큐멘터리 중 전 세계적으로 영향력을 미쳤던 것은 레니 리히펜슈탈의 〈의지의 승리〉(1933)와 〈올림피아〉 2부작(〈민족의 제전〉, 〈미의 제전〉(1938))으로, 특히 전자는 지도자(히틀러)와 그에 환호하는 대중의 관계를 역동적인 몽타쥬로 그려냄으로써 "관객을 끄는 정서적 공간을 창조"해내는 데 성공하여 이후 프로파간다 영화들에 영감을 제공한다. 오영진 역시 관객으로 하여금 대상과의 거리 속에서 관조적 태도를 갖게 만드는 극영화보다는 개인을 전체와 동일시하도록 만드는 기록영화가 "국민영화"로서 더 효과적이라고 보고 있다. 임화가 〈복지만리〉에서의 "기록성"이 개인의 성격을 "집단적으로 유형화"된 것으로 해소시켜 버렸다고 말할 때, 그것은 한편으로는 〈복지만리〉의 실패 이유를 지적하는 것이지만, 다른 한편으로는 〈그대와 나〉가 상징하듯 예술 혹은 문화로서의 영화의 종말을 비판하는 것이기도 하다.

---

9   오영진, 「조선영화의 일반적 과제(朝鮮映畵の一般的課題)」, 『신시대』, 1942.6(이경훈 편역, 『한국 근대 일본어 평론·좌담회 선집』, 역락, 2009, 162~164쪽).

/ 4장 /

조선영화의 존재론

「조선영화론」(1941)을 중심으로

김윤식은 "임화는 1939년부터 해방될 때까지 말하자면 사업가로 살았는지도 모른다"라고 말하며 임화가 학예사와 고려영화사, 조선영화문화연구소에 관여하던 것을 "이미 문학의 문제라 보기는 어"려운 상황이라고 지적한다.[1] 임화가 이 시기 '사업'에 얼마나 관심이 있었는지는 알 수 없으나, 적어도 1940~42년 사이 임화는 '조선영화'에 꽤 몰두하고 있었던 것으로 보인다. 조선영화사를 설립한 최남주의 출판사인 학예사에 관여했으며[2] 1940년부터는 고려영화사에서, 1941년부터는 고려영화사의 이창용이 설립한 조선영화문화연구소에서 일하는 등 직

---

1 김윤식, 『임화연구』, 문학사상사, 1989, 571~572쪽.
2 임화의 학예사 활동에 대해서는 방민호, 「임화와 학예사」, 『상허학보』, 2009.6 참조.

접적으로 영화 관련 활동을 했다는 점에서뿐만 아니라, 조선영화에 관한 중요한 글들을 발표했다는 점에서 그렇다. 일단 최초의 '공식적인' 조선영화사라 할 수 있는 「조선영화발달소사」(1941), 가히 식민지 시대를 대표하는 영화론이라 할 수 있는 「조선영화론」(1941), 그리고 민간영화사 최대의 기획작인 〈복지만리〉(전창근 감독, 1941)에 대한 분석(「영화의 극성과 기록성」(1942)) 등은, 임화 스스로 영화에 관한 한 "국외자"[3]라고 지칭하고 있음에도 불구하고, 1940년대 초 조선영화의 상황에 대한 깊숙한 개입의 산물이며 나아가 식민지 시대 영화를 규명할 수 있는 중요한 단초들을 제공하는 성과이다.

여기에서는 「조선영화론」(1941)에서 임화가 규명하려고 한 조선영화의 '예술'적 성격의 내용을 분석하면서, 그것이 조선영화령과 법인 조영의 설립으로 이어지는 전쟁기 영화 통제 상황에 대한 담론적 개입의 산물이었음을 밝히려고 한다. 그간 「조선영화론」은 식민지 시대 유력한 영화론으로서 자주 언급되어 왔으나, 특정한 국면과 관련하여 그 성격이 분석된 적은 드물다. 이는 임화에 대한 연구가 문학론에 집중되어 왔고 그간의 식민지 시대 영화연구가 특정 비평가의 영화론을 중심으로 진행되지 않았다는 데 일차적으로 기인하는 것이지만, 늘 당대 담론과의 대화적 형식으로 입론을 마련했던 임화 비평의 특성이 제대로 고려되지 못했기 때문에 나타난 현상이기도 하다. 「조선영화론」은 초기 영화에 있어서 감상의 문제와 인접문화와의 관련성, 자본으로부터의 자립 등 조선영화의 특수한 성격을 지적한 글로서 영화사적 의미를

---

3   임화, 「조선영화론」, 『매일신보』, 1942.6, 28~30면.

갖는 동시에, 1940년 영화를 소극적인 '취체'의 대상으로서가 아니라 "국민문화의 진전에 자(資)키 위하여 영화의 질적 향상을 촉(促)하며 영화사업의 건전한 발달을 도모하는 것"⁴를 목표로 내세우며 적극적인 '통제'의 대상으로 선포한 '조선영화령'이라는 '영화론'에 대한 응답의 형식으로 조선영화의 존재론을 규명한 글로서 중요성을 갖는다. 이 점에 주목했을 때에야 임화가 왜 다름아닌 조선영화의 "생성"의 시기로 시선을 돌렸는가, 그리하여 왜 제작이 부재했던 초기를 "감상을 통한 이식"의 시기로 규정하고 자본의 결핍을 인접문화와의 "협동"을 통해 극복했다고 주장하는가 하는 점이 명료하게 드러난다.

1. '영화령'을 전유하며 말하기

문학평론가로서 임화는 문학이 '예술'임을 애써 주창한 적이 없었고 그럴 필요도 없었지만, 영화에 대해 이야기할 때에는 그것이 '예술'이라는 점을 강조하고 있다. 「조선영화론」(1941)은 조선영화가 '예술'임을 규명하기 위해 쓰여진 글이라 할 수 있을 정도로 이 주제에 집중하고 있는데, 주의할 것은 그가 영화 일반의 예술적 성격을 말하는 것이 아니라 '조선영화'의 예술로서의 성격을 주장한다는 점, 그리고 조선영화

---

4 조선영화령 영화법 제1조, 김동호 외, 『한국영화정책사』, 나남, 2005, 536쪽.

에 대해 이야기할 때에도 예술적 성격을 '성취'해야 할 것으로서가 아니라 "생성"의 시기에 이미 "근본성격"으로서 획득되었음을 규명하며 그것을 잊지 말 것을 촉구한다는 점이다. 즉 「조선영화론」에서 조선영화의 예술적 성격은 단순히 주장되거나 설명되는 것이 아니라 '규명'되고 있다. 왜 1941년의 시점에서 임화는 초기 역사로 되돌아가면서 조선영화가 '예술'임을 '규명'하려고 하는가.

임화가 예술성을 강조하는 것은 예술성과 기업성 중 기업성이 주된 문제로 현상하게끔 만드는 특정 정치적 국면에 대한 개입의 의미를 갖는 것이다. 많은 논자들이 지적하듯 이 시기 대다수의 영화인들은 국가에 의한 영화통제가 영화제작의 '근대화'를 가능케 해주고 영화와 영화인의 문화적 위상을 높일 것이라는 기대를 갖고 있었다.[5] 다시 말해 제작시스템의 근대화, 기업화에 대한 필요성은 국가통제에 대한 거부감 없는 승인으로 이어지고 있었던 것이고, 영화는 "이상(理想)하는 예술의 정신만이라든가 신념과 야심 뿐으로는"[6] 되지 않으며, 국가에 의해 "비로소 진정한 예술의 자유가 허락될 것"[7]이라는 전망이 제출되기도 한다. 이런 상황에서 임화가 "자기의 예술적 성격의 획득과 기업화의 길"이라고 하는 과제를 제시하는 것은 그 자신 얘기하듯 "지극히 평범한 관찰"인 것이 아니라, 조선영화계의 "전환의 사실상의 중심이 기

---

5   예컨대 김정혁은 "국가가 영화를 국민문화로서 인정하였고 최초의 문화입법으로 제정되었으므로" "축배를 들어야" 한다고 말한다.(「영화령의 실시와 조선영화계의 장래」, 『조광』, 1940.9, 254쪽) 당시 영화인들의 반응에 대해서는 강성률의 「영화에서의 신체제 옹호 논리 연구」, 『영화연구』 28호, 2006과 문재철의 「식민지 조선영화에 있어 근대성에의 욕망과 초민족적 경향에 대한 연구」, 『영화연구』 45호, 2010 참조.
6   김정혁, 「조선영화의 현상과 전망」, 『조광』, 1940.4, 123쪽.
7   김정혁, 「영화령의 실시와 조선영화계의 장래」, 『조광』, 1940.9, 256~257쪽.

업 조직의 탄생을 둘러싸고 운행"되게끔 만든 "국민적 예술의 길이란 극히 일반적인 방향"에 대한 개입의 의미를 갖는 것이다. 즉 임화는 영화가 기업적 차원이나 정치적 통제의 문제가 '아닌' 예술의 문제라고 주장하는 것이 아니라, 마치 본질적인 문제인 양 현상하고 있는 기업화란 곧 예술의 문제와 "통합"한 것이라고 말하며, 일반적 방향으로 제시되어 있는 국민영화란 "조선영화의 예술적 성격"을 고구하는 가운데 "만들어나"가야 하는 것이라고 주장하는 것이다.[8] 다시 말해 그는 기업이나 정치로부터 고립된, 혹은 그것과 대립하는 낭만적 고처(高處)로서 예술성을 주장하는 방식이 아니라, 일반적인 것으로 현상하고 있는 기업이나 정치의 문제가 '곧' 예술의 문제임을 강조하는 방식으로 입론을 마련하고 있는 것이다.

이는 임화의 변증법적 사고방식을 보여주는 것인 동시에, "국민문화의 진전에 자(資)키 위하여 영화의 질적 향상을 촉(促)하며 영화사업의 건전한 발달을 도모하는 것을 목적함"이라고 하는 영화령의 취지를 전유하면서 영화의 예술로서의 성격을 강조하는 전략이다. 영화령에서 강조하는 "질적 향상"과 "영화사업의 건전한 발달" 중 후자가 주된 과제로 현상하는 조선의 상황에서, 그것이 예술의 문제와 불가분의 문제임을 강조하는 태도라는 점에서 그렇다. "영화의 질적 향상"을 '예술'과 등치시키면서, "영화사업의 건전한 발달"이라고 하는 기업성의 문제를 예술성과 불가분의 관계로서 정식화하고, 그렇기에 기업성이 "선도"하고 있는 현상황에서 조선영화의 '예술'로서의 성격을 강조하는 것에 명

---

8   임화, 「조선영화론」, 『매일신보』, 1942. 6. 28~30면.

분을 마련하는 것이다.[9]

따라서 조선영화에 대한 임화의 고민은, 모두의 관심이 영화의 향방 즉 '미래'에로 정향되어 있는 상황에서 조선영화의 "근본성격" 즉 '과거'로 시선을 돌리게끔 만드는 것이었다.

조선영화는 어떻게 되는 것인가? 하는 물음을 조선영화는 어디로 가느냐 하는 물음보다도 한층 더 복잡한 사태로부터 생겨나는 것이다. 어디로 가느냐 하는 것은 동태의 문제다. 그러나 어떻게 되느냐 하는 것은 존재의 문제다.

당연히 존재의 문제라는 것은 동태의 문제에 선행한다. 동태라는 것은 존재의 방법이기 때문이다. 따라서 어디로 가느냐 하는 물음은 어떻게 되느냐 하는 문제가 이미 자명[10]의 사실로서 전제되고 성립하는 것이다. 그러므로 어떻게 되느냐 하는 물음은 곧 존재의 확실성 여부에 관한 물음이다. 다시 돌이켜서 조선영화는 어떻게 되느냐 하는 물음에 해답을 생각해 보는 데서 먼저 필요한 일이 있다. 그것은 이 물음이 유래하는 곳에 대한 일고(一考)다. 우리가 먼저 극히 추상으로 생각한 것처럼 조선영화는 어떻게 되느냐 하는 물음이 조선영화의 존재 그 자체에 대한 어떤 상념에서 출발한 것이 아님은 미리 알아둘 필요가 있다. 조선영화는 어떻게 되느냐 하는 물음은 하나의 독립한 명제로서보다도 오히려

---

9 이렇게 공식적인 담론을 전유하면서 자신의 입론을 마련하는 방식은 이 시기 임화가 식민지 정부 관료와의 좌담회나 대담과 같은 상황에서 활용하는 전략이기도 하다. 여전히 논란 중에 있는 임화의 '협력'을 증거하는 사례로 제시되곤 하는 총력연맹 문화부장 야나베 에이자부로矢鍋永三郎와의 대담(『조광』, 1941.3)에서도 임화는 정치와 문화의 역할을 구별하는 논리를 펼치는 데 있어서 상대방의 논리를 '일단' 수긍하면서 당시 공식적인 담론(예컨대 내지 익찬회 문화부장이 '문예의 측위(側衛)적 임무'에 대해 논한 것)을 전유하여 자신의 주장의 논거로 삼는다. 이 방식이 얼마나 상대를 설득하는 데 효과적이었는가는 별문제로 하더라도, 전시체제 하 식민지 지식인의 논리는 그 담론적 맥락과 별도로 이해할 수 없음을 보여주는 사례라 할 수 있다.

10 원문에는 白明으로 되어 있으나 오식으로 보인다.

작금(昨今)의 조선영화를 싸고도는 분위기의 반영이라고 봄이 솔직하기 때문이다.[11]

"동태(어디로 가느냐)의 문제"가 아니라 "존재(어떻게 되느냐)의 문제"를 고구해야 하는 이 상황은 추상적인 "어떤 상념에서 출발한 것이 아"니라 "작금의 조선영화를 싸고도는 분위기의 반영", 즉 예술성과 기업성 중 기업성이 주된 문제로 현상하게끔 만드는 특정 정치적 국면에 대한 개입을 요청하는 상황이다. 임화는 「조선영화발달소사」에서 조선영화사를 예술성과 기업성의 관점에서 기술한 후 발표한 「조선영화론」에서, 조선에 영화가 도래하여 제작되기 시작하던 즈음, 즉 "생성"의 시점에 초점을 맞추어 그 '예술'로서의 존재론을 탐구한다.

2. 조선영화의 존재론─영화는 '예술'이다'

임화는 「개설 신문학사」[12]에서 이인직에 대해 서술하는 가운데 "조선 현대문학의 선구인 신소설과 신연극이 거의 시대를 같이하여 출발한 것을 알 수 있으며, 또한 그것이 모두 이인직 한사람의 노력에 의하

---

11 임화, 「조선영화론」, 『매일신보』, 1942.6, 28~30면.
12 1939년 9월 2일부터 1941년 4월까지 『조선일보』와 『인문평론』에 연재된 「개설신문학사」, 「신문학사」, 「속신문학사」를 총괄적으로 지칭한 임화문학예술전집 편찬위원회의 용어를 따른다.

였음을 볼 제 그의 문화사적 공로가 실로 막대했음을 짐작할 수 있다. (이 사실은 뒤에 신연극과 활동사진의 수입이란 항에 상술위계(詳述爲計)니 참조하라!)"¹³라고 말해두고 있다. 「개설 신문학사」는 이인직과 이해조를 마지막으로 하여 중단되었지만, 애초에 "신연극과 활동사진의 수입"을 별도의 항목으로 기술하려던 방대한 구도를 갖고 있었던 게 아닐까 추측된다. 이런 관점에서 본다면, 「개설 신문학사」의 구도에 들어맞는 글은 「조선영화발달소사」가 아니라 「조선영화론」이다. 「조선영화론」이야말로 임화가 「신문학사의 방법」(『문학의 논리』)에서 제시한 문학사 기술의 항목들을 활용하여 조선영화의 "생성"을 규명한 글이기 때문이다.

「조선영화론」의 서두에서 임화는 초기 역사로 되돌아가 "생성"의 과정을 살피는 이유를 이렇게 밝히고 있다.

극히 평범한 일이나 조선영화를 이야기함에 있어 먼저 일고(一考)를 요하는 사항으로 조선영화의 생성에 관한 사정이란게 있다. 물론 조선영화라는 것은 광범한 의미의 조선 근대문화의 일종이요 그것의 생성과 더불어 발생한 것이어서 그것은 자명한 일이요 재고의 여지가 도무지 없는 사실이다. 그러나 지금 조선영화를 그 생성의 사정에 있어서 다시 한번 돌아본다는 필요는 영화가 좌우간 편견을 가지고 생각되어지기 쉬운 때문이다. 영화에 대하여 이야기하는 제3자나 또는 영화에 즉(卽)하여 이야기하는 당사자나 누구나 **영화를 특수화하려는 편견**에 매력을 느끼기 쉬운 데는 물론 일정한 이유가 있다. (…중략…) 그러나 영화가 발명되면서부터 오늘날에 이르기까지 문학과 맺고 있는 관계라든가 회화

---

13 임화문학예술전집 편찬위원회 편, 『임화문학예술전집 2 — 문학사』, 소명출판, 2009, 182쪽.

와 가지고 있던 교섭이라든가 혹은 연극과 음악과 교류하고 있는 여러 가지 사실을 일일이 연구해보지 아니한다 하더라도 조선영화가 조선사람들의 근대생활을 토대로 하여 생성한 문화요, 그 위에서 형성되어온 예술의 하나라는 엄연한 사실을 돌아볼 때, 영화가 편견으로 보아지고 고립적으로 생각될 이유라는 것은 소멸될 줄 안다. 더구나 조선영화의 장래라든가 방향을 독선적으로 생각한다든가 자의적으로 판단한다는 것은 책임있는 사유방법이라고 볼 수가 없다. 그것을 오락으로 생각될 경우도 있고 아주 오락물일 때가 있을지 모르나 그것은 조금도 영화만에 특색은 아니다. 문학도 연극도 음악도 경우에 의해선 오락과 취미의 대상일 수가 있는 것이며, 한걸음 더 나아가 모든 예술은 어느 정도로이고 사람을 즐겁게 하는 것이기 때문에, 일부러 영화만을 그렇게 생각하려는 태도는 영화를 애써 비하하려는 것이거나 그렇지 아니하면 일부러 영화를 일반문화와 예술로부터 분리하려는 온당치 아니한 기도라 아니할 수 없다.(강조-인용자)**14**

여기에서 임화는 "영화를 특수화하려는 편견", "영화를 일반문화와 예술로부터 분리하려는 온당치 아니한 기도"에 대해 비판하면서, 반복적으로 영화가 문학, 연극, 음악, 회화와 '마찬가지로' 근대 문화요 예술의 하나라는 점을 강조하고 있다. 실제로 조선영화가 그 생성기에 있어서 문학, 연극 등 여타 예술부문과 '동일한' 경로를 밟아 형성되었으며 이들과의 "협동"을 통해 정체성을 형성했다는 점은 「조선영화론」에서 영화의 예술적 성격을 규명하는 데 있어서 핵심되는 논점이기도 하다.

그런데, 1941년 시점에서 영화는 결코 문학이나 연극 등과 '마찬가지

---

14 임화, 「조선영화론」, 『춘추』, 1941.11, 82~83쪽.

의' 위치에 있지 않았다. '최초의 문화입법'이라 알려진 일본영화법에 기반한 '조선영화령'은 오로지 영화만을 지정하여 공포된 것이었으며, 소극적인 '취체'가 아니라 적극적인 '통제'를 통해 영화를 전시체제의 "무기"로 간주한다는 점에서, 다른 예술부문과는 별도로, 특별하게 영화를 취급하는 제도였다. 따라서 임화가 "영화를 특수화하려는 편견", "영화를 일반문화와 예술로부터 분리하려는 온당치 아니한 기도"라고 말할 때 그것은 매우 현실적이고 구체적인 상황에 대한 지적이었다고 할 수 있다.

그렇다면 영화를 문학 등 "일반 문화와 예술로부터 분리"하고 "특수화"한다는 것은 무슨 의미인가. 넓은 맥락에서 본다면 영화가 "특수"해진 것은 나치스가 영화의 정서적 감화력(emotional persuasiveness)이 신문이나 라디오보다 강력하다는 데 주목하여 1933년부터 영화산업을 통제하며 뉴스 카메라맨을 국가조직화하고,[15] 제2차 세계대전이 발발한 후에는 이탈리아, 영국, 미국 등 참전국들이 영화를 전쟁의 유효한 '무기'로 삼아 '사상전'을 펼치는 상황에서였다. 츠무라 히데오津村秀夫는 제1차 세계대전에서는 신문, 잡지, 팜플렛, 통신 등을 통해 사상전이 진행되었다면 제2차 세계대전에서는 라디오와 영화가 중요해졌다고 말하면서, 대동아 수억의 민중 중에는 문맹이 많고 라디오를 접하기 힘든 상황이기 때문에 영화의 영향력이 가장 크다고 지적한다.[16] 조선에서도 라디오의 보급률이 낮았고 연극 등 여타 오락기관이 적었기에 영

---

15 나치스의 영화 프로파간다 전략에 대해서는 Hilmar Hoffmann, *The Triumph of Propaganda: Film and National Socialism*, Berghahn Books, 1996 참조.

16 津村秀夫, 『映畵戰』, 朝日新選書13, 朝日新聞社, 1944, 1〜10쪽.

화는 영향력이 가장 큰 "제1의 오락"[17]이었다. 총독부 경무국 도서과의 기요미즈 쇼우조[清水正藏] 역시 조선 민중이 1년에 1회 영화를 관람하고 있다는 점을 들며 조선에서 영화의 영향력이 "내지에 있어서보다 실제적으로는 수배 더 크다"고 말하는데,[18] 이러한 영화의 수요에 주목하여 산업의 통제를 통해 조선민중의 황국신민화를 기도한 것이 영화령의 시행이었다.[19]

일본영화법을 「제74회 제국의회 영화법안 의사 개요」 및 정보국 과장 후와 스케토시[不破祐俊]의 「영화법 해설」을 통해 분석한 아론 즈로우(Aaron Gerow)[20]는 영화법이 단순한 권력의 문제가 아니라 "영화란 무엇인가"에 대한 강한 입장을 보여주는 "영화론"이라고 말하면서, 국가가 바람직하다고 생각하는 영화상을 제시하고 그것을 입법을 통해 적극적으로 실현하려고 했던 극히 야심적인 시도였다고 말한다. 당시 일본영화의 수준이 외국에 비해 질적으로 매우 낮으며 영화산업이 불합리하게 진행되고 있다는 것이 공감대를 형성하고 있었으며, 그러나 영화의 사회문화적 영향력이 매우 크기 때문에 "국민을 대상으로 공헌할 수 있는 것으로 인식"되어 영화란 "문화입법의 최초의 대상으로 특별

---

17 加藤厚子, 『總動員体制と映畫』, 新曜社, 2003, 218쪽.

18 清水正藏, 「朝鮮に於ける映畫統制に就いて」, 高島金次, 『朝鮮映畫統制史』, 朝鮮映畫文化研究所, 1943, 283쪽.

19 덧붙여, 조선영화령의 실시는 조선에서 통제를 필요로 하는 독자의 민간 제작기구가 어느 정도 활성화되어 있었음을 의미하기도 한다. 영화령이 시행되지 않았던 타이완에 대해 서술하면서 가토 아츠코는 조선에서 소규모 프로덕션에 의한 영화산업이 정착되었던 반면 타이완에서는 독자의 민간 제작기구가 발달하지 않았고 영화산업도 상하이 영화와 일본영화를 일본의 통제를 통해 배급받아 형성되는 상황이었기에 그에 대한 통제가 필요하지 않았다고 말한다. 여기에는 타이완의 대중문화에서 연극에 비해 영화가 차지하는 비중이 미미했다는 사정도 하나의 이유가 된다. 加藤厚子, 『總動員体制と映畫』, 新曜社, 2003, 228~229쪽.

20 アーロン・ジェロー, 「映畫法という映畫論」, 『日本映畫言說大系』 제1기 8권, ゆまに書房, 2003.

한 존재"인 것이 드러나고 있다는 것이다.

여기에서 전제되어 있는 것은 '대중'과 '국민'을 구별하는 관념으로, 대중은 그간 외국영화와 저속한 일본영화의 '최면술'에 물든 타락한 존재이기 때문에 영화 통제를 통해 이 오염된 사적인 "무의식"을 국가의 공적인 것으로 소환해야 한다는 것이다. 대중을 국민으로 변화시킬 수 있다고 생각한 이유는 영화가 갖고 있는 "기계성"에 주목했기 때문인데, 아론 즈로우는 질 높은 영화 텍스트가 명료한 의미를 갖고 있으면 대중은 마치 '파블로프 효과'에서와 같이 저절로 국민으로 변화될 것이라고 하는 영화상이 여기에 나타난다고 본다.

> 영화법은 정말 문화입법인가 산업입법인가 하는 질문이 의회에서 제출되었을 정도로, 산업정책 색이 강한 법률이다. 산업적인 면이 법률화하기 쉽다는 이유도 있었겠지만, 소설이나 회화 등의 예술을 산업형태의 형태개혁에 의해 향상시킨다는 일은 있을 법하지 않다는 점을 생각한다면, 산업적인 기계로서의 영화의 성격이 영화법에 의해 재확인된다. 그것은 당국이 약간 바라던 것이기도 했다. 왜냐하면 산업에 의해 형성된 기계예술이라고 한다면, 국가에 의한 통제나 이용이 좀 더 원활히 진행될 터이기 때문이다. 그것은 당국에 있어 영화의 특별한 매력이기도 했다. 만약 후와가 말하듯 "문화기구가 정비된다면, 버튼 한 번만 누르면 그 기구가 총동원하여 즉시 문화동원의 태세가 되고, 국가가 의도하는 계발선전정책이 궤도에 오를 수 있다"라고 하는 것이 하나의 정책적인 이상이라고 한다면, 기계예술인 영화만큼 이와 같은 기계로서의 문화에 즉하는 미디어는 없었을 것이다. [21]

"버튼 한번만 누르면" 문화 총동원이 작동할 것이라고 하는 이런 사고방식은 선전영화의 힘에 대한 과잉된 신뢰에 기반한 것으로, 영화를 국가에 있어서 "무기"로 간주하고 관객도 "기계"와 같은 것으로 이상화시키는 것이다. 즉 기계예술인 영화에 의해 대중은 기계적으로 국민으로 만들어지고, 그러면서 "총동원 제도라고 하는 기계의 톱니바퀴"[22]가 되는 것이다.

사적인 욕망에 침윤된 대중을 국민으로 변화시키는 데 있어 영화가 이렇게 특별한 기능을 갖는다는 것이 영화법에 드러나는 영화론이라고 할 때, 그렇게 "영화를 특수화"하는 사고방식은 잘못된 것이고 영화는 다름아닌 '예술'이라고 주장할 수 있는 방법은, 적어도 그 시기에 그리 많지 않았던 것으로 보인다. 내지와 조선을 통틀어 공식적으로 영화법을 반대한 움직임은 없었기에, 여기에서 임화의 논법과 비교해볼 수 있는 것은 이와사키 아키라岩崎昶의 글 정도일 것이다. 주지하듯 이와사키 아키라는 일본영화법을 비판한 유일한 평론가로 알려져 있으며, 그를 구속에 이르게 만든 구절은 다음과 같은 것이었다.

아메리카와 도이치, 자유와 통제. 영화기업의 이 2개의 극의 대립 사이를, 우리 일본을 포함한 대부분의 영화국, 영국, 이태리, 프랑스 등등이 방황하며 부유하고 있는 것이 지금의 상황이다. 특히 일본은 이번의 '영화법' 제정에 의해 이 방황의 진자를 어디에 고정시키려 하는가 주목받고 있다. 일본의 영화기업은 모든 통계적 숫자가 실증하고 있듯이 다른 여러 나라에 비해서는 아직 어리

---

21 アーロン・ジェロー, 앞의 글, 594쪽.
22 위의 글, 602쪽.

고 금후 성장의 에네르기를 풍부하게 갖고 있어서 그런 만큼 현재의 방향이 결정적인 중요성을 지니고 있는 것이다. 자유도 통제도 영화의 기업형태로서는 아직 실험기간 중이어서, 중간적인 결론조차도 나오지 않은 것이다. 그것은 자유경제와 계획경제의 대립이라는 일반적인 명제로는 해결되지 않는다. 왜냐하면 영화라는 기업에서는, 그것이 예술을 대상으로 하고 있는 한에 있어서 예술가의 창조적 자유의 활약의 여지와 그 범위가 결정적인 중요성을 갖고 있는 것이다. 영화에 있어서 통제는 다른 산업에 있어서 그것과는 당연 다르지 않으면 안 된다. 특히 '영화법'에 의해 우리 영화계에 도입될 듯싶은 관료통제는 가장 위험하다.

우리는 성급한 결론을 피하지 않으면 안 된다. 특히 장래 가장 넓고 높은 의미의 국제성에 도달하여 해외시장을 개척하지 않으면 안 되는 일본영화에 있어서 현재세계의 위와 같은 국민주의적 조류는 하나의 함정을 준비하는 것이다. 우리는 이것을 비판하고 경계할 필요가 있다.[23]

일본영화법 공포 후 쓰여진 이 글에서 그는 미국영화와 독일영화를 산업의 "자유와 통제"라고 하는 양 극단으로 놓고 일본이 그 중간에서 방황하고 있다고 말하며, 영화는 예술이기 때문에 창조적 자유를 구속하는 "통제"의 방향으로 가서는 안 된다고 주장하고 있다. 이때 이와사키 아키라가 영화에 있어서 통제가 "다른 산업에 있어서 그것과 당연 다르지 않으면 안 된다"라면서 영화와 다른 산업과의 차별성을 주장하는 것은, 영화가 문학이나 연극 등 여타 예술 부문과 '마찬가지로' 예술

---

23 岩崎昶, 「映畫の轉機」, 『現實と映畫』, 春陽堂, 1939, 13~14쪽.

임을 주장하는 임화의 논법과 흥미로운 비교가 된다. 둘 모두 영화가 '예술'이라는 점을 토대로 하여 영화법에 비판적으로 반응하고 있지만, 이와사키 아키라가 일본영화법의 모델인 독일의 경우까지 아울러 그 "통제"적 성격을 비판하며 영화의 '차별성'을 내세웠다면, 임화는 정치적 통제에 대한 언급을 배제하고 영화와 여타 예술부문과의 '동일성'을 주장하는 방식으로 말하고 있는 것이다. 분명 임화는 이와사키 아키라처럼 '영화는 예술이기 때문에 창조적 자유를 구속하는 통제의 방향으로 가서는 안 된다'라는 직설법이 아니라, "영화는 상품의 일종인 것도 사실이요, 오락의 대상인 것도 사실이요, 광고나 '프로파간다'의 수단일 수 있는 것도 사실이나 영화는 무엇보다 문화요 예술이다. 그것은 영화의 '알파'요 또한 '오메가'일 것이다"[24]라는 간접법으로 말하고 있다.

3. 조선영화의 토대

그러면 영화를 "특수화하려는 편견"을 불식시키기 위해 임화가 '규명'하고자 하는 조선영화의 예술적 성격은 무엇인가. 우선 그가 착목한 지점은 영화가 독자적인 예술 장르의 하나임을 증명하는 것이다. 문학 등 여타 부문과 달리 영화는 근대 들어 발명된 "어린 예술"이기 때문에,

---

24   임화, 「조선영화론」, 『춘추』, 1941. 11, 83쪽.

그것이 진기한 테크놀로지나 구경거리로서가 아니라 근대 문화의 하나로, "조선사람들의 근대생활을 토대로 하여 생성한 문화요, 그 위에서 형성되어온 예술의 하나"로 자리잡았다는 것을 "엄연한 사실"로 설명하고자 하는 것이다.

그런데, 조선에서 영화가 독자적인 예술 장르로서 "생성"되는 데 있어서 임화를 가장 고민하게 만들었던 지점은 영화의 '제작'이 '지체'되었다는 사실이다. 중국이나 일본에서는 영화가 소개되고 나서 곧 제작이 시작되었던 데 비해 조선에서는 1919년에야 연쇄극 필름의 형식으로 영화가 만들어지는데, 임화가 여기에 대해 고민을 했다고 보는 이유는 「조선영화발달소사」와 「조선영화론」에서 이 '지체'에 대한 관점이 상이하게 나타나기 때문이다. 「조선영화발달소사」에서 임화는 "세계 영화사상에서 활동사진시대라고 부르는 시대를 서양과 내지에서는 다소간이나마 제작하는 것을 통하야 체험하였지만 우리 조선서는 그저 구경하면서 지내온 것"이라고 지적하면서, "예술의 역사라는 것은 창조의 역사이기 때문"에, 이렇게 제작하지 않고 영화를 관람만 했던 역사는 조선영화사에 포함시킬 수 없을지도 모른다고까지 말한다.

그러므로 엄밀한 의미에서 말하면 조선영화사에는 활동사진시대라는 것이 있을 수 없을지 모른다. 구경만 하고 제작하지 않는 역사라는 것은 없는 법이다. 역사란 항상 만드는 것과 되어지는 일을 가리키는 말이요, 더구나 예술의 역사라는 것은 창조의 역사이기 때문이다. (…중략…) 활동사진 시대라는 것은 영화의 전사(前史) 시대일 뿐 아니라 우리에게 있어선 우리가 일찍이 관객이던 한 시대에 지나지 않는다[25]

여기에서 연쇄극 필름 이전 시기에 대한 임화의 관점은 명백히 '아직 영화가 아닌 시대', "관객이던 한 시대", 다시 말해 예술의 '역사 이전'의 시대라는 것이며, 따라서 조선의 영화사는 1919년부터 시작된다는 것이다. 그런데, 여기에서 임화가 간과한 점은 조선영화가 1919년부터 제작될 때 다른 국가의 영화가 20년간 밟아왔던 초기영화의 과정을 반복하지 않았다는 사실이다. 비교하자면, 임화가 말하듯 서구에서 수백 년, 내지에서 백여 년 진행되었던 근대문학이 조선에서는 "단 30년으로 단축"[26]됨으로써 비동시적인 것이 동시적으로 공존하는 등의 양상을 보인 데 비해, 영화에서는 제작의 개시가 지체되기는 했으나 서구의 초기적 전개과정을 반복한 게 아니라 연쇄극 필름으로 시작함과 동시에 장편 극영화의 제작으로 이어지는 비약 혹은 도약이 이루어졌기 때문이다. 제작기술이 저열하고 질적 수준이 낮았다고는 할 수 있어도, 조선영화사에는 외국의 초기 영화에서 나타나던 단순한 클립과 단편의 제작과정이 생략되어 있는 것이다. 이 문제에 임화가 뒤늦게 착목했는지는 알 수 없으나, 「조선영화론」에서 그는 「조선영화발달소사」에서의 '지체'에 대한 관점을 수정하여 조선영화의 특수한 과정으로서 "감상을 통한 이식"을 주장한다.

조선영화는 조선의 다른 모든 문화와 같이 수입된 외래문화의 일종이라는 것은 주지의 사실이다. 제작의 역사에 앞서 상영만의 역사가 한참동안 계속하였

---

25 임화, 「조선영화발달소사」, 『삼천리』, 1941.6, 197쪽.
26 임화, 「개설 신문학사」, 임화문학예술전집 편찬위원회 편, 『임화문학예술전집 2-문학사』, 소명출판, 2009, 10쪽.

다는 사실도 영화의 역사를 다른 문화의 역사로부터 구별하는 근본적 조건은
아니 된다. 제작의 역사의 시작이라는 것이 문화적, 예술적인 자립의 시초라는
것은 물론이다. 즉 조선이 영화가 수입된 지 40년이 가까운데 불구하고 제작의
역사는 20년을 얼마 넘지 아니한다는 사실은 다른 문화나 예술의 역사에서는
보기 어려운 현상이다. 서구문학은 수입되면서부터 이내 창가나 신소설로서
제작의 역사를 시작했고, 음악, 미술, 연극이 모두 수입하면서 동시에 제작하기
시작한 것이다. 바꿔말하면 제작하지 않고 감상만 하는 오래인 역사를 가진 것
은 영화 이외의 다른 영역에서는 보기 어려운 현상이다. 이 사실은 분명히 조선
영화사의 한 특수 현상이나 그러나 문학이나 연극이나 음악이나 미술의 초기
제작상황을 내부에 들어가서 본다면 감상만에 영화시대와 본질적인 차이는 발
견할 수 없는 것이다. 영화와 같이 완전히 제작하지 아니하고 감상만 하지는 아
니했다 하더라도 문학과 연극과 미술과 음악이 제작했다는 것은 초창기에 있어
서는 일종의 감상에 불과했었기 때문이다. 다시말하면 그 시대의 제작이라는
것은 창작이라기보다는 이식(移植)에 불과했다. 즉 그들의 제작은 순연한 외래
문화의 모방행위에 지나지 아니했다. 그들은 모방함으로써 이식한 것이다. 그
들이 어느 정도의 독창으로서의 제작을 자각하기 이전, 몰아적인 기다란 모방
의 시대는 영화에 있어 제작하지 않은 감상만의 시대에 필적한다 할 수 있다.

　오직 각개의 문화와 예술의 영역에 있어 그 문화와 예술의 특성에 따라 이식
행위는 서로 다른 형태로 표현되었을 따름이다. 문학이나 음악, 연극, 미술은
제작하면서 그것을 모방함으로써 이식할 수 있었던 대신 영화는 단지 감상하는
것만으로 활동사진을 이식한 것이다. 요컨대 수동적으로 조선사람이 외래의
근대문화를 받아들이기만 한 태도에 있어 영화와 다른 문화, 예술의 역사는 차
이점이 없는 것이며, 그 시대가 장차 올 제작의 시작, 독창에의 자각이 준비되고

그 정신이 배태되는 과정이란 점은 역시 구별될 수 없는 것이다.[27]

「조선영화발달소사」에서 이 제작 이전의 시대를 "구경만 하고 제작하지 않는 역사"라고 표현했다면 이 글에서는 "감상"이라는 표현을 사용하고 있을 뿐만 아니라, 이 시기를 '역사 이전'으로 간주했던 「조선영화발달소사」에서와 달리 여기서는 "감상을 통한 이식"이라고 하는 적극적인 문화행위가 이루어졌던 시기로 보고 있다.[28] 나아가 임화는 문학, 연극, 음악 등 근대 초기에 생산된 작품들이 "창작"이 아니라 "일종의 감상에 불과"했던 것이라 말하면서, 영화에 있어서의 이식과정과 "근본적인 차이는 발견할 수 없는 것"이라고 단언하고 있다. 이는 영화에서 "감상"의 문제를 제작의 차원으로 격상시키는 것, 즉 "장차 올 제작의 시작 독창에의 자각이 준비되고 그 정신이 배태되는 과정"으로 적극적으로 평가하는 태도라 할 수 있다. 그렇다면 왜 제작이 늦어졌는가? 그것을 임화는 영화가 초기에 존경할 만한 문화가 아니라 진기한 발명품으로 간주되었으며, 조선의 문화 중 연극전통이 가장 빈약했었고, 상업자본주의가 형성되지 않았었기 때문이라고 말한다. 이것이 조선에서 영화의 이식이 제작이 아니라 감상으로 시작된 '토대'라 할 수 있을 것이다.

그런데, "감상을 통한 이식"을 조선영화의 특수성으로 평가하는 이

---

27 임화, 「조선영화론」, 『춘추』, 1941.11, 84쪽.
28 기존의 연구에서는 연쇄극 필름 이전 시기 및 연쇄극 필름에 대해 「조선영화발달소사」와 「조선영화론」 사이의 관점의 차이에 대해 주목하지 않았는데, 이 차이에는 간과할 수 없는 단절 혹은 비약이 내장되어 있다 생각된다. 연쇄극 필름에 대한 관점의 차이에 대해서는 다음 절에서 상술한다.

러한 태도는 초기 영화에서 '관람성(spectatorship)'의 의미를 적극적으로 평가하는 후대 영화이론의 관점을 선취한 것이라는 의미도 있지만, 조선영화의 정체성 형성에 있어서의 근원적인 혼종성을 지적했다는 점에서 중요하다. 사실 영화야말로 문화적 정체성의 혼종적 성격을 가장 잘 보여주는 매체일지도 모른다. 일단 문학과만 비교하더라도, 영화의 가장 큰 특성은 '동시성'과 '직접성', 그리고 '대중성'이다. 주지하듯 영화는 1895년 발명되자마자 전 세계로 전파되었는데, 이는 물론 영화가 탄생된 때가 제국주의의 난숙기와 겹쳐졌다는 사실과 관련되는 것이기도 하고, 벤야민이 지적했듯 영화는 '기계 복제'가 가능한 예술이었다는 점 때문이기도 하다. 원본이 갖는 특권적 가치를 무시하는 것이 가능했던 이 복제 예술은 간단한 영사시설만 있으면 저 아시아의 궁벽한 곳에서도 상영이 가능했고, 더욱이 언어적 번역과정을 거쳐야 하는 문학과 달리, 수입된 텍스트 그 자체를 직접 상영하는 것이 가능했던 예술이다. 임화가 영화를 가리켜 "가장 현대적인 예술"이라고 말하듯, "'스크린'이 보이는 것을 미리 알고 있는 사람이면 누구나 이해할 수 있는" 예술이었기 때문이다.[29] 이렇게 그것이 탄생된 지역(서구)의 규정력에 매이지 않고 즉각적으로, 언어적 매개 없이 비서구 지역에 전파된 영화는 근대 생활세계의 경험적 지평을 감각적으로 공유하는 대중매체의 하나로서 정착되었고, 그 과정에서 원래 텍스트가 처해있던 맥락은 사라지고 텍스트 자체의 물리적 성격 또한 변화되었다.[30] 따라서,

---

29 임화, 「영화의 극성과 기록성」, 『춘추』, 1942. 2, 103~104쪽.
30 주지하듯 토키 시대에 이르기까지 영화는 상영되는 맥락, 현장의 상황, 영사기사나 해설자의 필요에 의해 그 편집순서와 속도를 포함하는 물리적 성격이 자주 변형되면서 감상되었다.

비서구 지역에 있어서 영화야말로 문화의 이식에서 시공간적 '지체'에 대한 강박관념이 가장 적게 작용하는 장르인 동시에, 문화적 정체성이 갖는 혼종적 성격을 가장 잘 보여주는 장르 중 하나라고 말할 수 있다.

조선에서 영화의 제작이 지체되었다고는 하나 영화의 이러한 동시성, 직접성은 감상의 중요성을 간과할 수 없게 만드는 것이고, 임화는 "감상"의 문제를 적극적으로 평가함으로써 영화가 문학 등 여타 부문에 뒤떨어지는 후진 부문이 아니라 그것들과 '마찬가지로' 근대 예술로서 이식되었다고 하는 점을 효과적으로 규명할 수 있었던 것이다.

또한 "감상"을 통해 서구 근대문화와의 혼융을 조선영화의 태반으로 상정함으로써, 임화의 문학사 연구에서 오랜 기간 논란을 낳았던 '이식' 개념을 새로운 시각으로 보게 해주기도 한다. 캘리치만은 1942년 '근대의 초극' 심포지움의 화두가 '이식(transplantation)', 즉 메이지 이후 서구 문화의 유입으로 인해 일본의 전통과 정신이 상실되었다고 하는 정체성의 위기라고 지적하는데, 이것은 문화의 초월성, 즉 특정 상황과 지역적 규정력을 뛰어넘어 다른 시간과 공간에서 반복될 수 있다고 하는 보편성에 대한 불안에 기반한다고 말한다. 이렇게 이식되는 문화가 그 기원에 고정되지 않음(식물학적 개념인 '이식'의 핵심은 기원으로부터 분리되어 끊임없이 이동한다는 것이다)으로써 내부와 외부의 경계를 흐트리고 정체성의 혼종성을 환기시키는 데 대한 불안은 문화적 순수성에 대한 욕망의 다른 표현이기도 하다.[31] 따라서 '이식' 개념이야말로 이 불안과 욕

---

31 Richard F. Calichman, "Introduction : "Overcoming Modernity", the Dissolution of Cultural Identity", Richard F. Calichman(ed. and trans.), *Overcoming Modernity : Cultural Identity in Wartime Japan*, Columbia University Press, 2008, pp.17~29. 이 글에서 캘리치만은 일본 지식인들의 '이식'에 대한 강박관념을 발레리의 '전파(transmission)'에 대한 강박관념과 동전의 양면인

망을 드러냄으로써 순수한 일본 문화란 존재하지 않는다는 사실을 명백하게 만든 것인 셈인데, 외부적 요소가 처음부터 내부에 있었다는 것, 외부/내부의 경계가 침투가능하고 노출되어 있는 것이라는 사실을 보여줄 뿐만 아니라, 외부적 요소라고 하는 것도 그 시공간적 '기원'(유럽에서, 먼저, 생성되었다고 하는 것)에 특권이 주어져 있는 것이 아니라 (따라서 '원본'과 '복사본'의 위계가 존재하지 않는다) 언제 어디로든 다시 이동하면서 반복되는 것이라는 점을 보여주기 때문이다.

그러므로 '근대의 초극' 심포지움의 '성과'라고 한다면, 일본 지식인들이 서구문화의 '이식'으로 인해 이미 혼종화되어 있는 자기자신('일본인의 피와 서구화된 지성'[32]), 즉 서구문화가 이미 자신의 일부로 구성되어 있어 식별되지 않는 상태를 '드러냈다'는 점에 있을지도 모른다. '이식'이라는 화두는 지역적 규정성에 얽매이지 않고 이동하는 가치들이 문화적 정체성의 형성에 필수적인 요소라는 점을 역설적으로 부각시켰기 때문이다. 이에 비해 임화가 '이식'을 논하는 태도에서는 일본 지식인들에게서와 같은 ('오염'에 대한) 불안과 ('순수성'에 대한) 욕망을 발견하기 힘들다. '외래'의 것과 대립되는 '본래'의 것을 상정하는 것이 아니라 "감상을 통한 이식"을 통해 조선 영화의 성격이 형성되었다고 말하는 데서 드러나듯, 그에게서는 외부의 것이 내부를 잠식한다든가 경계를

것으로 분석하고 있어 흥미롭다. 발레리는 유럽에서 고안된 과학이 비유럽에 '전파'되어 전유되는 상황(구체적으로는 청일전쟁과 스페인-미국 전쟁)을 목격하면서 '그렇다면 유럽은 어떻게 유럽일 수 있는가?'라는 정체성의 관념을 처음으로 갖게 되었다고 말하는데, 캘리치만은 전파하는 입장에 있어서도 역시 문화적 정체성의 오염에 대한 불안과 순수성에 대한 욕망이 드러난다고 설명한다.

32 가와카미 테츠타로河上徹太郎, "'近代の超克'結語", 河上徹太郎 他, 『近代の超克』, 富山房, 1979, 166쪽.

무너뜨려 오염시킨다든가 하는 불안이 드러나지 않을 뿐만 아니라, 외부와 내부가 뒤섞인 혼종성 자체를 조선 영화의 특성으로 상정하고 그 독특한 발전의 양상을 분석하고 전망하기 때문이다.

4. 조선영화의 환경

임화는 「신문학사의 방법」의 "환경" 항목에서 환경을 "한 나라의 문학을 위요(圍繞)하고 있는 여러 인접 문학"의 의미로 사용하겠다고 말하면서 "신문학의 생성과 발전에 있어 부단히 영향을 받아온 외국문학"을 지적한다. 이때 외국문학이란 서구문학이지만, 그것이 내지문학을 거쳐 소개되었기 때문에 그 수입된 경로, 즉 번역과 같은 것의 역사나 메이지, 다이쇼 문학사를 연구해야 "신문학사 생성사의 요점을 해명"할 수 있다는 것이다.[33] 「조선영화사」에서 "생성"의 시기를 탐구함에 있어서도 임화는 제작이 부재했던 초기를 "감상"의 시대라고 의미 부여하는 한편으로, 조선영화의 환경으로서 자본으로부터의 자립과, 연극이나 문학과 같은 인접문화와의 협동, 그리고 외국영화의 영향을 지적한다.

앞서 조선에서 영화제작이 지체되었던 원인의 하나로 임화는 상업

---

33 임화, 「신문학사의 방법」, 임화문학예술전집 편찬위원회 편, 『임화문학예술전집 3—문학의 논리』, 소명출판, 2009, 653~655쪽.

자본주의가 형성되지 않았음을 지적했는데, 자본의 부족은 제작이 시작된 이후에도 마찬가지의 상황이었다. 1930년대 후반 영화인들이 '기업화'를 소리 높여 요청했던 데에는, 토키 시대에 접어들어 안정적인 자본과 설비 없이는 영화산업이 지속될 수 없다고 하는 위기의식이 바탕에 깔려 있었다. 1940년대 초까지 변변한 촬영소와 카메라도 없었던 상황을 서광제는 "'아브노말'인 조선영화계"라고 표현하면서 "조선영화 현상타개는 그 근본적 문제가 현대적 설비와 대자본의 진출과 교양 있는 영화기업가가 나와야 할 것은 물론"이며 영화의 질적 향상이란 "양적 생산이 동반되지 않는 한" 바라기 어려운 것이라고 진단한다.[34] 이런 상황에서 임화는 초기 조선영화가 생성될 때 "유력한 자본의 원호 없이 독력으로 자기의 길을 개척"했으며, 그것을 가능케 했던 것은 다른 예술부문과 마찬가지로 "영화를 자기표현의 예술적 수단으로서 형성할랴는 정신" 즉 "문화의 정신이랄까 예술의 의욕"과 같은 것, 그리고 연극이나 문학과 같은 인접문화와의 "협동", 또 "외국영화"의 영향이라고 말한다. 이것이 그가 말하는 "근본성격"인 바, 이 성격은 조선영화의 "고유한 환경"에서 형성되었다는 것이다. 이러한 주장의 의미는 다음 세 가지로 나누어 살펴볼 수 있다.

첫째, 자본과 물적 토대가 영화의 예술적 성취에 있어서 필요조건은 아니며, 테크놀로지적 시간성 즉 일직선적이고 연속적인 시간성과 달리 예술은 비연속적인 연속성이라고 하는 고유의 시간성을 지닌다고 보는 것이다. 영화에 있어서 자본의 결핍은 테크놀로지의 빈약을 초래

---

34 서광제, 「영화연출론─조선영화계 현상타개책」, 『조광』, 1940.9, 244~247쪽.

하는 원인 중 하나가 되며, 테크놀로지는 어느 정도 불가역적인 면이 있다. 예컨대 서구와 내지 영화가 토키시대로 접어들고 있을 때 조선영화만이 무성영화 시대에 머물 수는 없는 것이다. 임화는 자본주의 사회에서 영화가 문화상품이라는 점을 인정하고 특히 토키시대에 접어든 후 조선영화의 기업화가 추진되는 상황을 필연적인 과정으로 받아들이고 있으나, 그것이 영화의 예술적 성격을 담보해주는 것은 아니라고 말한다. 이는 「문화기업론」에서 〈군용열차〉(서광제, 1938)의 제작을 가리켜 "동보(東寶) 같은 곳의 대자본이 주는 기술적 편의 같은 조건으로 분명히 일부 유리한 결과를 수득할 수 있"을지 모르나 그것이 "예술적 이익"을 가져다주는 것은 아니라고 말하는 데에서도 드러난다.[35] 그리하여 그는 "영화가 상품의 일종인 것도 사실이요 오락의 대상인 것도 사실이요 광고나 '프로파간다'의 수단일 수 있는 것도 사실이나 영화는 무엇보다 문화요 예술"[36]이라는 방식으로 말하게 되는 것인데, 테크놀로지의 시간성이 연속적인 '발전'의 시간성이라면 예술과 문화의 시간성은 비연속적인 '독창'의 시간성이기 때문이다. 마치 증기기관의 발명은 당시에 있어 위대한 사실이나 석유발동기, 전기엔진이 발명되면서부터는 다시 증기기관의 세계로 돌아갈 수 없는 것처럼, 테크놀로지의 시간성은 과거의 것이 현재 가운데 흡수되어 버리면서 일직선적으로 흘러간다. 그러나 '미로의 비너스'와 호머의 시는 미켈란젤로와 단테의 등장으로 그 속에 흡수되지 않고 "독립하고 완전한 세계로서의

---

35 임화, 「문화기업론」(『청색지』, 1938.6), 임화문학예술전집 편찬위원회 편, 『임화문학예술전집 평론』 2, 소명출판, 2009, 59쪽.
36 임화, 「조선영화론」, 『춘추』, 1941.11, 83쪽.

의미를 상실하지 아니한다."[37] 이런 관점에 의해 임화는 영화의 기업화가 운위되는 시점에서 무성영화의 초기로 되돌아가 자본의 뒷받침 없이 예술로서 영화가 형성되었던 양상을 강조하는 것이다.

> 이러한 사정은 예술에 있어 행복된다고는 못할지라도 심(甚)히 호적한 조건이라고 아니할 수 없다. 태작을 만듦으로써 실패를 거듭함으로써 그들은 조선영화의 성장에 참여했던 것이다. 바꿔말하면 예술가로서 그들은 비록 실패하고 태작한 경우일지라도 제3자의 율제(率制)를 받음이 적게 자기의 의도를 표현할 수 있었던 것이다. 그들은 자기의 실패를 후회하지 아니할 수 있었던 것이다.[38]

여기에서 임화는 자본의 부재라는 조건을 '결핍'이 아니라 "제3자의 율제를 받음이 적게 자기의 의도를 실현할 수 있었던" 환경으로 간주하며, "자본의 유력한 원호를 받지 못했다는 것은 비단 영화에 한하는 사실이 아니다. 문학도 연극도 음악도 미술도 그 은혜를 몽(蒙)할 수는 없었다. 그것은 조선의 모든 근대문화의 공통한 환경임에 지나지 않는 것이다"라고 말하며 영화와 여타 부문이 공통된 환경에서 생성되었음을 다시 강조하고 있다. 2장에서 언급했듯 조선영화 제작에 있어서 안정적인 자본과 합리화된 시스템이 갖추어지지 않았기 때문에 외국에 비해 감독이 창조적인 역량을 발휘할 여지가 많았다는 지적들이 있을 만큼, 초기 조선영화사는 물적 조건의 빈약함을 영화인들의 정열을 통

---

37 임화, 「고전의 세계」(『조광』, 1940.12), 임화문학예술전집 편찬위원회 편, 『임화문학예술전집 평론』 2, 소명출판, 2009, 280~286쪽.
38 임화, 「조선영화론」, 『춘추』, 1941.11, 89쪽.

해 극복하면서 진행되어 온 측면이 있다. 임화는 여기에 결정적인 역할을 한 것이 영화인들의 주체적 정신, 즉 "영화를 자기 표현의 예술적 수단으로 형성하려는 정신"이라고 평가한다. 임화가 「조선영화론」을 쓴 동기 중 하나도 이 영화인들의 주체적 정신을 강조하기 위함인데, 말미에도 밝히듯 조선영화계가 "전환기"를 맞이하고 있는 상황에서 "조선영화의 근본적 성격", 즉 생성기부터 저류를 형성해온 특질을 밝힘으로써 그것을 "장래 조선영화의 가장 독자적인 성격 내지는 가치있는 요소"로 발전시킬 것을 촉구하는 것이다. 영화인들은 "자기의 선행자들의 업적에 대하여 신중해야 할 것이며 또 스스로의 길에 대해서도 예술가인 외에 다른 도리가 있을 수 없는 점"을 자각해야 한다는 것이다.

둘째, 자본으로부터의 "자립" 혹은 "자유"와 인접문화와의 협동을 조선영화의 근본성격으로 보는 태도는 「조선영화발달소사」에서 근대적 장르의 분화라는 관점에서 초기 영화를 서술하던 것과 차이를 보이며, 결정적으로 연쇄극 필름에 대한 평가에 있어 변화를 보여준다. 「조선영화발달소사」에서 임화는 초기 제작의 역사를 연극이나 관청의 선전 등 여타 부문에 종속되어 있던 상태로부터 "독립"하여 완결된 영화 텍스트를 생산하는 과정으로 설명한다. 이 과정을 도해화하면 다음과 같다.

1) 연쇄극 '필름' : 최초로 제작된 영화.

"연쇄극 '필름'을 우리가 영화라고 부를 수 없는 것은 활동사진을 영화라고 부르지 못하는 것 이상이다. 그것은 활동사진만치도 독립된 작품이 아니요, 연극의 한 보조수단에 불과하였기 때문이다. 결국 영화의 한 태생에 그치는 것이었다."

2) 경기도청 위촉 호열자 예방 선전영화와 〈월하의 맹서〉(체신국 위촉 저축

사상선전영화) : 독립한 작품의 효시. 그러나 선전수단에 지나지 않으므로 완전히 독립한 영화라고는 말하기 어려움.

"조선영화사를 말하매. 이 두 작품을 최초의 작품으로 매거하는 것은 그 제작의 동기, 작품의 내용은 여하간에, 다른 예술의 보조를 받지 않고 자체로서 완결되었기 때문이다."

3) 〈춘향전〉(하야가와 고슈, 1922) : "좀 더 완전히 독립한 영화"[39]

이 관점에 의하면, 최초로 제작된 영화로서 연극의 중간에 영상물을 삽입하는 형식인 연쇄극 필름은 연극에 종속되었다는 점에서, "한 보조수단에 불과"하다는 점에서, "활동사진만치도 독립된 작품이 아니"다. 그 뒤 제작된 〈월하의 맹서〉는 "다른 예술의 보조를 받지 않고 자체로서 완결"되었다는 점에서 "독립한 작품"의 효시이지만, "관청의 광고지와 같은 한 선전수단에 지나지 않기 때문"에 역시 "완전히 독립한 영화"라고는 보기 힘들다. 따라서 연극이나 관청의 선전 등 다른 부문에 종속되지 않고 그 자체로 독립한 최초의 영화는 상업용 극영화인 〈춘향전〉이 되는 것이다. 이는 하나의 예술장르가 독자적인 장르로 분화되는 과정을 설명하는 일반적인 논리이다. 반면 「조선영화론」에서 임화는 "독립"이라는 용어와 별도로 "자립"이라는 용어를 사용하면서, 「조선영화발달소사」에서 영화가 장르로서 분화되는 과정을 "독립"으로 표현하던 것과 달리 "자본으로부터의 자립"이라고 하는 또 다른 관점을 도입한다. 이는 기존의 영화사를 '보충'하는 것 이상의 의미를 지닌다고 생각되는데, 왜냐하면 이 과정에서 연쇄극 필름에 대한 평가가 변화

---

39 임화, 「조선영화발달소사」, 197~198쪽 내용 정리 및 인용.

하기 때문이다. 즉 「조선영화발달소사」에서 연쇄극 필름은 연극에 종속된 것이기에 활동사진보다 못한 것으로 간주된다면, 「조선영화론」에서는 "활동사진 시대"를 개시한 선례로 평가되는 것이다. 이는 조선영화사를 장르의 분화라고 하는 일반론의 차원에서가 아니라 가치평가적인 차원에서 서술하는 태도로의 변화라고 볼 수 있는데, 이렇게 조선영화가 "어느 나라의 영화와도 달리 자본의 원호를 못 받는 대신 자기 외의 다른 인접문화와의 협동에서 방향을 걸"었던 것으로 설명될 때 연쇄극 필름은 연극에 영화가 종속되었던 과도기가 아니라 연극과의 "협동" 사례로서 적극적으로 자리매김되기 때문이다.

셋째, 임화가 중요하게 거론하는 또다른 인접문화, 즉 조선문학과 서구영화는 조선영화로 하여금 "근대문화의 중요한 영역의 하나로서" 존재하게 만들었으며 특히 서구영화의 영향은 조선영화로 하여금 "일본영화보다 훨씬 이질적인" 독특한 성격을 띠게 만든다.

나운규의 예술을 특징지우는 분위기, 고유한 열정이란 것은 일반적으로는 그가 시대를 통하여 호흡한 것이나 구체적으로는 문학을 통하여 혹은 그 여(餘)의 예술과 문화를 통하여 형태를 가진 것으로서 받아들였을 것은 의심할 여지가 없다. 더구나 그의 전작품 계열 가운데 들어있는 문학작품의 영화화는 말할 것도 없거니와 그밖에 전작품 가운데서 그가 구사한 성격은 직접으로 당시의 문학작품과 깊은 관계를 맺고 있는 것이다. 이것은 조선에 있어 영화가 고립해있지 아니했던 증거이며 근대문화의 중요한 영역의 하나로서 영화가 존재했던 그역 중요한 증좌다. 이러한 관계는 비단 나운규의 예술에만 고유한 현상이 아니다. 그밖에 작가에 있어, 또는 조선영화의 중요한 시기에 있어 문학은 의뢰할만한 후원자로서 반성된 것이다. 그 반면 조선영화의 다른 타자의존, 즉 외국영화의 모방도 여기서 일언해 두지 아니하면 아니 된다.

어떻게 말하면 조선영화는 조선의 문학이나 그 타의 예술에 의존한 것 이상으로 외국영화에 의존하고 있었다고 말할 수가 있다. 그것은 주로 기술적 이유에 의한 것으로 당연한 현상이라 아니할 수 없다. 그것은 문학이나 그외의, 문화예술이 서구의 그것을 모방하고 추종한 것과 조금도 사정이 다르지 않다. 그러나 여기서 거듭 주의할 것은 조선영화의 이러한 내부적 동향이란 것이 전혀 자본의 원조를 받지 못한 대신 그의 폐해도 입지 아니했다는 사실이다.

이러한 자유는 조선영화의 성격을 어느 정도로 독자화하여 가까운 예만 하더라도 일본영화보다 훨씬 이질적인 물건을 만들 것이다.

내지의 어떤 작가는 조선소설을 내지의 그것에 비하면 서구적인 데 가깝다고 한 일이 있거니와 영화의 영역에서도 이점은 통용될 듯하다. **이것은 물론 그 소박한데 있어 진실하고 치졸함에 있어 독자적이나 이것은 시정해야 할 결함이면서 성육되어야할 장점이라고 나는 생각한다.** 내지영화를 통하여 조선의 영화가 배운 것은 물론 막대할 것이나 그것의 직접의 '이미테잍'은 아직 현저하지 아니한 것이다. 그것은 마치 문학이 일본문학을 통하여 서구문학을 배운 것처럼, 그것을 통하여 서구영화를 배웠기 때문이다.(강조─인용자)[40]

그간 위의 인용문에서 강조된 부분, 즉 조선영화의 독특한 미학을 설명한 부분은 자본의 폐해를 입지 않아 형성된 특징인 것으로만 언급되어 왔으나, 이 맥락을 정확히 파악한다면 그것은 조선영화가 자본의 폐해를 입지 않아 "어느 정도로 독자화하여" (문학이 아니라) 서구영화의

---

40 임화, 「조선영화론」, 『춘추』, 1941. 11, 90~92쪽.

영향을 많이 받음으로써 "일본영화보다 훨씬 이질적인" 특성을 구현한 것을 설명하는 구절임을 알 수 있다. 이는 앞서 "감상을 통한 이식"이라고 하는 설정과 상통하는 것으로, 조선영화는 초기부터 오랜 감상을 통해 경험한 서구영화를 자양분으로 하여 독자적인 미학을 구축했다고 하는 주장인 것이다.

사실 나운규의 영화를 임화는 주로 문학과 관련하여 설명하고 있지만, 대표작 〈아리랑〉에서 보여지는 서구영화의 흔적이 일찍이 지적되었을 만큼 조선영화는 유럽과 미국 등 서구영화와의 혼종적 성격을 그 특성으로 하고 있었다. 중일전쟁 이후 일본제국이 아시아 점령지에서의 영화공작을 위해 조사한 내용을 보면 여타 아시아 지역에서 작품과 산업면에서 중국영화의 영향력이 지대했던 것을 알 수 있는데,[41] 조선에서는 중국영화와 일본영화의 영향력은 미미한 반면 서구영화에 대한 수요가 월등히 많았다. 만주사변 이후 조선총독부의 영화통제(1934년 활동사진영화취체규칙)에 있어서 외국영화의 상영 제한이 중요한 쟁점 중 하나였다는 사실은 이를 반증하는 사례라 할 수 있다. 물론 서구영화의 영향은 일본에서도 지대한 것이었고 특히 미국영화는 진주만 공격을 전후하여 단순히 시장 점유율의 문제가 아니라 물질적, 개인주의적, 쾌락적 가치관으로 일본 정신을 '오염'시켰다고 하는 점에서 담론화되었다. 이중 가장 극단적인 것은 '영화'라는 것 자체가 서구적인 형식이어서 근본적으로 일본적인 내용을 표현할 수 없다고 하는 논의였을 것이다.[42] 여기에 비한다면 조선영화의 혼종성을 "시정해야 할 결

---

41 市川彩, 『アジア映畵の創造及建設』, 國際映畵通信社出版部, 1941; 津村秀夫, 『映畵戰』, 朝日新選書13, 朝日新聞社, 1944.

함이면서 성육되어야 할 장점"이라고 지적하는 임화의 논의는 어찌보면 조선영화의 주체적 성격에 대한 자신감에서 비롯된 것처럼 보이기까지 한다. 조선영화는 "조선의 문학이나 그타의 예술에 의존한 것 이상으로 외국영화에 의존"해 왔으나 결코 거기에 침윤되지 않고 오히려 그것과 뒤섞임으로써 성장했다고 하는 이러한 관점은, 임화가 "내지 문학자의 조선문학관 중 가장 훌륭한 것"[43]이라고 평가했던 가와카미 테츠타로[河上徹太郞]의 다음과 같은 견해를 조선영화에 대해서도 마찬가지로 적용할 수 있게 만든다. 여기에서 조선문학(영화)은 전근대의 형식과 내용이 지속된 것도 아니고 제국에 종속된 것도 아니라, 조선 고유의 환경에서 꽃핀 세계문학(영화)인 것이다.

> 그들의 작품(조선문학을 가리킴-인용자)은 각각 그 민족문학의 전통 위에서의 현대의 것이 아니고 또 일본 현대문학의 식민지적 출장소도 아닌 세계문학이 이 이십세기라는 시대에 지방적으로 개화한 근대문학의 일종이라는 것을 똑똑히 말할 수가 있다.[44]

---

42 츠무라 히데오의 발언, 「'근대의 초극' 좌담회」 제1일, 나카무라 미츠오 외, 이경훈 외역, 『태평양전쟁의 사상』, 이매진, 2007, 80~81쪽. 1장에서도 논의했듯 이 심포지움의 발표 논문에서 츠무라 히데오는 미국영화의 폐해에 대해 집중적으로 논의한다. 津村秀夫, 「何を破るべきか」, 河上徹太郞 他, 앞의 책, 118~122쪽.
43 임화, 「현대 조선문학의 환경」(『문예』, 1940.7), 이경훈 편역, 『한국 근대 일본어 평론, 좌담회 선집-1939~1944』, 역락, 2009, 93쪽.
44 임화, 「동경문단과 조선문학」(『인문평론』, 1940.6), 임화문학예술전집 편찬위원회 편, 『임화문학예술전집 평론』 2, 소명출판, 2009, 224쪽.

5. 예술의 수단

1장에서도 논의했듯, 1930년대 중후반은 조선에서 거의 최초로 조선 영화의 '예술'적 성격이 담론화되던 때이다. 이는 토키 제작이 시작된 이후 영화의 소리를 구성하는 요소들, 즉 대사와 음악에 대한 관심이 높아지면서 유관 분야인 문학, 연극, 음악과 비교, 대조하며 영화의 성격을 규명하려는 시도와, 또 어느 때보다 문학작품을 영화화하는 경향이 두드러지면서 '문예영화'에 대한 논의가 활발해지던 사정, 그리고 서구영화를 주로 보던 지식인들이 조선영화에 관심을 갖기 시작하면서 서구영화, 특히 프랑스 영화의 수준과 조선영화의 그것을 견주어보는 태도 등이 공존하는 것이었다. 여기에는 물론 '예술'적 성취를 보여주는 조선영화 작품들이 생산되었다는 사실이 작용하기도 했다. 당시 논자들이 거론하는 〈나그네〉, 〈한강〉(방한준 감독, 1938), 〈성황당〉(방한준 감독, 1939) 등 이외에도, 조선영화령 실시와 통제회사 설립이라는 격랑의 와중에 개봉된 〈집없는 천사〉(최인규 감독, 1941), 〈복지만리〉(전창근 감독, 1941)는 추측컨대 조선영화로서는 최고의 '예술'적 수준에 도달한 작품이었다.

그러나 조선영화를 '예술'적 성격이라는 프리즘을 통해 설명해 보려던 담론은 미처 개진되기도 전에 전시 하 통제 시스템의 도입으로 급격히 사그라진다. 임화는 조선문학이 "고전"을 가져야 한다고 말했거니와, 그것이 "각 시대에 있어 자기를 완성"[45]하는 것을 말한다고 할 때

---

45 임화, 「현대 조선문학의 환경」(『문예』, 1940.7), 이경훈 편역, 앞의 책, 90쪽.

〈복지만리〉(전창근 감독, 1941)**의 한 장면** 자료제공처：한국영상자료원

그 "고전"은 영화에서도 필요로 하는 것이었고 또 그것을 평가해줄 비
평가가 있어야 존재할 수 있는 것이었으리라. 조선영화령 시대를 맞은
조선영화는 자기의 완성을 경주할 여유를 갖지 못했고, 영화비평가들
은 '예술'을 "국가의 문화재"[46]와 동의어로 사용하게 되었다.

　임화가 「조선영화론」에서 조선영화의 '예술'적 성격을 주장할 때 그
것은 물적 토대나 정치적 현실로부터 동떨어진, 혹은 그것과 대립되는
낭만적 관념에 기반한 것이 아니다. 이 글은 조선영화령 시대에 영화

46　오영진, 「조선영화의 일반적 과제」(『신시대』, 1942.6), 위의 책, 167쪽.

를 "무기"로서 "특수화"하는 경향에 대응하는 논리로서 마련된 것으로, 조선영화가 처음부터 근대 문화의 일종으로서, 문학 등 여타 부문과 마찬가지로 예술로서 형성되었음을 규명하고자 한 글이다. 이 시기 임화는 「고전의 세계」, 「기계미」, 「예술의 수단」 등 예술과 테크놀로지, 공업, 제작 등을 비교하는 글들을 발표하는데, 이는 토키와 전쟁이라는 새로운 국면을 맞아 영화의 존재론을 고민한 논리로 읽어도 손색이 없다. 즉 영화는 건축처럼 일종의 "기계공업"이며 기술을 통하여 "제작"되는 상품의 성격을 갖고 있고, 더욱이 정치에서는 영화의 수단을 "무기"로 생각하지만, 예술이라는 것은 "독창"이며 표현수단과 배타적 관계를 갖고 있는 것이기에, 영화의 존재론을 무엇으로 설정하는가는 중요한 것이다. 영화는 연속적인 진보라는 테크놀로지적 시간에 속하는가 아니면 비연속적인 연속이라는 예술의 시간에 속하는가, 영화는 기계공업인가 예술인가, 영화는 '제작'되는 상품인가 '표현'되는 예술인가. 영화를 "제작"의 관점에서 본다면 낡은 테크놀로지로부터 "별리해오면서 진보"하는 것이라고 말할 수 있겠으나 예술적 "표현"의 관점에서 본다면 영화 자체의 본질적인 수단에 "고착하고 그것 가운데로 침잠해 들어가 버림으로써 오히려 진보"[47]할 수 있는 것이다. "표현"은 정신적인 의지의 실현과정으로서, 예술의 수단은 표현과 거의 단원적으로 결합된 것이기에 (즉 언어를 떠나면 문학은 존재할 수 없기에) "숙명적이고 신성한 것"이다. 여기에서 임화는 예술의 수단의 특수성이 "수단의 완성을 통하여 내용이 완성된다는 것"[48]이라고 덧붙이는데, 맥락상 이는

---

47 임화, 「예술의 수단」(『매일신보』, 1940.8.21~27), 임화문학예술전집 편찬위원회 편, 『임화문학예술전집 평론』 2, 소명출판, 2009, 234쪽.

4장_조선영화의 존재론   197

조선문학에서 수단으로서 조선어의 문제를 언급하는 것이라 할 수 있겠으나, 영화를 예술로 간주한다고 할 때 그 "수단의 완성"이라고 하는 것은 문학에서와 마찬가지로 "숙명적이고 신성한 것"이라고 말할 수 있을 것이다.

임화가 「조선영화론」에서 "생성"의 시기에 천착하는 이유 중 하나는 자본과 테크놀로지가 원시적이었던 상태에서 조선에 영화를 꽃피우게 만들었던 원동력이 무엇이었는가를 찾아보기 위해서였고, 그것을 그는 "영화를 자기표현의 예술적 수단으로서 형성하려는 정신"이라고 최종적으로 명명한다. 이때 "정신"은 임화가 문학론에서 얘기하는 "정신", 즉 시대정신과는 사뭇 다른 것이다. 1940년대 초에 조선영화를 생각함에 있어서 임화는 어떤 시대정신을 발견하려고 하기보다 영화 자체의 존재론에 답할 수 있는 창조적 정신을 찾는 것에 더 집중했다. 그만큼 조선영화는 절박한 기로에 놓여 있었던 것이다.

48　임화, 위의 글, 236쪽.

일러두기	• 의미를 해치지 않는 범위 내에서 현대표기로 바꾸었다.
	(예 : 로켓손 → 로케이션)
	• ○: 탈락, ＊: 해독불능, ×·?: 원문 그대로임.

목차

= 영화평론 =

1. 「위기에 임한 조선영화계」(『매일신보』, 1926.6.13·20)

2. 「심심풀이로」(『매일신보』, 1926.8.8)

3. 「조선영화를 이렇게 성장시키자─평(評)과 감독의 대중적
   감시를」(『조선일보』, 1928.4.29~5.4)

4. 「조선영화가 가진 반동적 소시민성의 말살─심훈 등의 도량에 항하야」
   (『중외일보』, 1928.7.28~8.4)

5. 「최근 세계영화의 동향」(『조선지광』 83, 1929.2)

6. 「영화적 시평(時評)」(『조선지광』 85, 1929.6)

7. 「조선영화의 제경향에 대하여(朝鮮映画の諸傾向に就いて)」(『新興映画』, 1930.3)

8. 「서울키노 〈화륜(火輪)〉에 대한 비판」(『조선일보』, 1931.3.25~4.3)

9. 「여배우 인상기─이월화, 신일선」(『모던조선』, 1936.9)

10. 「기계미(機械美)」(『인문평론』, 1940.1)

11. 「뉴-스와 만화─경일(京日) 문화영화극장」(『매일신보』, 1940.2.9)

12. 「〈히틀러 전(傳)〉」(『경성일보』, 1940.3.27)

13. 「조선영화와 기술」(『매일신보』, 1940.4.3)

14. 「유료시사회」(『매일신보』, 1940.4.30)

15. 「조선영화발달소사」(『삼천리』, 1941.6)

16. 「조선영화론」(『춘추』, 1941.11)

17. 「영화의 극성(劇性)과 기록성(記錄性)」(『춘추』, 1942.2)

18. 「조선영화론」(『매일신보』, 1942.6.28~30)

= 좌담회, 간담회, 대담 =

1. 「종합좌담회—신극은 어디로 갔나? 조선영화의 새출발」(『조선일보』, 1940.1.4)

2. 「영화문화인 간담회」(『매일신보』, 1940.2.10)

3. 「총력연맹 문화부장 시과영삼랑(矢鍋永三郎) · 임화 대담」(『조광』, 1941.3)

4. 「좌담회—조선영화의 신(新)출발」(『조광』, 1942.1)

= 영화소설 =

1. 「신문지와 말대리」(『별나라』, 1929.5 · 7)

1. 「위기에 임(臨)한 조선영화계」(『매일신보』, 1926.6.13 · 20)[1]

(1)

극(劇)을 갖지 아니한 국민(그것은 실제로 있을 수 없는 것이나)을 예상할 때에 곧 문화를 갖지 아니한 종족, 오락을 모르고 국민이라 말할 수가 있다. 문명국은 문명국인만큼 미개국은 또 미개국인만큼 다 각각 그 국민성의 반영인 연극을 소유하고 있는 것이다. 그러나 우리 조선인은 그렇다고 할 만한 무엇도 하나 못가졌단 말이다. 오직 선조는 우리 민중에게 극이란 것을 잔역(殘役)으로 알고 반드시 하류계급이 하는 것이라는 전통적으로 극이란 것을 잔역시(殘役視)하는 관념 외에는 아무런 형식에서나 내용에서나 남겨준 게 없다. 그리하여 우리는 현재와 같은 지위에 떨어지고 말았다. 더구나 어느 외국인은 조선은 문학이 없고 극을 안 가진 국민이냐고까지 말한 일이 있다. 얼마나 부끄러운 일이냐. 그러나 상고시대엔 우리의[2] 조상은 찬연한 문화를 가졌었고 극과 같은 종류의 무엇을 가졌던 형적(形跡)이 있다. (묵은 기록 등에서 보면 삼국시대에 전승기념같은 것이 궁중에서 거행될 때엔 전쟁하던 모양을 극히 예술적 기교를 가하여 가지고 또 장군(將軍) 개(個)의 '로맨쓰'같은 것을 삽입하여 궁중 광장에서 행했다는 형적이 있다. 물론 일반민중 전체를 목적으로 하는 것은 아니지만 그것이 극의 형식을 보였고[3] 또한 극의 원시적

---

1   필자는 임화의 필명인 "星兒"로 되어 있다.
2   "개인의"로 추측된다.
3   원문은 "○힛고"이다.

요소를 함유한 것만은 사실이다.) 이런 것은 물론 너무나 오랜 일이므로 명확하다고는 할 수 없으나 요만한 것도 계통적으로 발전을 하였더라면 상당한 효과가 났을 것이나 그만것도 우리의 선조는 전해주지를 않고 갔다. 선조의 행적은 너무나 쓸쓸하였다. 그리하여 우리는 현재와 같은 경우에 이르렀다. 여기에 위에 한말은 본래에 논의가 극 아니고[4] 영화이었으나 영화와 극은 떠날 수가 없는 관계를 가진 까닭으로 잠깐 말해둔 것이다.

그리고 근일에 어디서든지 성행하는 영화 즉 활동사진으로 말하면 발명연대도 퍽 가깝고하나 그의 특장인, 종래 연극같이 배우가 일일이 돌아다니지 아니하면 볼 수가 없는 연기를 아무런 데서라도 가만히 앉아서 볼 수가 있는 것 즉 장소의 초월, 또한 후세에까지 전할 수가 없는 연극(순간적 생명을 가진 연출자의 예술)을 어느 시대 사람이나 다 볼 수 있게 하는 시간의 초월, 한 번에 여러 본씩 제작을 하여 일반 민중의 요구에 응(應)케 하는 것 등 여러 가지 의미로 민중오락적 성질에 있어서 연극보다 훨씬 보급성이 풍부함으로 그의 발달보급의 급속한 것은 실로 경악(驚愕)할만한 사실이다.

요컨대 누구이고 현대인으로서 영화를 모른다면 그보다 더 큰 무지는 없을 것이다. 즉 이럴만치 활동사진은 무서웁게까지 널리 보급된 것이다. 그리고 민중오락으로서 민중예술로서 사회교화기관이란 데서 또는 지어(至於) 선전광고 모든 학술연구 기관으로서 현재에 활동사진만치 광범중대한 사명을 가지고 따라서 다대한 효과를 내이는 것은 없고 또다시 없을 것이다.

말하자면 활동사진은 현대인의 생활요소로부터 절대로 제거할 수 없게 된 오락으로서 예술로서 또 기타 여러 가지 의미에서 영화는 우리의 생활에 일종의 양(糧)이 되어 있다는 것이다.

여기에 우리 조선인의 눈에 영화가 나타나기는 10년이 넘어 된 일일 것이다. 그러나 이 외국영화도 지금과는 아주 그야말로 천양지판(天壤之判)이 있었을 것이다. 그러나 현재에 와서는 활동사진은 고급예술품으로 일반 민중에게 다대한 인상과 감명에 주는 것이 되고 말았다.

---

4   원문에는 "創안이고"로 되어 있으나 오식으로 보인다.

지금 여기에서 말하고자 하는 것은 위에 말한 외국작(作)에 대한 것이
아니라 조선인의 손에서 제작되는 조선물의 과거와 또는 장래에 대하여
말을 하는 것이다.

최초로 조선에서 조선의 인정풍물을 넣어놓은 (실사물(實寫物)은 제하고)
흥행목적으로 박은 사진은 4, 5년 전의 조선영화의 최초기라고 할 만한
연쇄극(連鎖劇)의 전성시대에 삽입 목적으로 한 '필름' 제작이 그 효시일
것이다. 그때 연쇄극에 사용된 '필름'은 지금에다 대이면 극히 유치한 것
이나 어쨌든 서양물만 보던 관객은 처음 조선영화(순영화극은 아니나)에[5]
대하였음으로 당시에는 흥행 성적이 매양(每樣) 좋았던 모양이다.

그러다가 연쇄극이 차차 일반관객의 애호를 벗어나버리자 그만 흐지
부지 자취를 감추고 수년을 조선영화의 제작이라고는 중단이 되었었다.

(2)

이렇게 한 2년이 지난 뒤 일본인 조천고주(早川孤舟)가 조선극장을 시
작하고 동아문화협회란 명목 하에 영화제작에 호기심을 가지고 있는 해
설자와 기생을 사용하여 가지고 뒤죽박죽 만들어 내인 것이 반만년 문화
의 정화(精華)라고 떠들은 〈춘향전〉의 출생이다.

이것의 양부(良否)는 말할 것 없이 여하튼 순조선 영화극의 초생(初生)
이다. 그러나 이것은 말할 수 없는 큰 결함과 모순이 중첩한 괴작(怪作)이
되고 말았다.

이후로 비로소 이 〈춘향전〉의 영향을 받아가지고 현금에 이르기까지
여러 개의 작품이 여러 조선영화에 취미를 둔 사람들의 손에서부터 산출
이 되고 문학청년의 일부에선 순영화극 제작에 대한 취미와 열(熱)○을 갖
게 되었다. 지금 여기에 발표된 수개의[6] 작품에서 얻은 일반적 감상을 말
하면 먼저 무엇보다도 이 발생기에 있는 과도기에 처한 빈약하고 미미한
영화계이지만 이 시기가 장래의 조선영화계를 쌓아놓을 기초임을 생각

---

5   원문은 "조선영화 순영화극은 아니나에"로 되어 있으나 괄호가 빠져있는 것으로 보인다.
6   원문은 "수개(數個)이"로 되어 있으나 오식으로 보인다.

할 제 지금 조선에서 영화 한 개를 제작하는 게 여간 중대한 일이라는 것을 다시 말할 필요도 없을 것이다.

즉 말하자면 일종의 호기심으로나 영리목적으로 무단(無斷)히 제작에 착수를 한다는 것을 용서한다는 말이다. 어디까지든지 연구적으로 신중한 태도로 (만일 시대극이면 엄밀하고 정확한 조사감독 하에서) 제작을 생각한 뒤에 흥행가치나 효과 등을 생각할 것이다. 그리고 현대 조선민중은 '스크린'에 무엇을 요구하는가를 생각해야 할 것이다.

만일 그렇지 못한 태도로 일종의 호기심과 영리적 심정으로 조선영화라면 관객을 흡수하기가 쉽다는 뜻으로 경홀(輕忽)히 제작을 한다면 물론 하등의 가치효과라도 없을 것은 물론이오 더욱 중대한 것은 장래 건전한 양호한 조선영화를 산출할 기초를 착란(錯亂)시키는 조선영화의 위험시대를 연출할 것이 분명하다.

지금까지 발표된 제(諸)작품을 볼 제 그 반수가 넘어 시대극이고 또 비교적 시대극이 더 많은 인기를 끌었던 것이 사실이다. 이 현상은 과연 무엇을 의미할까―

제일 먼저 생각나는 것은 그들 제작자가 제일 먼저 착상한 데가 흥행가치란 것이 분명하다. 그것은 〈춘향전〉이나 고래부터 일반에게 널리 알린 작품을 영화화시킨 것에 즉 통속물은 박으면 흥행 성적이 양호하다고 생각한 까닭이다.

둘째는 현대극은 시대극만치 널리 알린 대본이 드문 게 원인인 것이다. 이런 점에서 비교적 널리 알린 〈장한몽〉이 전일(前日) 영화화된 것일 것이다.

그다음에는 시대극은 현대극보다 관중을 기만하기가 용이한 것이다. 그러면 현대극보다[7] 촬영하기가 쉽게 되는 까닭이다.

이리하여 그들은 같은 노력을 들이고 같은 비용을 쓴다면 현대극보다 흥행가치가 높은 시대극을 많이 제작한 것이다. (물론 불연(不然)한 제작자도 있었을 것이다)

---

7   원문은 "시대극보다"이나 문맥상 "현대극보다"가 맞다고 생각된다.

그러나 이것은 조선영화의 장래를 염려하는 인사는 누구나 묵인할 수 없는 용서할 수 없는 죄악일 것이다. 더구나 시대극은 현대극과 달라 의상, 가옥,[8] 배경, 인정, 풍속 그지기에 따라 표정에까지 시대를 따라 특이한 것임을 돌아보지 않고 심원한 고려도 정확한 조사도 없이 흥행효과와 경비 감약(減約)만을 위하여 민중을 속이는 행동을 하는 것은 용서할 수 없는 것이다.

그리고 우리 조선영화의 지위로 말해도 말할 수 없이 비참한 경우에 처한 것이다. 다시 말하면 내용이나 모든 것에 빈약한 조선영화를 가지고는 날로 왕성하여가는 일본이나 구미영화와 경쟁커녕은 한자리에 서도 못할 형편이란 말이다. 오히려 이런 것은 당연한 일일 것이다. 단소(短少)한 역사와 미능(未能)한 기술자와 연출자를 써가지고 만든 것이므로.

이런 여러 가지 방면으로 보아 현재 조선영화 제작자처럼 불행한 사람은 다시 없을 것이다. 배신(拜神)적으로 받는 곤란 이외에 경비조달에 곤란으로 말미암아 일정한 Studio[9]를 점유치 못하게 치명적 고통이다. 말할 것도 없이 전부가 '로케이션'으로 제작한다는 것이다. 사실로 이런 일은 무리할 것이다.[10] 그러나 어찌할 수가 없이 지금 조선에 제작자는 곧 이 방법을 취하고 있다. 그리고 촬영기사의 기술부족, '로케이션'으로 모두를 촬영하므로 사진의 생명인 명암(明暗)을 완전히 할 수 없는 것, 또 영화극에 이해를 가진 작가의 전무(全無)함 등으로 조선같이 영화제작이 곤란한 나라는 세계에 또 없을 것이다.

이런 여러 점은 관객인 우리도 동정을 표하고 경의를 표하는 바이다.

그러나 초기에 있는 조선영화계를 위해야만 하는 면전(面前)엔 이만한 각오는 필요할 줄 믿는다. 그리고 즉 장래에 올 조선영화에 건전한 양호(良好)를 학(學)하는 거룩한 정신으로 (1년에 하나도 좋고 둘이라도 좋다) 박아준다면 조선영화의 장래는 가히 염려할 여지가 없을 것이다.

끝으로 이 우론자(愚論者)는 현재 제작자 즉 장래 조선영화에 양부(良否)

---

8   원문은 "자옥(字屋)"이나 오식으로 보인다.
9   원문은 "Studieo"이나 오식으로 보인다.
10 원문은 "것다"이나 오식으로 보인다.

를 쥐고 있는 제현(諸賢)이 이런 작품을 내주었으면 좋겠다는 말을 한데 지나지 않는다. —끝. 26.5.

2. 「심심풀이로」(『매일신보』, 1926.8.8)[11]

그러고 사람이 모이면 이합집산이 있고 그기에 미로사건(事件)의 돌발이 생긴다. 이렇게 차차로 진전이 되어 가서 그 도중에 관객을 끄으는 상태에다 둘 '서스펜스'가 필요하다. 거기에서 전 관객에 원심(圓心)에 의감(疑感)을 농밀하게 하고 일반으로 활동되는 군중심리를 극도에 위지(危地)로 인도(引道)를 하여 가지고 대단원에 '클라이막스'에서 천길 절벽에서 떨어트리듯이 덜컥 떨어트려 버리게 하는 것이다. 각색 중에 필요한 사항은 위기와 '서스펜스'라는 것이다.

그러므로 한 사건을 기원으로부터 그 뒤를 연결하는 사건은 위기에 성숙(成熟)을 차차로이 보이는 것이다. 최초의 사건은 소위기(小危機)가 되고 그 뒤 '서스펜스'에 이르기까지는 차차 대위기로 성장하는 것이다. 여기 또 예를 들면 도망을 갔던 처가 그의 전 남편인 회사원한테로 이혼 문제를 제출한다든지 할 용기도 없이 ○고는 양부(良夫)를 버리고 사회에 반역을 하고 집을 나온 몸이므로 과거에 지은 자기의 죄에 한 공포로 말미암아 그의 내심으로부터 공축(恐縮)을 하며 그의 남편한테다가 지금 자기는 아무 데 있는데 몸의 불건강으로 말미암아

여기에 잠깐 체류해 가지고 있노라고 편지를 보낸다고 하면 그의 남편은 이상하게도 그날만은 집에를 안 왔기 때문에 편지를 못 보았다가 그 이튿날 집에 왔을 때 또 그의로부터서 전보가 왔다든지 하는 순서로 사건

---

11 필자명은 임화의 본명인 "仁植"으로 되어 있다.

을 연행(連行)해 가는 것이다. 이런 사건에 교묘한 결합으로 말미암아 먼저 말한 위기에 성숙을 보는 것이다. 따라서 관객의 주의력도 중단되지 않고 지나갈 수가 있는 것이다.

'포-'의 말과 같이 여하히 극적 요소를 풍부히 함유한 사건이라도 단순한 연결로는 아무런 가치가 안 나는 것이다. 사건이 아무리 많아도 그는 수학(數學)에서[12] 가산(加算)의 답(答)에 불과한 것이다. 각색 그것만은 사건 중의 한 사건에 위치를 변환시킨다든지 제거한다든지 하는데 전체에 파괴와 동인(動印)을 생(生)하는 데 각색의 특색이 있다. 즉 일부의 사건은 전체의 일부라는 데서 비로소 가치가 있고 일 사건으로는 존재 이유가 박약한 것이다. 각색의 창의(創意)는 각색의 싹을 발육시키는 데도 있고 또한 제(題)를 취하는 방법으로도 되는 것이다.

'플롯트'가 완전히 되어 진행을 하는 데는 먼저 어떻게 하면 관객을 아슬아슬한 상태 즉 영화 속으로 끌려들어가게 할까 하는 것이다.

또 진행 도중에 호기심을 일으키게 하여 흥미를 잃지 않게 하는 것 같은 것은 극작상(劇作上)에 긴요한 사실이다.

그리고 또 하나의 요령은 '서스펜스'에 쌓아 올려 가지고 '클라이막스'에서 타락(墮落)을 시키는데 '클라이막스' 전에는 폭풍우가 오기 전에 정막(靜寞)함과 같이 고요한 맛을 주어가지고 그만 일시에 변동이 생기게 하는 데서 저 클라이막스의 강미(强味)가 현저히 나타나는 것이다.

그리고 영화 극작가는 사상 감정 모두가 객관화하는 방법을 생각 않으면 아니 될 것이다.

객관화, 관객화(觀客化) 즉 '카메라'가 이것을 능히 수록(蒐錄)할 수 있게 외형적(外形的)으로 되어 가지 아니 하면 안 된다. 다만 추상문자(推象文字)를 나열케 한다든지 교묘히 회화(會話)를 사용한다는 데서 영(映) 또 극(劇)이 걸작이라고는 할 수가 없는 것이다. 즉 '스크린'을 표현시킬 요소를 가진 데서 비로소 영화극(映畫劇)으로 평가될 자격을 갖는 것이다. 교묘한

---

12 원문은 "잇서"

문구는 '스포큰 타이틀'을 쓸 수가 있지 않느냐, '타이틀'도 또한 문학(文學)이 아니냐고 그러나 그것은 영화극에 있어서는 아니다. 영화극은 회화 미술의 성질을 특색으로 라는 것인 동시에 그 연결 중에 일관한 주제에 암류(暗流)를 보지 아니하면 안 된다.

다만 출생한 아이가 어리고 역사가 옅은 영화극이 무대극의 아래에 있는 것은 어느 시대엔 미면(未免)할 사실일 것이다. 그러나 예술의 사생아인 그는 방만하기가 짝이 없고 그의 생명은 가장 새롭고 참된 것이다. 즉 그것은 아직도 생장기에 있으니까 그의 장래는 의연히 미지수이다. 그러므로 그의 예술가치를 예언할 사람은 아무도 없을 것이다.

다만 영화극은 예술인 것은 물론이나 과학의 힘을 빌지 않고는 예술적 가치를 발휘할 수가 없는 것이 무대극보다 한층 더 어려운 일이다.

그러나 현대를 정복한 돌현아(突現兒)인 제8예술의 전정(前程)은 의연한 미지수일 것이다. 나는 무엇보다도 조선에서 '시나리오'의 창작에 뜻을 두는 여러 동지(감히 나에게 동지라고 부르기를 용서하라)들에게 발정(發程)의 준비로 이 글을 보낸다.

'시나리오'의 전제가 되는 '플롯트'란 것이 중발(重發)하는 여러 사건에 조립(組立)으로 성립이 된다는 것은 사실일 것이다. 그러나 '플롯트'를 조성시키고 있는 개개의 사건 그것이야말로 참 인생의 회화(繪畵)가 아니 될 수가 없다. 그리고 그것은 또한 이론적이어야 하고 명확하여야 하고 흥미가 있는 동시에 심각한 의의를 마땅히 가져야 할 것이다.

그리고 위에 말한 제 조건을 구유(具有)한 말하자면 한 영화에 '시나리오'를 이를만한 성질을 풍부히 가진 사건이라도 단순히 이런 사건의 나열만으로는 아직도 영화극을 조성했다고는 못하는 것이다.

거기에 반드시 '백그라운드'[13]의 흥미 중심이라든지 또는 특수한 어떤 인물의 성격을 표현한다든지 하는 영화[14] 전폭(全幅)을 관류하고 있을 테마를[15] 소유하고야 비로소 극적 완성을 얻는 것이다.

---

13 원문은 "빠크·그린드"로 되어 있다.
14 원문에는 "畵"로 되어 있으나 앞에 "映"이 탈락된 것으로 보인다.

3. 「조선영화를 이렇게 성장시키자―평(評)과 감독의 대중적 감시를」(『조선일보』, 1928.4.29~5.4)[16]

(1)

우리가 사는 이 땅은 언제나 끊이지 않는 서러운 일과 가슴을 찌르고 억울한 일이 연속하는 곳이다. (…중략…)

그리하여 그 땅의 젊은 사람들은 얼마나 많이 괴로워하는지 그대는 보는가 마는가―

역사는 언제나 이 젊고 아름다운 사람들의 두엄더미를 넘어 다시 새로운 ××에로 이 사람들을 끌고 들어가는 것이다.

그리하여 이들의 사랑하는 조선의 진정한 조선의 신흥문화는 이미 사회의 모든 층에 침투하고 있으며 또한 그들은 *송(*送)하고 있는 것이다.

그러나 이 새로운 민중 자신의 문화가 그들이 갈 정당한 길을 지시하고 그들을 데리고 출발하려던 그 때까지엔 얼마나 많은 다툼이 벌어졌는가.

그들의 최초의 다툼은 이 사람들의 머리를 지배하고 있던 모든 봉건적이고 신비적이던 기성문화를 청산양기하기 위하여 강렬한 다툼이 있었던 것이다.

그리하여 그들은 이 내적 투쟁에게 새로운 민중 자체의 요(要)하는 다툼에 등장한 민중의 예술을 낳았던 것이다.

그러면 이 새로운 조선의 문화의 하나인 영화는 어떻게 진정한 조선의 문화로 완성할 수가 있을까.

거기엔 다른 모든 조선의 새로운 문화가 그러한 것같이 진지한 조선민중의 생활의지의 규정하는 방향에도 민중적 사업으로서의 한 개의 역할

---

15 원문에는 "때마을"로 되어 있으나 오식으로 보인다.

16 필자는 "임남(林男)"으로 명기되어 있는데, 임화의 글로 보인다. 「조선영화가 가진 반동적 소시민성의 말살」(『중외일보』, 1928.7.28~8.4)에서 임화는 윤기정의 글(1927.12) 이후 『조선일보』에 자신이 발표한 조선영화 평론이 있다고 말하는데, 이 시기 『조선일보』에 실린 영화평 중 여기에 해당하는 글은 이 글 뿐이다.

을 수행해야 할 것이다.

비록 그것은 객관적인 제조건에 의하여 비운을 당할지라도 적어도 그 방향을 위하여 하려는 민중, 젊은 조선의 시야 안으로 가려고 애쓰는 노력의 족적이라도 보여야 할 것이다.

만일 그렇지 않는 한에 있는 조선의 영화는 거짓 조선의 영화이며 기만의 문화이며 아편의 문화인 것이다.

물론 이러한 조선의 영화가 있다면 그것은 우리에게 필요치 않을 뿐 아니라 생장하는 젊은 조선의 저해자이며 지항자(支抗者)가 되는 것이다.

특히 새로운 진지한 조선의 영화를 만들려는 신흥청년 영화인에게 대하여 한 개의 봉건적인 악존재(惡存在)되어 절대한 장해와 해독을 여(與)하게 되는 데는 그 대책으로 여하한 수단이라도 강구해야 할 필요가 있는 것이다.

그러므로 신흥한 진지한 조선의 영화청년은 가장 유력하고 조직화한 형태를 가지고 이 장해물화하는 기성적인 봉건적 존재의 청산에 노력해야 할 것이다.

현재의 조선의 모든 다른 문화층보다도 특히 봉건적 사상의 잔재와 개인주의적 개념이 전적으로 지배하고 있는 것은 이 영화제작사회일 것이다. (물론 총*(總*)은 아닌 것을 말해둔다)

(2)

첫째로 우리는 영화평에 대한 문제를 끄집어내자. 예술품에 대한 평이란 것이 여러 가지 관계로 보아서 교흥(敎興)하는 새로운 예술에 대하여 얼마나 중대한 역할을 다할 수 있다는 지금 다시 여기서 밝힐 필요조차 없는 것이다.

그것은 오직 우리가 일상생행(日常生行)에서 보고 듣는 것으로 명확히 짐작할 수가 있는 것이니 그러면 지금 우리가 문제삼아 놓은 이 영화의 평이란 것은 현재 조선에 있어서 얼마나한 정도의 역할과 효과를 가지고 있는가.

그것은 우리로서 가장 주목할 필요가 있는 것이다.

무엇보다도 우리 조선에 객관적 조건은 우리의 생활을 위한 우리 자신의 진정한 의미에 재(在)한 조선 자체에 영화를 만들지를 못하게 하는 것이다.

그리고 설사 만든다고 하더라도[17] 그것은 우리들 관객의 눈에 들어오지를 못하고 그대로 썩어버리고 마는 것이니까.

우리들의 영화의 생장을 정당한 방향에로 지도할 우리들의 영화평가(評家)는 어떻게 해야 할 것인가. 이것이 우리들의 가장 중요한 문제의 초점인 것이다.

그러면 과거에 재(在)한 우리의 영화평가는 과연 어떠하였던가.

여기에 과거에 신문과 잡지에 발표된 많은 자료가 그것을 좌증(左證)하는 것이다.

하나 나는 불행히 지금은 그 자료의 하나도 갖지는 못하였다.

그러므로 나는 인례(引例)의 비판에 의한 구체(具體)인 평을 할 수가 없는 사실이다.

따라서 나는 한 개의 전체적 견지에서 본 개념적 평에 그치리라는 것을 말해두는 것이다.

그러면 이 과거의 영화에 평이란 어떠하였던가. 우리는 지금 이 과거의 영화평이란 그리 눈뜨고 볼만한 것이 없었다는 것만은 짐작할 수 있을 것이다.

그것은 우리가 또 거기에 한 가지 유의할 것이 있으니 그것은 과거의 평을 쓴 사람들이 조선에 영화계가 여명기를 지나가고 있었다는 것을 그들 자신에 머릿속에 넣어 두었었으며 그것으로 인하여 당연히 공격할 모든 점을 용인하고 묵과하였다는 것이다.

그러나 그런 관용이 지금엔 오히려 한 개의 악폐를 남겨놓고 만 데 이르러서는 우리도 다시 생각할 필요를 느끼게 되는 것이다.

즉 모든 것의 순조로운 장성(長成)을 위하여 그들은 만*(滿*)의 성의와 될 수 있는 한도에까지 호의와 편의를 도와주었던 것이다.

여기에 폐단이 생길 근저(根底)가 박히었던 것이다.

그것은 이들 과거의 평가(評家)가 너무나 오래 그들을 옹호하여 주었고 또한 너무나 현실 발전에 눈이 어두웠던 것이다.

그러나 현재에 있어서 그렇지 못할 많은 현상에 당도하는 것이다.

보라! 외인(外人)의 손에 의한 흥행목적 중심의 속악한 영화의 출현을. 또한 상설관주에 의한 순흥행 중심인 관중기만 영화의 제작 등을-

이 종류의 영화에 하나는 벌써 지난번에 봉절되어 정당한 눈을 갖고 양심을 가진 관중에게 얼마나 공박을 받아 극장이 수라장화하였던 것은 아직도 대중의 기억에 새로울 것이다.

(3)

그리고 지금 또한 영화는 우리가 그 전도(前途)를 촉탁(囑託)할만한 사람의 손에 의하여 제작치 못하는 것을 우리는 서러워하는 것이다.

그러나 이런 것을 용서할 때는 이미 지나간 것이다. 〈춘향전〉을 보는 관중의 눈과 지금 관중과의 눈이 얼마나 다르다는 것을 알아야 할 것이다.

여기에 제작자와 함께 우리들의 평가(評家)에 새로운 인식이 필요한 것이다.

즉 우리들이 조선의 평가(評家)는 그 발표된 영화와 조선인의 생활과는 어떻게 내적 혹은 외적으로 관계되었는가 그리하여 그 영화는 과연 조선인의 생활의지에 방향으로 진실로 가려고 노력하였는가.

그렇지 않으면 그것은 얼마만한 정도에 비뚤어진 각도를 갔는가 또는 정반대의 방향으로 갔는가.

이것을 대중에게 가장 정확히 지시하는 데 우리 조선의 영화평을 쓰는 사람의 절대한 임무와 책임이 있는 것이다. 만일 이러한 규정된 범위에 탈선된 평을 쓰는 사람이 있다면 속악한 제작자와 한가지 우리는 조처하여야 할 것이다.

그리하여 영화평과 이하에 말할 감독은 대중의 엄중한 감시 밑에서 진정한 조선영화에 생장을 위하여 노력할 것이다.

그것은 우리의 생활은 대중의 그것과 같이 있으니까!

그리하여 나는 지금 한 개의 예로 또는 봉건적 기성영화계에 한 신흥영화청년의 도전의 제1발(發)로 아울러 제1차 청산 자료로 (…중략…)[18] 발표된 작품의 수가 누구보다도 많고 장구한 시일에 긍(亘)한 그만치 누구보다도 특수한 작품만을 내어논 그것으로 역사적 명감독 이경손 군을 최초의 활제(活題)에 올리는 것이다.

그러면 광휘있는 혁혁한 조선영화계의 유일한 명감독 이경손 군은 과연 이 새로운 조선에 대한 얼마나한 성의와 열정을 가지고 유일한 그의 빛나는 역사를 쌓아왔을까 —

우리는 이군이 과정(過程)하여 온 온갖 과거를 검토하여 써 군의 전체에 긍(亘)한 영화제작에 임하는 태도와 의향을 간취해야 할 것이다.

그러면 이군의 과거 과정은 무엇을 기준으로 검토해야 할 것인가. 여기엔 외부로 실천화한 그의 발표된 작품의 전체를 검토하는 데 그칠 것이다.

(4)

그러나 우리는 지금의 발표한 작품을 검토하는 한편 그가 선전과 기타에 임한 그의 태도와 행동(그것은 외적으로 사회화한 행동을 말이다)까지도 엄정히 비판해야 할 것이다.

그러면 군의 최초의 처녀작인 〈심청전〉(백남 프로덕션 제작)을 들어보자.

우리는 이 소위 조선의 고대소설의 영화화라는 〈심청전〉에서 무엇을 보았는가.

오직 거기엔 염가(廉價)의 악(惡)의 혐오와 선(善)에 신비적인 승화인 권선징악이란 것을 볼 뿐이다.

그러나 우리는 이 〈심청전〉 한 개를 가지고 군 전체를 비판하는 대상으로 삼지는 않는다.

---

18 원문에는 괄호 없이 "중략(中畧)"이라 되어 있다.

그것은 군의 처녀작인 만큼 그때 사정으로 보아 각본 선택의 자유를 갖지 못하였던 것이 사실이었으므로 그 작품 전체로서 그의 전도(前途)를 관파(觀破)하기엔 너무나 불완전한 자료이다.

그러나 그 작품 전체를 통해서의 그의 태도는 문득 학도적(學徒的)이었고 진실하였던 것이다.

그리고 그의 그후 작품보다도 테크닉 방면에 있어서도 고심한 형적이 보였었다.

그러나 결코 우리의 취할 바는 아니었다. 하지만 이 작품에 대한 용원(容怨)[19]할 여지가 풍부히 있는 것이다.

그리고 그 이후에 군은 어떠하던가.

물론 불운에 싸여 몰려오는 모질은 생활과 싸워왔던 것은 누구나 다 아는 바이다.

그러나 군은 다시 화려무비(華麗無比)한 대작품을 발표할 호운(好運)에 봉도(逢到)하였던 것이다.

그것이 군의 광휘있는 역사적 명감독의 이름을 낼 한 개의 거자(巨資)인 〈봉황면류관〉이란 현대영화이다.

그러면 이 조선영화계의 역사적 거작은 어떠한 작품이었던가. 그것은 우리가 신중히 지금 재고를 거듭하여 비판해야 할 것이다.

이 작품은 나는 지금 단지 필름 유희라고밖에 볼 수 없다는 사람의 말을 들을 제 나는 더한층 격화한 분노를 일으키게 되는 것이다.

우리는 무엇보다도 작자 겸 연출을 한 이군의 제작상 양심을 듣고 싶게 된다.

어떻게 이 작품을 가난한 불쌍한 이 조선에서 이 조선에로 만들어 놓았는가 —

이경손 군은 조선에 대한 어떠한 인식과 관찰 아래 이 작품을 제작하였는가.

---

19 "용서(容恕)"의 오식인 듯.

이것은 젊은 조선인의 다툼의 의지를 포기케 하고 하기 위한 별동대적 역할의 수행이 될 것이다.

조선 사람으로 하여금 유산자적 사회생활의 찬미를 하게 하는 이외에 아무것도 아니다.

물론 이러한 말을 하면 반드시 군은 내적 제문제보다도 검열상 조건을 말할 것이다.

그러나 불완전하고 빈약하나마 조선 사람의 가슴에서 우러나오는 한 개의 성의와 열정의 잔재적(殘在的) 표현을 하려고 하는 노력이나마도 보여주기를 왜 않았는가. 이 작품에 재(在)한 작자의 죄는 절대한 것이다.

이 미워하고 욕할만한 조선적 양심이 전무하였던 것이다.

그리고 이경손 군의 테크닉 방면에 재(在)한 효과도 여기서는 거의 영(零)에 가까운 것이다.

일언(一言)으로 하면 저열한 희대의 작품이었다.

그후에 또 군의 손으로 나온 소위 시대적 검극(劍戟) 대맹투극(大猛鬪劇)인 〈산채왕(山寨王)〉은 강홍식 군과 기타 저명한 배우들로써 파(頗)히[20] 캐스트는 구비한 바이었으나

그러나 이 작품에 있어서도 이군은 조선에 있어서 시대영화의 새로운 발전경지를 개척하려고 하는 학도적 노력의 그림자조차 볼 수가 없었을 뿐 아니라

오히려 일본의 소위 저급관중을 상대로 제작되는 검극[21]영화의 탈을 뒤집어쓰느라고 비참한 애를 쓴 것이었다.

(5)

그리하여 그것은 전적으로 보아 실패하지 아니할 수 없는 작품이었다. 그리고 테크닉 방면에 있어서도 그 수법이 미숙할 뿐 아니라 일정한 기준을 볼 수가 없어 혼란하였던 것이다. (…중략…)

---

20 자못
21 원문에는 "사극(飼戟)"으로 되어 있으나 "검극(劍戟)"의 오식으로 보인다.

그 이후에 이군은 과연 어떻게 그의 전비(前非)에 대하여 자신의 태도를 취하여왔는가.

지금 여기에 이름을 들지 않은 이군의 작품에 대하여 독자와 이군 자신은 어떻게 생각할지 모르겠으나 그것은 다시 말하지 않아도 그와 동시대에 조선영화 중에는 그와 같은 작품이 거의 전부였다고 하여도 과언이 아니었다.

그러나 이군에 있어서는 이러한 작품을 들어 말할 필요가 없으므로 제명(題名)조차 끌어내지 않는 것이다.

이 뒤 이군에게는 한참 불운의 시대가 계속하여 왔던 것이다.

그리하여 이 사이에 군은 작품을 발표할 운에까지 이르지를 못하였던 것이다.

그리하다가 다행히 객년(客年) 여름 평양 정기탁 군의 평양키네마사가 생기(生起)하자 이군에게 호운(好運)이 도래하게 되었다. (…중략…) 그리하여 흔연히 평양으로 가서 작품 제작에 착수하였으니 이것이 저 소(小)알렉산더 듀마의 원작인 소설『춘희』 그것을 영화화하는 것이다.

(…상략…) 우리는 검열이란 외적 조건으로 말미암아 부득이 이 미완전한 작품을 내놓게 될 적에 우리는 마땅히 이 제작품이 어떻게 민중에게로 가려다 못 간다는 이유를 알려주어야 할 것이며

〈춘희〉라는 작품은 어떻게 민중과의 관련 여부를 정당히 지시해주어야 할 것이다.

내가 이경손 군에 대한 비판을 쓰게 된 것도 실로 그 의의가 여기 있는 것이다.

그리고 봉건화한 영화계에 대한 신흥영화청년에 건전한 발육을 위하여 도전의 선언으로 쓴 것이다.

열정적인 청년 영화인은 조금도 굴함이 없이 기성적 영화계에 ××에 착수하여야 하지 않겠는가?

그리하여 조선에 대하여 무성의한 자를 차례로 청산하는 동시에 영화계를 청산하여야 할 줄 안다.

그리하야써 새로운 조선의 영화에 성장의 방향으로 달려가야 할 것이다.

그리고 끝으로 말할 것은 이군에게 퍽 미안한 일이다. 군은 이후에 깊은 고려가 있을 줄을 안다. 그렇게 나는 그것 믿는다.

그러나 만일 응전(應戰)일 것 같으면은 언제든지 환영하겠다.

4. 「조선영화가 가진 반동적 소시민성의 말살―심훈 등의 도량(跳梁)[22]에 항(抗)하야」(『중외일보』, 1928.7.28~8.4)

〈1〉

한개의 예술과 예술가는 대립한 계급의 투쟁의 격화가 그 절정에서 충돌하게 된 현재에 있어서까지 그 자체로 하여금 **의 **에서 소위 그 명백한 존(存)*을 꾀하게 될 때는 그 자체의 생명을 대중적 **과 묵살에로 자(自)*하는 것과 동일한 의미를 갖게 되는 것이다.

우리는 그 현실적인 실례를 모-든 나라의 모-든 예술의 부문에서 용이히 발견할 수 있지 않은가.

그러므로 우리가 지금에 그 본질론의 근거에서 이 논(論)을 출발한다는 것은 거의 허로(虛勞)에 가까울 것이다.

그것은 우리의 예술운동의 일반적인 이론의 성장이 그것을 해결에 가까운 데까지 전개시켜놓은 까닭이다.

어서 우리는 구체적인 우리의 **할 문제인 영화의 이야기로 우리의 논의를 진행시키자.

우리가 가진 영화 즉 조선의 영화는 과연 어떠한 성질의 것이냐.

취급할 문제의 본질은 여기서 부터이다.

그러면 어떻게 우리는 지금까지 우리의 영화를 규정하여 왔는가.

---

22 함부로 날뜀.

때때로 있었던 미지근한 작품평이란 상술한 문제의 재료를 삼기에는 너무나 **에 지나치는 빈약한 것이었다.

그보다 그것들은 출발점을 나선 초기의 조선영화 그것의 **자(者)이었기 때문에 비판할만한 과오를 용서해왔던 것이다.

이 사실은 특수한 조건하에 있는 모든 예술에 발생기에 흔히 있기 쉬운 사실인 것을 누구나 공감하는 것이다.

그러나 비판은 **적인 것은 용서치 않는다. 객관적 비판은 언제든지 엄연한 독립을 요구한다.

조선영화에 대한 우리들 자신의 과오의 **은 여기에서부터 뿌리박힌 것이었다.

그러면 우리들의 평가(評家)는 이처럼 지나간 과거의 비판에서 새로운 **한 비판으로 그 발길을 옮기어야 할 것이다.

이제부터 우리는 영화문제에 접촉해온 모든 평의 비판에서 출발하자.

먼저 말한 종류 중에 오직 성장하는 조선영화 그것만의 발전만을 위하야 축도(祝禱)하던(주로 신문의 연예란에 실린 '저널리스트'의 평) 류의 것도 어느 정도까지 효과가 없었다는 것이 아니다.

그러나 그것은 효과적이었다는 반면에 조선영화계의 정당한 발전을 저해하여왔던 것이다.

그리하야 그들은 그와 같은 평으로 하여 엄연한 정확한 객(客)*이라고 자긍하게 된 것이다.

실로 그들로 하여금 현재의 것이 되게 한 필연이 여기에 있는 것이다.

그러나 그들의 행동 그것이 지배계급의 정신문화*열(列)에서 한 개의 훌륭한 *견(犬) 노릇을 한데는 그들 자신도 감히 **치 못하였던 것이다.

그러나 조선의 객관적인 현실의 제조건은 이러한 것을 헤아릴 여지조차 없이 가속도적으로 진전되고 있었다.

그러면 성장한 프롤레타리아의 눈은 어떻게 이것을 보게 되었던가.

여기에 예술의 문제가 프롤레타리아의 손으로 말미암아 우리의 것이 되었으며 아울러 영화 그것의 비판에 '로맨스'를 *게 된 것이다.

〈2〉

여기에 비로소 '프롤레타리아'적 입장에서의 엄혹하고 정확한 영화의 평이 요구되는 것이다.

그럼에는 우리는 무엇보다도 독립성과 객관성을 잃은 매소적(賣笑的) 평의 비판에서 출발해야 한다는 것을 역설하는 것이다.

그럼으로 지금부터의 우리의 비판은 여(如)*한 비판의 **에서 엄연히 독립하여 오직 예술 그것의 문화적 역할이라 관점에 서지 아니하면 안 될 것이다.

실로 여기에 새로운 영화비판의 의의와 임무가 그 중대성과 아울러 출발하는 것이다.

그러면 먼저 말한 것과 같은 객관적 조건하에 성장해온 조선의 영화는 과연 어떻게 되어 있는가.

**의 본질적 전개와 출발은 실로 여기에서다.

우리 조선에 있어서 영화가 계급적 입장에서 비판되기는 언제부터이었던가.

그것은 객년(客年) 12월호 『조선지광』 지상에 동지 윤기정의 단편적인 견해를 비롯하여 필자의 『조선일보』에 발표되었던 **가 있었다.

그리하여 얼마마한 정도에 있어서 현재의 조선영화를 '프롤레타리아'의 입장에서 보고 비판하라고 말한 것이었다.

그뒤 진전하는 우리의 역사는 다시금 이러한 전투적인 '프롤레타리아'의 입장에서 또 한 개의 평을 낳게 되었으니

중외(中外)지상에 실린 만년설 동지의 「영화예술에 대한 관견」,[23]이 그것이다.

어떻게 우리는 이 일문(一文)을 읽었던 것인가.

그는 그가 가진 명쾌한 필치로 조선영화가 가진 바의 반동성을 개개의 작품평에 있어서 발하여 왔던 것이다.

---

23 만년설(한설야), 「영화예술에 대한 관견(管見)」, 『중외일보』, 1928.7.1~9.

그리하야 이 일문은 기존 영화계에 대한 한개의 위협으로써 도전의 실행으로서 출발한 것이다.

그러면 어떻게 소위 조선영화의 무산자인 심훈은 이 일문을 받았던 것이냐.

거기 있어서는 **적이 아닌 것은 ***하기가 불능하거니와 장래에 나오는 작품에 있어서 그 태도를 알 수가 있을 것이다.

나운규, 이경손 모리배는 어떻게 우리의 절규를 진정한 민중의 요구를 듣고 있는가. 우리는 말하지 않는 그들의 장래의 작품에서 보아야 할 것이다.

그리하야 그들을 **하고 무자비한 비판의 단상(壇上)에 올려앉히고 그들의 소시민성을 말살해야 할 것이다.

그러나 벌써 이때에 우리의 요구에 대한 한개의 용감한 **적 이단아가 생겼으니

중외지상에 **한 논(論)을 토하고 있는 조선의 명 '시네아스트' 심훈 군이 그 사람이다.

그는 모-든 것을 '프롤레타리아'의 눈으로 보라는 만년설 동지의 영화평에 대하여 '차-밍'에 가까운 **소시민이 가진 특*한 '히스테리컬'한 발악을 가지고 나온 것이다.

그는 최초부터 우리 민중은 어떠한 영화를 요구하느냐고 목을 높여 소리쳤다.

어떻게 그는 논하여 나갔는가? 과연 조선의 대중이 요구하는 정당한 영화를 문제삼았는가? 나는 여기서 그의 부르짖음으로 한개의 반향을 보내겠다.

〈3〉
민중의 요구하는 영화를 우리의 눈앞에 규정하려고 나오는 소위 민중적 씨네아스트 심훈 군은 만년설 동지의 논(論)*에 *한 최초의 불만을 어디에서 말하였는가. 우리는 여기에 주목해야 할 것을 잊어서는 아니 된다.

그는 만년설 동지의 견해에 대한 **를 말하기 전에 먼저 심훈 군은 익명인 만년설 군이 심훈 개인 이름을 **의 *중(衆)으로 삼았다는데 불복을 신입(申込)하였다.

보라 이것이 자칭 민중이 요구하는 영화를 말한다는 심훈 군 자신의 말이다.

과연 그렇다면 **에 좌우되는 한 장의 '삐라'에도 필자의 서명을 요구할 것이며 포탄에도 발사자의 이름을 명기해야 한단 말인가.

여기에서 심훈 군은 그 자신이 벌써 개인주의자라는 것을 폭로한 것이다. 개인의 명예와 **를 무엇보다 존중히 여기는 심군에게는 당연에 지내지는 당연일 것이다.

그러나 우리의 요구는 결코 익명이니 서명이니 하는 개인적 문제에서 **함에 있는 것이 아니다.

모든 개인적 문제는 지하실로 몰아넣어야 한다.

그리고 오직 우리는 어떻게 하여서 싸움에 이기느냐 하는 ××적 **이라는 데 모든 문제를 집중시켜야 한다.

그리하야 심군은 영화예술이 프롤레타리아적 입장에서의 ***이* 문제에 있어서 이렇게 말하였다.

"작품에 거칠은 '프롯트'만을 추려서 시비를 가리려는 것은 종합예술의 형태로 나온 영화의 비평이 아니니 (…중략…) ─ 맑시즘의 견지로서만 영화를 보고 이른바 유물사관적 변증법을 가지고 키네마를 척도하려는 예술의 본질조차 체득치 못한 고루한 편견에 지나지 못함이요"

이것이 심훈 군의 말한 작품평에 대한 문(文)*의 **에서도 성(盛)히 문제되는 것으로 영화의 프롯트 즉 줄거리만을 가지고 평한다는 것이 도대체 글렀다는 것이 원래 영화와 같은 복잡한 종합예술의 형*를 가진 것인데 그 기술의 문제에 **되지 아니하면 안 될 것은 물론이나 그러나 현재의 우리들도 과연 그것을 필(必)*하느냐 하는 문제에 대하여서 우리의 자랑(?)할만한 민중적 시네아스트 심훈 군은 말하여보라.

그는 이렇게 말하였다.

"**을 분간할 수 없는 까마귀떼에 하나를 대표하여 우리에게 싸움을 청하는 모양인가" 젊은 명 시네아스트로 심훈 군은 알라. 군의 말한 까마귀떼로 손짓한 만년설 동지 영화의 정*한 계급적 비판을 요구하는 그것을 군은 어수룩한 영화계로의 문예평론의 역할이라는 불쌍한 *론을 *한다.

지금 조선의 영화는 그 발전의 내적 필연에 의하여 프롤레타리아 자신의 영화 그것을 요구하게 된 것이다.

그럼으로 소부르조아적 반동의 역할을 수행하고 있는 그 기교의 평은 우리는 불필요하다느니보다도 유해하다 한다.

무엇보다도 긴박한 문제는 그 작품의 내용이 누구를 위하여 다시 말하자면 어떠한 계급의 *화(化)에 *하는 것이냐가 최다한 **인 것이다. 여기에 민중과 프롤레타리아를 파는 심훈 군의 정체가 보이지 않는다.

군은 예술의 맑스주의적 즉 프롤레타리아적 파악을 부정하였다. 그러고도 *는 민중을 *시(示)하여 가증하게도 일명(一名)의 도구로 사용하는 것이다.

보라 이 앞에 군의 소시민성은 무엇을 말하는가.

"이렇게 말하자면 우리가 현계단에 처해서 영화가 참다운 의의와 가치가 있는 영화가 되려면 물론 프롤레타리아의 영화가 아니면은 아니될 것이다."

이렇게 그는 영화 그것을 그의 입으로 규정하였고 또한 영화가 모든 예술부문 중에서 가장 강렬한 무기로 될 수가 있다는 것을 말하였다.

〈4〉
그러나 우리 다시 위에 인용문을 비판하지 않으면 안 될 것이다.

맑시즘에 의(依)치 않은 프롤레타리아적이고 민중적인 견해란 무어인가.

여기에 우리는 가장 무서운 그의 견유적(犬儒的) 방간적(坊間的) 소시민성의 정체를 보게 되는 것이 아닌가.

아미리가(亞米利加) 서(西)*등에 반동적 사회당과 사민당*의 부르조아 민주주의자들이 즐기어 쓰는 국민, 인민이란 말과 동의어가 아니냐.

그러고 군은 계급적 공동**이란 누린내나는 말로 격화한 투쟁을 **한 것이다.

무기로서 이용한단 말은 그의 소부르조아의 오(汚)*을 **키 위한 한개의 화장술에 불과한 것이다.

만일 예술 특히 가장 강렬한 **을 가진 영화로 하여금 무기의 예술로 인식한다면

목적의식성 자연생장성 과정 등 레-닌의 유명한 말 더욱 우리 운동의 발전과정을 논한 문구를 증오의 염(念)으로서 부정하는 것은 무슨 짓이냐.

가히 미워하고 침뱉을만한 소시민의 발악이 이에서 더 심함이 있을 것이냐.

심훈 군은 그 자신을 방간적 견유적 태도로 몰아넣은 것이다.

실로 여기에 심훈 등과 여(如)한 소부르조아지의 본성이 명현(明現)하는 것이다.

언제나 소시민이란 그 자신이 내포한 특유한 불안성과 초조로 말미암아 어떠한 때에는 프롤레타리아연(然)하고 그 진영 내에서 가장 열렬히 싸우다가도 결정적 순간에 와서는 선명하게 반동하는 것이다.

그러므로 그것이 영화예술이고 그 자신이 '시네아스트'이면 그만큼 우리는 더 크게 미워하고 일층 무자비하며 묵살하려는 것이다.

영화예술 그것의 기능이 강대한 그만치 문제는 더 큰 것이다.

그러므로 우리는 *간적 소시민인 심훈, 나운규, 이경손 등에게서 감시를 늦추지 말 것이다.

그들의 소시민성을 말살해야 할 것이다.

지금 여기서 우리는 다시 소부르조아지의 특성인 불안의 의한 절(絶)*과 그 **을 검토하여 가자.

최초 심훈은 계급적인 프롤레타리아의 예술적 조직인 조선 프롤레타리아 예술동맹에 대하여 어떠한 태도를 보이고 있었는가.

〈5〉

우리의 주의의 관심의 일절(一切)은 여기에 *집중시킬 필요를 갖게 된다.

그것은 누구 물론하고 프롤레타리아적 입장에서 영화를 논하는 사람이면 우리의 계급적 조직에 대하여 취하는바 태도와 그 관심의 초점이 될 것이 까닭이다. 그러면 심훈은 어떻게 말하였는가.

가련한 소부르조아지인 심훈 군은 당돌하기 짝이 없게도 예술동맹 그것에 대한 부정에서 출발한 **력(力)의 대한 비난을 발한 것이다.

어디에서 그는 그 자료를 만들었는가. 그는 우리가 가진 프롤레타리아적 작품(주(主)로서 문예)의 적다는 것이 아니냐. 거의 없다는 것을 그*로 만들었다.

그러나 가련한 ** ***심훈 군은 알라. 우리는 물론 운동이 예술영역에 있느니만치 예술작품을 생산해야 할 것은 안다.

그러나 그보다도 중한 것은 예술영역의 재(在)한 대중의 획득이 그 관심의 초점이란 것을……

그러므로 거의 불가능에 가까운 작품행동 그것에 **하는 것보다 우리는 우리의 손을 대중의 속으로 벌리었던 것이다.

그리하여 조선 프롤레타리아 예술동맹은 대중 속에서 조직하였으며 또한 현재에 조직하고 있으며 또 조직하려는 것이다.

그리하여 예술부문에 재(在)한 일체의 청년을 계급투쟁의 *장(場)에도 동원하여가고 있는 것이다.

여기에 실로 예술로 하야금 우리의 투쟁의 참가케 하며 투쟁의 무기로 사용하는 우리의 *대(大)한 역할이 존재한 것이다.

그러므로 예술품을 제작하는 것은 우리의 즉 프롤레타리아의 예술품은 한 개의 골동으로 진열대에 두는 것이 아니라 대중으로 하여금 전선에로 동원시키여 지배계급의 아성에로 육박시키는 거기에 의의가 있는 것이다.

심군의 **의 자(慈)*심(心)과 **에 의한 프롤레타리아 골동에 견해는 여기서 어떠한 것인 것을 우리는 명확히 알게 되는 것이다.

예술품을 예술품으로 저장시키어서 무엇을 하느냐. 그것은 심군과 여(如)한 소시민의 견해만이 가지고 있을 지보(至寶)인 것이다.

그리고 나는 가련한 소부르조아지 룸펜 인텔리겐차 심훈 군을 위하여 또 한 개의 **적 사실을 **하였다.

어찌하야 심훈 군은 우리의 계급적 조직을 대중으로 하여금 **적 **을 시키려고 노력한 것인가.

**대중은 여기의 주의하라!

누구나 이 세상에 사실을 **하는 데는 두 가지의 견해를 가질 수 있는 것이니 그 하나는 할 수 없는 것 그것이오, 또 하나는 하지 않는 그것일 것이다.

그러면 심훈 군은 이 부류 중에 어느 범위에 속하느냐하면 그는 후자 연하지 않는 데 속한 사람이다.

할 수 없어 하지 못하는 사람은 어떠한 방법으로든지 하려고 노력하지만, 하지 아니할 사람 그것은 반드시 해야만 하고 할 수가 있는 그것까지에 이르러서도 그는 **하다가 시기를 보아 반동으로 돌진하는 것이다. 이상에 한 말을 반(反)*하기 위하여

나는 지금 가련하고 얄미운 심훈 군의 반동적 사상과 정(正)*에 대하여 구체적으로 그것을 **하겠다.

심훈 군은 내외(內外) *십(十)***에 지부와 삼백여 명의 맹원을 포용하고 있는 대중적 투쟁조직인 조선 프롤레타리아 예술동맹을 향하여 마치 무너지는 성 밑에서 두 손을 벌리고 소리지르는 어린아이처럼 그는 먼저 말한의 그같이 날날이 성장하는 그것을 부(不)*하고 하는 것이 단말마적 발악을 하는 것이다.

이것이 민중과 프롤레타리아를 *물(物)로 들고 나온 심훈 군의 돈키호테식의 영웅적 행동이다.

〈6〉

보라! 만일 심훈 군이 프롤레타리아의 영화에 *의(意)하는 양심이 털끝만치라도 있다면 그는 곧 우리의 유일한 계급적 조직인 프롤레타리아 예

술동맹에 가입해야 할 것 아니냐.

그것은 개인의 힘보다는 **의 힘이 크고 우리 무산자에게 유일한 무기는 단결이란 것을 3세 유아라도 잘 아는 것이기 때문에 ……·.

그는 예술동맹의 일원이 되어 전체운동의 일종인 예술에 의한 적극적인 활동을 개시할 것이다.

그러나 **하는 대중은 여기서 주의의 손을 늦추지 마라—

(…2행 중략…)

심군은 말하기를 우리의 **의 **이 불가능하고 검열이 가혹하다는 그 실로 프롤레타리아의 영화는 도저히 제작할 수 없다고 신기한 발견이나 한 듯이 기함을 토하나

이것은 가련한 소부르조아지의 단말마적 애소(哀訴)에 불과하고 한개의 *명(名)의 회피구실에서 지나지 않는 것이다.

사실 얼른보면 그럴 듯도 한 말이다. 그러나 프롤레타리아의 영화를 자유로 제작할 수 있는 사회가 있더라도 심군은 점점 반동영화를 만들어 ×**에서 *×이 없는 사회에까지 이르는 운동을 방해하다가 나중에는 분사(憤死)하고 말 것이다. (…3행 중략…)

"요컨대 실천할 가능이 없는 공상은 너저분하게 벌려놓아도 헛문(文)*에 그치고 말 것이니 칼-맑스의 망령을 불러오고 '레닌'을 붙잡다가 종로 한복판에 놓고 물어보라 먼저 활동사진을 박혀가지고 싸우러 나가라 하지는 않을 것이다(심훈)." 그렇다!

이 *발(髮)한 심훈 군이 감히 말한바 '일리이치 레닌'의 말로써 우리가 허로(虛勞)를 발(發)치 않고 이상의 일구(一句)를 **하자.

"유물변법은 문제되는 사회적 제현상을 그 **에 있어서 전면적으로 분석할 것과 한가지 외부적인 것 **적인 것을 기초적인 추진력에로 생산의 발전과 ××××에로 집중시킬 것을 요구한다"(레닌)

자! 우리의 **대중은 보라. 어떻게 우리의 일리이치 레닌은 말하였느냐.

〈7〉

　모-든 문제(그것은 가능과 불가능을 심군과 같이 문제시하지 않는다)를 그 전면적 분석에서 기초적인 추진력으로 또 거기에서 ××××로 집중을 요구하지 않았느냐. 그러면 누구가 영화만을 우리의 예술의 행동에서 제외하라고 말하였느냐.

　아니 무엇보다도 우리는 영화가 가진바 가공할만한 위대한 *술(術)을 우리의 소용되는 바 투쟁의 무기로 사용하지 아니하면 안 될 것이다.

　영화**을 계급자신의 목적관념 하에서 사용하지 아니하면 안 된다는 것이다.

　이것은 우리의 ×× 또 말하지 않았느냐.

　영화는 다른 어떠한 예술보다 그 중 우수한 기능을 가지고 있는 가장 새로운 대중이 전반으로 좋아하는 예술이다.

　그러므로 우리는 가장 엄밀한 주의와 관심을 영화에게로 향하게 되는 것이다.

　위에 인용한 심군의 일문은 이것을 부정하지 않았느냐.

　당연히 우리의 투쟁의 무기로의 가장 유효하게 사용된 영화의 *용(用) 즉 영화가 가진 특수한 **을 우리들 자신의 행동이 되게 하는 것을 거부한 것이다.

　그러나 우리는 영화를 심군과 같이 곱게도 상아탑 속에 모셔두지는 못할 것이다(이 영화기능에 대한 것은 후일 구체적으로 발표하겠다.)

　우리들은 '맑스'의 '레닌'의 왜곡자, 가히 타살(打殺)할 반동아 심훈을 우리들의 힘으로 말살해야 할 것이다.

　우리는 여기까지에 와서 무엇을 보았는가.

　그것은 심훈 군의 *원(遠)한 **에 일관한 모든 것은 불가능한 것이니 우리는 그것을 하려고 노력하지만은 그는 **가 없는 결정적 **를 내린 이외에 아무것도 없다. 그러나 우리는 불가능한 것인 만큼 더 큰 세력을 거기에다 주입해야 할 것을 말해온 것이다.

　그러면 우리는 조선이 가져야할 정당한 우리들 자신의 영화의 성장을 위하야 반드시 해야할 조건을 어떻게 규정할 것인가.

〈8〉

우리는 조선의 영화가 나가야 할 길을 위하여 이러한 조건하에서의 노력이 필요하다고 규정한다.

첫째 우리는 무엇보다도 부르주아적 영화의 객관적인 정확한 비판을 요구하는 것이다.

그리하여 대중으로 하여금 그 영화가 어떠한 것인가를 인식케 해야 할 것이다.

실로 여기에 우리들 자신 즉 진정한 조선의 영화인의 절대한 책임과 역할이 존재한 것이다.

다음으로 우리는 현(現)**하에서 가능한 범위의 수준에까지 우리의 영화 그것의 제작에로 돌진해야 할 것이다.

물론 여기에 와서 당면하는 중대한 문제는 현행 검열제도 그것이다.

그러나 심훈 군과 같이 검열제도의 간판 뒤에 숨어서 눈물만 짜서는 안 될 것이다.

우리들에게 허여(許與)된 모든 조건을 우리는 이용하여 우리 자신의 영화제작을 할 것이다.

그리하여 현행 X검열제도의 XX에로 우리의 보조를 내어놓아야 할 것이다.

그리하여 우리는 여기에 절대한 노력을 집중해야 할 것이다.

심훈 군이 대(大)*노호(怒號)한 것과 같은 검열이란 **은 문필가 기타 모든 예술운동이 다같이 아니 *보다도 더 크고 많은 역사를 가지고 있는 것이다.

그러나 우리는 노력해야 한다. 그러나 심군과 여(如)히 눈물을 흘리고 발버둥치고 그렇지 않으면 도리어 그 필연성까지 말살하려고 하는 무리를 용서하기엔 너무나 대중은 관대할 것이다.

독자 대중은 군의 소위 제재문제에 대한 의견을 읽었을 것이다. 이것이 조선의 대중이 공장에다 누이를 팔고 어린 자식을 팔고 전원(田園)에다 입립(入立)금지의 **박는 조선이란 XX의 노동자와 농민이 보고 가져야 할 영화이란 말이냐.

우리는 이 가련한 시민에게 한편의 웃음을 보낼 것을 아끼지 말자—

우리는 모든 것을 노력에 의하여 쟁취할 것이다. 드러누워서는 백 년이 가도 우리의 요구하는 것은 하나도 안돌아올 것이다.

독자는 결론이 너무나 *은 것을 용서하라.

그러나 더 붓을 들 필요를 느끼지 않는다. 오히려 그것은 우리자신의 **에 가까운 것이기 때문에 ……?

그리고 우리는 용감하게 나아가는 우리의 전열에 밟히어 탄식하고 원소(怨訴)하는 심군과 여(如)한 무리를 무자비하게 **하고 나아가자.

우리는 심군을 필두로 이경손 나운규 기타 등을 엄중히 비판하자.

그리하여 그 ××는 무자비를 요구한다. 우리가 이와 같은 태도를 취하는 것은 조선의 민중이 진정으로 요구하는 영화를 키워나가게 하기 때문이다.

5. 「최근 세계영화의 동향」(『조선지광』 83, 1929.2)

과거의 문화가 가진 바 모든 예술의 영역에서 그 기능을 탈취하고 있다고 해도 좋은 문화사의 사생아 영화라는 이름한 예술은 지금 우리가 안전(眼前)에 보는 것과 같이 그 표현수단이 다른 모든 예술같이 단순하지 않으며 따라서 그것은 근대사회의 기계문명의 발달에 의거하여 생산된 그만치 그것은 완전히 한 개의 산업으로 자본가 기업가의 손을 거치지 않으면 아니되게 되었다.

그러므로 이것은 근대사회의 일반적 법칙과 함께 그것은 벌써 산업의 부문을 구성하는 훌륭한 기계공업으로서 큰 규모 밑에서 발달하는 것이다.

그리하여 소위 우리들의 예술이라고 명목(名目)한 부문에서 생산하는 예술품과는 전연 한 개의 의의를 달리한 물건이 놀라울만한 거량(巨量)으로 생산되는 것이다.

그러므로 영화란 예술은 완전히 근대 기계공업의 생산품으로 시장에서 다른 상품과 같이 순연한 경제적 조건하에서 서로 경쟁하게 된 것이다.

그리고 우리가 여기서 혼동하여서는 아니될 것은 연극예술과 같이 영화는 종합예술이란 명목만으로 물려버릴 수가 없다는 것이다. 그것은 연극보다 그 종합이란 영화의 전요소를 구성하는 요소는 예술 이외의 과학적으로밖에 동정(動靜)하지 않는 한 개의 기계의 참가에 있다는 것이다.

그리고 다음의 요인은 영화제작의 각 부문의 종업(從業)상태는 결코 연극의 그것과 같은 단순한 의미의 것이 아니다.

영화는 대자본(적어도 거만(萬) 이상) 밑에서 움직이는 완전히 그것은 기타 산업부문에 그것과 같이 분업상태를 띄고 있는 것이다.

그리고 이것은 종업원 즉 제작관계의 예술가의 이해와는 전연 상위(相違)한 입장에서 자꾸자꾸 대량으로 생산된다는 제사실이 더욱더욱 영화를 근대 자본주의의 일반적 법칙에 의거케 하여 자본적 세력의 우월한 영화를 생산케 한다는 결정적인 자본주의적 사실을 맞는 것이다.

×

그러나 우리는 이 대자본에 의거하여 생산되는 영화 그 속에서 우리는 우리가 가장 주목해야 할 두 가지 사실을 발견하는 것이다.

하나는 그들 자신의 계급적 이익을 위한 정치적 의의를 가진 유산자 문화의 일반적 본질을 발견하는 것이며, 또 하나는 특히 지금 우리가 말하려는 1928년 중에서 우리는 저 대자본 밑에서 생산되는 아미리가 영화가 가진 그 근거 즉 내재적인 발전의 원소(原素)는 지구의 다른 지방에서 성생(成生)하였다는 사실이다.

그러면 우리의 손이 최초로 문제삼을 것은 이 영화의 가진 문화적 의의 즉 우리의 이익과 상반된 그 정치적 사실을 적발하는 데 그 전(全) 의의가 있을 것은 명확한 사실일 것이다.

그러나 이것은 또다른 영화를 주의(注意)하는 동지의 손에 비판될 것을 나는 앎으로 다음 문제 즉 우리가 흥미를 가지고 볼 과거 1년간에 세계 영화의 동향이란 그것이 과연 미국 이외에 여하한 나라 여하한 지방에 성생하고 있는가를 알아보자.

여기에 우리가 최초로 머리에 떠오르는 사실은 아미리가 영화회사가 거의 다 구주(歐洲) 제국(諸國)의 저명한 감독과 배우와 기타 기술자의 수입을 하고 있는 사실을 보지 않는가.

〈썬라이즈〉[24]의 감독자 F. B. 무르나우와 그 촬영기사와 우리가 더 잘 아는 에밀 야닝스도 콘라트 바이트,[25] 폴라 네그리,[26] E. 루비치 기타 이름을 들려면 무수할 것이다.

그러면 이러한 훌륭 감독 배우 기사를 미국으로 수송하는 구주 제국은 어떻게 되겠는가.

구라파의 영화는 멸망하지 않는가. 그러나 이렇게 다수한 성인(成人)을 미국으로 보내면서도 그들은 또한 새로운 천재의 손으로 그들 독자(獨自)라느니보다 영화가 가진 바 가장 우수하고 천재적[27]인 신국면을 전개하고 있는 것이다.

그리고 우리는 영향의 반면(反面)에 서있는 미국의 영화의 이야기를 하고 다른 이야기로 옮겨가자.

우선 독일의 유명한 에른스트 루비치의 도미(渡美) 작품을 보자. 얼마나 그는 아메리카니즘에 동화하여 우열(愚劣) 그것의 작품 〈결혼 춘추(春秋)〉[28] 기타를 발표하였는가. 그런 〈썬라이즈〉의 무르나우를 보라. 〈최후의 인〉[29]에 비할 그 무엇이 〈썬라이즈〉의 어디에서 발견할 수 있는가.

그리고 배우로는 우선 〈곡예단(Varieté)〉(1925)의 리아 드 푸티[30]가 어떻

---

24 〈Sunrise : A Song of Two Humans〉(1927)
25 Conrad Veidt. 〈칼리가리 박사의 밀실(Das Cabinet des Dr. Caligari)〉(로베르트 비네 감독, 1920)〉의 몽유병자 살인마 역으로 유명해졌다.
26 원문에는 "포라이그그"라 되어 있다.
27 원문에는 "천적재(天的才)"로 되어 있으나 오기로 보인다.
28 〈Marriage Circle〉(1924)
29 〈Der letzte Mann〉(1924)
30 Lya De Putti(1897~1931). 헝가리 남작과 백작부인의 딸로 잠시 보드빌에서 일하다가 독일

게 미국가서 입신을 하고 갔는가. 또 야닝스의 속화(俗化) 연화(軟化)와 콘라트 바이트의 부진물. 이 바이트의 작품은 조선에 아직 안들어온 고로 자세히 말할 수는 없지만 아미리가 영화객(客)은 일반적으로 그의 〈어떤 남자의 과거〉[31]나 〈소남(笑男)〉[32]을 그리 좋아하는 형세는 아니었다.

그리하여 결과는 아미리가 상업주의에 염증이 난 사람들은 다시 행리(行李)[33]를 싸는 것이다.

그리하여 폴라 네그리의 도영(渡英), 리아 드 푸티의 귀독(歸獨), 야닝스의 귀독설 또 콘라트 바이트에게도 다시 백림(伯林)의 지하촬영소로 가라는 권고가 일반 영화평가의 입에서 나오는 것이다.

그러므로 아미리가는 더글라스[34]라는 명우(名優)에게 〈바그다드의 도적〉[35]을 만들게 하고 '코스춤 플레이' '넌센스 플레이'에다 귀중하고 사랑할만한 〈피에로의 탄식〉[36]의 루이스 모란[37]을 쓴 것이다.

마르셀 레르비에[38]가 〈선전지옥(宣傳地獄)〉이란 영화를 보면 소리높이 울 것이다.[39]

그러나 이런 속에서도 우리는 진흙 속의 꽃을 가끔 발견하니 이것은 사랑할만한 예술가 찰리 채플린이 미국에 있는 것과 스턴버그와 관능적 신경소유자 스트로하임을 가진 것이 미국의 행복이고 자위(自慰)의 자료일

베를린에 가서 고전발레를 한다. 이후 우파(UFA) 스튜디오에서 〈곡예단(Varieté)〉(1925) 등 영화에 출연하고 1926년에 할리우드로 가서 주로 요부(妖婦) 역할을 맡으며 영화 활동을 한다.

31 〈A man's past〉(1927). 미국 유니버설사에서 만든, 북아프리카를 배경으로 한 멜로드라마.

32 〈The man who laughs〉(1928). 빅토르 위고의 원작 소설을 미국 유니버설사에서 영화화한 것이다.

33 길 가는 데 쓰는 여러 가지 물건이나 차림.

34 더글라스 페어뱅크스(Douglas Fairbanks, 1883~1939). 하버드대학 출신으로 1919년 찰리 채플린, 메리 픽포드, D. W. 그리피스 감독과 함께 유나이티드 아티스트(United Artists)를 설립한다.

35 〈The Thief of Bagdad〉(1924)

36 〈La galerie des monstres〉(Jaque Catelain 감독, 1924). 마르셀 레르비에 제작.

37 Lois Moran(1909~1990). 파리 국립 오페라에서 활동하던 중 할리우드의 제안으로 출연한 〈Stella Dallas〉(1925)로 스타가 되었고, 초기 토키 영화들(〈Words and Music〉(1929), 〈A Song of Kentucky〉(1929))에 출연했다.

38 Marcel L'Herbier(1890~1979). 프랑스의 영화감독.

39 마르셀 레르비에가 피란델로 작품을 각색, 감독한 프랑스 영화 〈Feu Mathias Pascal〉(1926)나 그가 제작을 맡았던 〈피에로의 탄식〉 등에 루이스 모란이 출연했던 것을 말하는 듯하다.

것이다.

그러나 이중 스턴버그는 암만해도 차차 타락적 기미가 보이기 시작하는 것은 아까운 일이다.

그리하여 이 나라 영화를 움직여 나가는 사람들은 전부 구라파의 지하 스튜디오같은 암실에서 왕래하는 무명청년들인 것은 무엇이랄 유모어일까.

×

다음 우리는 과거 1년간의 불란서 독일의 이야기를 해보자.

불란서나 독일은 과거의 많은 우수한 영화를 세계에 내놓은 나라다. 불란서만 보아도 우리가 잘 아는 마르셀 레르비에의 지휘와 애제자 작크 카트랑의 감독이었던 〈피에로의 탄식〉, 역시 레르비에의 〈사람아닌 여자〉,[40] 도루얀스키 부처의 〈연(戀)의 개가(凱歌)〉, 모주힌의 〈킨〉, 페데의 〈설붕(雪崩)〉[41] 〈칼멘〉의 감독 막크 라켈 메베의 G. W. 파브스트의 〈웃음이 없는 가리(街里)〉[42] 등등 이 얼마나 평범무미한 미국영화의 범람하는 세계에서 새로운 자극을 주었으며 영화의 새 길을 말하였는가.

그리고 작년 1년의 불란서의 최대의 사건은 〈메닐몬탄〉[43]이란 5권의 영화가 한 개의 무명소극장의 음악가인 청년의 손에서 만들어졌다는 사실이다.

이 한 가난한 청년 예술가 드미트리 키르사노프 군의 손으로 만들어진 4천 척(尺)에 못 이르는 필름이 1928년의 세계영화계를 감격과 경이에 움직이게 한 것이다.

다음으로 독일은 즉 과거 영화사상의 대서특필할 제명작을 낳은 나라이다.

우리가 잘 아는 것으로는 H. B. 무르나우의 〈최후의 인〉, 〈파우스트〉,[44] 〈달주프〉,[45] E. A. 듀퐁의 〈곡예단〉, 오십푸 데보푸의 명작 〈뉴-〉, 표현파

---

40 마르셀 레르비에의 〈L'inhumaine〉(1924)을 말하는 듯하다.
41 Jacques Feyder가 스위스 산중에서 촬영한 〈Visages d'enfants〉(1925)을 말하는 듯하다.
42 〈Die freudlose Gasse〉(G. W. Pabst 감독, 1925)
43 Dimitri Kirsanoff가 만든 38분짜리 영화 〈Ménilmontant〉(1926)
44 〈Faust : Eine deutsche Volkssage〉(1926)

의 희곡가 게오르그 카이저의 〈아침에서 밤중까지〉[46]와 〈칼리가리 박사〉, 〈닥터 마부제〉,[47] 〈쾌걸 단톤〉[48] 등등 실로 영화예술이 당(當)하는 가장 새로운 국면의 전개를 행한 것이다.

그리고 그중 〈아침부터 밤중까지〉, 〈칼리가리 박사〉, 〈닥터 마부제〉 등 세 작품은 세계 미술사상에 한 개 새로운 혁명적 경향으로서 출현한 표현파의 내용과 형식의 의거한 가장 주목할 가치가 있는 영화이었다.

그리하여 영화배우의 연기 위에도 레르비에의 〈사람아닌 여자〉에서와 같이 새로운 연기법을 시험한 것이었다. 조선서도 언제나 이것을 한번 볼 기회가 있다면 좋을 것이다.

그리고 과거 1년간에 독일영화계의 사건은 야닝스, 바이트, 무르나우 등의 도미(渡米)하는 그것에 불고하고 다시 영화계의 맑스 라인할트를 맞았다 하고 로서아의 유명한 '메인홀트 극단'의 메인홀트가 영화권내에 관계한다는 소문이 세계에 퍼졌으며 또 영화로는 기원 2천년대의 기계문명의 말로(末路) 자본주의의 기결(己決)을 취급한 테아 폰 하부 여사 작(作)의 극을 프리츠 랑 감독과 명기사 칼 프로인트의 촬영과 오토 푼더(유명한 구성주의화가)의 장치와 루돌프 크라인록케의 주연 등 미증유의 명 '트리오' 밑에서 생산된 명(名)영화 〈메트로폴리스〉[49]의 출현이다.

이 영화도 전일 우리가 본 〈대백림(大伯林)교향악〉[50](칼 프로인트의 촬영) 이상의 감격과 경이를 가지고 대하게 될 것이다.

그리고 특히 독일 그 중에도 '우파'[51] 영화의 주목할 것은 그 회사의 과학영화의 제작이다.

〈대자연과 사랑〉, 〈미와 힘에의 길〉, 〈성산(聖山)〉 등이 그것이다. 그리

---

45 몰리에르 작품을 각색한 〈Herr Tartüff〉(1925)
46 Georg Kaiser의 작품을 각색한 〈Von morgens bis Mitternacht〉(Karl Heinz Martin 감독, 1922)
47 프리츠 랑 감독의 〈Dr. Mabuse, der Spieler-Ein Bild der Zeit〉(1922)
48 뷔히너의 작품을 각색한 덴마크 Dimitri Buchowetzki 감독의 〈Danton〉(1921)을 말하는 듯하다.
49 〈Metropolis〉(1927)
50 〈Berlin : Die Sinfonie der Grosstadt〉(Walter Ruttmann 감독, 1927)
51 UFA

고 또한 객년중에 작품으로 '프로이트'의 정신분석학을 설명한 학술영화 〈밤의 불가사의〉[52]란 영화의 제작도 우리는 잊어서는 안 될 것이다.

그리고 이것은 영국의 이야기가 되지만 E. A. 듀퐁이 미국서 만든 〈물랑 루즈〉[53]와 차회작 〈피카딜리〉[54] 등이 주목할 것이며 아울러 영국의 영화의 금후가 좋은 의미에서 기대될 것이다.

×

그리고 지금의 우리가 독불영(獨佛英)을 대략 이야기하여 내려오고 지금 다시 문제로서 출현하는 것은 실로 인류의 문화의 새 기록을 만들고 있는 소비에트 연방의 영화이야기다.

물론 이 글을 읽는 이는 벌써 로서아 영화라면 저 기적적 천재 에이젠슈테인의 〈전함 포템킨〉과 푸도프킨의 〈어머니〉 등을 연상할 것이다.

그리고 특히 모스크바 대외문화연락협회의 통신을 들으면

○소푸키노[55] 영화' — 우리가 아는 천재 S. 에이젠슈테인 (즉 〈전함포템킨〉과 〈세계를 진동시킨 10일간〉[56]의 강도)와 K. 알렉산도로푸의 농촌경제 영화의 〈전선〉이 객년 중에 완성되었다고 한다.

그리고 또 일찍이 〈로마노프조의 멸망〉[57]과 대(大) 푸루니카 영화 〈위대한 길〉[58](전부 실사(實寫))을 편집한 E. 슈푸[59] 여사는 제정 치하에 제(諸)조직과 톨스토이의 생활과 사(死)를 취급한 〈니코라이 2세와 레오 톨스토이의 로서아〉[60]란 영화를 제작하였다.

또 청년감독 이와노푸 바루고푸는 기근(飢饉)시대의 노동계급의 영웅적 투쟁과 금속공업의 도정의 일대전쟁적(一大戰爭的) 사실을 내용으로

---

52 〈Secrets of a Soul〉(G. W. Pabst 감독, 1926)

53 〈Moulin Rouge〉(1928)

54 〈Piccadilly〉(1929)

55 Sovkino.

56 〈Oktyabr〉(1928)

57 〈Padenie dinastii Romanovykh〉(1927)

58 〈Velikiy put〉(Великий путь, 1927)

59 Esfir Shub(1894~1959)

60 〈Rossiya Nikolaya II i Lev Tolstoy〉(1928)

한 〈용광로〉의 최종의 촬영을 마쳤다고 하며

제3*시찰스키야가(街) 〈혈(穴)〉의 감독자 A. 롬은 불란서의 앙리 바르뷔스의 소설 〈자유의 가책(呵責)〉[61]을 시작하였다고 하며 다음에 또한 주목할 것은

우리가 잘 아는 역사적 명화 〈성피득보(聖彼得堡)의 종언〉[62]의 대감독 푸도프킨은 동양의 영웅적 사실로 누구나 다 아는 몽고 〈성길사한(成吉思汗)의 후예〉[63]를 명촬영자 A. 고로푸니아[64]와 함께 몽고리아 지방의 로케이숀을 가있다.

그리고 객년에 특히 톨스토이 백년 기념영화가 도처에서 제작되는데 중요한 것을 들면

'메즈랍폼루스 영화'[65]의 〈전쟁과 평화〉와 〈산송장〉의 영화가 착착 진행 중이며

'코쓰킹푸럼 구루지 영화'에서 동옹(仝翁)[66]의 소설 〈코삭크〉가 영화화된다고 한다.

그리고 또 기대하는 것은 '메즈랍폼루스 영화'의 〈제41번〉의 감독 프로타자노프의 〈백취(白鷲)〉[67]로 여기에는 소비에트 극단의 거성 메이어홀드와 카자로푸 양인의 출연을 볼 것이다.

또 동(仝) 우크라이나 영화부의 유명한 키노키-일파의 신작품 〈영화기계를 가진 남자〉[68]는 다류(多類)한 구성주의 청년예술가의 참가로 각종 공장에 촬영에 있어 감독 베르토프와 주임기사 M. 카우프만은 전인미답의 신 테크닉을 사용하였다고 하여 일반은 그들의 위대한 공적을 기대하고 있다.

(주. 베르토프는 〈세계의 제6대*〉의 작자로 세계가 다 아는 천재감독이다)

---

61 〈돌아오지 않는 영혼〉으로도 알려짐.
62 〈Konets Sankt-Peterburga〉(1927)
63 〈Potomok Chingis-Khana〉(1928). 조선에서는 이후 〈아세아의 람(嵐)〉이라는 제목으로 개봉된다.
64 Anatoli Golovnya(1900~82)
65 원문에는 '메람포'루시영화'로 되어 있으나 오식. 영화제작사인 Mezhrabpom-Rus.
66 "仝翁"과 동일. 위에 언급한 톨스토이를 말함.
67 〈Belyy oryol〉(Yakov Protazanov 감독, 1928)
68 〈Chelovek s kino-apparatom〉(1929)

그리고 또 업튼 싱클레어의 소설 『도인(道人) 짐미』가 동(소) 우크라이나 영화부의 청년감독 K. 타신의 손으로 영화[69]화된다.

그리고 우리가 이 비체계적으로 나열해놓은 신흥××××국가의 문화현상인 영화의 제작상태를 볼 때 어떻게 우리는 아직 그 영화의 하나도 못 보았지만 열정과 감격을 아니가지고 대할 수 있을까.

그러면 이러한 세계의 문화, 더욱 상업주의적 타락한 세계영화가 있는 일방에 엄연히 새로운 인류의 문화영화를 생성시키는 천재들은 어떠한 조직과 규모 하에서 일을 하고 있는가.

맨처음 우리가 알아야 할 것은 ××××러시아의 영화는 국영(國營) 즉 중앙교화위원회의 직영과 지방 소비에트의 관리 하에 있는데 전자는 소프키노와 고스키노이고 후자는 우크라이나 영화부, 장래교화영화부 등이 그것이다.

그런데 거기서 우리가 주의해야 할 것은 감독이나 스타의 개인주의가 절대로 용납지 못한다는 것이다.

스타가 제일(第一) 없다. 〈세계를 진동시킨 10일간〉의 '레닌'도 일무명(一無名) 노동자가 분장한 것이다.

그리고 감독이 받는 절제는 우리 조선의 감독은 거기다 비하면 아마 절대자유를 가졌다고 할 것이다.

우선 한 개의 영화가 제작제반부문의 작업이 종료되면 그 영화의 제작관계자위원회가 성립되어 최초로 이 위원회에서 감독과 같이 시사를 보아서 감독에게 개편 혹은 개작을 요구하여서 한 번 더 감독의 손을 거친 후 최초로 일반인 즉 제작에 관작(關作)치 않은 사람들인 ×××의 ××과 직업조합의 위원과의 연합위원회가 또 개작을 요구하여 한 번 더 감독 손을 거쳐 다음에 또 영화동무의 회(O.D.S.K)라는 본부를 모스크바에 두고 지부를 레닌그라드에 둔 영화교화에 관한 각인(各人)으로 조직된 회와 ×의 영화종업조합(H.R.R)의 손을 또 거쳐서 최후로 이번엔 '레벨트랄' 관리

---

69 〈Dzhimmi Khiggins〉(Georgi Tasin, 1928)

중앙위원회의 손에서 이 영화의 정치적 성질을 비판하여 혹은 농민에게는 못 보인다든지 또는 노동자나 농민이 다 보지 못할 거라든지 하는 단안을 내린 후 시장에 즉 일반관중의 눈에 영사되는 것이다.

실로 한 개의 러시아 영화는 이러한 세밀한 주의와 감시 밑에서 세상에 나오는 것이다.

그리하여 과거 1년에 그런 것과 같이 언제든지 인류의 문화에 새로운 방향으로의 전개를 촉진하고 예술로서의 영화가 갈 길을 독불(獨佛) 등의 사람들과 같이 형식이나 기교뿐이 아니라 내용의 전방면에서 그 새로운 전개국면을 지시하고 있는 것이다.

우리들은 그렇게 주저치 않고 모든 다른 문화와 예술영역에서 그런 것 같이 진정한 영화예술은 러시아의 젊은 천재의 손에서 성장된다고 말하는 것이다.

(부기; 나는 그만 여기에 급히 쓰느라고 발성영화와 이태리 영화의 이야기를 못하였다. 유감이나 다음 기회에로 밀고 갈 수밖에 없다―華)

6. 「영화적 시평(時評)」, 『조선지광』 85, 1929.6

(1) 〈메트로폴리스〉에 대하여

A. 내용

이것은 일반으로 기대되던 수많은 영화 가운데서도 가장 많이 보고 싶어 하던 영화로 구주(歐洲)의 대 영화회사인 독일 우파사가 4년이란 장시일과 막대한 비용의 소모에 의한 수차의 경제상 파산의 위기를 벗어나서 비로소 시장에 나온 영화이다.

그러나 이 소위 일반의 기대라는 것이 여러 개의 성질을 가졌을 것이나 그러나 우리의 홍미라는 것은 결국에 이 영화의 내용에 관한 것으로 노동계급과 자본가의 대립적 사실을 취급하였다는 것과 시대가 또한 이 자본주의 물질문명이 숙란(熟爛)기에 도달한 사실이라고 하였느니만큼 그것에 관심이 있던 것이다.

물론 이 영화의 내용이란 것은 일본 대중문학전집에도 단행본으로 되어있으므로 여하한 성질의 것이라는 것은 대개 추지(推知)하였으나 보다도 우리들은 영화로 된 즉 테아 폰 하부[70] 여사의 소설『메트로폴리스』는 그것이 '필름'에로 이종(移種)될 때 어떻게 그것이 옮기어졌느냐 하는 영화적 전면용(全面容)을 알려고 하였던 것이다.

우선 이 영화의 자막은 '메트로폴리스'는 우리들의 현재로부터 앞으로 먼 1세기의 미래 즉 2000년대 세계 인류의 금색(金色)의 '유토피아'이고 빛나는 '엘도라도'라는 서사적 **에서 ** 바쁘게 돌아가는 모든 기계의 **의 중*(重*)으로부터 시작이 되었다.

그리하여 이 도시는 대자본가 '마스타만'의 부(富)에 의한 대(大) 기관실이 심장이 되어 거기에 사는 모든 시민이 종속되어 살아간다는 자본주의 도시의 원칙적 면용을 그대로 내놓았다.

그러나 그 부의 생산자인 노동계급은 철제(鐵製)의 기관과 같이 모든 의지를 포기하고 오직 기계의 일부분으로서 생활하게 되었다고 하였다.

그러면 그 다음에 이 두 계급의 관계를 어떻게 전개시켜 나갔는가

〈메트로폴리스〉의 반동적 음모는 실로 이곳에서부터 시작이 되는 것이다.

어떠한 날 자본가들만이 살고 있는 지상가(街) ─ 그중에도 그들의 유탕(遊蕩)과 향락을 위하여 건설되어 있는 '영원의 낙원'이란 화려한 정원에 이 도시의 유일한 지배자 마스타만의 아들 에릭크가 수많은 미녀들과 즐거운 시간을 보내고 있을 때 지하가(街) ─ 노동자들의 공동주택이 있는

---

70 Thea von Harbou.

지하에서 직공들의 자식들을 교양한다는 여교사 메리가 나타났다.

그리하여 이 메리-라는 여자는 그 낙원에 있는 에릭크와 여자를 보고서 성모 마리아와도 같은 성(?)스러운 연극으로 어린아이들을 향하여 저 사람들도 다 너희들의 형제이니라고 말을 하였다.

실로 여기에 소위 '사랑'이라는 유령적 가면을 가지고 인간의 투쟁적 의식을 포기케 하여 영원한 노예도를 말하는 종교적 기만술이 공연히 표출되는 것이다.

그리하여 전편(全篇)이 이 '사랑'이란 유심론적 문복술로써 노동자들의 ××의지와 사회조직의 제모순을 단번에 해결하려고 한 것이 일편(一篇) 영화가 다된바 ××××××××내용성이다.

뒤를 이어 에릭크라는 '부자'의 자식이 메리의 위대(?)한 사랑의 힘에 끌리어 노동을 하게 된다는 실로 언어도단의 동화적 사건과 그것으로 인하여 마스타만은 그의 부(富)의 생산을 위하야 사건(件)이 되어있는 대과학자 롯트왕그 박사에게 메리를 잡아서 메리와 동일한 육(肉)을 가진 인조인간을 만들게 하여 지하로 노예도를 설교시키려 특파를 시켰었다.

그리고 일방 지하에서 정말 메리는 소위 위대한 사업으로 노동자를 십자가가 임립(林立)한 묘장(墓場)에다 모아놓고 종교적인 사랑을 설교하였었다.

그러나 지하가에서 만들어진 인조인간 즉 '능률(能率)'이라고 이름을 가진 (이 능률이라는 것은 의지가 없이 오직 그침이 없는 노동을 의미) 메리가 지하가로 특파되었을 때는 그들 자본가의 의지와는 전연 반대로 노동자를 선동하여 반란을 일으켰다는 것이 역시 또한 그들의 최초의 의도와 같이 노동자의 증오의 대상을 18세기 영국에 있던 식으로 기계파괴라는 데에 곡전(曲展)을 시키었다.

그리하여 모든 기계는 파괴되고 메트로폴리스는 심장이 없는 도시가 되고 말았으며 노동자가(街)는 그로 인하여 대홍수에 침닉(浸溺)되게 만들어 그들의 수많은 자식들의 생명을 위험케 하였다.

보라 ― 여기에서 노동자들은 자기의 집에 두고 온 자식들을 생각하게 되어 반란은 모반적인 노동자 7호라는 사나이의 허언(虛言)에 중지하고 그들은 도리어 인조 메리를 살해하였다.

무엇을 우리는 이 영화의 '클라이막스'인 일점(一點)에서 보게 되는가—

그것은 노동자의 비복종 즉 반란이란 것은 노동자 자신을 해롭게 할 뿐이라는 그러한 반동적인 의도가 잠재하여 있으며 또한 양계급에 관하여 일어나는 모든 문제는 물질적 문명의 발달에 의한 유물적 사상에 있다고 하였다.

그리하여 인류는 유심론에 살아야 하고 신비와 종교에 살아야 한다, 거기에는 오직 '사랑'이 있을 따름이다, 사랑은 세계를 평화케 한다.

복자가 점(點)치는 식으로 종교, 사랑, 신비를 설교하였다.

그리고 '부자'의 자식 에릭크가 정말 메리와 노동자의 자식들을 구하고 노동자 대표와 그의 부(父) 마스타만은 위대한 유일한 진리 사랑에 의한 악수를 하여 메트로폴리스는 다시 영원히 번창한다는 데 대단원을 맺었다.

보라 어떻게 이 영화는 사건을 종결시키었나—

노동자와 자본가는 대립할 것이 아니다, 대립은 전인류의 손실이다, 그러므로 그것을 조화시키는 데는 오직 종교가 있고 사랑이 있을 뿐이라고 한 것이다.

그리하여 그들**비극한 정치적 음모적 기도는 두 계급의 대표를 악수시키고 말은 것이다.

그러므로 이 영화는 수많은 반동적 내용을 가진 군소(群小)영화보다도 사건을 가장 교묘히 하야 써 가장 유효하게 그 반동적 역할을 수행케 한 것이다.

(*3행 삭제)

누구든지 사람을 사랑할 줄은 지나치게 잘 알고 있다. 그러나 서로 이해가 배치되는 때 사랑은 없다.

그것과 같은 이익을 위하여 같은 자리에 섰는 사람은 누구보다도 그들은 사랑하고 있다.

우리들은 경문같은 평판적(平版的) 설교를 어리석다한다. 〈메트로폴리스)를 첨예한 정치적인 비판 위에서 보지 아니하면 안될 것이다.

요컨대 〈메트로폴리스〉는 발달된 반동영화에 불과한 것이다.

B. 연기, 세트,[71] 기타

우리는 이 위에서 영화 〈메트로폴리스〉의 내용의 전부를 구성한 반동적인 제(諸)의도를 보아왔다. 그러나 〈메트로폴리스〉는 그 테크닉적 면*에서는 어떠한 정도의 것이었던가.

우선 여기에 출연한 중요한 제출연자의 연기에 대하여 말을 시작해나가자.

그런데 무엇보다도 이 전편에서 어색한 듯하면서도 그중 이채있는 연극을 한 배우는 존 마스타만의 아들의 역을 맡은 즉 에릭크를 연출한 '구르타프 프뢸리히'[72]의 표현주의적 경향의 것으로 그는 그의 아버지와의 다투는 면에서 지하가로 가는 데 같은 데는 실로 표현파 연극이 가진 굴강(屈強)한 연기를 보여주었다.

다음에 마스타만의 역을 맡은 알프레드 아-벨[73]은 독일의 유명한 라인할트의 문하에 출생한 이로 언제나 변치 않은 강조된 신경적 동작을 느린 '템포'로 움직여 나가고 있었다. 그러나 별로 호성적(好成績)은 못되었다.

그리고 그중에 그중 훌륭한 연기의 소유자는 대과학자의 역을 맡은 루돌프 클라인록케[74]로서 그는 일찍이 그의 출연하였던 영화 〈크림힐트의 복수〉, 〈화석기수(化石騎手)〉 등에서 게르만족[75]이 가진 바 특유의 굵고 압력적인 것을 이번에도 변치 않고 훌륭하게 가슴을 누르는 것 같은 연극을 하였다. 그러나 지나치게 그도 역시 라인할트 류의 과장의 소유자였다.

다음에 노동자 7호를 맡은 하인리히 게오르그[76]의 연기가 이 영화 중

---

71 원문에는 "-트"라 되어 있는데, 탈자로 보인다.
72 Gustav Fröhlich.
73 Alfred Abel.
74 Rudolf Klein-Rogge.
75 원문에는 "켤만족"으로 되어 있는데, "게르만족"이라 생각된다.
76 Heinrich George.

에서 그중 이채를 가진 것으로 신중하고 비과장적 사실적 연극을 하였다. 그러나 어디인지 아마추어 냄새는 났었다.

그리고 다음에 유일한 여우(女優)인 메리를 연출한 브리기테 헬름[77]의 연기는 너무 '레뷰'적이고 아메리카적이었다. 그러나 좋은 체질(體質)을 가진 여자이었다. 요컨대 유행적인 '스타'로서 충분할 뿐이다.

그다음 우리는 이 영화의 촬영기교와 셋트를 보아나가자.

기사(技師)는 세계에 이름높은 〈대백림교향악〉, 〈최후의 인〉, 〈곡예단〉 등의 제작자인 칼 프로인트[78]로 카메라 앵글의 경이적인 구사가 이 영화의 전편을 가치있게 만들었던 것이다.

그러나 셋트에 있어서는 모순되고 소위 '속임수'를 쓰려고 한 데가 적지 않았다. 이 도시의 일반건축은 현대 현도회의 대건물에서도 흔히 보는 바 실용주의의 형식인 직각의 동변접부(東邊接付)와 그와 동양(同樣)의 구형(矩形)의 접속이었으나 마스타만의 사무실이나 기관실은 기능주의의 그것을 조그마한 변화도 가(加)치 않고 그대로 사용한 것이다.

물론 장래 도시의 건물이 어떠한 변용적인 발달을 할지는 모를 것이나 실용파의 외형의 특종적인 실내라는 것은 2000년대의 도시에서는 있으리라고 단언치는 못할 것이다.

그러나 가로나 광장의 구성주의적 형식을 가입한 구조는 훨씬 합리적이고 장래 도시에 건축으로서 수긍할 수가 있는 것이다. 허나 이 영화의 셋트 그중 우스운 데는 소위 '영원의 낙원'이라는 ****정원으로 이 정원의 **는 물론 군데군데의 큰 기둥같은 것은 순표현파의 의장을 가한 것이다. 이 영화가 독일서 제작되었기 때문에 물론 표현파의 양식이 영향하였을 것이니 결과는 불량모순 그것이다.

그리고 이 예의 또 하나는 메리가 노동자들에게 설교를 하던 묘장으로 이것은 표현파가 만든 현재 백림(伯林) 등지에 있는 묘지와 조금 틀림이 없다.

---

77 Brigitte Helm.
78 Karl Freund.

도시의 전면용이 기능적 실용화되었을 때 홀로 정원이나 묘지만이 클라식한 표현주의적 형식이 되어있는 것은 실로 우스운 일이다.

그러나 그중에서도 그 중 좋은 데는 경종(警鐘)이 있는 광장과 노동자의 가옥과 공장의 입구 등이 가장 이 '팡소날리즘'의 양식으로 되어있었다.

사실로 지금의 도시건축은 '팡소날리즘'(기능주의)의 경향으로 움직이고 있는 것이다.

그리고 다음에는 이 영화의 사용된 의상인데 시대가 2000년대인 만큼 거기의 적합한 변화가 있어야 할 것이다. 그러나 마스타만이나 롯트왕그의 의상은 현재에 것 그대로이었으며 메리의 것은 더구나 전체로 보아서 부적합한 것이었다.

첫째 노동계급의 여자가 사회전반이 그렇게까지 급박한 참경에 있을 때 그러한 시골 계집아이같은 순수한 의상을 입을 수는 없을 것이다. 여자라도 공장에 가야하고 그러려면 의상은 백 년 동안에는 비상한 변화가 그 생활에 따라 변해야 할 것이다.

그러나 메리의 의상은 무근거한 그의 역(役)과 같이 똑 종교나 무엇이 있어 보이게 만든 것은 여기에서도 역시 그들의 반동적인 정치적 의도를 알게 하는 것이다.

허나 노동자의 의상만은 건축에 있어서 기능화한 것같이 실로 그들의 생활에 적응하게 되어졌었다.

그리하여 의상으로는 노동자들의 의상이 제1위의 것이었다.

여기에 우리는 무엇보다도 〈메트로폴리스〉란 일편 영화의 내용에서나 기교에서나 그들의 정치적인 야도(野圖)를 보게 되는 것으로 제일 보고 배운 데를 찾는다면 첫째 세트이고 그다음에는 감독 프리츠 랑의 놀라울만치 통일화한 군중연출 등을 들 뿐이다.

1─나운규 프로덕션의 분열
과거 조선의 영화계에 많은 노력과 공적을 낳고 아울러 전도(前途)의 기대 속에 살아오던 나운규 프로덕션의 분열이란 것이 공연히 알게 되는 동시 사실로 그것은 분열에까지 이르게 되었다.

물론 한 개의 제작단체가 분열된다는 것은 조선영화계에 있어 흔히 보는 일이나 이번에 나운규 프로덕션의 분열은 실로 의외에 일이었다.

이 사건이 분열에 이르기까지에는 공표되지 않을만한 복잡한 사정이 잠재해 있으리라는 것은 추지(推知)하기 족한 사실이니까 시비를 논할 필요가 없으나 오직 필자가 듣고 생각된 바를 짧게 말할 뿐이다.

첫째로 이번 사건을 일으킨 최근의 사실이고 최대의 원인이 된다는 것은 동 프로덕션의 지방순업 중에 생긴 나운규 군 개인에 대한 사원 일동의 불만에서 생긴 것으로 그 사정이란 것을 비판하여 여기다 내놓을 수는 없는 일이므로 피하나, 여하간 동(同)사원이 된 다른 사의 사원 대(對) 사주(社主)나 그 감독 관계와도 다르던 고로 나운규 프로덕션의 사원이 나운규 군 일인만을 제외하고 분열하여 버리었다는 데 전(前)에 다른 사(社)들의 사정이라는 것과는 다른 성질의 무엇이 있으리라는 것만은 분명한 것이다.

그러나 이러한 원인에 대한 말은 구태여 밝힐 필요가 없는 성질에 것인고로 우리는 분열 후의 동사원조(同社員組)와 나군은 어떻게 되겠는가 하는 여기에 주의를 할 따름이다.

탈퇴조에서는 이미 '청귀(靑鬼)키네마'라는 이름으로 홍개명, 주삼손, 윤봉춘, 박정제, 이금룡 등 제군과 함께 일방 새로운 용의 밑에서 활동하겠다는 것을 말하고 있으며 정식으로 발표까지 하였다.

그러나 나군은 아직 아무 소식이 없는 만치 장래의 그의 행동은 미지의 것이나 하여간 주목할 만하다.

그러면 탈퇴조로 된 '청귀키네마'에 있는 제군은 어떻게 장래를 활동할 것인가. 그것은 필자 개인은 직접 당사자 제군의 말을 자세히는 듣지 못하여 알지 못할 것이나 대개의 말은 그들은 여태까지에 해오던 모든 방략(方略)을 버리고 다시 새로운 문화적 입장에서 될 수 있는 대로 노력하리라고 하였다.

여기에 있어는 탈퇴조인 '청귀키네마' 제군에게 사실에 있어 기대를 갖는 것이니 그들의 장래의 행동을 눈을 크게 떠서 주목할 뿐이다.

그리고 이후에 이 사건에 대한 구체적인 당사자측의 발명(發明)이 있을 것이므로 그만둔다.

7. 「조선영화의 제경향에 대하여(朝鮮映画の諸傾向に就いて)」(『新興映画』, 1930.3)[79]

1)

제국주의 시대에 있어서 식민지 또는 반(半)식민지라는 것은 늘 그 문화적 지위에 있어서도 야만적이고 미개한 지위에 놓여 있다. 지배적 국가의 고도의 경제적 ××, 문화적 시설 및 그 독자적 발달에 대한 저해는 모든 방법에 의해, 조선에 있어서도 병합 이래 그 틀을 벗어나지 않고 충실하게 이루어지고 있다.

그것이 저 1919년 3월의 국민적 ××에 의해서 조선민족이 ×으로 싸워 쟁취한 몇 가지 자유(그것이 소위 그들이 말하는 '문화정치'이다 — 조선어 신문 기타 출판물의 허가 등), 그것은 조선에 있어서의 모든 새로운 문화운동을 배출시켰다.

그러나 영화의 탄생[80]은 여러 사정, 즉 일본영화의 미발달(未發達)과 세계영화가 오늘날처럼 융성하지 못하고 유년 시대에 지나지 않았던 점 등의 관계상 훨씬 늦은 1923~1924년경, 처음으로 당시 유행하던 신파의 연쇄극에 사용되었던 것을 그 효시로 했다.

그때부터 이후 모든 분야[81]에 걸친 신문화운동의 가속도적 발전과 급격

---

79 이 글의 번역본이 한국영상자료원 영화사연구소 편, 『일본어 잡지로 본 조선영화』 1(2010)에 실려 있으나 누락된 문장들과 구절들이 있고 전체적으로 개념을 풀어 쓴 경향이 있어, 여기에서는 원본 그대로를 직역하였다. 번역에 도움을 준 김재영, 다지마 데츠오 선생님들께 감사드린다.

80 원문에는 "タン生"으로 되어 있다.

81 원문에는 "領野"로 되어 있다.

한 제(諸) 정세의 변화에 의해, 영화도 그 독자(獨自)로서 발달하여 지금은 식민지 조선이 낳고 있는 새로운 문화의 주목할 만한 하나가 되어 있다.

그러나 그것은 피억압국으로서의 경제적 빈약함과 정치적으로 가해지는 모든 ××, 가혹무비(苛酷無比)한 식민지적 ××제도에 의해 그 지속성과 발달을 극도로 저지당하고 있다.

그러면서도 조선의 영화는 억압받는 민족으로서의 감정을 그 작품 속에 담고 또 분화(分化)와 추이(推移)하는 계급관계도 명료하게 표현하기까지에 이르렀다.

그러므로 지금 여기에서 조선영화의 발달해온 역사에 대한 보기드문 소개를 하기보다도, 그것이 가진 제 경향을 불충분하게나마 서술하는 것이 보다 더 의의가 있지 않을까 생각하는 것이다. 본지(本誌) 신년호에 고오리야마 히로시라는 사람이 조선영화를 소개한 것을 통해 제군(諸君)은 식민지 조선에도 영화가 존재하고 있다고 말하는 것을 알게 되었다고 생각되는데, 나는 그 보기드문, 단편적인 소개보다도 더 기뻐할 만한 것, 즉 조선의 프롤레타리아트와 농민이 진정한 '우리들의 영화'를 가지고 있었다는 점을 전해주고 싶다.

2)

앞서도 말한 것처럼 조선영화, 즉 조선의 인물이 나오고 조선의 의상과 배경이 스크린 위에 나타났던 최초의 것, 신파 연쇄극의 무대에 영사된 기술(技術)은 물론 내용조차도 논하기에 충분치 않은 것이었다. 그러므로 우리들이 최초로 문제삼을 만한 것은 일정한 극적 내용을 가진 전(全) 스크린물(物)에서 출발해야 한다.

먼저 최초의 경향으로 들 만한 것은 조선영화 자신의 발족점(發足點)이었던 고대전설을 영화화했던 것이다. 이런 영화들은 지금으로부터 6, 7년 전, 영화 상설관주(主)의 영리적 계획에 의해 만들어진 것으로 고대 연애 이야기(物語) 〈춘향전〉과 효녀 이야기인 〈심청전〉, 〈장화홍련전〉 등을 비롯하여 이후 제작된 몇 가지 영화들이다. 하지만 이것들은 문제시(問題視)

하기에는 기술적으로도 내용적으로도 너무 유치한 권선징악의 원시적 표현에 지나지 않았다. 그것은 물론 이들 영화가 생산된 연대가 가장 오래된 시대에 속한 것도 이유 중의 하나이지만, 무지한 상설관 흥행사의 계획이었다는 점이 좀 더 근본적인 이유였다.

그로부터 이후 조선에는 소위 소(小) 부르의 신극운동이 대두하여 온 직접적 반영으로 현대생활을 영화의 내용으로 하는 획기적인 현상이 보여졌다.

그러나 이 주목할 만한 현상은, 영리에는 눈에 불을 켜는 일본의 부르조아지에 의해 봉절(封切)된 것이었다. 거기에는 당시 신파로 인기를 모으고 있던 남우(男優) 안종화와 여우(女優) 이월화를 중심으로 하는 일좌(一座)와, 이전부터 신파와 신극의 운동에 종사해 온 윤백남[82]을 촬영감독으로 끌어들여, 일본에서 수인(數人)의 기사를 데리고 와서 설립한 부산의 조선키네마주식회사가 있었다.

이것은 부산 시외(市外)에 소규모나마 스튜디오를 가지고, 기업조직에 의해 계획적인 사업을 추진했다. 그리고 곰팡내 나는 신파 연애물 〈해의 비곡〉이라는, 제주도의 풍경을 집어넣은 작품을 만들어, 그 프린트 중 하나를 일본에도 수출했다. 그러나 그들이 노렸던 일본 수출에 의한 이익이라는 것도 완전히 실패로 끝났고, 두세 편의 검극풍 고대물과 〈신의 장〉이라는 현대물을 최후로 경제적으로 파산하여 버렸다.

그러나 이 최초의 현대극물의 출현은 일반 민중에게 적지 않은 호기심과 관심을 갖게 하여 당사자에게 일대 자극을 준 것이었다.

그 뒤 이 회사의 해산 후 경성에는 이 회사의 감독이었던 윤백남을 중심으로 백남프로덕션이 생겼고, 또 별도로 순(純)문화적 견지에서 계림영화협회가 생겨, 각각 작품을 제작하게 되었으며, 한편으로 상설관 조선극장의 경영자 일본인 하야카와(早川)라는 사람이 동아문화협회라는 것을 만들어, 다시금 현대물을 시도했다.

---

82 원문에는 "갑(甲)백남"으로 되어 있으나 오식으로 보인다.

그러나 어떤 것도 당시 조선의 문학상의 경향으로서 유행의 최고에 달해있던 자연주의적인 속류 연애물이었던 것은, 당시의 객관적 조건이었던 것으로서 어떻게 할 수 없는 것이었다.

계림영화협회의 제1회 작품 〈장한몽〉은 일본의 오자키 고요尾崎紅葉의 〈곤지키야샤金色夜叉〉의 번안물이었고, 동아문화협회의 〈비련의 곡〉은 한 부르조아적 자유연애관을 가지고 있던 부호의 아들과 기생과의 사랑의 비극적인(?) 결과를 센티멘탈한 방법으로 묘사한 것이었으며, 백남 프로의 〈개척자〉가 조선 최초의 순문예 작품의 영화화였음에도 불구하고 전자와 큰 차이가 없었다는 점을 보아도 모든 것은 명료하다. 그렇지만 이들 작품이 가진 자연주의적 내용조차도 당시 몰락해가는 소부르의 비애와, 동일민족 내에서 분화하는 부르조아 계급의 자유주의적 사상과 낡은 봉건적인 가장적(家長的) 사상과의 갈등을 표현하고 있던 것은 간과할 수 있는 사실은 아니었다.

그것은 이들 작품이 다소나마 무지한 일반대중에게 관심을 받아, 어느 정도까지는 이런 성질의 내용이 받아들여지고 있었던 점에 의해 명백해지는 것이다.

이로부터 2~3년간, 즉 1927년경까지 조선영화가 밟아온 도정이라는 것은, 조선민족의 급격한 계급적 구성의 변화와 일본제국주의의 조선에 있어서 경제적 ××계획의 고도의 진전과 함께 내용적 동요의 시대였고, 기술적 진보와 정치적 ××에 대한 시련의 기간이었다.

2~3년 전까지는 진보적 성질이었던 자유주의적 사상, 연애관 등은 그 의의가 희박해졌고, 어느새 관중의 흥미의 범위에서 멀어지기 시작했다. 이것은 조선키네마회사에서 나와 윤백남 프로덕션에서 일하고 있던 나운규가 중심이 되어 일본상인의 자본으로 세워진 조선키네마프로덕션 제1회작 〈농중조〉가 악평을 받고 성적을 내지 못했으며, 마찬가지로 부산에 있던 이경손의 작품 〈봉황의 면류관〉이 또한 같은 결과를 가져왔다는 것으로 한층 명백해졌다.

자유주의적 연애비극은 관중에게는 하나의 희극이었다. 이러한 고래

(古來)의 연애비극형의 조선영화는 하나의 막다른 곳, 맹지(盲地)[83]에 당면해 있다.

3)

그러나 그 후에 주목할 만한 경향으로서, 몰락해가는 농촌 생활을 영화의 내용으로 하는 경향과, 1919년 3월 ××을 불명료하나마 작품에 넣으려고 하는 경향이 생겨났다.

전자의 부류에 속하는 성질의 것으로, 최초에 나타난 것으로 나운규의 작품이 있다. 〈아리랑〉이 그것이다. 이 영화는 조선 고래의 민요 '아리랑'을 영화화한 것으로, 도회의 학교교육이 만들어낸 젊은 광인을 중심으로 매년 빈궁화하는 농민의 생활, 지주와의 부단한 갈등을 배경으로 연애를 넣어 마침내는 젊은 연인들을 위해 지주의 앞잡이를 ××해서 경찰에 끌려가는 곳에서 끝난다. 물론 이것은 일견 비속한 연애와 값싼 로맨틱한 감격으로 일관되어 있으면서도 비상한 환희(歡喜)의 소리와 함께 받아들여진 것이었다. 그리고 이 영화에 있어서는, 기술적으로도 이전보다 어느 정도의 진보를 보였고, 아름다운 자연 촬영과 어우러져 조선영화의 우수한 부류에 속하는 것이었다(이 영화는 야마니(ヤマニ) 양행에 의해 일본에도 온 적이 있다).

〈아리랑〉 이래 나운규는 자신이 감독과 주연으로 전기(前記) 조선키네마프로덕션에서 〈풍운아〉, 〈들쥐〉, 〈금붕어〉 등을 발표한 후 경영주 일본인의 손을 떠나, 그 자신의 제작소 나운규 프로덕션을 갖기에 이른다.

그러나 나운규가 자신의 프로덕션을 가진 이래(1929년까지) 〈잘있거라〉, 〈옥녀〉, 〈사나이〉, 〈두만강을 건너서〉 등 10편 이상을 만들었음에도 불구하고, 그 2~3년간이라는 시일의 경과와 작품이 다수인 데 비해, 거의 어떤 질적 방면의 진전도 이루어지지 않았다. 단 〈두만강을 건너서〉만이, 고국에서 쫓겨나 만주 벌판에서 목숨을 부지하며 방황하는 조선민족의 민족적 비애를 가장 평범한 방법으로 보여줬다는 점 외에 주목할 만한 어

---

83 원문에는 "袋路"로 되어 있으며, 이는 "袋地(ふくろじ)"와 동일어.

떤 것도 보여주지 않았다.

또한 이런 경향의 작품으로 후자의 3·1운동을 직접적 테마로 만든 계림영화협회의 〈먼동이 틀 때〉가 있다.

이는 3·1운동의 후일담과 같은 것으로, 3·1운동에 참가했던 한 투사의 출옥의 날로부터 전개되는 애수적 회고와 운명적 사건들 — 투옥에 의해 파괴된 가정, 헤어진 아내와 그 연적과의 성적 갈등, 젊은이의 연애, 파고다 공원에서의 ××의 추억(이곳은 ××한 검열의 ㅅ××[84]로 그 흔적도 없어져버렸지만), 아내와 연적과의 우연한 만남, 그리고 살인이 다시 그를 감옥으로 보낸다 — 라고 하는 로맨틱과 인도주의적 관념으로 전작품이 일관되어 있지만, 3·1운동을 불충분, 불철저하게나마 작품상에 표현한 것으로 잊을 수 없는 것이었다.

그리고 이 작품에 있어서 카메라의 기술적 진보라고 하는 것은 과거의 어떤 작품보다도 우수했고, 강홍식[85]이라는 일활(日活)에 있던 좋은 배우를 보여주었다.

이상에서 거론한 제 작품이 지닌 값싼 로맨틱한 민족적 애수와 감격적 경향은 이들 이외의 제 작품에도 일반적 경향으로서 나타난다.

하지만 모두 조선영화 발달의 한개의 방계적(傍系的) 경향으로밖에 보여지지 않는 것이었다.

4)
이와 같은 피억압민족의 비진보적 우울의 흐름으로 일관된 조선영화의 경향은 이미 그 역사성을 차차 잃어버리기 시작했다. 그것은 너무나도 급격하게 높아진 민족주의적 운동과 소작쟁의, 스트라이크 등의 흐름과 문학의 영역에 있어서 프롤레타리아 운동의 고조에 의해 생겨난 것이었다.

1928년부터의 문학상의 경향은, 조선프롤레타리아 예술동맹을 중심으로 하는 프로파의 세력 증대와 그 문단적 번영이, 영화에 대해서도 그 비

---

84 본문의 다른 곳에서 몇차례 언급되는 "가위(ハサミ)"로 보인다.
85 원문에는 "姜弘抱"로 되어 있으나 오식이다.

프롤레타리아적, 소부르적, 보수적 관념을 공격함으로써 시작된 것이 그 것이었다.

그것으로 인해 처음으로 조선민족은 영화도 프롤레타리아트와 농민들의 것이 아니면 안 된다고 하는 것이 강조되었다.

그 이후에는 조선영화의 내부에서는 명확히 두 가지로 분열해 가는 경향을 받아들이는 양상이 되어 갔다. 그것은 이론적 방면에 있어서 프롤레타리아 영화운동의 고조와 작품평에 있어서 무자비한 공격이 생겨난 직접적 원인으로서, 각 영화제작단체에도, 또한 작품 속에도 반영되었다.

우선 영화단체의 주된 신경향은 조선영화예술협회라는, 신흥 대중을 그 목표로 하여 조직된 새로운 단체에 의해 나타났다. 이 협회가 지녔던 영화연구소의 교육방침을 봐도, 또 강사와 구성원의 대다수가 조선프롤레타리아 예술동맹의 사람들로 구성된 것을 봐도 그것은 명료한 일이었다.

그리고 조선에서 진실한 프롤레타리아 영화운동의 전위들이 이 협회 연구소에서 부화(孵化)되어 왔다. 이 협회는 1928년 3월 처녀작 〈유랑〉을 세인들의 비상한 주목과 기대 속에 발표했다.

이 작품은 일찍이 조선문 신문『중외일보』에 연재된 소설로, 앞서 말한 것과 같은 농촌몰락의 현상을 주제로 한 8권짜리였다.

스토리는 몇 년 전, 조선의 농촌에서 쫓겨나 원대한 희망을 품고 만주에 건너갔던 한 청년이 다시 나라(國)로 돌아오면서부터의 이야기로, 지주와 빈농의 노골적 갈등, 그 속의 주인공의 생활, 그것은 통례(通例)로서의 삽화적인 러브스토리와, 농촌청년을 모으는 계몽적 사업에 대한 지주의 방해 등으로 전개되며, 다시 이 땅으로부터 한 가족이 유리방수(流離放逐)된다고 하는 농촌경제의 파멸상을 그리고 있다. 물론 내용 일반에 있어서의 성질은 이전의 제(諸)작품과 큰 차이는 없을지도 모르지만 의식적으로 표현되고 있는 지주의 악당 면, 주요한 장면 구성으로부터 로맨티시즘과 애수의 제거는 특히 주목할 만한 신경향을 지니고 있다. 그렇지만 이 작품에 가해진 식민지××의 가위는 언어로 ×할 정도로 ××했다. 그러나 이 작품으로 신인감독 김유영은 좋은 출발점을 만들었다.

이런 경향의 작품으로 같은 1929년 말 전기(前記)한 협회연구소 출신의 한 청년 강호의 손으로 만들어진 남향키네마의 〈암로〉라는 시골[田舍] 작품도 매우 주목할 점을 보여주었다. 지금까지 단지 지주라면 지주, 소작인이면 소작인으로서 관념적으로만 취급했던 것에 지나지 않았던 것이 이 작품에서는 자본주의 문명의 농촌 침입에 의해 낡은 생산방법의 경쟁에 있어서의 실패가 명료하게 의식적으로 묘사를 통해 드러나고 있다. 새로운 정미기와 낡은 물레방앗간의 대조, 그것에 의한 농촌경제생활의 파탄 등이, 많은 결함이 있음에도 불구하고 이 작품으로 하여금 진보적 역사성을 지니게 했다.

이런 주목할 만한 경향이 나타나기 시작한 한편 전기(前記)한 나운규와 기타 일파는 점차 이런 역사적 흐름에서 멀어지기 시작했다. 그것은 나운규 프로덕션의 〈옥녀〉, 〈두만강을 건너서〉, 〈사나이〉, 〈벙어리 삼룡〉 등의 제(諸)작품이 지닌 반동성과 넌센스적 내용 등이 점점 명백히 조선영화의 위기를 말해주고 있다. 그뿐만 아니라 이론적 방면에 있어서 프롤레타리아적 견해와 이 예술 타락의 길을 재촉한 일파의 주장과의 투쟁이 개시되어, 조선영화의 내용적 동요와 위기는 그 내부에 있어서 심각한 두 가지 경향의 분열을 낳았다. 그리고 이 상반된 경향은 그 방계적 부산물로서 〈낙화유수〉라는 신파물 ─ 뒤마의 『춘희』의 영화화 같은 시시한 영화가 제작되어, 점점 그 흥행 본위의 공허한 내용과 그 반동성은 노골적으로 되었다.

이후에는 조선영화예술협회의 프롤레타리아적 경향을 지닌 김유영 일파가, '서울키노'의 이름으로 발표한 〈혼가〉와, 김영환이라는 활동변사의 손으로 만들어진 〈약혼〉이 1929년의 중요한 작품이었다. 전자인 〈혼가〉는 내용적으로는 별로 이렇다 할만한 것은 없었지만, 화면구성의 역학성과 몽타주의 선명함으로 젊은 감독 김유영의 새로운 진보를 보였다. 그러나 후자의 〈약혼〉은 프롤레타리아적 경향에 속하는 작가 김기진의 원작 소설의 영화화임에도 불구하고 속악한 아메리카 취미와 각색의 서투름이 평범한 수준을 내는 것을 할 수 없었다. 단지 '나웅'이라는 훌륭한 배우를 발견한 것에 지나지 않았다. 그래서 〈약혼〉 상영의 첫날 밤은 좌익영화인에 의해 극장 내의 대중적 야유가 날려지는 일조차 있었다. 그러므로 고오리야마 씨가 말하는 것과 같은 '국민적', '민족적'이라는 명목으로 그 반동성을 방치할 하등의 이유도 조선의 프롤레타리아트는 갖고 있지 않다.

여기에서 1929년이 지나기까지 조선영화의 일반적 경향은 신흥 프롤레타리아트의 운동으로서 영화운동을 발생시키는 한편 재래의 영화의 일부로 하여금 반동적 타락에의 길을 재촉하게 했다. 이에 대한 프롤레타리아파의 투쟁은 집요한 이론적 공격과 자체의 조직적 결합의 촉진을 통해 하고 있다.

5)
이와 같은 중요한 역사적 모멘트에 당면한 조선의 영화는 1929년 말에 이르러, 영화에 있어서 프롤레타리아 운동의 조직적 주체를 결성했다. 그것은 '서울키노' 김유영과 프로예(藝)의 멤버 등 5, 6인의 남자배우들[86]에 의해 조직된 '신흥영화예술가동맹'이다.

이 단체는 식민지 관헌의 ××한 ××제도와 경제적 무력(無力) 등의 모든 불리한 제(諸)조건 아래에서 영화를 프롤레타리아의 것으로 하기 위해 자신들의 계급성과 그 정치적 속성을 대담하게 조직체로서 실행시킨 것이었다.

그러나 우리들은 조선의 검열제도의 일을 염두에 두어야 할 것이다. 그것은 일본에 있어서도 ××한 것은 물론이지만, 조선에 있어서 공공연히 그들은 '너희들 따위가 영화를 만드는 것조차 건방져'라며 철저하게 ××를 언표하고 있다. 그러나 그들은 총독부 내의 영화부의 손에 의해 빈틈없이 총독부의 정치적 선전영화로 민중에게 ××를 주입하고 있는 것이다.

그러므로 우리는 이 '신흥영화예술가동맹'이 진정 활발한 투쟁을 전개하여, 극히 ××한 검열의 가위와 항쟁하는 데에는, 일본 프롤레타리아영

---

86 원문에는 "남배(男俳)"라 되어 있음.

화동맹의 직접적, 철저적인 원조 없이는, 우리의 일을 수행할 수 없다는 것을 알지 않으면 안 된다.

영화운동에 있어서도 일본 조선의 프롤레타리아트는 긴밀한 상호원조에 의해서만 내부 및 외부의 적과 정신적으로 투쟁할 수 있을 것이며, 또한 그 승리까지도 확보하는 것이다.

8. 「서울키노 〈화륜(火輪)〉에 대한 비판」(『조선일보』, 1931.3.25~4.3)

(1) 약간의 전언(前言)

현재 조선에 있어서의 프롤레타리아 예술운동은 새로운 계단(階段)을 과정(過程)하고 있는 것이다. 그것은 (略)으로 성숙해가는 새로운 상세(狀勢)와 또한 조선에 높아지고 있는 노동자 대중의 (略) 앙양의 파도 속에서 (略)인 계급예술가에게 요구되는 높은 계단의 일반 임무로부터 규정되는 것이다.

'카프'는 작년 중에 형식문제의 토론을 결말짓지 않아서는 안 되었으며 우익화의 위험과 싸우지 않아서는 안 되었으며 (略)예술의 확립과 예술운동 전반의 (略)타(他)의 문제를 해결하기 위하여 일체의 막연한 무산계급 예술과 깨끗이 분리하지 아니하면 아니 되었었다.

즉 (略)주의의 확립과 지상(紙上)에 문제를 (略)으로 해결하기 위하여 약간의 분자(分子)를 조직(문학부)에서 방축(放逐)하였으며 가장 조직적으로 분규를 거듭하였던 구(舊) 신흥예술가 동맹의 반동화한 분자에 대하여 단호한 처분을 가하였던 것이며 '카프' 영화부의 강화를 위하여 '신흥연맹'을 해체케하고 배격한 것이다.

그리하여 점점 상업주의화하고 공공히 흥행자본가와 야합하여 부르조아적 세계관의 설교를 자기목적으로 하는 충실한 속승(俗僧)들과 실제의 마당에서의 (略)을 위하여 자기 진영 내에 잠복한 위험분자를 숙청하고 반동화한 소부르조아 분자를 방축하지 아니하면 아니되게 되었다. 그러므로 이렇게 분화(分化)되어 있는 조선영화계의 현세(現勢)에 비추어 실제화하는 작품을 모는 것만이 계급적 영화비평가의 정당한 입장이라는 것은 동지 이규설[87] 군이 〈큰무덤〉[88] 평에서 제언한 바와 같이 영화비판의 불가결의 전제인 동시에 변증적 방법의 극히 일반적인 적용인 것이다.

따라서 영화 〈화륜〉을 비판함에 있어서 '불가결의 전제'는 단체 '서울키노' 그룹의 사회적 정착점의 위치이다.

'서울키노' 그룹의 최고의 지도분자이고 〈화륜〉의 감독자인 김유영 군과 각색자 서광제 양군은 숙렬(熟烈)히 그들이 '카프' 산하에서 '프롤레타리아' 영화를 제작한다고 공언하고 있음에도 불구하고 작년 '카프'가 신흥영화동맹[89]에 대하여 해체를 권고하고 단호한 신정책을 채용하였을 때 그들은 데마고기를 방송(放送)하였으며 계급적 영화운동의 유일의 조직을 배반한 탈주자이다.

다시 말하면 프롤레타리아 영화라고 각인하여 시장에 내놓은 영화 〈화륜〉은 그러한 사람에게서 생산되었다는 것, 이것이 자칭 프로영화 〈화륜〉의 비판적 전제인 것이다.

그리고 하나는 원작자의 문제인데 〈화륜〉은 일찍 '조선 시나리오 작가협회'의 합작으로 발표되었었다는 것이 또한가지 첨부할 조건이다. 그것은 '조선 시나리오협회'라는 것이 전기(前記) 김, 서 양군이 '카프'에서 방축당하고 '신흥연맹'을 해체하고 나서 '카프' 영화부와의 새로운 대립세력을 형성키 위하여 만들은 것이라는 것은 그들의 반계급적 역사에 있어서 금상의 첨화이다.

이렇게 수다한 광영에 찬 역사로 만신(滿身)을 수식(修飾)한 〈화륜〉을 비판함에 있어서는 어떠한 반동영화를 비판하던 때보다도 일층 가혹무자비할 것이 요구되는 것이다.

---

87   원문에는 "李廷崗"이라 되어 있으나 오식이다.
88   이규설, 「엑스키네마 2회작 〈큰무덤〉을 보고」, 『조선일보』, 1931. 3. 12~19.
89   원문에는 "신영화동맹"이라 되어 있으나 오식으로 보인다.

프롤레타리아를 가장하는 반(反)프롤레타리아의 부대(部隊) 개량주의, 사회민주주의는 우리들의 우편(右便)의 최대의 적이 아니면 아니 된다. 왜 그러냐 하면 차등(此等) 우리편을 가장한 자와의 투쟁이 없이는 우리는 강고한 부르조아적 그룹과의 (畧) 불가능한 까닭이다.

이로부터 영화 〈화륜〉을 비판하여 가는데 독자의 편의를 보아 내용과 기술의 부분을 분리하여 될 수 있도록 간명히 쓸 셈이다.

(2)
내용에 대하여

이 영화의 주요 내용은 철호라는 사나이가 1919년[90] (畧) 사건의 희생자의 한 사람으로서 십 년 동안의 고난의 생활을 마치고 다시 사바(娑婆)에 나오는 날부터 또다시 그가 이야기에 영웅으로서 입옥(入獄)하던 때까지 그를 중심으로 한 여러 가지 생활을 설명해 놓은 것이다. 그러면 철호가 출옥하였을 때 무엇이 그를 맞아주었을까? 많은 동지들과 무한히 변한 세상이 그를 맞아주었다.

그러나 벌써 이때부터 이야기는 비극의 단편을 품고 풀리기 비롯한다. 당연히 철호를 즐거운 낯으로 맞아 주어야 할 그의 '애처(愛妻)'가 보이지를 않는다. 그의 안면에는 우울한 빛이 떠오른다. 그리하여 그는 그의 친구에게 처의 이야기, 아들의 이야기를 묻지 않으면 아니 된다.

"그의 처는 몰려오는 생활난을 견디지 못하여 드디어 마음에도 없는 사나이 덕삼이란 자에게로 재가(再嫁)를 하였다." 자막은 이렇게 말하고 출옥하는 날도 그는 몰래 서 철호를 바라보고 참회의 눈물이 비오듯 하였다. 대단히 슬프다. 작자는 관중에게 대하여 이 철호라는 인민의 영웅과 또 그의 처에게 세상이 너무나 냉혹하게 대하였다는 것을 눈물을 흘리며 호소한다.

철창에서 자기와 또 자기의 모든 것을 다 걸어차고 큰 사업을 위하여 사로잡히어 있던 남편을 배반한 계집이 어찌 세상에 용납하리오? 애틋한

---

90 원문에는 "1819년"이라 되어 있으나 오식으로 보인다.

인정비극. 기울어져가는 조선의 가정의 비극으로 말미암아 철호에게 일장(一狀)의 유서를 봉상(奉上)하고 한강 철교로!

철호는 마침 자기 집으로 들어오다 처의 유서를 보았다. 놀라지 아니할 수 있으랴? 미우나 그러나 자기의 사랑하던 처이다. 구하지 않을 수가 있으랴?

한강으로 가는 그의 처의 뒤를 쫓는다. 숨을 벅찰만치[91] 급한 추격! 버스, 전차, 급하게 달아나는 가리(街里)!

철호의 처는 철교에서 한강수 맑은 물을 바라보고 한많은 세상 이별을 고하려고 한다. 위기일발이다.

철호 달려와 그를 구하느냐 못구하느냐?[92] 신파적 활극? 흥미만점이다. 손에 땀을 쥐게 할 것이 이 영화의 작자는 요구한다.

그러나 드디어 구한 바 되었고 그들은 넘어가는 석양을 바라보고 "모두가 세상의 죄"라고 원망의 눈으로 하늘을 바라본다.

이리하여 철호가 세상에 나와서 맨처음 맞은 "위대한 사건"은 문을 닫는다.

그러나 상기(上記)에 부분에 대하여 우리는 이렇게 말할 수 있을 것이다. 민족주의의 지사로서 십 년만에 세상에 나와 만난 사건으로는 너무나 졸렬한 사건이고 또한 말하자면 시국청년(소위 시청(時靑))이 세상에 나와 맨처음 묻는 말이 자기 처의 소식이라면 섭섭하지 않을 수가 없다. 즉 사실이 너무나 신파적이었으며 이러한 인물이 무슨 사업을 하였길래 십 년이란 장시일의 형을 받았을까 하는 의심을 가질 수밖에 없다.

(3)

이만하고 다시 진전되는 이야기에 뒤를 다시 따라내려가 보자!

철호라는 사나이는 그러면 이 뒤에는 무엇을 하느냐? 그는 그때부터 자기 처와 아들을 덕삼이란 자 몰래 찾아다 집에 두고 매일 처자와 자기가 살기 위하여 직업을 구하러 다닌다. 그 이외에 그 사나이 즉 무엇이고

---

91 원문은 "벅차찰만치"
92 원문은 "못救하구나느냐?"

일을 하는 사나이라고 작자가 강조하는 인물은 출옥한 실업자 이외에는 아무 것도 아니다. (中略) 로서 직업을 구하기에 급급할 뿐이다.

무엇이라고 할 망발이냐? 1919년 사건의 (略)하였을 (이것은 그가 십 년이라는 긴 형기에 매였었다는 것으로써 미루어 알 수 있다) (略)가 다른 출옥자와 또같이 부랑실업군의 1인에 불과하고 다시 활(略)을 시작하려는 일편(一片)의 노력도 보이지 아니하는 것은?

작자의 무지일까! 그렇지 아니하면 작자도 출옥한 철호와 같이[93] 전(前)에 신분 즉 학교 교원이었다는 것을 표명한다. 그러나 이야기를 설명하는 데 있어 이 설명은 하등의 유효한 역할을 하지 못하는데 있어서는 작자와 함께 필자도 섭섭할 수밖에 없다.

왜 그런고하니 여기에 있어서의 옛날 제자와의 해후는 뒤에 이 영화의 줄기를 무한히 어지럽게 하고 한없는 불쾌를 가져오는 (後)의 공장을) 부자의 첩과 이 청년과의 연애장난을 집어넣으려는 작자의 악희(惡戲)의 전제인 까닭이다.

기어코 작자는 그들 선생과 제자가 돌아오는 길에 제자가 공장주와 그 첩이 타고 가던 자동차에 치이게 하는 얼굴 간지런 장면에 와서 판명되고 마는 것이다.

그리고 이 청년과 부자의 첩 사이에는 '로미오'와 '줄리엣'을 생각케 하는 부르조아적 연애의 악희를 지리하게 보이며 부호가 첩에게 가하는 혹대(酷待)를 첨부하여 가여운 여자의 생애에 대한 동정을 관객에게 희망하는 것이다.

우리는 여기에서도 해결하지 못한 불합리에 당도하지 않으면 아니 된다.

(4)

무엇 때문에 철호가 새로운 현실 속에서 질적으로 변위(變違)된[94] 생활을 영위하여 감에 있어 이 '연애장난'의 일폭(一幅)이 필요하냐? 무엇 때문

---

93 원문에는 "같"이라고 되어 있다.
94 "변위(變位)된"의 오식으로 보인다.

에 그의 제자를 내놓느냐?

그들의 '에로' 생활은 철호의 생활과 하등의 유기적 관련이 없고 또한 그들의 '에로' 생활의 말로는 상해로 도망가 버리는 이것이 과연 무엇을 의미하랴.

동정할 만한 〈화륜〉의 작자여! 청컨대 대답이 필요치 않았는가!

상해로! 이것이 모두를 해결하는 길인가? 조선의 젊은 남녀는 붙어서 상해로만 가면 자유의 천지이고 만사는 해결인가?

불량남녀! 이따위 음남음녀(淫男淫女)의 만쌍이 상해가 아니라 아무데로 간대도 하등의 관계는 없고 그러나 〈화륜〉의 작자의 착안의 대상이 문제인 까닭이다.

우리는 〈화륜〉의 작자가 대답치 않은 이 점에 대하여 이렇게 말한다.

이것은 소위 사회극 〈화륜〉의 작자의 '이데올로기'의 불확실과 소부르적 반동성의 표현으로서 관중의 비속한 취미에 영합하려는 상업주의의 노골적 발로인 것이다. 이 작자는 민족주의의 지사(?)인 척도 하면서 일면 돈벌이에는 비상히 민감한 훌륭한 영화적 아편의 소매상인이며 결코 부르조아적 의미에 있어서도 예술가는 아니다.

그리고 여기저기에서 낡은 쓰레기 터져나오듯 돌연히 보여지는 '7, 8년 전 이야기' 등속은 일체 문제의 중심에서 삭제하기로 하고 철호의 생활에 있어 일대 변혁의 시기이며 또한 영화 〈화륜〉에 있어서 소위 '클라이막스'인 철호의 공장생활의 부분으로 들어감이 여담(餘談)을 피하는 일로(一路)일 것이다.

그리고 우리들의 주의의 중심도 의연히 여기에 있게 되는 것은 물론이다. 무엇보다도 이야기의 중심으로 들어가기 전에 철호라는 지사(?)가 공장으로 들어간 동기를 또 한번 다시 기억하는 것이 앞으로 그가 공장의 많은 노동자들 속에서 움직여 나가는 제 사실을 비판하는 데 있어 주요한 전제의 하나일 것이다.

철호는 감옥에서 나온 옛날 일꾼(십 년형이나 받을 만큼 (惡)을 한!)이었다. 그러나 출옥 후의 그는 다른 좀도적이나 강간수(強奸囚)나 다름없이 다만

일개의 출옥한 전과가진 부랑 실업자에 불과하였고 또한 공장에 들어간 동기도 무슨 사상적 근거 위에서 한 일이 아니라 단순한 밥 먹기 위한 직업으로 알고 공장으로 들어갔다는 것이다. 너무나 자기를 배반하였던 처를 불쌍히 여기어 그를 먹여살리기 위하여 사상적 절조고 아무것도 다 집어던진 말하자면 사바에 나와 조그만 가정의 안일을 꿈꾸기 위하여 모든 것을 걷어찬 정진정명(正眞正諺)의 변절자인 것이다.

〈화륜〉의 번영(?)있는 작자가 주인공으로 추장(推獎)한! 이리하여 철호 모(母)는 공장에를 다니게 되어 비로소 그는 세상의 가정에서 편안히 살게 되었다.

그러나 공장! 그것은 노동계급이 부르조아적 생산관계의 비밀! 자본가적 ××의 공연(公然)한 사실을 몸으로써 학득(學得)하는 곳이다.

철호가 다니는 공장에도 언제고 분화구를 찾고 있는 노동자들의 불평 불만이 그들의 가슴에 파묻히었다.

하루는 새로운 감독이 소개되었다. 이자는 부호에게 어떠한 관계가 있어 공장에 들어온 자로 먼저 철호가 입옥(入獄)하였을 때 그의 처를 데리고 살던 덕삼이란 자이다.

그러나 철호는 알 도리가 없었던 것이다. 즉 자막이 말하는 바와 같이 그들 사이에 어떠한 암류(暗流)(냄새나는 치정관계!)가 흐르고 있는 것을 서로 모르고 한 공장에서 일하게 되었다는 것이다.

이것이 작자가 득의양양하게 관객의 흥미를 끌고 나가려고 기도한 곳이나 유치한 신파적 극작술의 기계적 이식인 데는 웃지 않을 수 없다.

그리고 이 공장 내부의 제사실을 엄밀히 '계급 대 계급'의 입장에서 취급하여야 할 사실을 〈화륜〉의 작자는 철호와 덕삼의 치정관계의 확대로써 도말(塗抹)시킨 데 있어서는 한번 웃을 점이다.

이것은 어떻게 나타났느냐?

공장주 측의 불경기로 인한 임금인하인지 인원해고인지 하는 사실로부터 종업원이 동요되기 시작하여 종업원 철호 외에 또 한사람을 대표로 하여 감독인 덕삼에게 항의를 제출하는 곳에서부터 이야기의 막은 열리는데 이때 벌써 철호와 덕삼 사이의 치정의 관계는 판명된 때이다. 감독은 종업원[95]의 요구를 일축해 버리고 만다.

(5)
이리하여 종업원 전부가 파업에 들어가게 되고 동시의 동원(同員)이 사무소로 몰려올 때 덕삼은 벌써 반동분자를 모아 종업원의 세력과 단체적으로 항쟁하게 되어 일대 격투가 개시된다.

사실 이따위의 파업이란 지금 세상에 어느 구석을 찾아보아도 구경할 수 없는 곳이다.

종업원의 구체적인 요구도 명시치 않았으며 일정한 ××플랜의 협의도 없이 사무소를 향하여 가다가 싸움만 하는 따위의 파업이란 무엇인지?

〈화륜〉의 작자는 노동자의 공장생활에 관한 일편의 지식도 갖지 못하였으며 파업이란 무뢰한의 편싸움의 별명으로 이해한 모양이다.

더구나 싸움을 붙이는 장면의 열악함이란 이루 형언하기에 언어를 찾아내기에 곤란하다.

그리고 "이놈아! 내 처를 뺏어간 놈이 너로구나?" 하고 과백(科白)을 던지고 덕삼과 철호가 어우러져 싸우는 장면이란 세상에 보기드물 만치 추악한 치정싸움! 계집싸움인 것이다.

명예있는 프로영화인! 〈화륜〉의 작자는 파업을 무뢰한의 편싸움으로 만들고도 부족하여 계집싸움으로 공연히 전화시켜 버리었다.

노동자의 가장 중요한 ××형태인 파업에 대한 완전한 모독! 그리고 철호는 귀중한 싸움을 제 계집을 위한 복수의 싸움으로 이용한 계급적 ××이다.

〈화륜〉의 작자도 철호와 한가지 (뽐)을 계집에게 팔아넘긴 경멸할 만한 부도덕한이며 (뽐)적 죄인이다.

요컨대 이렇게 결어(結語)한다. 자칭 프로영화 〈화륜〉은 전언(前言)에

---

95 원문은 "종원(從員)"

서 말한 바와 같은 많은 반(反)(䎞)적, 행동의 역사를 가진 작자의 손으로 나온 명실상부의 반(反) '카프'적, 반(反)(䎞)적 반(反)(䎞)적 영화이다.

그러나 이 영화가 특히 증오에 해당하는 것은 그럴듯하게 공장파업 등의 사실을 취급하면서도 그들의 독특한 사상적 입장에서 교묘히 반(反)(䎞)적 역할을 해넘기었다는 데 있는 것이다.

〈화륜〉의 종자(終子)이 말한 바 철호는 끝끝내 잘 싸워줄 것이고 그와 그 여자의 이야기는[96] 이제부터 시작되는 것이요 철호의 아내 또 그와 그 여자와 같은 사상적 '영화가(映畫街)'에 입각한 〈화륜〉의 작자가 그의 충실한 주인인 부르조아지의 세계관의 선포를 위하여 (䎞)계급과 싸우겠다는 말이고, 이로부터 시작되는 이야기는 프롤레타리아를 가장한 반(反)(䎞)적 역사가 전개되리라는 그것이다.

요컨대 발달한 형태의 부르조아 영화인 것이 〈화륜〉의 특색이고 작자의 지혜이다.

9. 「여배우 인상기 — 이월화, 신일선」(『모던조선』, 1936.9)

한 사람의 배우가 어떤 시대에 소위 '인기'라는 이름 아래서 많은 사람들에 귀여움을 받는다는 데 한 범속치 않은 무슨 이유가 숨어 있는 것이라고 저는 늘 생각해 옵니다.

인기배우 — 하면 소동주졸(小童走卒)이나 일반 관객에게 한없이 친한 것이면서 소위 고급객(高級客)이나,[97] 지식 있고 교양이 많은 소위 연극이나 영화를 감상하는 분들에게는 마치 옛날 사람이 '광대'나 대한 듯이 일종 '중속(衆俗)한 것'으로 교달(敎達)됩니다.

---

96 원문은 "이기는"이다.
97 원문은 "고급객이다"로 되어있다.

물론 이곳에는 탐정소설이라든가 저급영화 등에서 보는 것같이 상업정책이 돈을 들여서 대중에 중속(衆俗)한 취미를 도발하여 배우를 만드는 현대문화의 가장 타기할 반면(反面)이 표현되어 있음을 부정할 수 없습니다.

그러나 우리 조선의 '인기'란 이런 것과는[98] 약간 다른 곳이 있습니다. 간단히 말하면 그리 돈이 들지 않는 '인기'라는 것입니다. 다시 말하면 거의[99] 자연발생적으로 관중이 그들의 인기를 만들었다고 볼 것입니다. 그러나 전자에서 이와 같이 이곳에도 그 중속에의 영합이라는 한 개 공통성은 역(亦)이 존재한 것으로 전자에 비하여 후자의 인기 발생의 근저에는 '자본의 강요'가 그리 많지 못하다는 것입니다.

허나 전자에서 약간 그렇지만 후자의 의미 인기라는 곳에도 이 인기라는 곳에는 그 중속에의 영합 이외에 관중이 좋아할 어떠한 개(個) 다른 요소를 가지고 있음을 부정치는 못할 것입니다.

이것을 저는 그 배우들이 연기상의 대중성, 즉 그들이 연(演)하는 바 연극 혹은 영화상의 인물을 관중에게 모두 잘 이해하게 하는 그 배우 독유(獨有)의 요소가 있지 않는가 합니다. 이러한 요소가 다른 외국에 돈을 많이 허트러서 제조한 인기에 비하여 우리 조선의 그곳에는 더 많이 있는 것이 아닌가 생각합니다. 그러므로 인기란 중속의 것이라고 고급객은 그럼에[100] 불구하고 아무나 그것을 획득치는 못하는 것일 것입니다. 이러한 의미에서 저는 우리 조선의 인기배우를 좋아합니다.

이월화 이이는 연전(年前) 상해(上海)인가 장기(長崎)서 불행한 객사를 하였다고 들었습니다만 저는 이 여배우를 조선 근대극 상의 제1인자라고 봅니다. 그리고 그를 어렸을 때부터 지금껏 지극히 사랑합니다. 옛날에부터 그가 출연했던 모든 무대면(舞臺面)을 추억하고는 즐길 때가 있습니다.

'토월회'가 〈부활〉을 상연하던 때 그 각본, 연출, 무엇무엇이 지금 생각하면 아희(兒戲)에 가깝다고 생각하나 이월화가 연(演)한 '카추샤만은 지금 그

---

98 원문에는 "것마는"으로 되어 있으나 오식으로 보인다.
99 원문에는 "거히"로 되어 있다.
100 원문은 "끄림의"로 되어 있다.

만큼 해 내일 사람이 없을 것이고 장래에도 여간 훌륭한 여배우가 출현 않으면 어려우리라고 믿습니다. 사실 연극의 낡은 그나마 보속적(普俗的)인 관중의 입버릇일 것입니다. 좋은 배우 없이는 볼 맛이 없는 것입니다. 무에니 무에니 해도 연극에서 가장 첫째로 그 연극의 우열(優劣)을 좌우하는 것은 육체와 음성과 생명을 가진 배우이니까요. 연극은 배우의 예술입니다.

그러기에 벌써 10년이나 되었습니다만 종합예술협회에서 연학년(延鶴年) 씨가 안드레프의 〈빰 맞는 나녀석〉을 연출한 때 그렇게 무미건조하던 것을 저는 이월화의 '컨세로'를 보느라고 끝까지 자리를 떠나지 않고 참았습니다.

신일선! 이 귀여운 여배우도 그렇습니다. 이 여배우는 정직하게 말하면 예술적 자질로서 저는 연극에 있어서 이월화만 좀 떨어지는 것 같습니다만 조선영화 공연 이래 가장 좋은 여배우로 좋아합니다. 그가 없는시는 나운규 씨의 걸작 〈아리랑〉은 저만치 조선의 좋은 향토색이라든가 아담한 분위기라든가 연출치 못했을 것입니다. 그는 조선의 나이 어린 처녀를 연묘(演描)하는 때 여태까지의 어느 여배우보다도 출중한 바가 있습니다. 아마 저뿐이 아니라 대부분의 영화 관객들은 신일선을 통하여 가장 전형적인 조선의 처녀를 느끼었을 것입니다. 사람들이 이러한 여배우들의 국한성(局限性) 즉 그들이 네 가지역(役)의 분장(分裝)에 적당치 못한 점을 비난하고 그 인기를 흠잡습니다. 그러나 어떠한 명우(名優)도 그 장기(長技)로 하는 역이 있는 것입니다. 요컨대 조선의 내가 사랑하는 여배우들을 그 협륭(狹隆)한 국한된 가운데 질식케 한 것은 그들 자신들의 자질에 있어서보다 그를 지도하던 연출자 촬영감독에게 더 많이 그 책임이 돌아가야 할 것입니다. 그리고 다음에는 관객들에 편화(偏化)된 요구이겠으나 이것은 역시 연출자 감독에 의하여 다방면으로 유도(誘導)자발(自發)된 성질의 것입니다.[101]

끝으로 그들의 불행한 사생활! 그것을 낳은 우리 생활을 슬퍼하고 아직 생존한 각 배우의 건재를 빕니다.

---

101 원문은 "것이다"이다.

10. 「기계미(機械美)」(『인문평론』, 1940.1)

"건축은 사람의 거주하는 기계다."

이 말은 불란서의 유명한 건축가 코르뷔지에의 현대 건축론이다. 우리가 주거하는 집이 과연 기계의 이름에 해당하는지 여부는 여기서 물을 것이 아니나 코르뷔지에는 기계의 개념을 건축에까지 확대함으로써 현대 건축의 지향을 명백히 하였다. 이 말은 곧 건축으로부터 비기계적인 요소를 일체로 구축(驅逐)하자는 의미다. 건축에 있어 비기계적인 요소는 곧 장식적인 요소다. 장식성을 구축한 건축이란 극도로 합리적인 건축, 즉 실제적인 필요 이외에는 한 개의 못, 한줌의 시멘트도 사용되지 아니한 건축이다. 이러한 건축론은 일찍 건축을 예술의 한 부문으로 생각해 왔던 사상과는 전연 별개의 것이다. 그것은 예술로서의 건축이 아니라 기술로서의 건축, 혹은 단순한 공업으로서의 건축이다. 건축가는 예술가가 아니다. 기사요 공업가다. 건축은 한 산업에 지나지 않는다. 본시 건축이란 최초[102](설계)와 최후(시공)에 있어 예술이면서도 기술과 공업의 영조(營造)[103] 과정이 그것을 매개하는 것으로 다른 예술과 구별되는 것이다. 지금에 우리는 이런 성질의 예술로 영화란 것을 발견하였다. 영화는 건축과 같이 그 제작 과정은 순연한 공업이요 기술이다. 조각이나 회화, 공예 등의 조형예술에 비하여 영화나 건축이 다른 것은 수공업과 기계공업의 차이라 할 수 있다.

문학이나 음악 같은 예술도 그 제작에 넓은 의미의 기술을 필요하다고 한다. 음악의 연주는 더구나 기구를 수단으로 하지 아니하면 아니 된다. 작곡에 있어서만 음악은 문학과 같이 기구를 사용하지 않고 두뇌의 기능을 가지고 한다. 두뇌의 기능이란 것의 어느 부분을 우리는 역시 일종의 기술이라고 부르는데, 그것은 아마 오랜 전승을 통하여 축적되고 동시에

---

102 원문에는 "최고(最高)"로 되어 있으나 오식으로 보인다.
103 집 따위를 짓거나 물건을 만듦.

일반화된 사고와 상상의 방식일 것이다. 한데 그것이 전승되고 일반화된 것은 정신적 노동에 합리적 기초가 될 수 있는 수단이기 때문이다. 논리적 조작의 기술이란 것이 이러한 수단의 대표적인 자(者)가 아닐까.

그리하여 문학과 같은 예술이나 정신과학에서도 최근 기술에 대한 관심이 성행하는 모양인데, 이러한 현상은 모두 19세기 이래 점점 인간생활과 문화를 지배하기 시작한 고도의 공업화의 영향일 것이다. 공업화의 핵심은 기계다.

그러면 기계란 무엇이냐 하면 도구가 발달한 것이요, 그 기능이 고도화하고, 동시에 그 구조가 복잡화된 것이다.

도구란 인간의 힘이 가한 자연, 즉 가공된 자연이다. 이렇게 보면 기계란 거의 신체란 기계인 도구에서 볼 수 있는 자연의 모습을 완전에 가까우리만치 탈각한 가공된 자연에 불과하다. 그것은 인간이 자연 가운데서 발견한 합리성을 기초로 하여 재구성한 자연이다. 이 재구성 과정에서 인간은 자연의 비합리적 부분을 포상(抱象)하여 기계 가운데선 자연의 자의성이 탈락되었다. 바꿔 말하면 기계란 인간에서 완전히 정복되고 그 노예가 되어버린 자연이다. 이 인간의 노예가 된 자연을 버리고 인간은 또 다시 자연을 정복하려 든다. 그렇게 하면 기계는 인간의 자연 정복의 최고 성과요, 따라서 인간의 힘의 한 상징이다.

그것은 기술의 금자탑이다. 인간이 자기의 능력의 최고 집성을 보고 어찌 황홀치 아니할 수 있으랴? 기계란 바로 조형화된 기술이다. 따라서 기계의 미라는 것, 예하면 항공기나 호화선, 전투함, 고층건축과, 타방(他方)의 시계, 현미경, 사진기 등에서 보는 조형미와, 그것들의 기능을 통하여 표현되는 쾌속, 정확성, 규칙성 등은 최고로 조직화된 인간의 자기 능력이 가져오는 일종의 쾌미감(快美感)이다. 이것은 19세기 이래 급격히 발달해 온 과학의 한 성과다. 아무래도 현대는 이러한 합리성과 과학성의 산물이 가장 인간을 즐겁게 하는 시대가 아닌가 한다. 그런 의미에서 현대의 미를 찾는다는 그것은 진정한 미인지 아닌지는 별 문제로 하고라도 역시 기계미라는 것을 들지 아니할 수 없다. 그러나, 마치 건축이 단순한 인간이 주거하는 기계가 아닌 것처럼, 기계미는 오직 발레리가 말한 사실의 세기를 성격화하는 한 요소에 불과하다. 왜그러냐 하면 미는 보편적인 것을 개성적인 형식으로 표현하기 때문이다. 기계는 기술이고 과학인 만치, 과학 중의 과학이란 철학이 논리와 체계 가운데서 자기의 최고 기능을 발휘할 수 있는 것처럼, 기계는 보편적인 것을 추상적 형식에서 표현함이 그렇기 때문이다. 그러므로 추상예술이란 기계의 관념을 예술 가운데 이입(移入)한 산물에 지나지 않는다.

역시 인간은 기계 이상의 미를 요(要)하는데, 우리가 현대와 동화될 수 없는 근거가 있다. 건축은 주거하는 기계 이상이다.

11. 「뉴스와 만화—경일(京日) 문화영화극장」(『매일신보』, 1940.2.9)

새로 생긴 경일 문화영화 극장 구경을 하고 나는 여러 가지 ○운 즐거운 감상을 얻었다. 무엇보다 좁아서 기분이 아담하고 시간이 짧러 피로하지 않고 더 한가지 붙이자면 값이 싸서 손쉽게 들어갈 수 있는 것이 좋았다. 겨우 커피 한 잔 값에 즐겁고 유쾌하게 영화를 본다. 사치와 낭비와 피로 가운데서 싱거운 극영화를 보는 것보다 얼마나 좋은지 모르겠다. 뉴스, 만화, 문화영화, 단편영화 등의 프로로 약 시간 반 가량에 보니 시간도 똑 알맞다. 물론 보통 영화구경이 나쁘다는 것은 아니지만 문화영화 극장의 좋은 점은 상기(上記)한 점에 첫째로 아이들에게 안심하고 보일 수 있는 것, 둘째 어른이 보아도 재미있는 것, 셋째 누구가 보아도 유익한 것, 넷째 극영화에서 보는 쓸데없는 요소가 없어 깨끗하고 만화에서 유쾌히 웃을 수 있는 점 등이다. 문화영화가 극영화 중심의 재래 영화의 신생면(新生面)의 하나라면 문화영화 극장은 영화 흥행 급(及) 감상에 새로운 경지의 하나가 아닌가 한다. 이러한 시설이 남촌에만 아니라 북촌에도 하나

더 있었으면 좋겠다. 화신(和信)이나 혹은 조선문 신문 측에서 이러한 방면을 개척해 볼 의사는 없는지.

12. 「〈히틀러 전(傳)〉」(『경성일보』, 1940.3.27)

경일(京日) 문화영화 극장에 처음으로 간 것은 2월 말이었는데, 그 이후 매주 빠지지 않고 가고 있을 정도로 나도 그 절대적인 팬의 일인(一人)이다. 첫째, 시간이 짧게 끝나고, 극(劇)영화와 같이 낭비가 없고, 아이들을 데리고 안심하고 볼 수 있는 것이 특장(特長)이다.

최근 본 것으로 감격 깊었던 것은 〈히틀러 총통전(總統傳)〉인데 이것은 여기에서 편집[104]했던 작품으로는 요령좋게 정리되어, 지금 구주(歐洲)의 주역, 히틀러를 전(傳)하며, 다른 모든 기록보다 나을(勝) 뿐만 아니라, 세계 정국이 마치 손에 잡힐 듯하다.

13. 「조선영화와 기술」(『매일신보』, 1940.4.3)

수삼 년래 조선영화의 기술적 수준이 향상되었다는 것은 자타가 공인하는 바이어니와 이 기회에 일언(一言)하고 싶은 것은 영화작가(물론 주로 연출자)들이 기사화(技師化)하고 있는 사실에 대하여서이다. 너무나 영화작가가 기사가 아니었던 시대에 비하여 이 현상은 과거를 보단(補短)하는 의미에서

---

104 "編輯(へんしゅうう)"로 보인다.

긍정할 수 있는 것이나 그러나 언제까지나 모든 영화작가가 기사가 되면 그만이란 말은 아니다. 넓은 견지에서 조선영화를 기사적 생산의 수준에서 일단(一段) 높은 의도를 가진 사람들의 층이 준비되어야 할 것이다.

그러면 현재의 영화작가들은 이러한 사업에 무관해도 좋으냐 하면 아마 그러한 의미로 내가 이런 말을 꺼내지는 아니했을 것이다. 얼마든지 현재의 영화작가들은 이러한 수준의 타파를 위하여 용의(用意)해서 좋고 또 용의해야 할 것이나 그러나 아직도 우리는 기사로서의 영화작가의 길을 당분간은 고수(固守)할 필요가 있다. 그들이 일정한 성과를 남길 때까지! 그리하여 다음[105]의 일은 그 수준을 토대로 해서만 가능하기 때문이다.

14. 「유료시사회」(『매일신보』, 1940.4.30)

나는 유료시사회라는 것의 유래를 과문한 탓으로 아직 모르거니와 그 의의의 분명치 못함은 몸소 체험한 일인(一人)이다.

유료시사란 것은 주지하듯 요금을 받고 어디 특정한 작품 하나만을 보이는 것인데 항용[106] 그 작품이 봉절되기 전에 선전 겸 열리는 것이 통칙(通則) 같다. 그런데 요금은 보통 봉절 때나 마찬가지요 때로는 더 받는 일까지 있는데 관객에 대하여 이 유료시사란 것이 어떠한 편의가 있는지 알 수 없다. 첫째로 요금을 받는 것이면 흥행이요 둘째로 여러 작품을 볼 요금 혹은 그 이상의 요금을 내고 한 작품만 보니 객(客)에게는 손실이다. 그러면 상설관 측으로 보면 그 작품이 비교적 잘 선전된 작품(고평을 받은 작품된 의미와는 다르다)임을 기화(奇貨)로 하고 6, 7차를 흥행하여 봉절 때에 비하여 막대한 이익을 본다. 그래도 관객이 들어가는 이유도 알 수 없는

---

105 원문에는 "다름"으로 되어 있으나 오식으로 보인다.
106 원문은 "항요"이나 오식으로 보인다.

일이거니와 우선 감독관청에서 그것을 묵허(默許)할 것이 아닌 것 같다. 그것은 부당한 폭리를 탐하는 것이기 때문이다.

15. 「조선영화발달소사」(『삼천리』, 1941.6)

1.

조선의 영화사는 내지(內地)나 지나(支那)에 있어서와 마찬가지로 활동사진의 수입으로부터 시작된다. 광무(光武) 7년경(?)(명치 36년, 서기 1903) 동경 흥행업자 길택상회(吉澤商會)의 손을 거쳐서 수입 공개된 영미연초회사(英米煙草會社)의 선전 '필름'이 조선에 있어서 활동사진사상의 효시라고 한다.

그러나 흥행물로서 활동사진이 등장한 것은 광무 8년(?)경 원각사에서 불국(佛國) '파테'제 단편희극과 실사(實寫)를 상영함으로부터인데 뒤이어 연흥사, 장안사, 광무대 등에서 육속(陸續) 활동사진을 상영하고, 미인(米人) '콜브란', '보스트윅' 등의 경영하던 한성전기회사에서 전차선전 겸 '메리고라운드'와 더불어 '활동사진관람소'를 현(現) 동대문 전차회사 차고지에 개설하여 개화 조선의 중요한 신오락물로 활동사진이 등장케 되었다. 물론 본격적으로 상설흥행케 된 것은 대정(大正) 초엽 이후에 속하는 일인데 상영된 사진은 최초엔 전기(前記)한 '파테'제 단편, 미국 청조제(靑鳥製) 희극과 실사와 조선풍물을 박은 환등류까지였으나 점차 '유니버설' 장편과 내지의 신파물과 초기 시대극 등이 성행하였다. 이러한 사정은 아마 내지의 활동사진 수입시대로 동일했던 듯싶다.

이것이 소위 변사와 악대(樂隊)와 더불어 옛 기억이 새로운 활동사진 시대의 면영(面影)이다.

이 시대는 상설관도 경성에 5, 6개소, 지대도시(地大都市)에 4, 5개소, 그 밖에 산재한 기개소(幾個所)의 비(非)상설관 등을 모두 합쳐서 손꼽을 수 있을만큼 보급 정도도 얕았었다. 이러한 상태가 아마 대정 10년 이후까지 계속되었으리라고 믿는데, 이 시기라는 것은 주지하는 바와 같이 아직 영화(映畵)라고 하는 술어조차 생기지 아니한 시대에서 '필름'은 여태까지도 신기한 발견품이요, 활동하는 사진으로서 단순한 오락의 대상에 불과하였다. 비단 조선만이 아니라 내지나 활동사진의 원산지인 외국에서 미처 '필름'이 예술이라고는 생각지 못했었다.

그러나 세계영화상에서 활동사진시대라고 부르는 시대를 서양과 내지에서는 다소간이나마 제작하는 것을 통하여 체험하였지만 우리 조선서는 그저 구경하면서 지내온 것이다.

그러므로 엄밀한 의미에서 말하면 조선영화사에는 활동사진시대라는 것이 있을 수 없을지 모른다. 구경만 하고 제작하지 않는 역사라는 것은 없는 법이다.

역사란 항상 만드는 것과 되어지는 일을 가리키는 말이요, 더구나 예술의 역사라는 것은 창조의 역사이기 때문이다.

그러므로 조선에 있어서 엄밀한 의미의 영화사는 당연히 제작의 개시로부터 비롯해야 할 것이다. 활동사진 시대라는 것은 영화의 전사(前史)시대일 뿐 아니라 우리에게 있어선 우리가 일찍이 관객이던 한 시대에 지나지 않는다.

2.

조선에서 영화가 제작되기 비롯한 것은 대정 7, 8년경 신파연극의 유행이 한고비 넘고, 한창 연쇄극(連鎖劇)이 수입되려할 때 극단에서 만든 연쇄극 '필름'부터이다. 신극좌, 혁신단, 문예단 등이 동경에서 내지인 기사를 데려다가 역시 내지의 신파연쇄극을 모방하여 몇 장면씩 박아가지고 연극의 장면과 장면 사이에 '스크린'을 내리고 비추어 본 것이 조선의 인상(人象) 풍물이 '스크린'에 나타난 시초다.

예전 무성시대의 촬영기사이었고, 지금은 녹음기사로 있는 이필우 씨 같은 이가 벌써 이 시대의 연쇄극 '필름' 촬영자였다.

그러나 연쇄극 '필름'을 우리가 영화라고 부를 수 없는 것은 활동사진을 영화라고 부르지 못하는 것 이상이다. 그것은 활동사진만치도 독립된 작품이 아니요, 연극의 한 보조수단에 불과하였기 때문이다. 결국 영화의 한 태생에 그치는 것이다.

독립한 작품이 만들어지기는 대정 9년에 이르러 취성좌 김도산 일행이 경기도청의 위촉으로 제작한 호열자 예방 선전영화와, 대정 10년 윤백남 씨가 체신국의 의뢰로 제작한 저축사상 선전영화 〈월하의 맹서〉로 효시를 삼게 된다.

그러나 이 두 작품으로 말하면 연쇄극 '필름' 정도는 아니더라도 완전히 독립한 영화라고는 말하기 어렵다. 전자가 만일 연극의 부속물이라면 후자는 관청의 광고지와 같은 한 선전수단에 지나지 않기 때문이다. 조선영화사를 말하매, 이 두 작품을 최초의 작품으로 매거(枚擧)하는 것은 그 제작의 동기, 작품의 내용은 여하간에, 다른 예술의 보조를 받지 않고 자체로서 완결되었기 때문이다.

좀 더 완전히 독립한 영화가 되기는 대정 11년 당시 황금관과 조선극장을 경영하던 흥행사 조천(早川)모(某)가 동아문화협회의 명의로 제작한 〈춘향전〉에서다. 이 영화에는 그때의 인기있는 변사였던 김조성이 출연을 하고, 기생이 출연을 하여 관객의 환영을 받았다.

원작이 유명한 『춘향전』인 관계도 있었고, 또 처음으로 대중적 장소의 '스크린'에 비치는 조선의 인물과 풍경을 보는 친근미가 대단히 관객을 즐거히 했던 모양으로 흥행에는 성공했다 한다.

이것을 계기로 부산에 조선키네마주식회사라고 하는 공칭자본 20만 원의 내지인 기업회사가 생기어, 안종화, 이월화 주연, 〈해의 비곡(秘曲)〉, 윤백남 감독의 〈운영전〉, 〈신(神)의 장(粧)〉 등의 작품을 만들었으나 회사는 기업적으로 성공하지 못했다. 조선영화는 아직 대규모 기업의 대상이 되기엔 심히 유치했고, 조선의 시장은 아직 미완의 시기에 있었기 때문이다. 요컨대 그들은 연극에선 신파극, 연쇄극의 융성과 영화로는 〈춘향전〉의 성공에 안목(眼目) 휘황하여 시기상조의 오해를 한 것이다.

작품으로 보면 〈운영전〉이 〈춘향전〉과 더불어 고대소설을 영화화한 의미에서 동일한 것이고, 〈해의 비곡〉과 〈신의 장〉은 하나는 연애극이요, 또 하나는 교훈극으로 모두 조선의 인정풍속을 영화로 본다는 이상의 흥미를 자아내는 것이 아니었다.

그러나 이 회사로부터 초창기 조선영화계의 주석(柱石)이 된 윤백남, 안종화, 이경손, 나운규, 남궁운, 이월화, 정기탁, 이규설 등의 제(諸)인재를 출세시킨 것은 있지 못할 숨은 공적이라 아니할 수 없다.

그 후 윤백남 씨가 독립 '프로덕션'을 경성에 창립하여 이경손 감독, 나운규 주연의 〈심청전〉을 제작하였다가 해산되었는데, 이 작품으로 조선영화가 좀 더 확실한 예술적 노선상에 오르는 감을 주었고, 또 윤백남 '프로덕션'은 그뒤 오랫동안 조선영화제작의 지배적 기구이었던 소규모 제작 모체(母體)의 선편(先鞭)을 친 것으로 의의가 있었다.

〈심청전〉은 같은 고대소설의 영화화라고 하더라도 〈춘향전〉이나 〈운영전〉에 비하여 제작태도가 진지하여 관중으로 하여금 비로소 조선영화를 호기심 이상의 태도로서 대하게 하였고, 또한 이 작품은 감독으로서의 이경손 씨와 천품있는 연기자로서 나운규 씨를 세상에 보낸 기념할만한 작품이었다.

그후, 이필우 씨가 당시 『조선일보』에 연재 중이던 인기 만화(漫畫) 「멍텅구리」를 영화화하였고, 고려영화제작소라는 곳에서 신파소설 〈쌍옥루〉를 만들었고, 또 전기(前記)한 동아문화협회에서 기생 강명화의 실기(實記) 〈비련의 곡(曲)〉과 〈흥부전〉 등을 만들었으나 모두 유치한 것이어서, 결국 흥행사의 기교주의와 열성있는 초기 영화인들의 맹목적 시험의 역(域)을 넘지 아니했다.

이경손 씨가 '윤백남 프로덕션'의 주인규, 남궁운, 김정숙 씨 등을 데리고 만들은 이광수 씨의 소설 〈개척자〉의 영화화도 역시 실패하였다.

계속하여 신소설의 작자로 또한 내지 신파소설 등의 번안자로서 초창기 조선문단에 공로자이었던 조일제 씨가 계림영화협회라는 단체를 일으켜 미기홍엽(尾崎紅葉)의 『금색야차(金色夜叉)』를 번안한 〈장한몽〉을 만들고, 뒤이어 윤백남 감독으로 내지의 검극조(劍戟調) 시대극 〈산채왕(山寨王)〉을 만들었으나 모두 성공치 못하였다. 더구나 〈산채왕〉은 예기(豫期)에 반(反)하여 흥행성적도 불량하여 이후 타인으로 하여금 검극조 시대극이라는 것을 다시금 시험할 욕심을 전연 포기케 할 만하였다.

이 협회가 의의가 있다고 하면, 조선키네마회사 이후 가장 많은 작품을 만들고, 또 오래 지속되어 부동무쌍(浮動無雙)했던 초기 조선영화계에 이의 태도의 토대가 되어준 점이 그 하나요, 또한 거의 전부라고 해도 좋으리만치 그 이후 조선영화계에서 활약한 영화인들을[107] 기른 점 또한 있기 어려운 점일 것이다.

이 시대는 조선영화사상에서 '프로덕션' 난립시대라고도 부를만치 실제 작품을 내기까지 이른 단체는 없어도 경성시내 웬만한 데면 'XX프로덕션' 혹은 XX영화제작소라는 간판을 볼 수 있을만한 형편이었다. 좌우간 영화에서 정열이 일반으로 비상히 팽창[108]했던 시대다.

그러나 작품으로 이렇다 할 만한 것이 남지 아니했다. 그저 돈 천 원만 마련될 듯하면 누구 제작, 제작, 하며 배우가, 감독이 되려고 영화를 하는 사람이 많던 시대다.

그러나 이 시대는 이로부터 올 좀 더 확고한 기초와 방향을 가진 조선영화의 준비를 위하여 은연중에 토대가 쌓아지고 있는 시대였다.

외국에서는 활동사진시대가 종언하고 예술로서의 영화의 시대가 전개되기 비롯하는 시대였고, 조선서는 소박하고 유치한 초창기의 맹목적 시험으로부터 점차 어떤 방향과 일정의 수준이 발견되려고 하는 전야(前夜)이었다.

3.
조선영화가 소박하나마 참으로 영화다운 게 되고, 또 조선영화다운 작품을 만들기는 대정 15년 나운규 씨의 원작, 각색, 감독, 주연으로 된 〈아

---

107 원문에는 "영화화인(映畵化人)"이라 되어 있으나 오식으로 보인다.
108 원문에는 "팽창(澎漲)"이라고 되어 있으나 "팽창(膨脹)"의 오식으로 보인다.

리랑〉에서부터다. 이 작품은 본정(本町) 모(某) 내지 상인의 출자로 된 '조선키네마 프로덕션'의 제작인데, 〈아리랑〉을 만들기 전 〈농중조(籠中鳥)〉라는 유행가 영화를 진수(津守)란 내지인 감독, 이규설 주연 나운규 조연으로 촬영하여 다행히 실패를 보지 않고, 또한 나운규라는 배우의 존재를 세상에 인식시켜 다음 작품을 만들 가능성이 있게 했음은 다행한 일이었다.

이렇게 해서 2회 작품으로 만들어진 〈아리랑〉은 절대한 인기를 득(得)하여 조선영화로서 흥행성적의 최초 기기(記記)를 만들었을 뿐만 아니라, 조선영화사상 무성시대를 대표하는 최초의 걸작이 된 것이다.

이 작품에 소박하나마 조선사람에게 고유한 감정, 사상, 생활의 진실의 일단(一端)이 적확히 파악되어 있고, 그 시대를 휩싸고 있던 시대적 기분이 영롱히 표현되어 있었으며 오랫동안 조선사람의 전통적인 심정의 하나이었던 '페이소스'가 비로소 영화의 근저가 되어 혹은 표면의 색조가 되어 표현되었었다.

그러므로 사람들의 이 작품에서 단순한 조선의 인상풍경, 습속 이상의 것을 맛보는 만족을 얻었다. 이 점은 조선영화가 탄생 이후 당연히 가져야 할 것으로서 미처 가지지 못했던 것을 사람에게 주었음을 의미한다.

뿐만 아니라, 이 작품의 성공은 그 내용에서만 아니라 형성(形成)과 기술에 있어서도 재래의 조선영화의 수준을 돌파한 데도 연유하였다. 이만하면 단순한 호기심에만 끌려 보아오던 관중은, 안심하고 조선영화를 대하게쯤 되었었다.

또한 이 작품을 통하여 일세(一世)의 인기 여배우 신일선을 세상에 내어놓아 여러 가지 의미에서 〈아리랑〉은 조선의 무성영화시대를 기념하는 '모뉴멘트'였다.

그 다음, 〈풍운아〉, 〈야서(野鼠)〉, 〈금붕어〉 등을 계속 발표하여 면면(綿綿)한 애수와 더불어 경쾌한 웃음, 울발(鬱勃)한 '니힐리즘'과 더불어 표표(飄飄)한 방랑성 등으로 연상되는 나운규조(調)라는 것을 이야기할만큼 그의 특징은 명백해졌고 그의 지위는 어언 조선영화계의 중심에 존재하였다. 그는 〈아리랑〉 이후 제(諸)작품에서 볼 수 있듯 인기배우만이 아니고, 좋은 '시나리오' 작가요, 또한 보다 좋은 연출자이였다.

이 몇해 동안은 실로 조선영화사상 나운규시대라고 이름해도 좋은 시대다. 사실 무성시대의 조선영화계서는 나운규 이상 가는 영화예술가는 나오지 아니했다.

간혹 이의를 말할 이가 있을지 모르나 나는 조선영화의 전(全)무성시대를 나운규 시대라고 말하고도 싶다.

그뒤 영화계는 '조선키네마 프로덕션'의 중지와 전후하여 얼마간 부진기에 들어갔다가 소화 6년[109]에 오랫동안 휴지상태서 있던 계림영화협회가 시인 심훈 씨의 원작 감독으로 〈먼동이틀 때〉를 강홍식, 신일선을 주연으로 제작하여 조선영화사상 드물게 보는 양심적 제작태도를 보였다. 그것은 서구의 문예영화를 접하는 듯한 것으로, 〈개척자〉를 만일 실패한 문예영화라면 〈먼동이틀 때〉는 비교적 성공한 문예영화라 할수 있었다.

여하간 이 작품은 확실히 〈아리랑〉과 더불어 기억해둘 우수작이다.

이와 전후하여 이규설 씨가 제작한 〈불망곡(不忘曲)〉, 〈홍련비련(紅戀悲戀)〉, 극동'키네마'의 〈괴인(怪人)의 정체〉, 대륙'키네마'의 〈지나가(支那街)의 비밀〉, 조선영화제작소의 〈운명〉, 그외 수종(數種)이 있으나 모두 언급할 것이 못된다. 그중 이경손 씨가 평양키네마'에서 제작한 〈춘희(椿姬)〉는 화면의 아름다운 영화였다.

그동안 소화 2년 경부터 상설관 단성사 영화부에서 인기있는 변사 김영환 씨가 〈낙화유수〉, 〈종소리〉, 〈세동무〉 등을 제작하여 관객을 끌었으나 이것들은 아주 속화(俗化)하고 상업주의화한 작품이었다.

이 시대에 나운규 씨는 '조선키네마'를 그만두고 독립 개인 '프로덕션'을 일으켜 역시 자기의 원작, 감독, 주연으로 〈잘있거라〉, 〈옥녀(玉女)〉, 〈사나이〉, 〈사랑을 찾아서〉, 〈벙어리 삼룡이〉 등을 제작하여 변함없이 인기를 득(得)하고, 자기의 예술적 성격을 유지해왔으나, 그도 차차 고조기를 지나온 감이 있어 '슬럼프'가 느껴지고, 당시 영화계의 일부에서는

---

[109] 〈먼동이 틀때〉가 개봉된 것은 1927년, 즉 소화 2년이다.

변하는 시대정세와 더불어 경향(傾向)영화에의 관심이 높아지고, 주로 신인들이 거기에 접근되어 있었다.

4.

안종화 씨가 주재하고 이경손, 김영환 씨 등 문단, 영화인이 관계하고 있는 조선영화예술협회의 연소(年少)한 성원(成員)과 좌익문화인들과의 합류되어 〈유랑〉, 그 뒤에 '서울키노' 〈혼가(昏街)〉, 〈화륜(火輪)〉 등이 만들어졌는데 이것은 모두 김유영 씨의 작품이었다.

나운규 씨의 작품이 다분히 '내셔널'한 경향을 가진 것이라면, 전자(前者)는 어느 정도 경향적인 의도를 가진 것이라 하겠다.

이것이 소화 3년부터 5, 6년경까지의 조선영화계의 상황인데, 일종의 내적 심열(心裂)의 시대이어서 신흥영화예술가동맹이라는 단체가 생기고, '시나리오'작가협회라는 것이 생기고 '카프'의 영화부가 생기고, 하여 새로운 동향이 활발하게 표면화되면서 조선서 처음으로 영화이론과 비평이라는 것이 생기어 서광제 씨 같은 이가 활발히 활동한 것도 이 시기다.

경향영화운동은 조직과 이론에 앞설 뿐으로 실제 창작활동이 상반(相伴)치 못하면서 소화 8, 9년경에 이르러 사회정세는 변하기 시작하여 이 운동은 퇴조되고, 다른 한편 나운규 씨와 같은 이도 또한 '슬럼프'의 빠져 여러 가지 작품을 만들었으나 전체로 조선영화는 진보하는 형적이 보이지 않았다. 나씨의 〈칠번통소사건(七番通小事件)〉, 〈종로〉 등은 〈아리랑〉 등에 비교도 아니되는 당시 성행하던 '깽' 영화의 졸악(拙惡)한 기능에 불과하였으며, 그것을 만회코자 시험한 〈아리랑〉 후편, 〈아리랑〉 3편 등도 모두 이 우수한 예술가의 저조를 구해주지 아니했다.

그뒤 오래 웅도(雄圖)를 품고 무연(無聯)한 세월을 보내던 안종화 씨가 '메가폰'을 들 기회를 얻어 〈꽃장사〉, 〈은하에 흐르는 정열〉, 〈청춘의 십자로〉 등을 제작하고, 중앙영화사 방한준 씨가 〈살수차(撒水車)〉, 이규환 씨가 〈임자없는 나룻배〉, 〈바다여 말하라〉, 박기채 씨가 〈춘풍(春風)〉을 제작하였으나 도루 새로운 시기를 획(劃)할 정도의 성과를 얻지 못했다.

그러나 이 3, 4년간의 침체 후, 소화 9년경부터 조선영화는 재건기에 들어가는 감이 있어서 기술적으로도 아주 새로운 시기를 개척하기 시작하였다.

감독도 윤백남, 이경손, 나운규와 같은 조선영화 초창기의 사람들이 점차로 제1선으로부터 퇴장하고, 이규환, 방한준, 박기채, 윤봉춘 등의 신인이 등장하기 시작했으며 전술(前述)한 바와 같이 안종화 씨가 연극으로부터 영화로 진출을 하고 있는 등 매우 다사(多事)했다.

또 배우에도 심영, 김한, 독은기, 전택이, 김일해 등 남우(男優)와 문예봉, 김소영, 김신재, 현순영 등의 여우(女優)에서 보는 바와 같이 새로운 '제너레이션'이 성장했다.

요컨대 소화 8, 9년간의 조선영화계는 '사일런트' 시대의 말기였고, '토키' 시대를 맞으려고 속으로 초조하던 시대였다.

당시의 조선영화가 직면한 임무는 하루바삐 '사일런트' 시대로부터의 해탈이었다.

이 시기는 벌써 외국영화는 물론, 내지영화가 완전히 '토키'시대로 이행한 때였다. 한 상설관에서 외국과 내지의 영화는 모두 '토키'인데 유독 조선영화만이 구태의연한 무성에 머물러 있다고 한 것은 기이했을 뿐만 아니라 관중으로 하여금 이것도 영화인가 하는 의문을 일으킬만큼 부자연하고 '아나크로닉'했을 것은 상상하고도 족한 일이다.

5.
최초의 조선 '토키'는 소화 10년 경성촬영소에서 이필우, 이명우 씨 형제가 제작한 〈춘향전〉이다. 이 영화를 통하여 조선어가 영화사상 처음으로 영화 '필름'에 녹음되어 보았다. 이 작품은 자못 세인(世人)의 환영을 받았다. 그것은 물론 초기의 조선영화(무성)가 받은 것과 마찬가지로 최초의 조선 '토키'라는 단순한 이유에서였다.

『춘향전』이란 소설이 무성, 유성을 물론하고 매양 조선영화의 출발점이 되었다는 것은 기이한 일이다.

그후 경성촬영소에서는 홍개명 씨의 〈아리랑고개〉, 이명우 씨의 〈장화홍련전〉, 〈홍길동〉, 한양영화사에서는 〈아리랑〉 3편을 '토키'화하였지만, 벌써 사람들은 최초의 토키 〈춘향전〉을 보는 것과 같은 관대한 태도만을 가지고 임하지는 아니했다.

단순한 '토키'가 아니라 어느 정도까지 외국이나 내지의 작품 수준에 접근하거나 혹은 조선 '토키'로서의 고유한 성격을 갖지 아니하면 아니 되게 되었다.

이러한 중요시기의 이규환 씨는 영목중길(鈴木重吉) 씨와 더불어 대구 성봉영화원에서 〈나그네〉를 발표하였다.

이 작품이 어느 정도까지 내지인의 원조를 얻었는지는 별문제로 하고라도 '토키' 시대에 들어온 조선영화를 비로소 반석의 토대 위에 올려놓은 작품임은 사실이다. 사람들은 〈아리랑〉을 볼 때와 같이 기뻐하였다. 이 사실은 기술에서만 아니라 내용에 있어서도 관중의 요구[110]의 한 부분을 만족시켜준 것을 의미하는 것이다. 또한 여우 문예봉 씨가 비로소 자기의 진심한 가치를 발휘해본 것도 〈나그네〉요, 당대의 여우 문예봉을 세상에 내보낸 것도 〈나그네〉다. 이것은 〈나그네〉가 실로 여러 가지 의미에서 조선영화사상에서 〈아리랑〉과 유사한 의의를 갖는 작품임을 의미한다. 이 작품에 대한 비평이 여하히 구구하고, 얼마마한 양의 결함이 지적된다 해도 '토키' 시대에 들어온 이후 조선영화중 아직 그 수준을 초월한 작품이 없는 우수작품은 부동의 사실이다.

'사일런트' 〈아리랑〉을 성공시킨 것과 같이 〈나그네〉를 성공시킨 것도 '리얼리즘'이란 사실은 명명(銘名)될 필요가 있다.

내용의 어느 부분에 가서 아무리 수긍하기 어려운 곳에 봉착하더라도 작자가 생활의 진실을 추구하는 경우에는 사람들은 감동을 받는 것이다.

이밖에 당시까지 조선에는 '토키' 외에 아직 '사일런트'가 제작되어 안종화 씨의 〈인생항로〉, 신경균 씨의 〈순정해협〉, 홍개명 씨의 〈청춘부

---

110 원문에는 "요영(葽永)"이라 되어 있으나 오식인 듯 보인다.

대〉등이 제작되어 '사일런트'와 '토키'의 병용(竝用)시대인 감이 있었으나 이 작품들을 최후로 조선영화사상에서 '사일런트'는 완전히 자취를 감추었다. 이때가 소화 12년이었다.

이 해에 기록할 만한 작품으로는 화가 안석영 씨가 기신양행에서 제작한 〈심청〉이 있어, 이 작품에서 안씨는 고대소설을 영화화하는 데 새로운 기축(機軸)과 더불어 영화의 회화적인 미를 보여주었다.

그뒤 본격적인 '토키'시대가 시작되어 제작도 왕성해져, 방한준 씨의 〈한강〉, 윤봉춘 씨의 〈도생록〉, 평론가 서광제 씨가 처녀 '메가폰'을 잡은 〈군용열차〉 등이 육속 발표되었다.

이때로부터 조선영화에 있어 부산의 '조선키네마회사' 이후로 오래 중절(中絶)되었던 기업화의 경향의 추진되어 조선 영화회사가 성립되어 제1회 작품으로 박기채 씨가 이광수 씨의 소설『무정』을 영화화하고, 뒤이어 이규환 씨가 원작, 감독으로 〈새출발〉을 제작하였고, 극연좌(劇研座) 영화부에서 김유영 씨가 〈애련송〉, 안철영 씨 〈어화(漁火)〉, 동양극장에서 〈사랑에 속고 돈에 울고〉, 방한준 씨가 〈성황당〉, 한양영화사의 〈귀착지〉, 최인규 씨의 〈국경〉 등이 제작되었으나 모두 '에폭'을 지을만한 수준에 이르지는 아니했다. 그러나 점차 '토키'화된 조선영화가 일반적으로 기술적 수준이 향상되고 있었던 것만은 움직일 수 없는 사실이며, 그중에서 조선의 감독들이 현저히 기술편중에 빠져 직장(職匠)화하려는 경향이 눈에 띄었다.

'사일런트' 시대를 어제같이 지나온 조선영화로서 우선 새 기술을 취득하지 아니하면 아니되는 사정을 생각할 때 수긍될 수 있는 사실이나, 조선영화의 건전한 발전을 위하여 기술과 더불어 예술을, 혹은 예술로서의 '조선토키'의 수준에 도달하기 위하여 이 한계는 하루바삐 벗어나야 할 것이다.

그것은 마치 완비한 기계설비와 커다란 생산기구를 필요로 하는 '토키' 시대의 조선영화가 이 이상의 발전을 위하여는 기업화의 방향을 가지 아니하면 아니되는 사정과 병행되는 것이다.

이러한 점에서 고려영화사가 근간 발표한 최인규 감독의 〈수업료〉,

〈집없는 천사〉와 전창근 감독의 〈복지만리(福地萬里)〉는 모두 작자의 예술적 성격이 서로 다른데 불구하고 흥미있는 비평의 대상이 될 것이다.

주위의 제(諸)사정이 여하간에 자기의 예술적 성격의 획득과 기업화의 길은 의연히 조선영화 금후(今後)의 운명을 결정하는 것이리라.

16. 「조선영화론」(『춘추』, 1941.11)

1.

극히 평범한 일이나 조선영화를 이야기함에 있어 먼저 일고(一考)를 요(要)하는 사항으로 조선영화의 생성에 관한 사정이란 게 있다. 물론 조선영화라는 것은 광범한 의미의 조선 근대문화의 일종이요 그것의 생성(生成)과 더불어 발생한 것이어서[111] 그것은 자명한 일이요 재고의 여지가 도무지 없는 사실이다. 그러나 지금 조선영화를 그 생성의 사정에 있어서 다시한번 돌아본다는 필요는 영화가 좌우간 편견을 가지고 생각되어지기 쉬운 때문이다. 영화에 대하여 이야기하는 제3자나 또는 영화에 즉(卽)하여 이야기하는 당사자나 누구나 영화를 특수화하려는 편견에 매력을 느끼기 쉬운 데는 물론 일정한 이유가 있다.

영화는 분명히 특수한 예술이기 때문이다. 인류의 모든 문화나 예술의 역사가 기천년이란 전통을 가지고 있음에 불구하고 영화의 역사가 반세기에 불급(不及)하는 전통을 가지고 있다는 사실은 문화사나 예술사상에서 도저히 생각할 수 없는 일이다. 하나의 고유한 형식과 의미를 갖는 문화나 예술이 반세기 미만에 형성된다는 것은 상상키 어려운 일이다. 함에도 불구하고 영화가 금일의 문화이고 예술인 것을 부정할 수는 없는 사실

---

111 원문에는 "것이서"라 되어 있으나 오식으로 보인다.

이다. 이 경탄할 사실이 오늘날 영화가 특수한 편견으로 접대되는 이유의 하나이면, 또 영화가 가지고 있는 산업성이라고 할까, 좌우간 영화의 생산과정의 특수성이 역시 영화의 역사를 다른 문화와 예술의 역사로부터 고립화시키려는 편견을 조장하는 다른 한 개의 이유인 것 같다. 나는 이러한 사정에 대하여 깊이 천착할 준비를 가지고 있지 않음으로 이상 더 자신을 가질 수는 없으나 그러나 영화가 발명되면서부터 오늘날에 이르기까지 문학과 맺고 있는 관계라든가 회화와 가지고 있던 교섭이라든가 혹은 연극과 음악과 교류하고 있는 여러 가지 사실을 일일이 연구해보지 아니한다 하더라도 조선영화가 조선 사람들의 근대생활을 토대로 하여 생성한 문화요, 그 위에서 형성되어온 예술의 하나이라는 엄연한 사실을 돌아볼 때, 영화가 편견으로 보아지고 고립적으로 생각될 이유라는 것은 소멸될 줄 안다. 더구나 조선영화의 장래라든가 방향을 독선적으로 생각한다든가 자의적으로 판단한다는 것은 책임있는 사유방법이라고 볼 수가 없다. 그것을 오락으로 생각될 경우도 있고 아주 오락물일 때가 있을지 모르나 그것은 조금도 영화만에 특색은 아니다. 문학도 연극도 음악도 경우에 의해선 오락과 취미의 대상일 수가 있는 것이며, 한걸음 더 나아가 모든 예술은 어느 정도로이고 사람을 즐겁게 하는 것이기 때문에, 일부러 영화만을 그렇게 생각하려는 태도는 영화를 애써 비하하려는 것이거나 그렇지 아니하면 일부러 영화를 일반문화와 예술로부터 분리하려는 온당치 아니한 기도라 아니할 수 없다. 이러한 경향은 대부분 영화에 관계하는 기업가에 의하여 지지되고, 또는 직접 그들 가운데서 발생하는 경향이나, 진실한 영화문화, 건전한 영화문화의 정신이란 것은 그러한 가운데서도 예술문화의 고유한 원칙을 지키는 것일 것이며, 또한 영화의 생성과정에 있어 그러한 조건의 개입이 숙명적인 한, 그러한 가운데서야말로 문화와 예술의 진정한 자랑은 자라나야만 할 것이다.

어떤 정도로이고 영화에 있어 문화와 예술의 이러한 정신이 살아있고 자라있기 때문에 조선영화의 역사란 것이 오늘날 존재한다고 말할 수가 있으나 그러나 조선영화가 여러 가지 방면에서 근본적인 전환기를 체험하고 있는 오늘날 유감이나마 나의 보는 바에 의하면 영화의 어느 조건보다도 영화의 생명의 원천이라고 할 조건에의 배려가 그중 부족한 것 같다.

다시 말하면 영화는 상품의 일종인 것도 사실이요, 오락의 대상인 것도 사실이요, 광고나 '프로파간다'의 수단일 수 있는 것도 사실이나 영화는 무엇보다 문화요 예술이다. 그것은 영화의 '알파'요 또한 '오메가'일 것이다. 그럼에도 불구하고 사람들이 영화를 상품이나 오락이나 수단으로는 생각하면서 어째서 문화나 예술로는 생각하는데 게으른 것일까? 여기서 만일 사람들이 영화에 종사하고 있는 이들의 문화적, 예술적 성실에 대하여 의심을 품을 수가 있다면 실로 불행한 일이요 부끄러운 일이 아닐 수가 없다.

여기서 우리는 여러 가지 대답을 예상할 수가 있고 또 들어온 경험도 있다. 영화는 우수한 기계적 설비가 없이는 높은 예술성의 표현을 기(期)할 수가 없는 것이요, 또한 시대의 새로운 방향에 맞추어서 조선영화는 재출발하지 아니하면 아니될 것도 사실이다.

우수한 기계의 설비를 위하여는 상당한 규모의 자본이 필요하고, 재출발을 위하여는 정신적 반성이라는 것이 필요하다. 이러한 조건은 현재 조선영화에 있어 치명적인 사실이다. 그러나 이러한 내외(內外)의 조건 가운데서 영화가 차지해야할 위치라고 하는 것은 의연히 문화로서이요 예술로서인 것을 망각해서는 아니 된다. 영리의 수단이라면 영화가 아니고도 족한 것이요, 광고의 방법이라도 역시 영화야만 한다는 이유가 없다. 영화가 제일 유리한 사실이요 영화만이 광고에 제일 효과가 있다고 하는 것은 영화 작가보다도 영화회사의 경리자(經理者)나 선전원의 역할에 속하는 일이다. 사실 어떤 의미에서든 불소(不少)한 자본을 단지 상품으로서의 영화를 생산하려고 하는 기업의 입장에서 볼 때 영화 작가라는 것은 우수한 예술가이기를 요망하는 것이요, 광고와 선전의 필요에서 영화의 생산에 관여하는 입장에서 볼 때에도 영화작가는 역시 탁월한 기능의 소유자이기를 희망하는 것이다. 그렇지 않으면 좋은 상품의 생산도 불가능할 것이며, 투철한 효과를 거두는 대중적 영향을 미치는 작품의 생산도 한가지로 불가능하기 때문이다. 고쳐 말하면 어떠한 조건하에서도 이곳의 영화라는 것은 우수한 문화, 탁월한 예술인 한에서만 장래를 가질 수가 있는 것이다.

그런 의미에서 조선영화를 이야기함에 있어 먼저 그것을 생성의 사정에 있어 일고(一考)할 필요가 있다는 말은 영화도 다른 순정(純正)한 근대문화와 예술과 같이 문화와 예술로서의 존엄과 시대에 대한 결코 천박치 않은 자각을 아울러 가져야 한다는 것을 강조하고자 하는데 주요한 의미가 있다.

2.

조선영화는 조선의 다른 모든 근대문화와 같이 수입된 외래문화의 일종이라는 것은 주지의 사실이다. 제작의 역사에 앞서 상영만의 역사가 한참동안 계속하였다는 사실도 영화의 역사를 다른 문화의 역사로부터 구별하는 근본적 조건은 아니 된다. 제작의 역사의 시작이라는 것이 문화적, 예술적인 자립의 시초라는 것은 물론이다. 즉 조선이 영화가 수입된 지 40년이 가까운데 불구하고 제작의 역사는 20년을 얼마 넘지 아니한다는 사실은 다른 문화나 예술의 역사에서는 보기 어려운 현상이다. 서구문학은 수입되면서부터 이내 창가나 신소설로서 제작의 역사를 시작했고, 음악, 미술, 연극이 모두 수입하면서 동시에 제작하기 시작한 것이다. 바꿔 말하면 제작하지 않고 감상만 하는 오래인 역사를 가진 것은 영화 이외의 다른 영역에서는 보기 어려운 현상이다. 이 사실은 분명히 조선 영화사의 한 특수현상이나 그러나 문학이나 연극이나 음악이나 미술의 초기 제작상황을 내부에 들어가서 본다면 감상만에 영화시대와 본질적인 차이는 발견할 수 없는 것이다. 영화와 같이 완전히 제작하지 아니하고 감상만 하지는 아니했다 하더라도 문학과 연극과 미술과 음악이 제작했다는 것은 초창기에 있어서는 일종의 감상에 불과했었기 때문이다. 다시 말하면 그 시대의 제작이라는 것은 창작이라기보다는 이식(移植)에 불과했다. 즉 그들의 제작은 순연한 외래문화의 모방행위에 지나지 아니했다. 그들은 모방함으로써 이식한 것이다. 그들이 어느 정도의 독창으로서의 제작을 자각하기 이전, 몰아(沒我)적인 기다란 모방의 시대는 영화에 있어 제작하지 않은 감상만의 시대에 필적한다 할 수 있다.

오직 각개의 문화와 예술의 영역에 있어 그 문화와 예술의 특성에 따라 이식행위는 역시 서로 다른 형태로 표현되었을 따름이다. 문학이나 음악, 연극, 미술은 제작하면서 그것을 모방함으로써 이식할 수 있었던 대신 영화는 단지 감상하는 것만으로 활동사진을 이식한 것이다. 요컨대 수동적으로 조선 사람이 외래의 근대문화를 받아들이기만 한 태도에 있어 영화와 다른 문화, 예술의 역사는 차이점이 없는 것이며, 그 시대가 장차 올 제작의 시작, 독창에의 자각이 준비되고 그 정신이 배태되는 과정이란 점은 역시 구별될 수 없는 것이다. 이러한 것은 조선영화를 생각하는 데서 중요한 견지의 하나이거니와 그 대신 유의할 점은 영화라는 예술이 먼저도 말한바와 같이 극히 어린 문화라는 점이다.

이러한 점이 조선에서도 영화가 다른 외래문화와 동시에 수입되었음에 불구하고 오랫동안 제작을 하지 않은 감상만의 시대를 만든 원인의 하나인데 주지와 같이 문학이나 그 타(他)의 예술이 모방을 통하여 그것의 왕성한 이식운동을 전개하고 있는 동안에 우리는 단순히 활동사진을 보고 있었던 데 지나지 않았다는 것이 영화사의 특색이다. 다시 말하면 활동사진은 존경할 문화와 예술이기보다는 진기한 발명에 지내지 아니했다. 그러나 서구문학이나, 음악, 미술, 연극 등은 결코 단순히 진기한 외래문화의 불과한 것은 아니었다. 그것은 분명히 존경할 문화와 경탄의 값어치가 있는 예술이었다.

문학과 그 외의 예술은 수천 년의 역사를 가진 찬연한 문화였으나 영화는 아직 활동사진이란 말에서 볼 수 있듯, 조선에 있어 영화의 수입기는 세계적으로서 활동사진의 발명시대에 불과했던 것이다. 그것은 아직 우리 낡은 문화의 전통을 가진 동양인에 있어 모방에 값어치가 있는 문화이지는 아니했던 것이다. 일본 내지(內地)의 영화사에 있어서도 제작의 역사에 앞서 긴 활동사진 감상만에[112] 시대가 선행했다는 것은 역시 이러한 데 이유가 있지 아니한가 한다.

이와 동시에 영화가 제작을 통하여 수입되지 아니한 이유는 또 한가지 조선에 있어 당시 활동사진을 제작할, 즉 제작해서 그것의 모방을 통하여 이식할 수 있는 여러 가지 조건이 결여되어 있었던 데도 원인한다. 여러 가지 조건 가운데 그중 추요(樞要)한 것은 아까도 조금 언급했던 문화전통의 문제다.

우리는 서구의 문화, 즉 근대문화가 수입되기 전에 이미 상당한 수준에 도달해 있던, 문학과 음악과 회화와 혹은 연극의 역사를 가지고 있었다. 따라서 문학이면 소설, 시, 음악이면 성악, 기악, 미술이면은 인물, 풍경, 연극이면 산대(山臺), 꼭두, 탈 등에서 볼 수 있듯 일정한 '장르'의 전통을 가지고 있었다. 그러므로 소설이면 소설, 시면 시가 서구의 그것과 여러 가지의 차이가 있다 하드래도 근본적으로는 소설로서 시로서 서구의 그 것을 이해할 수 있는 공통성을 가지고 있었고, 따라서 외래소설, 서구시의 이식은 자기 전래의 소설과 시의 형태를 개변함으로써 새로운 양식의 수립을 곧 착수할 수가 있었던 것이다. 문학에 있어 근대소설과 시의 선구가 된 신소설과 창가는 낡은 조선의 소설과 시가 근대소설과 시를 이식함에 있어 근소한 자기개변으로 능히 새 양식의 수립과정에 들어갈 수 있었다는 무엇보다도 유력한 증거가 아닐 수가 없다. 그밖에 모든 문화와 예술이 자기고유의 '장르'의 전통과 근대 서구문화와 예술의 이러한 공통성을 토대삼아야만 비교적 쉽사리 제작을 통하여, 즉 제작과정에서 일어나는 모방현상을 거쳐서 서구문화의 이식과정을 촉직시킬 수가 있었던 것이다. 그러므로 서구의 근대문화를 어느 정도로이고 받아들이어 그것을 소화할 수 있던 지방은, 즉 그것을 통하여 자기의 근대문화를 수립해 볼 수 있는 지방은 문화의 일정정도의 역사와 전통을 가진 지방만이 가능했던 것이다. 아미리가인도인(亞米利加印度人)이나 남양토인(南洋土人)은 그러므로 자기의 근대문화를 갖는 대신 아주 문화적으로 몰락해버리든가 그렇지 아니하면 근대문화를 수입함으로써 서구화해버리든가 양단간의 일

---

112 원문에는 "만에에"로 되어 있으나 오식으로 보인다.

자(一者)의 길을 걷지 아니할 수 없었던 것이다.[113] 이 사실은 먼저 말한 자기문화의 일정한 축적 없이는 서구의 근대문화를 이식해 들일 수 없는 사실과 공통하는 것이다. 그러므로 동양의 모든 지방이 서구의 근대문화 앞에 압도되어버리지 아니하고 능히 그것을 인식할 수 있었다는 것은 과거 동양이 상당히 높은 문화권이었음을 의미한다. 명치유신 이후 일본이 오늘날에 보는 바와 같은 자기화한 근대문화를 수립했다는 것은 다른 여러 가지 원인도 있으나 당사자들의 큰 노력과 더불어 과거에 일정정도의 고도문화를 가졌었다는 사실에 많이 의존하는 것이다.

헌데 영화는 조선에 들어와 이러한 이식과정을 밟을 무슨 공통한 토대라는 것을 조선의 문화와 예술사상에서 찾을 수 없었음은 물론이다. 그것은 발견된 문화이요 예술이었기 때문이다. 그러나 당시에 있어 영화라는 것은 또한 활동사진으로서 단순히 진기한 발명에 지나지 아니하여, 아직 문화와 예술로서 명확한 '장르'를 형성하지 아니했고, 또 그 가능성의 전망도 확연하지 아니했다는 사정은 조건을 더 복잡화시킨다.

즉 새로 발명된 진기한 활동하는 사진은 미국에서 볼 수 있듯 활동사진 그 자체를 구경시키는 외에 상업선전과 연극을 단편적으로 찍어보이는 데서 출발하지 아니할 수 없었다.[114] 요컨대 그 자체으로서의 발전보다도 기존한 다른 문화의 재현으로 영화는 자기의 최초의 활로를 삼은 것이다. 내지에서도 초기 활동사진은 상업선전과 가무기(歌舞技) 신파극의 단편을 찍는 것으로 출발한 사정도 여기에 원인이 있다.

그러나 상업선전이라든가 연극의 단편을 촬영한다는 것은 상업의 은성(殷盛)과 연극의 흥륭을 전제로 하지 아니하면 아니 된다. 상업의 은성과 연극의 흥륭은 또한 근대문화의 어느 정도의 발달을 토대로 하지 아니해서는 불가능한 것은 주지의 사실이다.

활동사진수입기의 조선에 이러한 토대가 없었던 것도 사실이요 그것을 토대로 한 근대문화가 어느 정도의 발달을 보지 못한 것도 사실이다.

---

113 원문에는 "아니할 수밖에 없었던 것이다"로 되어 있으나 오식으로 보인다.
114 원문에는 "아니할 수밖에 없었다"로 되어 있으나 오식으로 보인다.

상업의 근대화도 연극도 겨우 활동사진과 시대를 비슷이 하여 수입된 데 불과한 형편이었다. 내지는 이와 달라 강호(江戶) 말기의 교역과 외래문화의 수입, 그에 뒤따르는 명치유신으로 이러한 조건은 활동사진의 수입에 훨씬 선행했던 것이다. 내지가 조선과 달라 활동사진시대에 제작의 역사를 가져보았다는 것은 순전히 이러한 우월성에 기인하는 것이다. 반대로 조선의 활동사진 시대가 전혀 감상시대에 끝났다는 것도 이러한 열세에 연유하는 것이나, 조선에 있어 활동사진이 제작될 수가 없었던 이유로, 그것을 제작하는 자본의 결여가 또 하나 고유한 사회적 조건이 되나, 그보다도 큰 문화적 조건은 연극적 전통의 빈약에도 있었다.

내지영화의 금일을 지배하는 시대극과 현대극이 그 단초에 있어 가무기(歌舞技)와 신파(新派)에 연원을 가지고 있다는 것은 부정할 수 없는 사실인데, 영화가 예술 혹은 문화로서 자기 고유한 '장르'를 개척하기 전 즉 주로 오락물로서의 지위를 우선 개척하지 아니할 수 없는 시대에 연극에 많이 의거했다는 사실은 불가피한 일이었다. 즉 연극의 존재라는 것은 영화의 제1기를 밑받치는 토대였기 때문에 조선에 있어 모든 예술 가운데 연극의 역사가 제일 빈약했다는 사실은 조선에 있어 영화의 제작의 역사를 오래도록 시작하지 못하게 한 주요한 문화적 조건의 하나다.

이러한 조건 가운데서 조선의 영화, 구체적으로는 활동사진시대의 영화가 먼저 연극의 무대와 무대 사이를 잇는, 연쇄극 '필름'으로 촬영된 것은 당연한 운명이요, 최초의 독립한 작품이 신파극인에 의하여 만들어진 관청의 위생선전작품이었다는 것은 자본이 빈약한 지방의 필연적인 사실이라 아니할 수 없다.

3.
그러나 관청의 선전사업이 앞으로는 몰라도 여태까지 혹은 대정 7, 8년 당시에 주로 영화에 의한다는 것은 불가능한 일이요 또한 영화 자체가 관청영화를 주축으로 하여 발달할 수 없다는 것은 영화가 문화로서 혹은 예술로서의 자각을 꾀하는 데부터 역시 당연한 체결(締結)이라 아니할 수 없

다. 맨 먼저의 조선영화는 그러므로 유력한 자본의 원호 없이 독력으로
자기의 길을 개척하지 아니할 수 없었다. 더구나 연쇄극이 쇠미하고 내지
의 활동사진업의 수익에 현혹하여 반(半)투기적으로 관여했던 내지인의
흥행자본이 손길을 거둔 뒤 연소(年少)한 영화작자들은 근소한 자기의 자
력(資力)과 유치한 자기의 지력(知力)에 의지하는 수밖에 없었다. 이 사업
은 분명히 그다지 행복된 상황은 아니었다. 그러나 이들로 하여금 무모에
가까운 용기와 모험에 가까운 행동으로 부른 것은 개개인의 경우에 있어
그 직접의 동기가 자못 구구할 것이나 근본적으로다 다른 모든 문화영역
을 지배하고 있던 문화의 정신이라고 할까 예술의 의욕이라고 할까 좌우
간 영화를 자기표현의 예술적 수단으로서 형성하려는 정신에 근저를 두
고 있는 것만은 사실이다. 조선영화 150본(本) 가운데 149본까지가 태작
이라고 하더라도 여태까지의 조선영화의 근본동력이 대범(大凡)하게는
이곳에 있었다고 봄이 공평한 관찰일 것이다. 이러한 사정은 예술에 있어
행복된다고는 못할지라도 심히 호적(好適)한 조건이라고 아니할 수 없다.
태작을 만듦으로써 실패를 거듭함으로써 그들은 조선영화의 성장에 참
여했던 것이다. 바꿔말하면 예술가로서 그들은 비록 실패하고 태작한 경
우일지라도 제3자의 율제(率制)를 받음이 적게 자기의 의도를 표현할 수
있었던 것이다. 그들은 자기의 실패를 후회하지 아니할 수 있었던 것이
다. 오직 우수한 기계설비가 그들을 도와주지 아니한 것이 한(恨)될 따름
이다. 그러나 생각하면 자본의 유력한 원호를 받지 못했다는 것은 비단
영화에 한하는 사실이 아니다. 문학도 연극도 음악도 미술도 그 은혜를
몽(夢)할 수는 없었다. 그것은 조선의 모든 근대문화의 공통한 환경임에
지나지 않는 것이다.

그러나 자본의 은혜를 몽하지 못한 대신에 그 폐해를 받지 아니했다는
사실도 역시 망각될 수 없다. 그러므로 조선영화는 어느 나라의 영화와도
달리 자본의 원호를 못 받는 대신 자기 외의 다른 인접문화와의 협동에서
방향을 걸었다. 연쇄극서 주지와 같이 영화는 연극의 원조자로서 등장했
었으며 그 다음에는 자기의 자립을 위하여 가장 많이 문학에 원조를 구하

였다. 전통적인 고소설은 조선영화의 출발에 있어 무성시대의 개시와 음화(音畵)로의 재출발에 있어 한가지로 중요한 토대가 된 것은 의미심장한 일이다. 고소설은 조선영화의 출발과 재출발에 있어 그 고유한 형식을 암시했을 뿐만 아니라, 풍부한 내용을 제공했다. 혹은 무성과 음화의 두 시대를 통하여 근대화된 조선소설은 직접으로 그 형식과 내용을 통하여 중요한 것을 기여한 외에 간접으로도 이것에게 준 기여라는 것은 높게 평가해야한다. 그 중요한 예로서 우리는 나운규의 예술을 들 수가 있다. 그의 주지와 같이 조선영화가 최초로 타자의존에서 독립해본 성과이며 또한 여러 가지의 조선영화 중 그중 자립적인 영화정신이 농후한 조선영화라 할 수 있다.

그러나 나운규의 예술을 특징지우는 분위기, 고유한 열정이란 것은 일반적으로는 그가 시대를 통하여 호흡한 것이나 구체적으로는 문학을 통하여 혹은 그 여(餘)의 예술과 문화를 통하여 형태를 가진 것으로서 받아들였을 것은 의심할 여지가 없다. 더구나 그의 전작품계열 가운데 들어있는 문학작품의 영화화는 말할 것도 없거니와 그밖에 전작품 가운데서 그가 구사한 성격은 직접으로 당시의 문학작품과 깊은 관계를 맺고 있는 것이다. 이것은 조선에 있어 영화가 고립해있지 아니했던 증거이며 근대문화의 중요한 영역의 하나로서 영화가 존재했던 그 역(亦) 중요한 증좌다. 이러한 관계는 비단 나운규의 예술에만 고유한 현상이 아니다. 그밖에 작가에 있어, 또는 조선영화의 중요한 시기에 있어 문학은 의뢰할 후원자로서 반성(反省)된 것이다. 그 반면 조선영화의 다른 타자의존, 즉 외국영화의 모방도 여기서 일언해 두지 아니하면 아니 된다.

어떻게 말하면 조선영화는 조선의 문학이나 그 타(他)의 예술에 의지한 것 이상으로 외국영화에 의존하고 있었다고 말할 수가 있다. 그것은 주로 기술적 이유에 의한 것으로 당연한 현상이라 아니할 수 없다. 그것은 문학이나 그 외의, 문화예술이 서구의 그것을 모방하고 추종한 것과 조금도 사정이 다르지 않다. 그러나 여기서 거듭 주의할 것은 조선영화의 이러한 내부적 동향이란 것이 전혀 자본의 원조를 받지 못한 대신 그의 폐해도 입지 아니했다는 사실이다.

이러한 자유는 조선영화의 성격을 어느 정도로 독자화하여 가까운 예만 하더라도 일본영화보다 훨씬 이질적인 물건을 만들 것이다.

내지의 어떤 작가는 조선소설을 내지의 그것에 비하면 서구적인 데 가깝다고 한 일이 있거니와 영화의 영역에서도 이점은 통용될 듯하다. 이것은 물론 그 소박한데 있어 진실하고 치졸함에 있어 독자적이나 이것은 시정해야할 결함이면서 성육되어야할 장점이라고 나는 생각한다. 내지영화를 통하여 조선의 영화가 배운 것은 물론 막대할 것이나 그것의 직접의 '이미테일'은 아직 현저하지 아니한 것이다. 그것은 마치 문학이 일본문학을 통하여 서구문학을 배운 것처럼, 그것을 통하여 서구영화를 배웠기 때문이다.

이러한 제점(諸點)은 여러 가지의 조선영화의 근본성격이라고 할 수 있는 것으로 음화가 된 뒤 여러 가지로 세분할 수 있는 제경향(나는 다른 기회에 이점에 저촉(抵觸)해 보고자 한다) 가운데서 의연히 보지(保持)돼오는 저류로서 이것은 발전여하로서 장래 조선영화의 가장 독자적인 성격 내지는 가치있는 요소가 될 수 있는 것이다.

헌데 먼저도 말한 바와 같이 조선영화는 방금 여러 가지 이유에 의하여 고도의 통일적 기업화의 관문에 들어서기 시작했으며 또한 하나의 근본적인 전환기를 체험하기 시작한 오늘 우리의 영화작가들은 커다란 시련 하에 섰다고 보지 아니할 수가 없다. 거기서 내가 말하고자 하는 것은 그들이 자기의 선행자들의 업적에 대하여 신중해야 할 것이며, 또 스스로의 길에 대해서도 예술가인 외에 다른 도리가 있을 수 없는 점을 강조하고 싶다. 그밖에 일은 각기 그 방면의 적임자가 수행할 것이기 때문이다. 그러므로 조선영화를 문화로서 예술로서 생각할 당사자가 어느 사이인가, 그외의 것만에 관심이 이산(異散)하고 있는 듯한 인상을 주는 것은 결코 아름다운 일이 아니다. 그것은 나쁘게 말하면 허영이거나 호사벽 이외의 다른 것이라고는 말하기가 어렵기 때문이다. 기업가도 국가도 사회예술가에게 구하는 것은 항상 성실이라는 것을 잊어서는 아니 된다.

성실을 통해서만 기업엔 이윤을, 국가에는 충성을, 국민에겐 쾌락을 그
러고 자기는 성과를 각각 주고 차지하는 것이다.

17. 「영화의 극성(劇性)과 기록성(記錄性)」(『춘추』, 1942.2)

　영화를 보러가는 것이 시정(市井)의 한 풍습이 된 데는 물론 단순하지
않은 이유가 있을 것이다. 사람에 따라서는 친구를 만나는 장소로서 영화
관을 택할 수도 있는 것이요, 어떤 경우엔 단순한 오락을 취해서 가벼운
기분으로 영화관으로 발을 옮기는 수도 있을 것이다. 일요일날 영화관이
만원이 되는 이유는 주로 후자의 경우일 것이요 영화관이 번호를 붙인 의
자와 넓은 낭하를 가진 것은 오로지는 아니라 하더라도 대부분 전자의 요
구를 고려에 넣은 데서 연유했을 것이다. 이렇게 말하는 나 자신도 태반
은 이러한 필요라기보다도 그러한 계제로 많이 영화관에를 가게 되는 것
인데, 그러면 영화관이란 한낱 사교장 오락장에 지나지 아니하는 것일까?
이러한 의향(疑向)은 의외로 많은 사람의 관심하는 바가 되지 아니하는 것
같은데, 거기에는 또한 아래와 같은 이유가 있지 않을까 한다.
　첫째는 영화라는 것을 극히 경시하는 사회의 사람들과, 둘째는 영화의
'팬'이라고 하는 사람들이 그러한 관심으로부터 양극단에 서로 떨어져있
어서, 전자는 영화와 너무 멀기 때문에, 후자는 또한 너무 가깝기 때문에
그러한 의문을 일으키지 아니하는 것인지 모른다.
　이 가운데 영화를 직업으로 하는 이 혹은 직업으로 하려는 이들, 즉 영
화관을 자기의 일터, 혹은 학교로 생각하는 소수의 진지한 관객이 들어있
는 것은 사실이다. 그러나 영화관에 있어 중요한 의의를 갖는 관객은 역
시 전기(前記)한 두 층의 사람들이다. 호불호간 그 사람들을 위하여 영화
는 만들어지고, 또 사람들에게 향수되어서 비로소 영화는 실제로 공중 앞

에 나아가는 것이기 때문이다.

그러면 영화관이라는 것은 관객들이 사교장으로, 혹은 오락장으로 이용하든 어쨌든간에 먼저도 잠깐 말한 것처럼 영화가 비로소 공중의 면전에 나가는 장소, 다시말하면 영화를 제작하는 사람의 꾀에서 볼 때 거기는 자기의 예술이 발표되는 신성한 장소다. 이러한 장소가 사교장이나 오락장으로 이용된다는 것은 불쾌한 사실이 아닐 수 없으나, 그러나 소설책이 심심한 사람의 파적거리가 되고, 회화가 비인 벽면을 장식하는 도구로 쓰여지는 경우를 생각할 때 또한 그리 경이한 현상도 아니다. 연극이 예전부터 사교와 오락에 중요한 장소가 된 역사도 있는 것이다.

그러나 이상한 점은 서적이나 회화나 극장 등 어느 것에 비하여도 영화관이 현대생활에서 그런 의미로 이용되는 기회가 압도적으로 많은 것이다. 그것은 영화관이 시중의 가기 쉬운 곳에 있다든가, 입장료가 저렴한 까닭이라든지, 또는 거기의 분위기가 일종의 도시적인 매력을 가지고 있다든가의 여러 가지 이유가 있겠으나, 이러한 제조건이 있게 한 근원은 역시 영화 그 자체 가운데 있다고 밖에 볼 수가 없다.[115]

즉 영화란 가장 현대적인 예술인 때문이다. 소설은 말할 것도 없거니와 현대에 있어 영화는 분명히 신문보다도 훨씬 더 많은 수요자를 가지고 있는 것이 사실이다. 이러한 영화의 현대성이란 무엇일까? 다시 말하면 신문보다도 더 많은 관중에 의하여 향수되는 이유가 무엇일까? 물론 영화의 가지고 있는 대중성 때문일 것이다. 그러나 대중성이란 모든 예술이 가지고 있는 향수표(享受表)와의 교섭면이기 때문에 영화의 현대성을 이야기하는 내용은 되지 아니한다. 허나 될 수 있으면 많은 사람들에 의하여 친애되고 이해될 것을 요구하고 있는 제예술이, 본격적으로 자기의 수요자와 접근하는 수단이, 될 수 있으면 그들로 하여금 최소한의 예비지식만으로도 알 수 있는 조건을 발견하려고 노력하는데 있다는 사실을 생각할 때, 영화는 이러한 조건 중 가장 우수한 자(者)를 가진 예술임을 직각(直覺)할

---

115 원문에는 "있다"로 되어 있으나 문맥상 "없다"가 맞다고 생각된다.

수 있다.

　영화는 '스크린'이 보이는 것을 미리 알고 있는 사람이면 누구나 이해할 수 있는 것이 영화의 원칙일 것이다. 토키가 되면서 듣는 것이 중요한 위치를 차지하는 것 같으나 역시 음(音)은 영화에서 보는 것의 보조수단에 불과한 것이다.

　영화에서 닭이 나왔으면 그런 닭은 본 일이 있는 사람이면 알 수 있는 것이 영화 향수(享受)의 최초의 예비지식이 아닐까?

　이렇게 생각하면 여태까지 제예술과 민중과의 사이를 그것을 향수하는 여러 가지 예비지식 때문에 괴리시키던 장벽은 영화에 와서 최소한으로 헐려졌다고 말할 수가 있다.

　영화가 활동사진이라는 낡은 공업적 명사가 이야기하듯 운동하는 사진인 의미, 더구나 말하고 돌리며 운동하는 사진인 점에서 입체감과 해감(解感)이 없을 뿐, 직접으로 사람은 자기의 오관(五官)만으로 이해할 수 있는 유일의 예술이 되지 아니할 수 없다.

　바꿔말하면 모든 예술 가운데서 영화란 가장 힘들이지 않고 즉 자기의 이미 가진 바 여러 가지 까다로운 예비지식을 동원하지 아니하고 향수할 수 있는 예술이다.

　이것이 영화의 현대성의 일견 평범하면서도 또한 심오(深奧)에 철(徹)하는 비의(秘義)일 것이다.

×

　그러면 모든 예술이 이른바 궁국(窮局)의 지점인 예술적 진실이라는 곳으로 들어가기 위하여 대상의 여실(如實)한 묘사에서 시작하는 것과 마찬가지로 영화도 영화야말로 먼저 여실히 보이는 데서 시작하지 아니하면 안될 것은 자연스런 일이다. 여기에서 영화의 시각적 사실성(寫實性)이란 것이 어떠한 예술에서보다도 준엄하게 요구되지 아니할 수 없다. 어떤 사람이 말한 것처럼 소설같으면 그러한 것을 묘사하면 소위 '트리비얼리즘'[116]에 떨어져서 보잘 것 없을 것이 영화에서는 참신한 예술성을 나타내이는 경우가 있다. 그러한 점에서 기록영화 내지는 문화영화라는 것의 존재이유가 설명되는 것인데 여기에 이야기하고자 하는, 전창근 씨의 작품 〈복지만리〉를 보고 사람들이 기록성이 있다고 한 말에는, 이 이채있는 조선영화를 이해함에 있어 맨 첫 번의 관문을 여는 의미가 들어있지 않은가 한다. 시각적 사실성이란 것은 우선 사진(寫眞)적인 기록으로서의 정확성을 전제로 하지 아니할 수 없다. 닭이면 닭, 수목(樹木)이면 수목으로서의 정확한 영상을 제공해주지 아니하면 안 될 것은 중언할 여지가 없다. 그러나 모든 예술의 여러 가지 수단에 의한 대상의 사실적 재현이 결국은 표현의 한 수단에 경지를 넘지 못하는 것과 마찬가지로 영화의 사실성(영화에 있어 시각적 사진성이란 것은 그 실은 기계적인 사진성이다)도 역(亦) 영화적 표현의 한 수단 이상의 의미를 갖지는 못할 것이다.

그러므로 극영화인 〈복지만리〉가 기록적인 것으로 특징을 나타내었다는[117] 말은 두 가지 의미로 해석할 수 있다.

하나는 이 작품의 작자가 영화를 그 본래의 성능에 있어서 이해하려고 노력했다는 점이다.

즉 '멜로드라마'의 영화화라든가, 삼면기사(三面記事)나, 통속소설의 재현이라든가 하는 안가(安價)한 의식으로 제작에 임한 것이 아니라 영화를 고유한 의미를 가지고 있는 예술로서 그가 자기의 표현세계에서 구사해 보려고 한 의도를 엿볼 수가 있다. 극영화가 과연 기록영화적인 기록성은 어느 정도까지 살릴 수 있느냐 하는 것은 나의 단언할 바가 되지 아니하나, 그러나 영화란 예술의 고전(그것이 만일 있을 수 있다고 가정하면)을 반드시 미국이나, 내지의 영화에만 구할 필요도 없는 것이요, 또한 기록영화와 극영화란 반드시 만리의 장성을 격해 가지고 있는 것이 아니리라는 것이 나의 영화관(觀)의 일단이다.

기록영화의 예술성이라는 것과 극영화의 예술성이라는 것이 완전히 동일물은 아니라 하더라도 또한 전연의 별개물은 아니라는 것은 현재 우

---

116 원문에는 "튜리알리즘"으로 되어 있는데, 문맥상 "트리비얼리즘(trivialism)"이 맞다고 생각된다.
117 원문엔 "나타내었다면"으로 되어 있음.

리가 상상할 수 있는 문제다.

서사시가 일면에 있어 사실(史實)이면서 타면에 있어 소설이고 연극일 수 있는 것과 같이 기록영화의 예술성은 장래 극영화의 예술성의 가치를 결정하는데 있어 모순하지 아니할뿐 아니라 오히려 중요한 지위를 요구할 날이 있지 아니할까. 이점에서 우리는 '호머'[118]의 서사시가 고(古) 희랍[119]의 역사이었다는 사실만 아니라 발자크의 소설이 시민의 운명을 표현하는 일면 불란서의 풍속사이었다는 점을 상기할 필요가 있다.

비록 〈복지만리〉의 작자가 이러한 시험에 있어 성공을 거두지 못하겠다고 하더라도 이작품의기록성이라는 것은, 미국이나 내지의 '멜로드라마'를 준거삼아 일소(一笑)에 부(付)할 무가치한 것이 아님을 주의해둘 필요가 있다.

허나 다른 한편 〈복지만리〉에 대한 기록성이란 비평이 솔직히 함축하고 있는 바와 같이 그 말은 이 작품이 극영화로서 충분히 통일되지 아니했다는 데 대한 비난의 의미를 갖는다. 대체로 기록성이란 것이 극영화에 있어 어느 정도로 필요로 한지(전언한 바와 같이 미국과 내지에 있어서 이 점은 완전히 무시되어있다)는 물론 단언키 어려운 바이나, (전하는 바에 의하면 기록성을 가진 극영화라는 것은 〈차파예프〉[120]란 소련영화와 같이 서사시의 길로 접근한다) 그러나 '드라마' 전체의 유기적 구성부분인 경지를 넘을 수 없다는 것만은 자명한 일이다.

극영화의 유기적 구성부분으로서의 기록성이라는 말은 심히 추상적이나 이 말 가운데는 극영화 가운데서 기록성이 점유하는 지위 내지는 그 한계라는 것에 대한 어느 원칙적인 규정이 암시되어 있음은 부정할 수 없다. 그 한계 내에서 볼 때 기록성이란 것은 주제에 대하여 하나의 표현수단 이상의 의미가 부여될 수 없는 것도 자명한 일이다. 극영화에 있어 주제의 표현수단으로서의 기록성이라는 것은 결국 먼저 말한 시각적사실

---

118 원문에는 "호-버"로 되어있으나 문맥상 "호머"라 생각된다.
119 원문에는 "희망(希望)"으로 되어 있으나 문맥상 "희랍"이라 생각된다.
120 〈Chapaev〉(Georgi Vasilyev, Sergey Vasilyev 감독, 1934)

성사진성[121]을 의미하게 되는데, 이 시각적사실성사진성이란 것은 여태까지의 영화에서 볼 수 있듯이 현실의 직접의 사진인 경우와 또 그 인공적 재현인 두 가지의 경우를 상상할 수가 있다. 대별하면은 자연을 그대로 화면에 넣을 때와 인공에 의하여 재생산된 것을 넣을 때로 볼 수 있는데, 쉬운 예로 '로케이션'과 '스튜디오'의 촬영의 경우에서 이 사실은 쉽사리 알 수가 있다.

그러나 이 두 경우에서 다같이 통용은 원리는 주제에 대하여 그것들의 모두가 표현수단으로서의 의미 내에 한정되어 있는 점이다.

그러므로 주제에 대하여 개개의 표현수단은 주제의 전개, 그것은 선명(鮮明)을 위하여 봉사하지 아니하면 아니 된다. 그러면 '복지만리'에 대하여 기록성이란 말이 비난의 의미를 정(呈)하는 것은 일반적으로는 기록성이 '드라마' 전체의 유기적 구성부분으로서의 긴밀성을 덜 가졌다는 의미요, 구체적으로는 주제의 전개와 해명에 있어 충분히 표현수단으로서의 과무(課務)를 기록성이 다하고 있지 못하였다는 것을 의미하게 된다.

벌목, 제주(製舟), 경작 등의 '다이나믹'한 기록, 혹은, 씨름, 혼인, 내지는 만주광야의 아름다운 풍물지(風物誌)가 모두 그 자체로서 흥미있는 기록적인 소재이었음에 불구하고, 〈복지만리〉에서 작자가 설정하고 추구하는 주제의 전개와 선명에 있어 긴밀하게 연결되어 있지 아니했다는 말은, 고쳐말하면 〈복지만리〉라는 '드라마'속에 그 소재들이 단편화되어 있었다는 것을 의미한다. 이위에 열거한 약간의 장면이 전혀 주제의 전개와 무관계하게 나열되어 있었다고 하는 것은 〈복지만리〉에 대한 과도한 비난이나 그러나 그 장면들이 주제를 선미(善美)하게 살리지 못하고 있음은 사실이다. 다시말하면 차등(此等)의 기록적 소재는 주제에 대하여 덜 유기적이었다.

이 점을 가지고 〈복지만리〉의 문학적 내지는 작극술상의 기술적 결함이라고 단정해 버리는 것은 대단히 용이한 일이다. 그러나 〈복지만리〉에

---

121 원문에 이렇게 띄어쓰기 없이 붙여놓은 것("視覺的寫實性寫眞性")을 그대로 살린다.

있어 주제와 소재와의 충분한 조화의 부족은 기술보다도 다른 곳에 구할 필요가 있다. 왜그러냐 하면 작자는 분명히 다른 영화작가들이 '멜로드라마'를 중시하는 대신 이 작자는 그것을 의식하고 피했고, 또한 극영화와 기록성의 결합이란 것이 의식적으로 중시한 흔적은 일목에 요연하기 때문이다.

누구나 알 수 있던 〈복지만리〉의 주제는 일단(一團)의 조선농민이 향토를 떠나, 내지의 노동시장으로 갔다가 다시 조선으로 건너와 국경 가까운 데서 벌목인부로 생활하다가 만주광야로 떠나가서 다시 농민으로 돌아가는 과정을 그린 것은, 이 이야기 속엔 드라마보다가 하나의 역사적 기록으로서의 의미가 더 중요한 지위를 차지하고 있다. 그들의 행정(行程)을 만일 운명으로서 표현한다면 단연 이 작품은 서사시로서의 성격을 정(呈)하게 될 것이다. 이러한 주제의 작품이 역사적 기록성에다가 풍토지적 기록성을 표현수단으로 택하는 것은 당연한 이로(理路)에 속하지 아니할 수 없다.

그럼에도 불구하고 이 작품의 기록성이 의연히 주제의 전개와 해명에 있어 단편적으로 관자(觀者)에게 인상주어지는 이유가 어디에 있을까?

×

나는 그것을 두 가지 방면에서 찾는다. 첫째는 〈복지만리〉 가운데서 작자의 추구하고 있는 주제가 충분히 명확하지 못했다는 데서 구하지 아니할 수 없다. 전언한 바와도 같이 이 작품은 분명히 서사시적 요소를 가지고 있음에 불구하고, 서사시적 출발, 내지는 행정(行程)(그것은 동양에 있어 20세기적인 민족이동의 중요한 표현의 하나다)의 근저가 될 등장인물들의 표박(漂迫)의 동기에 대하여 충분히 묘사하지 못했고 ─(혹은 작자에 있어 그것은 묘사불가능에 속했을지도 모른다) ─또 작품 속에 들어가서는, 내지에서 떠나오는 동기, 무산(茂山)서 떠나가는 동기가 충분히 관중을 납득시킬만큼 현실적으로 핍진하게 그리지 아니했던 때문이다. 속된말로 그때그때마다 떠나지 아니할 수 없는 쓰라린 사정의 묘사만이 그들의 행동의 진실성을 부여하고 나아가 그러한 장면의 감동성을 주게 되는 것은 작자나 관중에게 있어 자명한 일이었을 것이다.

예를 들면 등장인물중의 한사람이 부주(符舟)를 타고 만산(滿山)을 떠나 강을 건너는 장면은 〈복지만리〉 가운데 가장, 감동적인 장면의 하나인데, 그 감동을 일층(一層)시키기 위하여는 그들의 명랑(明朗)의 깊은 '페이소스', 내지는 그것으로 보이지 않게 결과하는 그들 전체의 비길데 없는 분위기의 묘출이 결정적으로 필요했음에 불구하고 이 작자는 그러한 것을 충분히 하지 못했다. 이것은 비단 기술만의 문제에 그치는 것이 아닐 것이다.

둘째는 등장인물의 일단의 생활이 충분히 고려되어있지 아니했다. 바꿔 말하면 약간 공식적(公式的)으로 취급되었다. 그 증거는 등장인물들을 작자는 획일적인 집단으로만 보려하고, 각개의 개성으로 보려 하지 않았다. 개성을 통해서만 인물이 산다는 것이 이러한 종류의 예술의 통칙(通則)이라면, 인물이 사는 방법은 단순한 주제의 전개의 방향에서가 아니라 각 개인이 각 개인의 생활을 가지고 있다는 데서임은 물론이다. 즉 각 개인이 다 각기 일상적인 환경을 가질 필요가 있다. 영웅일지라도 그가 인간일 때는 범부(凡夫)와 마찬가지로 일상적인 환경 중에 살고 있는 것이다. 물론 〈복지만리〉 가운데 전연 일상적 생활이란 것이 없는 것은 아니다. 그러나 음주, 연애, 결혼 등의 사실에서 볼 수 있던, 등장인물을 정말 인간으로서 생채(生彩)있게 하는 중요한 수단으로서가 아니라 집단적으로 유형화된 인간들의 생활을 약간 연화(軟化)하기 위한 '에피소드'로서 택할진대 불과하였다. 단 한곳의 예외는 노동자 심(沈)의 결혼초야의 장면인데 이 장면은 〈복지만리〉 전편 중 일상생활이란 것이 비로소 생채를 발한 장면이요, 동시에 방 외의 소음과 더불어 방안에 묵묵히 앉은 두 부부의 어두운 얼굴은 적지 않은 감명을 준 것을 잊어서는 아니 된다. 그것이 역시 인간인 것이다. 작자는 이 장면이 관중에게 준 감명의 근거에 대하여 충분히 고려할 필요가 있을 것이다.

생활을 중시하여 한다는 것은 결국 어떠한 인간이든지 생활 속에 있기 때문이요 인간의 표현을 위하여서는 그러므로 그 인간들이 살아가는 생활세계를 주어야 한다는 때문인데, 인간의 표현이 중시되는 것은 이러한 예술—소설, 연극, 영화, 혹은 서사시—에 있어 성격의 존재[122]하는 것이 결정적 의의를 갖기 때문이다. 이러한 예술에 있어 아무리 통속적인 작품이라도 항상 주인공이란 것의 존재를 생각하는 것은, 다른 이유에서가 아니라 실로 이러한 예술의 생명인 구조와 줄거리를 부여하는 것은 주요한 성격의 존재이기 때문이다.

한 성격에 존재에 있어 작품은 출발하고, 그 성격과 다른 인물과의 교섭에 있어 작품은 구조(構造)되고, 그러한 인물과 성격들의 복잡한 교섭의 경과를 따라 작품은 여러 가지 인간들을 기구한 생애를 싣고[123] 줄거리는 풀려나가는 것이다. 그리하여 작품이 끝나는 데서, 그 인물들의 운명이 알려지고 그 중에도 중요한 인물의 운명을 통하여 그가 속한 종류, 국가, 사회, 혹은 시대의 운명이 암시되는 것이, 비단 그러한 것을 온전한 목적으로 하는 연극뿐만 아니라 소설, 영화, 서사시 등의 성격이다. 그러므로 이러한 예술의 모태인 서사시가 영웅전설과 신화에서 출발한 것이고, 항상 주인공이란 것을, 즉 전작품에 있어 결정적 의미를 갖는 인물의 설정에서 시작하여 그 인물의 운명을 따라서 시종(始終)한 것은 의미깊은 일이 아니면 아니 된다.

만일 〈복지만리〉의 작자가 서사시적인 기도(企圖)를 이 작품에서 어느 정도까지 기억하였었다면, 등장인물을 일률로 집단화하고 그 가운데 주요한 인물과 주요치 아니한 인물의 구별을 설정하지 아니한 점은 예술적 결함에 속하는 일이라 아니할 수 없다.

물론 일상적인 생활세계란 것이 서사시적인 성격의 표현에 쾌적한 환경이 아니라는 점을 잊을 수는 없다. 그러므로 현대의 산문예술이 서사시가 되지 하니했다 하나 현대 산문예술의 웅(雄)인 소설이 그러하듯이 역시 인간을 개성의 각도에서 묘사하는데 이 일상적인 생활세계의 묘사를 통하지 아니할 수 없는 것이다. 집단이 산 인간들의 집단이기 위하여는 그 개개인이 성격으로 구별되지 아니하면 아니되기 때문이다. 집단이란

122 원문에는 "존존(存存)"이라 되어 있으나 오식으로 보인다.
123 원문에는 "실고"라 되어 있으나 오식으로 보인다.

현대의 이런 종류의 예술이 발견한 아마 유일의 서사시적인 요소일 것이다. 그것은 분명히 서사시 시대의 영웅에 필적하는 것 같다.

그러나 역시 일찍이 서사시 시대의 종족이나 군단이 영웅의 운명을 통해서 자기의 운명을 발견한 것처럼, 현대적인 집단도 주요한 의미를 갖는 인간의 성격을 통하여 자기를 발견하지 아니하면 아니될 것이다.

집단을 개성을 통하여 표현한 대신 개성을 집단가운데 매몰시켰다는 곳에 역시 〈복지만리〉에 근원적인 약점이 있지 아니한가 한다. 이 점이[124] 이 작품이 한번 설정된 의도, 그것도 표현되기에 적지 않은 곤란을 가진 의도가 형상화되는 과정에서 작자가 그르친 주요한 부분 같다.

작자는 일상적인 생활세계라는 것을 지나치게 경시했고, 그 결과 세부에 대하여 적당한 배려가 가지 아니했다는 비난을 맞게 된 것이다.

그러나 또한 서사시인 성격이라는 것은 일상성인 생활세계만을 통해서 표현되는 것은 아니다. 그것은 역사적 환경을 통해서만 표현될 수 있는 것이다. 따라서 일상적인 생활세계라는 것은 성격의 역사적 운명이 표현되는 한 수단에 지나지 아니한다.

그러한 의미에서 〈복지만리〉는 그 집단의 행정 가운데서 어떤 역사적 운명의 흔적을 볼 수 있으나—(그러므로 서사시적이라고 한 것이다) 또한 충분히 운명적이 못됐고,[125] 또 그 반면 충분히 일상적이 되도 못한 데, 이 작품이 놓여있는 미묘한 입장이 있고, 그 가운데서 작자는 분명히 하나의 '딜레마'를 의식했으리라고 생각된다.

허나 이러한 내부적인 모순과 '딜레마'가 비교적 작용되기 어려운 종말에 가서 작자는 자기의 구속되지 아니한 만능(萬能)을 발휘한 것이다. 즉 인간의 시원적인 힘인 노동과 자연이 아무런 매개없이 결합될 때 작자는 비로소 자유로운 예술가로서의 면모를 나타내었다. 〈복지만리〉의 최종 부분은 희유의 감명을 주는 예술이었다. 여기에서 우리는 또한 일찍이 사람들에 의하여 비난의 의미로 씌워지던 기록성과 예술적 의도의 혼연(渾

---

124 원문에는 "이점인"으로 되어 있으나 오식으로 보인다.
125 원문에는 "못했고"로 되어 있으나 오식으로 보인다.

然)한 조화를 발견할 수도 있는 것이다. 분명히 이러한 경우에 기록은 선미한 예술이 될 수 있을 뿐 아니라 사람의 마음은 죽은 토괴(土塊)에도 생명을 부여할 수도 있는 것이다.

이 작품이 수많은 약점에도 불구하고 — 사실 비평에 있어 결함의 지적처럼 쉬운 일은 없다 — 오히려 관자(觀者)에게서 감동을 줄 수 있는 까닭은 작자가 영화라는 것을 주로 예술로서 해석하고 있는 때문이다. 바꿔말하면 영화에 있어 예술적 진실이란 어떠한 것이냐 하는 고유한 과제앞에 서있고 그것의 추구가 제작의 주요한 동기가 되어있는 때문이다.

18. 「조선영화론」(『매일신보』, 1942.6.28~30)

(上)

조선영화는 어떻게 되는 것인가? 하는 물음을 조선영화는 어디로 가느냐 하는 물음보다도 한층 더 복잡한 사태로부터 생겨나는 것이다. 어디로 가느냐 하는 것은 동태의 문제다. 그러나 어떻게 되느냐 하는 것은 존재의 문제다.

당연히 존재의 문제라는 것은 동태의 문제에 선행한다. 동태라는 것은 존재의 방법이기 때문이다. 따라서 어디로 가느냐 하는 물음은 어떻게 되느냐 하는 문제가 이미 자명(自明)[126]의 사실로서 전제되고 성립하는 것이다. 그러므로 어떻게 되느냐 하는 물음은 곧 존재의 확실성 여부에 관한 물음이다. 다시 돌이켜서 조선영화는 어떻게 되느냐 하는 물음에 해답을 생각해 보는 데서 먼저 필요한 일이 있다. 그것은 이 물음이 유래하는 곳에 대한 일고(一考)다. 우리가 먼저 극히 추상으로 생각한 것처럼 조선

---

126 원문에는 "백명(白明)"으로 되어있으나 오식이라 생각된다.

영화는 어떻게 되느냐 하는 물음이 조선영화의 존재 그 자체에 대한 어떤 상념에서 출발한 것이 아님은 미리 알아둘 필요가 있다. 조선영화는 어떻게 되느냐 하는 물음은 하나의 독립한 명제로서보다도 오히려 작금(昨今)의 조선영화를 싸고도는 분위기의 반영이라고 봄이 솔직하기 때문이다. 이 분위기라는 것은 물론 꽤 장시일에 긍(亘)한 침체 가운데서 효(酵)된 것이다. 공기의 유통이 나빴던 때문이다. 어째 공기의 유통이 나빴느냐? 그것은 물론 작년 이래 제작이 극히 불활발했던 데 대부분의 원인이 있다. 그러나 이러한 침체기는 초기는 묻지 아니한다 하더라도 '토키'화한 이후에도 2, 3차는 있었다. 그 당시에도 사람들의 머리에 어떻게 되느냐 하는 생각이 떠오르지는 아니했던 듯싶다. 하면 어째 작년 이후 불과 년여(年餘)에 지나지 못하는 침체 가운데서 이러한 물음이 떠오를 분위기가 만들어졌는가?

여기에 작금년간(昨今年間)의 침체가 거니고 있는 독특한 무엇이 예상되는 것이다.

나는 거년(去年)의 어느 영화를 이야기하는 문장 결미에 이러한 말을 했던 일이 있다.

즉 조선영화의 장래라는 것은 우선에 예술적 신경지(新境地)의 개척과 다음으로는 기업화에의 길을 아울러 잘 뚫고 나가느냐 못 나가느냐 하는 데 걸려 있다고—.

이것은 물론 지극히 평범한 관찰이어서 조금도 묘방이 아님은 종래 조선영화의 침체가 늘 이 두 가지 요인에 있었던 것으로 보아도 명백하다.

그러나 내가 그 문장에서 이야기하고자 한 것은 결코 과거의 침체의 해명이 아니고 이로부터 다시 침체기가 온다면 역시 이 두 가지 요인의 미해결과 상호모순에 있을 것이고 의미로 말한 것이요, 또 중요한 것은 그 문장을 이러한 성질의 침체가 어느 정도로 벌써 도래하고 있음을 예감하면서 초(草)하였었다.

그 문장은 최인규 씨의 〈집없는 천사〉와 전창근 씨의 〈복지만리〉의 봉절을 본 직후에 초한 것이었다. 이미 상당한 시기를 경과한 때요 그 뒤에 제반 정세는 놀라우리만치 변하였다.

그럼에도 불구하고 조선영화 현하의 침체는 그때 오인(吾人)이 예기하던 그것의 도래 같고 또한 그 내용은 의연히 상기(上記)한 두 가지 요인이 의연히 근본적인 것 같이 생각된다. 그러나 현하의 침체의 문제는 단순히 종래의 침체기가 주기적으로 재도(再徒)한 데 있지 않고 그것이 실로 극한 대로 확대 재생산된 곳에 있는 것이다.

(中)

듣는 이는 누구나 이러한 관찰이 심히 피상적이요 국외자(局外者)가 만들어 내인 탁상관(卓上觀)이라고 생각할 수 있다. 그것은 당연한 일이라고 나는 생각한다. 왜 그러냐 하면 주지하듯 작금간에 조선영화의 부진이라는 것은 이러한 추상적인 원인 때문이라기보다 더 구체적인 여러 가지 이유에 의하는 것이기 때문이다. 첫째 자재(資材)의 입수난(入手難)이 모든 제약 중의 최대의 것이다.

좋은 작품을 만들려는 적지 않은 계획 더구나 시국하의 긴박한 요구에 즉좌(卽座)하려는 국민적 영화의 제작 계획 자리가 여러 차례 어찌 할 수 없는 자재난 때문에 유산된 것을 나는 안다. 예술자 측으로 생각한다면 또 회사의 무력(無力) 혹은 '프로듀서'들의 활동이 만족할 정도에 이르지 못했다는 데 또 책임을 돌릴 수도 있는 것이요,[127] 보다 더 중요한 것은 영화계의 대합동(大合同) 문제다. 년내로 소규모 분산(分散)의 불편과 불리를 통감한 데서 일어난 합동운동이 아연 작하(昨夏) 동경에서 발표되어 즉시 실행에 옮긴 영화 신체제 운동에 충격을 받고 조선에 있어 신체제에 의한 영화계 재편성 운동으로 재출발한 것이 그간 약 1년을 소비하여 영화계나 상하(上下)를 총거(總擧)하여 열중했던 합동문제다. 주지하듯 이 문제는 최초 10개 민간영화 회사의 자발적 운동에서 출발하여 그 뒤 당국의 방침에 따라 불원간 실현에 경지에 이르렀으니 여기에 다시 더 언급할

---

127 원문은 "것요"라 되어 있으나 오식으로 보인다.

필요가 없으나 이것조차 작금간의 조선영화가 침체된 근본원인이라고도 생각할 수 없는 것이다.

물론 이 운동은 국가의 근본적인 문화정책에 즉응하여 일으킨 것이요, 당국의 영화국책을 실천하는 구체적인 형태를 만들어내는 일이기 때문에 제작자는 물론 영화인협회 그 타(他)의 예술가들도 실천적으로 또는 심리적으로 이 진보에 세력을 기울여 여념이 없었던 것은 사실이다. 또한 제작자나 예술가를 물론하고 거의 대부분이 모든 계획이나 안(案)을 일체로 신회사가 되는 날로 미루어 온 데 표면적인 부진과 침체가 나타난 것도 일면의 틀림없는 사실이다.

그러나 문제는 먼저도 이야기한 것처럼 〈집 없는 천사〉와 〈복지만리〉가 봉절되던 전부터 신체제 합동운동이 일어나기 전까지도 벌써 조선영화계는 명백히 어떤 용이치 아니한 불활발기에 들어선 것이 사실이요, 또 전기(前記)한 자재와 합동문제가 일어나지 아니하였다 하더라도 종래대로 조선영화는 제작되어서 아니 되고 또 되기도 어려웠던 내부의 원인이 잠복해 있었다.

그것은 먼저도 여러 차례 말한 두 가지 조건의 극한대의 확대재생산인데 이것을 고쳐 말하자면 이번의 침체란 것은 종래의 침체가 자꾸만 두 가지 모순이 주기적으로 표현된 데 불과한 대신 이번엔 근본적으로 이것을 해결하지 아니하고는 도저히 부진상태는 개선될 가능이 없는 그러한[128] 사태다. 그것을 단적으로 표현하는 사실은 〈집 없는 천사〉의 내용과 그것이 동경 봉절을 통하여 환기한 여러 가지 물의요, 조선군(軍)이 제작한 〈그대와 나(君と僕)〉이 문제다. 〈집 없는 천사〉에 대한 동경 방면의 물의 속에는 이로부터의 조선영화가 예술적으로 발전해 나가는 데 해결해야 할 과제의 거의 전부라고 해도 좋을 만치 제시되어 있었고 〈그대와 나〉의 발표는 군이 영화에 대하여 품고 있는 견해가 간단히 표현되어 있으며 동시 〈집 없는 천사〉를 중심으로 한 물의 가운데서 문제된 몇 가지

---

128 원문에는 "그러나"로 되어 있으나 오식이라 생각된다.

점에 대한 현대적인 해결 방법이 선명히 나타나 있었다. 분명히 이 두 가지 사실은 신중히 강구할 문제였고 그 경험을 통하여 시국 하에 있어 조선영화의 예술적 성격이란 것 바꿔말하면 현하 조선에 있어[129] 제작될 국민적 영화라는 데 대한 윤곽을 그려볼 수가 있었을 것이다.

내부적인 문제가 가장 '래디컬'하게 제기되고 거기에 대한 성실한 고려가 요구될 때 합동문제가 타오른 것이다. 이것은 우연한 시기의 일치가 아니라 조선영화의 예술적 재출발의 문제라는 것이 뜻밖에 기업화의 문제와 결부되어 있음을 의미하는 것에 동시에 기업화의 문제라는 것이 또한 단순한 자본의 문제가 아니라[130] 조선영화의 예술적 진로의 문제와 불가분리의 일체인 것을 증명하는 사실이다.

다른 예술은 모르거니와 국민적인 영화라는 것은 이러한 형태로밖에는 생산될 수 없다는 사실이 개별적으로 일어난 여러 가지의 사건을 통하여 복잡한 형태를 표현된 것이다.

고쳐 말하면 영화제작에 필요한 모든 조건에 갱신되어야 말할 환경 가운데서 조선영화는 요람기를 맞이한 것이다. 그러한 의미에서 작금간에 조선영화를 둘러싸고 이러한 외부적인 충격은 조선영화의 전환을 촉진하는 힘이었던 것이다.

눈을 돌이켜 내지(內地) 영화계의 신체제로의 재편성을 보면 거기에도 물론 세세한 여러 가지 곡절이 있었으나 정부의 안이 발표되고 그 안을 가지고 업자와 예술가측이 아울러 토의하고 다시 의견을 상신(上申)하고 또 절충되고 하여 불과 7, 8개월에 전혀 새로운 질서 가운데 모든 일이 정연히 운행되고 있다. 거기에는 우리 조선영화에서 모든 그것으로 말미암아 온다는 부진과 침체는 있지 아니했다. 이것은 내지영화가 스스로 이 과도기를 타개해 나아간 경우의 좋은 표본이다. 거기에 있어선 모든 것이 미리 예상되고 또 박두한 일은 숙고하여 처리되고 종래의 예나 외국의 경험이 잘시어서 소용이 되었다. 이리하여 제작 자체의 지장을 가져오지 아

---

129 원문에는 "업섯"으로 되어 있으나 오식이라 생각된다.
130 원문에는 "아니다"로 되어 있으나 오식이라 생각된다.

니하고 이 대전환은 수행된 것이다.

그러나 조선영화의 경우에서는 유감이나마 이러한 방법으로 이 전환기를 넘어설 여러 가지 준비중 얼마만치도 갖추어지지 아니한 채 간두(竿頭)에 나온 것이다. 〈집 없는 천사〉를 중심으로 한 물의나 〈그대와 나〉의 발표를 통해야 학득(學得)한 많은 교훈도 살아오는 것 같지 아니했고 내지 영화계나 혹은 조선의 다른 산업방면 혹은 가까운 흥행방면의 경험도 제작자 가운데서 섭취되어 살아지는 것 같지 아니했다.

그러나 이러한 여러 가지의 경험이 하나도 섭취되고 있지 아니하다고 생각지는 또한 아니한다. 사실 어느 정도까지 이 새로운 경험을 토대로 하여 조선영화의 재출발을 꾀해 나는 제법 생기있는 태동 그 가운데는 있었기 때문이기도 하거니와 문제는 이러한 경험에 섭취되어 살아날 방법이 분명치 아니했다는 데 있다. 섭취된 교훈을 살리기에는 조선영화란 솔직히 말하여 너무 무력했다. 그것을 살릴 역량이 일었다면 이 중대한 의미를 갖는 전환기에 부진과 침체로 일삼을 리는 만무한 것이다.

(下)

그렇다고 이러한 책임이 어느 한 사람이나 두 사람에게 돌아갈 성질의 것도 아니요 어느 특수한 방면의 인사(人士)가 전담해야 할 것도 아니다. 책임이 있다면 누구에게나 있고 없다면 아무에게도 없는 게 이 책임이다. 이 사태란 조선영화와 영화계의 존재 그대로의 솔직한 반영이요 여태까지의 영화사(史)의 자연스런 결과이기 때문이다.

결국 여러 가지 억지와 무리 가운데서 근근히 생명을 보전해온 양으로 또한 모든 빈약과 무력을 가지고 어느덧 전환기에 들어서 버린 것이다. 과거의 억지와 무리, 현금의 고허(古虛)와 무력 이러한 것이 내지 영화계와 같이 질서 정연히 재편성을 완료하지 못하고 조선영화계를 부진과 침체 가운데서 허덕이게 만든 것이다. 그러나 먼저도 말한 것처럼 이것은 조금도 비난의 대상이 되지는 아니한다. 왜 그러냐 하면 건장한 사람의 살아가는 생리가 있듯 병약한 사람의 살아가는 생리가 또한 스스로 고유하기 때문이다. 뿐만 아니라 왕왕 병약한 사람은 건장한 사람도 살 수 없는 조건 가운데서 배겨나는 예가 있다. 건장한 사람일 것 같으면 유동식 섭에 소화제를 얹어먹고는 배겨나는 재주가 없으나 병인에게 있어 그것은 지극히 적당한 생활방법이 되어 있는 것은 흥미있는 일이다.

요컨대 조선영화가 건장한 사람도 배겨내기 어려운 몸으로 오늘날에 이르렀다는 것은 장하다 할 수 있다. 그러나 이러한 말 가운데는 다분히 자위(自慰)의 의미가 들어있음을 부정할 수가 없다.[131]

왜 그러냐 하면 병약한 사람이란 건장하게 됨으로써 비로소 병약한 중의 생활이란 현실적으로 가치일 수 있기 때문이다.

불완전한 생활이란 이러한 완전화의 과정을 통과함으로써 비로소 자기를 단련시킨 시련의 과정으로서의 의미를 갖기 때문이다. 여설(餘說)이 길어진 것 같으나 결국은 조선영화가 어떻게 되느냐 하는 문제는 이 전환기를 훌륭히 지나감으로써 여태까지의 조선영화사를 진실로 가치있게 만드는 것이다. 그러기 위하여 전환기는 넘는 데 자기 스스로가 해결해야 할 문제의 소재(所在)와 그 문제의 성질을 명백히 인식함으로 비로소 가능한 것이다.

그러기 위하여 나의 말하고자 하는 바는 현하의 부진과 침체에 관한 여러 가지의 구체적인 이유인 듯하면서도 그 실은 비속한 견해로부터 떠나야 한다는 일점(一點)이다. 예하면, 지금이라도 자재(資材)만 있으면 즉시라도 조선영화가 흥왕할 것 같이 생각하는 견해 같은 것이 그 호례(好例)다.

이러한 견해 가운데는 조선영화가 어떤 것인가 하는 문제에 대하여 잠시도 숙고해보지 아니한 데서 나오는 견해다.

사실 자재만 있으면 조선영화가 즉시 흥왕한다고 가정하더라도 현재 자재의 융통이라는 것은 기업화의 문제 즉 신회사의 문제가 완전히 해결되지 아니하면 곤란한 상태라는 것은 누구나 아는 사실이요, 또 신회사의 문제라는 것은 조선영화의 예술적 성격의 문제와 불가분의 문제라는 것

---

131 원문에는 "있다"로 되어 있으나 오식으로 보인다.

은 쉽사리 알 수 있는 것이다. 요컨대 먼저 예술적 재출발의 문제와 기업적인 비약의 문제를 이야기할 때 잠시 언급한 것처럼 모든 문제가 하나의 중심을 가운데로[132] 부절히 순환하고 있는 데 현금의 조선영화의 문제다. 오직 여기에 있어 신회사의 문제가 이 모든 문제의 원심(圓心)처럼 보여지는 것은 예술과 기업이란 두 가지 과제 중 기업화의 문제가 선도(先到)한 때문이요, 또 현하의 전환의 사실상의 중심이 기업 조직의 탄생을 둘러싸고 운행되고 있기 때문이다. 요컨대 신회사의 문제라는 것은 재래류의 대자본의 투하라든가 회사 합동이 아니라 예술과 기업을 통합한 말하자면 기업적예술적인 핵심의 문제로서의 성질을 띠고 있음을 생각할 필요가 있다.

그러므로 신회사의 탄생에서 지금까지의 부진과 침체의 공기는 우선 일소(一掃)되고 조선영화는 어떻게 되느냐 하는 물음에 대한 해답뿐만 아니라 조선영화는 어디로 가느냐 하는 동태에 관한 암시조차도 나타나리라고 믿을 수 있다. 이 신회사에 관하여는 필자는 국외자의 일인(一人)이요 또 불원간 그 성립과 아울러 상세한 경위가 발표될 것이므로 다언(多言)을 허비치 않거니와 조선영화의 예술적 성격의 문제에 관하여는 약간의 용의(用意)가 필요하리라고 믿는다.

왜 그러냐 하면 신회사의 탄생과 더불어 얻을 것은 이미 정부나 당국의 방침에 명백하고 또 벌써 여러 예술 부문이 그 방향을 걸어온 국민적 예술의 길이란 극히 일반적인 방향이리라고 생각되기 때문이다. 국민적 영화라는 것은 다른 예술이 그러하듯이 이미 만들어진 범주가 아니라 이로부터 만들어나간 세계 가운데서 더욱 생소한 영역일 뿐만 아니라 특히 특수한 국민적 예술로서의 우수한 조선영화의 문제란 것은 일층 신중한 문제이기 때문이다. 이것을 고구(考究)하는 데서만 이 전환은 가치 있는 것이며 그 책무는 여태까지 조선영화를 위하여 심혈을 기울인 모든 사람들의 어깨 위에 있는 것이다.

---

132 원문에는 "가운대도"라고 되어 있으나 오식으로 보인다.

1. 「종합좌담회 : 신극은 어디로 갔나? 조선영화의 재출발」

(『조선일보』, 1940.1.4)

출석자 제씨(무순)

영화감독 서광제

고려영화사 이창용

고협 심영

성악연구회 김용승

영화감독 방한준

청춘좌 지경순

소설가 김남천

낭만좌 김욱

평론가 임화

소설가 이태준

평론가 최재서

본사측

이상호 김기림 이헌구 김영수 조경희

소화14년 12월 18일, 본사 회의실

조선영화의 기업화는 해외시장의 개척에서

이(李)학예부장 : 영화계나 또는 연극계를 통해서 금년같이 복잡다단한 문제가 많은 해는 없었을 줄 압니다. 이 여러 가지 문제에 대해서 아무 기탄없이 흉금을 펼쳐놓고 말씀해 주시기 바랍니다. 그러면 지금부터 진행하겠습니다.

김기림 : 맨 처음으로 영화에 대한 이야기부터 하지요. 금년에 들어서 영화사업이 나 보기에는 퍽 기업적으로 된 것 같은데 사실 내용에 있어서는 어떻습니까.

서광제 : 아직 요람기올시다. 그러니까 확실한 기업이 섰다고는 할 수 없습니다. 하여튼 일년이면 일년 동안에 몇 작품을 제작한다는 계획을 세워가지고 진행했으면 좋을 것 같아요.

김기림 : 이점에 대해서 영화인협회에서는 무슨 계획이 없습니까.

서광제 : 지금 결성되어 있는 영화인협회라는 것도 아무 사무적 행사는 하고 있지 않으니까 역시 외부의 힘을 빌지 않으면 안될 겁니다.

김남천 : 영화인협회는 영화회사를 직접 지배하는 기관입니까.

서광제 : 천만에요.

임화 : 조선영화가 기업적으로 되지 못한 것은 기초가 서지 못한 까닭이 아닐까요. 지금 조영(朝映)이나 고려(高麗)같은 데도 기업 기초가 없으니까.

방한준 : 사실 조선영화는 형체도 없습니다. 더구나 제작과정 같은 것은 말할 수 없습니다. 하물며 지금에 있어서 기업운운을 할 수 있습니까. 결국은 대자본가가 우리의 이윤을 발견해서 견실한 자본을 투자하는 것을 바랄 수밖에 없을 것입니다.

김기림 : 그러니까 말하자면 투자한 사람이 이윤을 볼수 있다면 문제는 해결되리라는 말씀입니다그려.

방한준 : 그렇죠. 그러나 이것도 결국은 영화인 자체가 짊어져야 될 책임일 것입니다. 사실 지금까지의 자본가들은 돈을 내놓으면서 어떻게 영화가 제작되어서 어떻게 시장으로 나가게 되는지 내용도 몰랐으니까요.

김기림 : 그러면 결국 지금의 영화계는 불안하다는 말이 되는데 현재에 있

어서 각 방면으로 시장을 넓히려는 경향이 있으니까 앞으로 이것이 확대된다면 그때야 안정되겠지요.

방한준 : 그야 벌써 영화 자체가 시초부터 상업성을 띤 것이니까 작품만 좋다면 아무 문제없겠죠.

이창용 : 영화의 우수를 A, B, C 세 계급으로 나눈다면 아직 조선영화는 내지시장에만 가더라도 A급에 오르기는 힘이 든다. 그러니까 난 이 문제를 해결하는데 우선 상당한 인물이 나와야 되고 또 이해있는 자본가가 나와야 될줄 안다.

　　작년만 하더라도 외부에서 영화계를 얼른 보기에는, 기업화된 것 같지마는, 나는 그 반대로 인물과 자본이 없다는 것을 더 철저히 느꼈을 따름이다. 나는 여기에 대해서 어떠한 구체안까지도 가지고 있다. 즉 문단측과 재벌과 영화인협회 같은 데서 타협이 있어야 될 줄 안다.

김기림 : 작년에 제작된 작품은 대개 내지로 간 것 같은데, 이보다도 더 크게 생각해서 해외시장 개척 문제 같은 것을 생각해보신 적은 없습니까.

이창용 : 절대로 필요합니다. 해외수출에는 권리를 아주 팔아버리는 것과, 또는 세를 받고서 맡기는 것 등 두 가지가 있습니다. 이 어느 것이든지, 지금에 조선영화계는 적극적으로 활동해야 될 줄 압니다.

김남천 : 조선 안의 시장만으로선 어떨까요?

이창용 : 수효에 있어서도 그리 적다고는 할 수 없습니다. 그러나 이것만을 상대로 해서는 이익을 볼 수 없습니다.

학예부장 : 이창용 씨의 아까 말씀하신 영화의 A, B, C란 대략 어떤 것입니까.

서광제 : 즉 A라는 것은 동보(東寶)나 송죽(松竹) 것 같은 것을 말하는 것이고, B란 이를테면 신흥(新興) 작품 같은 것을 말함이고, C란 대도(大都)의 작품같은 것이겠죠ㅡ.

김기림 : 그럼 조선영화계는 대개 어느 계급에쯤 속하게 됩니까.

서광제 : 글쎄ㅡ.

이창용 : A 아니면 C죠. 다시 말하면, 좋지 않으면 아주 실패하거나, 그렇지 않으면 좋거나 그저 그렇죠.

(일동 웃음)

서광제 : 그런데 말야, 동경 가서 가만히 보니까, 그곳 사람들이 조선영화를 본다는 건, 일종의 동정심 같더군 그래.

(일동 또 웃음)

방한준 : 호기심도 있지. 대체 조선영화란 어떤 것인가 하는.

이창용 : 그저 뭐니뭐니해도 어서 조선영화계가 이해있는 자본가를 만나서 확고한 기업적 지반위에 설 것입니다.

좋은 극은 좋은 곳에서. 까다로운 건 관객심리

김기림 : 영화 때문에 연극이 퇴각을 당한다고도 하나 연극이 또 연극대로 독특한 매력을 가지고 있지 않을까요. 지방으로 가지고 다니기도 편하고 또 관객에게 주는 감명도 더 직접적이 아닐까요.

심영 : 지방에 가보니까 일반 대중은 서양영화는 알 수 없다고 그래요. 그리고 또 요새 조선 '토키'는 그전 무성영화 시대보담 인기가 떨어지는 모양이에요. 영화는 좋은 기업화가 잘 되어 있지 못한 모양이지요.

김기림 : 금년은 예년에 없이 극단이 아주 복잡다단하지 않았어요?

김남천 : 극단도 그러려니와 연극에 있어 연극의 질을 낮춘다는 것은 생각해 볼 필요가 없을까요ㅡ.

심영 : 지방이고 경성이고간에 희곡이 좋으면 모두들 좋다고 봅니다. 이런 것은 외국영화도 질이 훌륭하면 모두 보니까요. 그런 까닭에 기생만 나오는 그런 통속극을 하는 것은 연극으로서도 타락이려니와 대중도 좋아하지 않아요. 무엇보담도 좋은 희곡이 필요하지요.

김기림 : 그런데 현재 연극을 주로 상연하는 동양극장과 또 영화만 보는 상설관의 관객이 구별이 있지 않아요?

김남천 : 아마도 영화관객이 세련되어 있지 않을까요.

임화 : 연극 관중은 『추월색』 독자와 같은 풍이 아닐까요. 그리고 〈페페 르 모코〉[133]를 좋아하는 관중이라는 질적으로 다를걸요.

심영 : 그래도 서울손님은 어수룩해요.

김남천 : 요전 고협(高協) 극단의 〈정어리〉는 어떻게 봅니까.

임화 : 그 희곡 구성이라든지 여러 가지가 지방흥행을 고려한 점이 많을 것 같아요. 그래서 통속미가 여간 많이 드러나는 게 아니에요.

지경순 : 큰 도회에서는 어딘지 흥행극단이라고 심하게 색안경으로 보는 편이 많아요. 〈추월색〉과 같은 연극을 한다고만 하면 배우들도 특수한 차별을 받는 것 같아요. 흥행극단에 있기는 하지만 배우 자신으로서는 좋은 것을 하려고 여간 노력하는 게 아니에요. 그러니까 이런 점을 잘 이해해서 따뜻한 마음으로 키워주도록 되어야지 그냥 흥행극단이라고 처버려 두는 것은 어떤 점으로 보든지 매우 불리할 것 같아요.

임화 : 흥행극단이란 재미를 위해서 하는 게 아닐까요.

이태준 : 마치 신문소설이 작자 자신과 떠나서 독자의 흥미를 끌듯이―.

임화 : 그런데 내가 마산(馬山)에 한 삼 년 있어봤는데 여간 연극을 좋아하는 게 아니에요. 그래서 극단만 오면 꼭꼭 만원이 돼요.

서광제 : '토키'가 되면서부터 조선영화는 볼 것이 없다는 것도 한 원인이 아닐까?

김기림 : 옛날 구극을 보던 관객은 어떤 연극을 보러 갈까요?

임화 : 대개 동양극장으로 갈걸요.

이학예부장 : 그런데 고급영화 '팬'들은 동양극장에 가지 않는 수가 있지 않아요. 그래서 같은 연극이라도 부민관에서 한다면 구경을 가는데. 관객이란 장소를 중요하게 보니까요.

서광제 : 그러니까 1원을 받더라도 좋은 장소에서 설비 잘하고 할 필요가 있어요.

지경순 : 요전 부민관에서 〈유정(有情)〉을 해보니까 아주 관객들도 조용하고 엄숙한 맛이 있어요. 동양극장에서 하다가는 그냥 어리둥절해져요.[134] 어쩌면 동양극장은 집*이 ***어요.

방한준 : 고협서 하는 〈정어리〉를 보았는데 인천서 할 때는 연기도 통일이

---

133 〈Pépé le Moko〉(줄리앙 뒤비비에 감독, 1937). 조선에서는 〈망향〉이라는 제목으로 개봉되었다.

134 원문에는 "어리운절해저요"라 되어 있으나 오식으로 보인다.

안 되고 당초에 볼 맛이 없더니 이번 부민관에서 할 때는 내용보담도 연기자의 열성이 대단하더군요. 결국 좋은 연극은 좋은 극장에서 해야 되겠어요.

임화 : 동양극장은 집 그 자체가 좋지 못해요.

방한준 : 중심지대에 좋은 극장이 있어야 하겠어요.

임화 : '시스템'을 잘 갖추어가지고 하면 관객을 일정하게 가질 수 있지 않을까요.

김욱 : 그러니까 '다시모노'[135]가 문제가 아니지요.

화류계와 연극

최재서 : 고급한 연극팬은 부민관이 아니면 안가잖아요? 그런데 이번 〈정어리〉 때 보니까 화류계의 기생들이 많던데 낮이 돼서 그런지 모르지만.

심영 : 그건 일종 관객을 그런 중에서도 얻자는 영리적 입장에서 나온 것인데 밤에는 상당히 명사되는 이가 많이들 왔어요. 저고리 바람으로 오는 사람은 적었어요. 어쨌든 좋은 연극이면 손님은 얼마든지 끌 수 있어요.

최재서 : 그렇지만 화류계란 것도 무시할 수는 없지요. 마치 신문독자에 팬이 있듯이 그런 팬이 있어야겠지요. 그런 까닭인가 모르지만 〈정어리〉에 유흥적 기분을 많이 낸다는 것은 찬성할 수 없어요.

김남천 : 그렇지요. 〈정어리〉 일막에서 술집들식 필요는 없어요. 유행가도 소용없고.

여배우의 생명은 우선 매력! 발성, 동작, 표정도 미숙

방한준 : 조선의 여배우는 매력이 없는 게 탈이에요. '클로즈 업'을 해도 여간 미운 것이 아닙니다. 이 여배우 문제도 현재의 영화계에 있어서는 자본같이 심각한 문제입니다.

김남천 : 아, 사실 그래요. 이향란이만 해도 만주인이란 매력이 있지 않습니까.

---

135 상연물. 出し物・演し物.

방한준 : 일반적으로 조선영화를 어떡하면 향상시킬 수 있을까 하는 노력
이 부족한 것 같더군요.

서광제 : 그뿐이 아니야ー. 아 '다이얼로그'가 통하지 않으니 어쩌나. 여배
우가 대사 한마디 똑똑히 못하니 이걸 어떡하면 좋은가. 그러니까 우선
조선의 배우들은 기술적으로도 훨씬 연마를 더 해야지ー.

이창용 : 얼마 전에 군부측에서 좌담회가 있을 적에도 말이 났었습니다만,
조선영화는 너무 장면이 추하고 음산해요. 좀 더 명랑한 장면이라든지
또는 조선 부인들의 우아한 점을 잘 표현한다면 내지 시장의 '헤게모니'
를 잡는 것은 문제없을텐데ー.

방한준 : 그저 모두가 설비가 불완전한 탓이겠지.

서광제 : 천만에. 그건 말이 되나. 그러한 기관에 있어서라도 그 어느 뚜렷
한 '스타일'이나 '폼'은 가져야 되지 않겠나.

심영 : 나도 얼마 전에 〈복지만리〉 촬영 때문에 만주에 가서 느낀 일입니다
만, 조선영화는 너무 음산하고 잔인하다는 것은 정평이더군요. 글쎄 어
떤 만주사람도 하나가 〈나그네〉를 보고 와서 통 조선사람 보고는 인사
를 안 하더군요. 나중에 알아보니까, 그만 〈나그네〉를 보고서, 그 도끼
로 사람을 처죽이는 장면이 어찌나 잔인하던지, 금방 조선사람이 무서
워져서 인사도 하기 싫다더군요.

이태준 : 허ー.

(일동 웃음)

서광제 : 참 조선영화는 너무 음산해ー. 좀 명랑해야 할텐데ー.

임화 : 그야 실생활이 명랑치 않고, 또 사실 생활내용이 음산하니까, 어쩔
수 없겠죠.

김남천 : 그렇지.

심영 : 암만 사실이 그렇다 해도 상품으로서 시장에 내어놓자면, 이점은 충
분히 고려해야 될 겁니다.

서광제 : 그리고 표정에 있어서 여간 부자연한 것이 아니거든ー. 예를 들자
면 조선영화에서 아버지와 아들이 한자리에 있는 장면을 촬영하자 해

도 제일 애정표현 할 줄을 모르니까 어렵거든.

심영 : '엘로쿠시옹'[136]에 있어서도 참 너무 부자연해요.

방한준 : 그것도 이유가 있지. 조선영화란 동시 녹음이 아니니까ㅡ. 즉 근본적 결함은 기계의 탓이겠지.

심영 : 나는 요즘에 조선영화를 보고서는 그만 '토키' 배우될 생각이 없어지고 말았어요.

김남천 : 또 지금 영화배우들의 '세리후'가 그게 어디 조선말입니까.

이창용 : 방송국의 '아나운서'부터 발음을 고쳐야겠습디다.

임화 : 그렇지.

김남천 : 그건 참 어느 나라 말인지.

오늘의 배우에게는 음악의 교양이 긴절(緊切)

최재서 : 아까도 배우의 '세리후'에서 이야기가 나왔습니다만, 내 생각 같아서는 통 우리 조선말에는 '조자(調子)'[137]가 없는 것 같더군요. 결국 조선 여배우들의 '세리후'가 억양이 없다든지 또는 성격적이 아니라든지 하는 것은 본질적으로 이러한 원인에서 오는 것이 아닐까요.

김기림 : 참 그래요. 조선 언어에는 확실히 '조자'가 없어요.

기자 : 그렇지만 요즘의 연극은 전보다 꽤 나아지지 않았습니까. 그전 몇 해 전만 해도 흥행극의 '노랑목'[138]이란 참 여간 귀가 거슬리는 것이 아니었죠. 최근에 와서는 이점이 퍽 나아졌더군요.

심영 : 그건 참 그래요. 내가 직접 무대에 관련해 있으니까 그건 잘 압니다.

김기림 : 그리고 요즘 배우되는 분들의 소위 음악에 대한 교양은 어떻습니까.

방한준 : 음악에 대해서 초보적인 상식은 있어야 될 것입니다. 저번에 나도 누구에게 그런 충고 비슷한 말을 들은 일이 있습니다만, 정말이지 요즘의 배우같이 음악이나 혹은 성악에 대해서 등한한 사람은 없을 것입니다.

---

136 발성법. 말투. élocution.
137 소리의 높낮이가 길이나 리듬과 어울려 나타내는 음의 흐름.
138 판소리 창법에서, 목청을 떨어 지나치게 꾸며 속되게 내는 목소리.

김기림 : 그리고 이것은 확실히 〈성황당〉에서 본 것이라고 기억합니다만, 조선 노래를 부르는데 조선 소리의 장단으로 하지 않고 서양 장단으로 하는 것은 정말이지 얼굴이 간지러워서 못 듣겠더군요. 그저 우리 소리 는 우리 말이 가진 '뉘앙스'를 생각해서라도 조선 고유의 장단으로 불러 야겠더군요.

방한준 : 네 그것도 제가 절실히 느끼는 문제올시다. 또 그 작품도 제가 제 작한 것이니까 더욱 책임을 느끼게 됩니다만, 사실 알고 보면 그것도 경 비문제 때문이었습니다. 자본만 넉넉하다면야 동시녹음을 해서 이런 폐단을 얼마든지 미연에 방지할 수도 있습니다. 문제는 그저 자본이죠.

이창용 : 아니 그보다도 모든 것이 기업화해야지.

조선고전극은 어떻게 계승할까 : 〈춘향전〉, 〈심청전〉의 재검토

김기림 : 성악연구회에서 하는 창극 〈춘향전〉과 〈심청전〉 같은 것을 내지 의 '가부키' 같이 전통적으로 계승시킬 수는 없을까요.

임화 : 그것도 연극이라고 시인할 수 있을까.

이창용 : 그것도 결국 기업화가 돼야죠.

이태준 : 〈춘향전〉의 가사(歌詞)는 문헌에서 가져다 합니까.

김용승 : 네 그렇습니다.

서광제 : 안 되지.

김욱 : 창극의 관객은 연극 자체의 관객은 아닐 겁니다.

임화 : 그렇죠.

이태준 : 그러니까, 현재의 '타입'을 벗어나서 '오페라'의 형식을 취하면 되 겠군요.

임화 : 『춘향전』 같은 고전에다가 연극적 연출을 부치는 것은 좀 안됐더군.

이태준 : 아무래도 『춘향전』 같은 것을 가지고 연극에 접근하려는 것은 오 인같더군.

임화 : '꼭두각시' 같이 순조선식으로 했으면 좋겠더군.

최재서 : 제작자는 그러한 불편이 있을지 모르나 사실 우리들 영화를 감상

하는 사람들은 그렇지 않습니다.

임화 : 그렇지만 아무래도 당분간은 우수한 명작에서 각색하는 편이 안전
할 겁니다.

김남천 : 그렇지.

최재서 : 하여튼 고전을 고전으로 보호하자면 국가에서 보호해 주어야 합
니다.

시급한 극문학(劇文學)의 수립 : 문단과 극단의 악수가 필요타

김기림 : 희곡 문제는 어떻게 생각합니까.

서광제 : 무대를 모르는 쓴 희곡은 호흡이 맞잖으니까 역시 큰 문제지요.

이태준 : 대화를 문장처럼 쓸 수는 없으니까요.

심영 : 희곡에는 읽기를 위한 것과 상연하기 위한 것과 두 가지가 있잖아요.

김욱 : 그런데 읽기만 하게 희곡을 쓴다는 것은 문학 하는 이들의 잘못이
아닐까요.

서광제 : 희곡을 전부 상연만 위한달 수도 없지요.

심영 : 조선서 희곡의 질적 향상을 위해서는 문단에 계신 여러분이 여론을
일으켜 새 작가가 많이 나오게 해야지요.

서광제 : '시나리오'같은 것을 보더라도 좋은 '이미지'를 그릴 수가 없거든
요. 우선 무대의 호흡을 모르면 희곡을 쓸 수 없지요.

이태준 : 그러니까 무대 모르는 사람에게 희곡을 쓰라는 것은 무리한 주문
이지요.

김기림 : 무대라는 것도 흥행극과 신구무대와는 다르다고 보겠지요. 〈정
어리〉를 보면 신파는 흥행극을 한데 집어넣으려고 노력했는데 결국 흥
행극의 기교(技巧)지 신극의 기교는 아니더군요.

김남천 : 이 두 가지가 협력한다는 것도 문제지요. 우선 흥행적으로 주문을
받아가지고야 어디 좋은 것을 쓸 수 있어요?

임화 : 대체 흥행극이란 사건이 없이 끝까지 보도록 일도 많고 묘한 말을
주고받게만 하니까.

서광제 : 그런 점으로 보면 '드라마투르기'라는 것이 아무것도 아닌 것 같아요.

김기림 : 각본문제와 관련되어서 금년은 신극과 흥행극이 대립해왔던 이때까지의 태도와는 달리 두 가지가 한데 조화되려는 경향이 보인다고 할 수 있잖아요.

심영 : 거기에는 기업적 문제가 크지요.

이학예부장 : 그렇지만 그 사이에 모순이 생기지 않을까요. 결국 흥행적인 것을 쓰기를 양심이 허하지 않을테니깐. 그렇지만 소설도 신문소설과 같이 미리 극작가에게 보수를 주어서 쓸 수 있도록 기회를 줄 수도 있지 않을까요?

서광제 : 가령 그렇게 부탁하였다가 정작 무대에 상연하려는데 재미없으면 어떻게 해요.

최 : 그건 모르고 부탁한 까닭이지요.

서광제 : 무대에 올릴 수 없다면 미묘한 관계가 생기지요.

이태준 : 소설쓰기보담 각본쓰기는 어려워요. 전부 객관묘사이니까. 이번 〈어머니〉를 보고 생각했는데 여러 가지 생각되는 점이 많아요. 나도 연극 구경이라곤 혹시 그전 극연(劇研) 같은 데서 외국명극 하는 것이나 봤지만, 어째는 무대의 현실이란 훨씬 달라요.

심영 : 그러니까 양편에서 서로 교섭이 잦아야지요.

이태준 : 사실 나부터 소설보담 희곡이 쓰고 싶은데 무대위에 현실을 볼수 있다는 것이 재미있다. 또 우리 동양인 생활은 평면적인데 이것이 입체화되니까.

김욱 : 문단인들이 희곡쓰기를 여기(餘技)같이 알아서는 안돼요. 좀 더 긴밀한 접촉이 필요해요. 그리고 사실 극단인은 또 문학을 잘 모르니까.

김남천 : 그런데 신극팬이란 어떤 부류일까요.

임화 : 일종의 문학팬이지요.

심영 : 좋은 희곡이 있으면 좋은 연기가 있을 수 있어요.

이창용 : 이런 것도 기업적으로 연락되면 될수 있어요.

임화 : 재래의 극문학이란 것이 조선서는 전문적이 아니었으니까 어쨌든 희곡이 없어서는 안 될텐데 '전속' 작자라기보담도 축지(築地) 소극장과 같이 신극의 분위기를 아는 극작가가 나오고 거기서 극문학의 분위기가 생겨야 되겠어요.

이태준 : 조선서도 어쨌든 연극을 자꾸 할 필요가 있어요.

김기림 : 그렇더라도 소설가가 극을 쓴다는 것은 극작가[139]가 나오기 전의 과도적 현상이 아니겠어요.

심영 : 우수한 극단이 토대가 잡혀야 돼요.

김기림 : 그런데 조선에는 신극, 흥행극, 중간극 이렇게 분야가 나뉘었었는데 지금은 중간극부대에 관심이 더 많아지잖았을까요.

심영 : 신극에는 내지의 축지의 토방(土方)과 같은 사람이 있어야지요. 우선 연극도 먹어야 할테니까 그래야 대중을 붙잡고 나갈 수 있지요. 극연(劇硏)의 고통도 여기 있잖았을까요.

막간(幕間)은 어떻게 보낼까? '샌드위치'나 씹을까?

이태준 : 그런데 막간이 문제던데 10분, 15분에서 3, 40분까지 기다리게 되는데 그건 좀 견딜 수 없어요.

서광제 : 내지 같으면 막간에 저녁을 먹든지 하잖아요.

이태준 : 암, 가무기(歌舞伎)같은 데는 일종 '미아이'[140]와 외교를 하는 장소로 되어 있으니깐.

임화 : 어쨌든 조선의 막간이란 것은 나같이 몸약한 사람은 기다려 볼 수가 없어요.

이태준 : 좀 극장이란 것이 휴식처도 있고 또 거기서 오락할 수 있다면 몰라도 부민관 같은 데서는 다리를 빼서 나다니기가 여간 거치장스럽잖단 말이요. 거기 비하면 영화구경은 한결 편하거든.

김욱 : 조선에는 아직 회전무대니 '오시다시'[141]니 하는 구조가 되어 있잖

---

139 원문에는 "근작가"로 되어 있으나 오식으로 보인다.

140 맞선. 見合い.

아서 막간이 더 길어져요.

임화 : 신문소설을 기다려 읽는 셈을 치지.

(일동 웃음)

김욱 : 사실은 연극이 재미있어도 쉬어서 보는 게 좋기는 해요.

지경순 : 미리 막간이 삼십 분이면 삼십 분이라고 관객에게 알려준다면 훨씬 휴식하는데 자유로울 것 같아요. 그래서 반드시 '몇 분간 휴식'이라고 적어 내붙이는 게 좋겠어요.

임화 : 가령 네 막쯤 하는데 처음은 십오 분, 이십 분 하다가 끝에는 삼사십 분씩 해서 일부러 쉬게 하는 것도 괜찮기는 해.

김기림 : 그런데 막간이 긴 것을 줄이기 위해서 무대장치 같은 것을 아주 간단하게 상징적으로 하는 것도 새로운 형식으로 재미있잖을까요. 그래서 등장인물을 적게 하고……

임화 : 그건 소극장이라야 하지.

이태준 : 난 이런 생각도 있어요. 마치 여학교 '바자-'회와 같이 막간을 이용해서 배우들이 나와서 '샌드위치'라든지 '팜플렛' 같은 것도 팔고 또 낭하같은 데 무대면이나 그 외에도 연극에 관계된 사진을 진열해서 화려하게 하는 게 좋겠어요.

심영 : '하얼빈'같은 데서는 막간에 춤도 추게 해요.

최재서 : 여배우나 남배우가 시낭독 같은 것도 하는 게 좋지 않아요?

김욱 : 그런 것도 좋은 시험이겠죠.

이태준 : 그렇지만 무대는 쉬니까 그사이는 나가서 쉬는 게 좋을 것 같아요.

김기림 : 막간 같은 데 '레코드'를 거는데 이것은 '레코드' 본위로 하지 말고 연극과 관계되는 기분나는 것을 하는 게 어때요?

이태준 : 그렇지만 연극을 너무 통속화할 염려가 없을까요.

김욱 : 사실 음악같은 것을 하는 것이 도리어 피로해요.

임화; 담배 먹는 게 좋지.

---

141 押し出し.

이태준 : '커피'나 '샌드위치'를 팔아서 먹는 게 좋아요.

심영 : 그러려면 상당한 설비를 해야 할걸요.

대사 어조는 부드럽게

심영 : 영화배우가 억양에 있어서 부자연한 것은 아무래도 여기에 대한 연구가 없는 탓일 겁니다. 호흡을 조금만 연구하면 될 것 같은데.

서광제 : 우선 '리얼'해야지.

심영 : 요즘들 무슨 영화적 연기법이니 혹은 연극적 연기법이니 하고 떠드는데 내 생각 같아서는 연극에 있어서나 영화에 있어서나 결국 '리얼'은 하나일 것 같아요.

방한준 : '세리후'[142]가 나쁜 것은 물론 배우들의 책임도 크겠지마는 또 녹음기사가 기계조절을 잘해야 합니다.

임화 : 조선영화의 결점 하나는 말과 동작이 제각각 떨어진 것 같더군요. 그래서 도리어 무성영화 적보다 재미가 없어요.

심영 : 조선영화 감독은 우선 억양의 연구가 있어야겠어요.

'시나리오' 난(難)의 타개는 문예작품을 각색하는 데서

김기림 : 그리고 얼마 전에 동양극장에서 춘원의 〈무정〉을 비롯해서 조선의 우수한 문예작품을 각색해서 상연하였는데 이런 점은 어떻게 생각하십니까.

서광제 : 그건 어려울 것입니다. 그저 영화란 '오리지날 시나리오'가 있어야죠.

방한준 : 아니 그보다도 '시나리오 라이터'가 나와야죠. 우수한 '시나리오 라이터'가 나오기 전에는 조선영화도 질(質)에 있어서 좋은 것을 기다릴 수는 없을 것입니다.

서광제 : 그리고 제일 첫째 문예작품이란 도무지 촬영하기가 곤란하거든―

---

142 대사. 台詞・科白.

임화 : '오리지날'이 나와야 문제는 해결되지만―

김기림 : 그리고 영화장면에 있어서 공연히 쓸데없는 풍경같은 것을 집어 넣는 것은 좀 생각할 문제 같더군요.

방한준 : 그야 물론이죠.

김기림 : 즉 '시퀸스'와 '시퀸스'와의 사이를 채울만한 '리얼'한 장면이 있어 야겠다는 말씀입니다.

임화; 참 그래요. 그게 자칫하면 무슨 그림엽서 보는 식이 되거든―

기자 : 그것도 최근에 일어난 문제입니다. 그전 얼마 전만 해도 그저 감독 이나 제작자들이 마음대로 했죠.

김남천 : 그런 잘못이 많았기 때문에 오늘 우리 영화계를 보면, 깨달을 점 이 많죠.

서광제 : 그저 감독이나 제작자들의 '센스' 문제야.

그리고 이것은 또 원작에 대한 이야기지만 조선에는 아직 '스튜디오'다운 '스튜디오' 하나 없고, '쿠―렌' 하나 변변한 것이 없으니까, 우선 우리 생 각 같아서는 작품을 제작하려면 내용이 복잡한 '스토리'를 가진 작품보 다도 내용이 아주 간략한 것을 택하는 것이 그중 안전한 방법 같더군요.

방한준 : 그게 차라리 낫지. 괜히 복잡한 것을 손댔다 실패하느니보다―

이창용 : 하여튼 내 생각 같아서는 이런 모든 문제를 해결하자면 우선 우리 의 영화계가 완전히 기업화되어서 각각 부문마다 권위를 가질 것입니다.

2. 「영화문화인 간담회」(『매일신보』, 1940.2.10)

절박! 영화령이 실시된다―이제부터 조선영화는 어떻게 제작되는가, 그 내용의 전모

　－ 출석인사 : 본부(本府) 청수정장(清水正藏), 제작가 이재명, 감독 안석

영, 감독 안종화, 영화선전 김정혁, 평론가 임화, 극작가 유치진
;본사 측 편집국장 유광렬, 백철
- 2월 5일 어(於) 본사 귀빈실

국가와 문화인

편집국장 : 오늘은 대단히 분망하신 중 더구나 날씨가 찬데 이처럼 참석해
주셔서 감사합니다. 오늘 여러분을 오십사고 앙청(仰請)하온 것은 작년
10월부터 내지에서 영화법이 실시된 뒤를 따라서 조선에서도 미구에
영화령이 실시되게 된 이때에 여러분을 뵈시고 장차 실시될 영화령의
내용과 영향 등에 대한 귀견(貴見)을 듣잡고저 하는 바올시다. 특히 본
부(本府)에서 청수(淸水) 이사관도 참석하셨고 또 영화 관계로서뿐 아니
라 조선문화 예술계의 다년 종사하신 분을 일당(一堂)에 모히게 된 것은
본사로서 깊이 감사히 여기는 바입니다.

금일에 와서 영화는 예술의 중대한 일부문으로서 특히 대중적 예술
로서 문화인만이 아니라 대중에게 커다란 관심을 주게 된 이때에 있어
영화가 일반 대중에게 미치는 국민적 영향을 고려할 국가에서 우선 영
화에 대하여 적극적인 관심을 가지고 법령을 공포하게 된 것은 당연한
소위(所爲)라고 보여집니다. 종래는 예술이라면 대체로 개인적인 자유
가 허락되고 있는 바 예술을 위한 예술이라는 관념이 있었으나 금일은
벌써 그런 시대는 아닙니다. 예술은 단지 예술을 위한 예술이 아니고 국
책을 위하고 국가를 위하여 존재하는 데서 그 가치가 결정이 되게 되었
습니다. 오늘 여러분을 모시고 영화법령을 중심하여 말씀을 듣잡고자
하는 것도 먼저 그런 의미에서입니다. 청컨대 여기에 대한 좋은 의견과
말씀을 많이 해주셔서 본 지면에 광채를 더해주시기를 바랍니다. 실은
저도 오늘 나중까지 여러분을 모시고 말씀을 들을 여정이 있사오나 공
교롭게 다른 회합과 상치되는 것이 있어 먼저 실례하렵니다ー (편집국장
퇴석)

백 : 오늘 편집국장이 사정이 계셔서 제가 대신해서 사회를 보겠습니다.

지금 편집국장께서 말씀하신 바와 같이 금일은 문화도 국가의 정책에 의하여 활동을 해야 되고 국책에 협력을 해야 합니다. 말하자면 국가와 문화인 간에 그만한 밀접한 교섭이 시작되었다고 볼 수 있습니다.

사실 오늘만치 국가가 문화의 역량을 신뢰하고 필요하게 생각하는 시절은 지금까지 없었으며 또 문화인의 입장으로 보면 이런 때에 문화인으로서 커다란 역량을 발휘하여 국민으로서 커다란 사명을 다하는 동시에 문화인의 존재를 일반에게 시인시킬 만한 시대라고 생각합니다. 그런 의미에서 이번에 조선영화법령이 실시되는 것을 기회삼아서 국가의 정책과 문화, 국가와 문화인의 관계와 영향에 대한 이 좌담회를 열게 된 것입니다.

따라서 여기의 말씀에는 영화령의 실시가 중심화제가 되겠지만 단순히 거기에만 멎어지지 않고 일반으로 광범한 문화영역에까지 이야기를 넓히렵니다. 그래서 오늘은 직접 영화인이 아니지만 간략(簡略)으로 영화에도 많은 관심을 가지는 임화 씨와 유치진 씨의 참석을 앙청한 바이오며 거기에 본부에선 직접 이번 영화령의 실시를 담당하시는 분의 한분인 청수(淸水) 이사관이 오셨으니 이런 문제에 대하여 서로서로 격의없는 의견을 교환하는 데 가장 좋은 기회라고 생각합니다. 별로 화제를 까다롭게 생각 마시고 자유롭게 기분을 애트 홈[143]하게 가지고 여러 가지 유익하고 재미있는 말씀을 해주시기 바랍니다.

먼저 청수(淸水) 이사관께서 이번 영화령에 대하여 설명을 해주시기 바랍니다.

영화령의 제한범위 : 조금도 어렵게 해석지 말라

淸水 이사관 : 돌연히 참석을 하게 되어 미처 준비를 해가지고 오질 못했습니다마는 일상으로 생각해 오던 것을 하나의 감상으로서 두서없이 말씀드릴까 합니다.

---

143 "at home"인 듯하다.

사진 : 맞은편 우단부터 이재명, 안석영, 임화, 안종화, 하단 청수정장, 김정혁

첫째로 조선영화령도 결국 내지에 실시된 영화법과[144] 기본에 있어 같은 것인데 여러분도 아시다시피 내지에선 작년 4월 1일에 영화법이 공포되어 가지고 10월 1일부터 실시된 것인데 조선서도 그 뒤를 이어서 아직 기일(期日)은 확실되지 않았으나 가까운 장래에 실시를 보게 된 것입니다. 내지에 대해서는 여러분도 잘 아시는 것이니까 일일이 설명치 않으렵니다만은 다만 영화법 제19조만이 조선영화령에는 빠졌습니다. 제19조라는 것은 별것이 아니라 영화위원회의 설치에 대한 규정입니다. 조선서는 그 대신 독특한 위원회를 설치할 수 있게 되었습니다. 이 영화령

---

144 원문에는 "화법(畫法)"이라 되어 있으나 오식으로 보인다.

의 목적은 제1조에도 명시되었거니와 국민문화의 향상을 도모하고 영화사업의 건전한 발달을 목적으로 하는 것입니다. 그리고 지금 사회자도 말씀한 바와 같이 "예술을 위하여서의 예술"이 아니고 국가적 견지와 국책에 버치여서 영화의 문화적 의미를 생각해야 합니다. 오늘날 영화의 영향은 '라디오'나 축음기보다도 더 큰 것이므로 오늘날 영화령의 실시는 도리어 늦어진 감이 많습니다. 외국으로서 불란서나 독일이나 영국, 미국, 이태리 각국에서는 벌써부터 영화를 유용하게 국책의 도움으로 쓰고 있는 중입니다. 먼저 편집국장도 말씀했지만 문화예술 중에도 영화는 특히 대중적으로 보아 국책적 사명을 가진 줄 믿습니다. 물론 문화에는 국제성이 있습니다. 그러나 이 국제성은 국가성을 무시하고 되는 것은 아닙니다. 결국 문화는 먼저 국가성에 그 본질이 있습니다. 예를 들자면 미국영화는 명랑성이 있고 독일의 영화에는 둔중하고 침착한 맛이 있지 않습니까. 말하면 각각 그 국민성을 표현하고 있습니다.

이상 말씀한 바와 같이 문화는 국제성을 말하기보다 먼저 국가성을 중시하고 국가적 사명을 중대하게 보아야 될 것입니다. 반도영화계의 중진인 여러분도 이점을 명심해야 앞으로는 더욱 일본적 국가성을 발휘해야 될 줄 압니다. 그렇다고 언제까지나 우물속의 메구리 같아서는 안 되고 국가성에서 국제성까지 이르는 세계적인 문화수준을 따라가면서 일본정신을 발휘해야 된다는 것입니다.

그러나 국책과 국가성을 중시한다고 하는 그 취지를 잘못 이해해서 영화가 가진 특수성, 영화의 오락성 같은 것을 잊어서는 안 됩니다. 영화가 건강한 오락성을 발휘하지 못하고 교과서와 같은 것이 되어버리면 안 됩니다. 교화적인 것만이 영화의 전부가 아니고 건전한 취미와 사상을 대변한 영화가 동시에 필요합니다. 우리들 당국측에서도 결코 딱딱한 영화만을 바라지는 않습니다.

다음은 영화령이 직접 영향되는 영화관계자는 영화제작, 영화에 배급, 영화상영자들인데 그들에 대하여 통제강화를 도(圖)하는 것은 현재보다 더욱 좋은 영화를 제작하고 배급하여 대중에게 보이고자 하는 때문입니다. 여기 모인 여러분은 그중에서 영화의 제작부문에 속한 분들이니까 특히 이점을 잘 이해하셔서 우수한 영화를 제작해주기를 바랍니다.

백 : 지금 말씀으로 대강 영화령의 내용과 그 목표가 명확해졌다고 생각됩니다. 그중에서도 특히 문화에 국민성이 중요하다, 그러나 다시 그것은 국민성에 멀어지는 것이 아니라 국제성에까지 연장되어야 한다는 것은 문화에 있어 중대한 문제입니다. 여기에 대해서 좀 더 일반문화의 문제의 이야기를 해갈 필[요]가 있는 듯합니다. 임화 씨 ……

임 : 글쎄올시다 나는 영화에는 거의 문외한이니까 ……

백 : 일반문화의 문제로서!

임 : 지금 청수(淸水) 이사관 말씀 중에서 영화가 교과서와 같아서는 안된다는 말씀을 나는 흥미있게 들었는데 영화만이 아니라 일반예술로서도 그렇습니다. 지금까지 여러분이 말씀하신 바와 같이 금일의 문화가 국제선(國際線)과 상응하여 나가는 것은 금일의 시대적인 현상이요 또 자연스러운 행위라고도 보는 바이나 다만 국책에 응한다는 것을 너무 피상적으로 조선에서 직접으로 표어를 내걸고 훈화같은 것을 써서 교과서를 만들어버릴 염려가 있단 말이지요!

이것은 딴말씀입니다마는 전(前) 유마(有馬) 농상(農相) 시대에 농림성에서 농림간담회를 열고 농민문학에 대하여 토론한 일이 있는데 진실한 농민문학이란 것은 먼저 적나라한 농촌현실에 즉(則)하여 그것을 충실히 관찰하고 묘사하는 데 자연히 국책의 선(線)이 소화되어야 한다는 것을 문학자들도 주장하고 위정자측에서 공명하던 사실이 생각나는데 영화에 있어서도 국가의 대정책과 상응하는 것이어야 하는 동시에 언제나 여기에 현실과 모든 구체적인 조건을 떠나서는 목적을 달할 수 없을 것입니다. 지금 사람들은 일반적으로 너무 직접적인 것, 너무 폴리티컬한 방면에서만 국책선을 보는 경향이 있는데 아까 이사관이 주의한 것과 같이 그렇게 하면 교과서로 되기가 쉽습니다. 말하면 문화의 국민성이란 것은 결국 그 나라 국민의 개성과 감각적인 구주성(具住性)의 표현이며 그 나라의 전통성을 지키는 것인데 그러기 위하여는 뭣보다도 먼저 구체적인 사정을 중시해야 됩니다. 그것이 국민성을 효과적으로 발휘하는 것인 동시에 또 국제성과 통하는 길입니다.

안 : 이것은 내지 모 비평가의 말인데 시국관계로 너무 무리하게 국책을 집어넣어 도리어 작품전체를 줄이는 경우가 있다는 말입니다. 예를 들면 어느 러브씬에서 "지금은 시국이 시국이니 연애를 그만둡시다 ……"라든가의 대화가 튀어나오면 관중은 와하고 웃어버린단 말씀이죠(일동소(笑). 그러기에 국책에 응하되 그때의 경우와 사정에 따라서 교묘하게 표현해야 될 것입니다.

김 : 만주영화에서도 처음 만주의 광국(匡國) 정신을 너무 고취해서 작품을 만들다가 일반관중이 만주영화보다도 동보(東寶)나 신흥(新興)이나 그렇지 않으면 상해 방면에서 가끔 도는 양화(洋畵)를 많이 보기 때문에 요즘에 와서는 도깨비나 괴물을 박힌 유치한 영화를 촬영해서 만주인에게 보인다는데 이것이 도리어 환영된다고 합디다(大笑).

임 : 도깨비 영화만 박는 것도 생각할 문제인데(大笑).

이 : 이런 일도 있었습니다. 사변발발 후 송죽(松竹)에서는 목호(木戶) 씨 등은 연애극의 영화를 중지시킨다고 선언한 일이 있습니다. 그것은 너무 기계적으로 이해한 일례일 겁니다. 연애는 인간생활에 있어서 자연스런 것의 하나니까 그것을 무리로 중지할 것이 아니지요.

임 : 현대영화에서 아주 연애장면은 빼버리면 돈벌기는 어려울 걸요!(笑)

이 : 그러므로 우리들은 우선 법령을 좀 더 자유롭게 어렵지 않게 생각해***요!

淸水 : 그렇습니다. 당국에서도 결코 무단히 억압을 하거나 제한을 하는 것이 아닙니다. 되도록 좋은 영화를 제작시키기 위하여 규정을 만든 것이니까 일반영화인들은 안심하고 전보다 더 한층 열심으로 작품을 만들어 가면 그만입니다.

　우선 영화령이 실시되면 조선영화계는 좀 더 내용이 확충되고 설비가 충실해지고 기술도 훨씬 '레벨'이 높아져야 할 것입니다. 더구나 감독과 배우, 촬영자가 완실(完實)한 조직을 꾸며야 할 것입니다. 한 영화를 만들기 위한 임시적인 회사같은 것은 물심양면으로 악영향을 줄 뿐입니다. 영화는 장구한 시일을 요해야만 훌륭한 작품의 성과를 얻을 수 있으니까 이점을 앞으로 더욱 주의하여 좋은 작품을 만들기 위하여 훌륭하고 완전한 기구가 하루바삐 조선에도 완성되기를 희망하고 있습니다.

임 : 나도 동감입니다. 영화기업을 투기시해서는 안됩니다. 어디까지고 건실한 사업으로 생각지 않고서는 성공할 수 없는 것입니다. 영화사업이란 단순히 금력(金力)만으로 1, 2일에 될 수 없는 사업이요 인적 요소가 주심(主心)이 되는 것이니까 보통 회사로만 볼 것이 아니지요! 그러나 조선의 영화계도 지금와서는 차차 기업화되어가니까 앞으로는 장족의 진보를 할 줄로 믿습니다.

유 : 그렇습니다. 전날의 조선영화계는 기업이라느니보다도 한 개의 무어라 할까요 …… 좌우간 완전한 것이 아니었으나 지금와서는 불완전하나마 기업화하고 있으니까 앞으로는 잘되겠지요. 바라건대 회사조직이 좀 더 완전한 기초가 서기를 희망합니다. 첫째로 제작부문이 가장 중요한 것이니까요. 배우나 감독이나 종업원의 생활안정이 되어야 합니다.

영화령의 효과

清水 : 내지의 영화법이 발포된 것이 작년 10월이니까 금년도부터는 점차 주목할만한 성과가 나타날 겁니다.

　　　조선서도 법령이 실시되면 수년 내로 작품을 기대할 것이 있을 줄 압니다.

이 : 더구나 조선의 영화계는 지금까지 기초와 내용이 빈약했으니까 영화령의 효과가 뚜렷한 것이요 작품성과에도 현저한 기여가 있으리라고 봅니다.

임 : 그러나 너무 갑자기 큰 기대를 하는 것은 도리어 무리가 아닐까요? 독일같은 예를 보아도 문화통제가 시작된 것이 1932년도(?)니까 그때 정변 관계로서 문화가 급전환을 하게 된 다음 얼마동안은 효과가 전연 나타나질 못한 것 같습니다. 말하면 일정한 시기를 기다려야지요? 독일에서도 요즈음에야 차차 국책문화의 성적이 나타나는 모양이니까요!

즉 전환기에서는 문화의 질이 한번은 저락되었다가 다시 소생을 하는 것입니다. 금일의 영화령의 실시란 무슨 전환기까지는 지은 것이 아니겠지만 하여튼 너무 속히 그 효과를 실현을 바라는[145]

이 : 당국의 지도대로만 해나가면 꼭 시국영화나 교화영화가 아니라도 잘 될줄 압니다. 배급에 있어서도 선전상 무리한 국책선전만 할 필요는 없습니다. 온건착실(穩健着實)한 영화가 국가를 위하는 도리이니까요.

김 : 사변 후 내지영화계에는 10분의 8 이상이 시국물만이 나왔습니다. 그러나 물론 좋은 것도 많습니다. 특히 〈5인의 척후병〉[146]같은 것은 세계적 걸작이라 하겠지만 조선서 만든 〈군용열차〉[147]는 어느 점으로 보아 도리어 실패라는 비판도 듣더군요. 안석영 씨의 〈지원병〉[148]과 같이 조리있는 '시나리오'가 없이야 시국물의 성공은 도리어 어렵습니다.

안(석) : 성심껏 법령에 벗어지지 않도록 제작하면 그만이지요. 그 결과 비평은 수천 인 수만 인의 눈이 바라지 않아도 판단해줄 것이니까 나는 이런 신념을 가지고 있습니다. 진실한 마음으로만 나가면 될 것입니다.

안 : '시나리오 라이터'가 '시나리오'를 쓰는데도 고의로 부자연하게 시국색을 집어넣으려고 해서는 안 됩니다. 자연하게 장면을 '캐취'해서 집어넣어야 합니다. 예를 들면 총후의 국민생활을 넣으려고 해서 억지로 장면을 꾸며서는 안 됩니다. 합체(合體)를 통하여 결론에 있어서 총후가 완전하다는 감상을 주도록 진행하면 좋을 겁니다.

淸水 : 결국은 그렇게 되겠지요! 반년이나 1년에 무슨 뚜렷한 성적이 나리라고 볼 수야 있겠습니까.

유 : 이사관께 대한 질문인데 당국에서는 영화업자에 대한 보조같은 것은 할 예정도 없습니까. 그러든지 혹은 만주영화 모양으로 반관반민(半官半民)적 기업을 만들 계획도 없습니까?

---

145 원문에 이렇게 중단되어 있다.
146 〈五人の斥候兵〉, 田坂具隆 감독, 1938년작.
147 서광제 감독, 1938년작.
148 안석영 감독, 1941년작.

淸水 : 아직 그런 계획은 없습니다. 그러나 추천의 형식으로 좋은 영화를 선택해 가지고 상금을 주게 됩니다. 그리고 그 추천의 형식은 당국측보다 그 순수한 민간회사와 영화인들의 활동에 의하는 적당한 것이 좋을 듯합니다. 후원만을 당국에서 하도록 하구요!

안 : 그렇습니다. 통제만 해서는 좋은 효과가 안 나니까 잘된 것은 적극적으로 추장행상(推奬行賞)을 해야 심적으로 좋은 결과를 줄 것입니다. 그리고 이사관도 말씀했지만 결코 영화령을 어렵고 무섭게 해석할 필요는 없을 줄 압니다. 여러분이 말씀하신 바와 같이 예술이나 영화에 있어서 국민성과 그 '모랄'을 무시하지 않고서 제작하는 한 결코 당국에서 금지를 당하거나 처벌을 받지는 않을 것입니다. 건질(健質)하고 명랑한 영화를 제작하여 사회에 제공하는 것이 보국사업이라고 믿습니다. 그러나 한 가지 염려되는 것은 조선영화계는 아직까지도 경제적 기초가 서지 못하고 토대가 잡히지 않아서 걱정입니다. 그러나 앞으로 경제적으로 자립할 수가 있고 판로와 생산량이 늘게 된다면 더 나은 영화가 탄생하게 될 줄 믿습니다.

임 : 그점으로 본다면 내지영화계는 행운이지요. 물론 인적 소질도 여기보다는 우수하지만 경제적으로 보아도 지금의 내지영화회사는 거대한 이윤을 내고 있는 기업회사들이 아닙니까. 좋은 환경에 있으니까 그렇겠지만 일활(日活)의 최근작인 〈흙〉[149]같은 것은 과연 역작입니다. 아까 국민성 말이 나왔지만 〈흙〉에는 국민성이 비상히 잘 표현된 양심적 소박성을 가진 작품이었습니다. 조선영화도 조선 독특한 제재와 성격을 집어넣어야만 비로소 좋은 조선영화가 될 줄 압니다. 조선영화의 개성을 잊어서는 안 될 것입니다.

淸水 : 결국 여러분 영화제작에 있어 기본적으로 내선일체와는 관념만 준비하고 있으면 어떤 제재에 임하나 과히 어그러짐이 없으리다.

임 : 국책에 어그러지지 않기 위하여도 자연 내선일체가 될 것이니까 그점

---

149 內田吐夢 감독의 〈土〉(1939)

은 안심일줄 앎니다. 자연스럽게 저절로 되어야만 좋겠지요.

백 : 사전 검열은 어떻게 되는 겁니까?

淸水 : 전에는 필름으로 검열을 들이던 것을 이제부터는 대본으로 검열은 넣게 되는 거지요! 그러니까 작품내용에 사상적으로나 예술적으로 부당한 것이 있는 경우에는 미리 제작자측에게 주의시켜서 미연에 수정을 시킬 수 있는 편의가 있습니다. 제작자 측으로 봐도 그편이 유리할 것입니다.

안 : 그때 대본이란 시나리오겠지요.

淸水 : 그렇습니다. 촬영개시 약 10일 전에 시나리오를 제출하면 좋습니다.

안 : 그런데 그때 시나리오는 일언일구가 모두 자세해야 할 터인데 그 번역이 문제에요. 문맥이 잘되도록 해가면 사실이 추상적이 되고 너무 직(直)번역을 하면 문맥이 되지 않고 그것이 대단한 일입니다.

淸水 : 결국 직번역[150]편이 좋습니다. 검열대본이란 문장을 중심하는 것이 아니고 내용을 자세히 알아야 하는 것이니까요!

임 : 그럴 것입니다. 직번역 밖에 도리가 없을 겁니다.

안 : 글쎄 직번역은 하면 우습게 되는 때가 있다니까요![151] 어느 연극단체에선 신파극 대본을 엇는* 〈도라지〉를 그대로 번역해서 〈シンシンヤマカワ ハクトラヂ〉라고 해서 다들 웃었답니다.

淸水 : 아까도 어떤 분이 말씀했지만 급격한 변화를 바라지 않는 관계로 영화령의 실시를 조급히 하고 있지 않는 것입니다.

　　그리고 지금까지의 농촌풍물을 표시한 조선영화의 〈한강〉이니 〈나그네〉니 하는 것은 다 걸작의 하나이라 하겠습니다. 서서한 변화가 더 낳은 효과를 나타낼 것 같습니다.

유 : 그렇지요. 너무 조급히 할 것이 아니요 천천히 그 효과가 나타난 때까지 기다리는 동시에 영화인들은 꾸준히 작품에 대한 제한의 모든 준비라든가 또는 지금 여러분이 말씀하시는 농촌영화같은 데 대하여 일상적으로 조사를 하고 연구를 해가는 것이 좋을 것 같습니다.

---

150 원문에는 "直鰍젓"으로 되어 있으나 오식으로 보인다.
151 원문에는 "잇다시쌘요!"로 되어 있으나 오식으로 보인다.

원작이 중대문제 : 농촌에 제재를 취하라

백 : 농촌문제가 나온 차에 화제를 돌리렵니다. 제재와 관련해서 원작문제
    를 이야기해주십시오. 당국 측으로서는 특히 원작에 대하여 무슨 계획
    이 섰는가요?

淸水 : 아직 별것이 없는 모양입니다.

백 : 하여튼 오늘날 조선영화에서는 원작이 중대문제가 아닙니까.

이 : 그렇지요. 중대한 문제입니다.

백 : 그럼 어떻게 하면 좀 더 우수한 원작을 얻을 수 있을까요!

임 : 농촌에서 취재한다면 훌륭한 것이 많을 걸요! 조선 농촌에는 취할 재
    (材)도 많고 영화적인 풍경도 많습니다. 그리고 뭣보다도 농민생활을 비
    비드하게 묘사해야지요!

김 : 어느 비평문에서 봤는데 일반관중은 자기와 너무 가까운 현실생활 장면
    은 좋아하지 않는다죠! 관중은 좀 더 즐거운 오락장면을 좋아하니까요!

임 : 그러나 너무 경박한 연애장면도 보기에 쑥스럽습니다.

안(석) : 형식적으로 흐르지 말고 좀 더 사물에 대한 표현방식을 취해야지
    요! 어제는 〈광(光)과 영(影)〉[152]이란 동보 영화를 보았는데 너무 지나치
    게 미국식이어서 첩(牒) 좀 우리보기에 부자연한 감을 주더군요.

淸水 : 그것은 국제성을 너무나 포함한 까닭이지요!

(폭소(爆笑))

유 : 결국 임화 씨나 석영 씨가 말씀한 바와 같이 농촌이나 사실에 투철한
    원작이 나오겠지요!

이 : 그러나 농촌에만 국한하는 것도 어떨까 합니다. 〈흙〉쯤이 농촌물로서
    는 성공인데 너무 농촌만 끄집어내는 것은 어떨른지요.
      단조(單調)한 농촌만에 그칠 것 없이 변화가 무쌍한 도회에서 취재하
    는 것이 더욱 영화의 세계답지 않을까요?
      일활(日活)의 〈흙〉이야기가 나왔지만 〈흙〉은 참 걸작입니다.

---

152 島津保次郎 감독, 1940년작.

淸水 : 농촌생활 그대로를 보는 자연스러운 맛이 있더군요! 그점에서는 농촌을 제재로 한 원작이 나와도 좋은 듯합니다. 그러나 한편 소작인과 지주의 분쟁을 격화시키는 정(情)이 있으면 안 되지만.

(대소(大笑))

안(석) : 영화취재에는 얼마든지 있지요. 함경도 '메르치' 명태 기타 연초 어촌 등 조선의 특수한 것이면 ……

김 : 그러니까 영화는 되도록은 조선인이 제작하는 게 풍속과 정신적으로 보아 효과적이 아닐까 합니다. '내셔널'한 말이지만요.

임 : 농촌극은 특히 그렇습니다. 아까도 말씀했지요만 거의 융합되어야만 기분이 맞어지는 것이니까 특히 조선풍물시(詩)를 그리려면 조선사람이 만들어야 할줄 압니다.

안 : 저는 제재나 원작에 대하여 너무 협착하게 생각고 싶지 않습니다. 농촌물이든 도회물이든 연애물이든 결국은 조선의 특수성과 영화의 메커니즘을 동시에 잘 이해하는 원작자가 나와야 됩니다.

영화인협회의 결성

백 : 이번 영화령의 실시에 있어 구체적으로 산파적 역할을 한다는 영화인협회란 그 내용과 조직이 어떻게 되나요?

김 : 지금 준비위원회에서 여러 가지로 토의를 해가는 중에 있는데 대개 내지의 영화인 연맹과 비슷한 것인데 그보다도 범위가 광범하게 되겠지요? 일반문화인도 포함하게 됩니다.

이 : 간접으로라도 영화에 관계있는 사람이면 가급적으로 많이 가입시키게 될 것이지요.

김 : 그때도 너무 자격이 막연해서는 안 되겠지!

이 : 그러니까 예를 들면 등록된 사람을 내놓고도 음악관계자, 문예관계자, 조명기술자 등 모두를 포함한단 말이지. 그리고 시나리오 라이터는 물론이고 ……

(소(笑))

백 : 협회를 운용하는 역원(役員)은 어떻게 되나요?

김 : 이사, 평의원, 서기 등으로 갈려 있습니다.

백 : 주요 사업은?

안(석) : 우수한 조선영화를 제작하는 데 여러 가지 산파역을 하는 동시에 우수한 작품은 외국에 수출하는 것이 있습니다.

등록될 영화인들

백 : 이번 영화령이 실시되면 등록자격은 역시 내지와 같이 감독, 배우, 촬영기사에 국한하는가요?

淸水 : 그렇지요.

백 : 전부 도합해서 몇 사람이나 됩니까?

淸水 : 한 60여 명 될는지요!

김 : 일전 준비위원회에서 세밀히 조사해봤는데 겨우 40명 내외더군요!

유 : 겨우 그밖에 안 됩니까?

淸水 : 내지에선 등록자만 약 3,000명 내외라는데 적어도 2,000명은 확실할 겁니다.

임 : 그럼 조선은 1/300쯤 되는 셈이군요!

淸水 : 그렇지요 ……

백 : 등록이 되면 영화인의 품행을 단단히 본다면서요?

淸水 : 그렇게야 되겠습니다. 그러나 너무 심한 정도가 아니면 ……

(소(笑))

이 : 조선의 문화영화에 대한 제한은 어떻습니까. 즉 인정(認定)영화와 일반영화의 구별이 있게 됩니까?

淸水 : 물론 있게 됩니다.

백 : 여러 가지로 유익한 말씀을 많이 들려주셔서 감사합니다. 시간도 저물고 해서 이것으로 끝을 막습니다.

3. 「총력연맹 문화부장 시과영삼랑(矢鍋永三郎)[153] · 임화 대담」

(『조광』, 1941.3)

내지에는 익찬회, 조선에는 총력운동. 이 운동의 각 항(項) 중에서도 문화의 전영역에 걸쳐 이것을 지배하는 것은 문화부이다. 문화부의 사명과 책임은 행정관청의 그것과 같이 소극적 취체에 그치는 것이 아니고 한걸음 나아가서 문화전반에 걸쳐 이것을 적극적으로 지도조장하는 데 있다. 그러므로 우리의 관심은 특히 이 문화부의 동향에 끌리고 있다. 이제 제1대 문화부장인 시과(矢鍋) 씨와 우리 문단 준예(俊銳) 임화 씨와의 대담[154]을 실어 독자에게 소개한다. 일기자(一記者).

시일 소화 16년 1월 15일
장소 총력연맹

연맹과 문화단체 가맹문제

林 : 사변 이후 문화문제에의 관심이 높아지고 그 귀추가 여러 가지로 문제되고 있는 이때에 우리 총력연맹에 문화부가 생기고 귀하께서 이번에 중망(衆望)을 지니시고 그 부장에 취임되신 셈이니까 여러 가지 포부를 가지셨다고 생각됩니다. 어떻습니까. 한번 우리 초대 문화부장으로서 좋은 플랜을 들려주시지 못하시겠습니까?

矢鍋 : 별로 경력[155]이 없는 터이라 그렇게 물으면 좀 곤란합니다. 사실은

---

153 야나베 에이자부로. 1880년생. 1907년 동경제국대학 법과 졸업 후 조선에 왔고 통감부 서기관, 공주 재정감독국장, 경남 재무부장, 세관장, 총독부 관세과장, 참사관 등을 역임한 후 1924년 황해도 지사가 되었다. 이후 식산은행 이사, 조선금융조합연합회장, 국민정신총동원 조선연맹 상무이사를 거쳐 1940년 국민총력 조선연맹 문화부장이 되었다.
「한국근현대 인물자료」, http://db.history.go.kr/item/level.do;jsessionid=72D2972A148E3C6D69C98BFC40D1885D?levelId=im_215_01059/(최종 접속일 : 2015.2.12)
154 원문에는 "대답(對答)"이라 되어 있으나 오식으로 보인다.
155 원문에는 "경리(經履)"라 되어 있으나 오식으로 보인다.

대담 중의 임화

자기로서도 생각하지 않으면 안 될 일이지만 어떻게 진행해 나간다는 것은 각 방면에서 생각해 주지 않으면 안 되겠지요.

우선 여러분과 의논도 하고 의견도 듣고 해야 하니까, 어떠한 조직을 만들어 놓아야 하지 않을까 생각합니다. 어떻든 부(部)가 되면, 부회(部會)가 이사나 참사(參事)같은 것을 만들어서 대체의 방침을 결정하게 되는 기관이 성립되는 셈이지요. 그 밑에 이제 말한 학술이라든가 연예라든가, 교화라든가 종교라든가 하는 방면에서 여러 종류의 사람을 위원으로 나오도록 하고 거기서 대체의 여러 사람들의 의향을 충분히 들어보려고 생각하고 있습니다. 동시에 또 우리들로서 주문하고 싶은 것은 자꾸 주문할게고 그러고 연맹이라는 것도 문화 제(諸)단체와의 관계를 갖게 하도록 하겠습니다. 그것은 제일 먼저 해볼 생각입니다. 그만한 정도로 대개의 방침을 정했는데요.

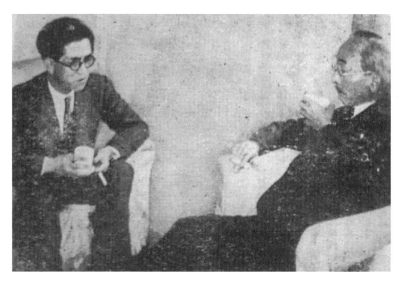

임화와 야나베 에이자부로.

林 : 그러면 부에는 조직적인 여러 가지 부회가 생기는 셈이군요?

矢鍋 : 모든 방면에서 나오도록 해서 한 개의 조직을 만든다. 그리고서 다시 세밀한 분과를 만들든지, 혹은 연락위원같은 것으로 좀 더 구체적으로 결정해 나간다든가, 이런 것은 이제부터 정해 갈 생각입니다.

林 : 그것은 회의(會議)라는 성질의 것은 아니겠군요?

矢鍋 : 하여간 의견교환이지, 의견을 교환하는 사이에 나아갈 길이 생기지 않을까 하는데요.

林 : 의견의 교환이라고 해도, 전번 동경서 한 것 모양으로 중앙협력회의라든가, 관민(官民)간담회라든가 하는 것같이 관민의 의견교환을 위해서 임시적으로 회의를 개최한다는 것과, 그리고 단지 기관으로서 몇 개의 부서를 둔다는 것과는 대단히 상위(相違)가 있으리라 생각하는데요. 물론 부서의 인선(人選)이라는 것도 생각되겠지만요 ……

矢鍋 : 어떻든 부서를 둔다는 것에 관해서는 이제부터 따로 생각하기로 하고, 가장 적절한 방법을 취하려고 하는데.

林 : 그건 그러시겠지만 또 우리들로서 알고 싶은 것은 연맹의 문화부의 일, 가령 학무국의 사회교육과라면 사회교육과, 경무국의 도서과라면 도서과와 같은 행정상의 사무와의 구별이라고 할까 그와 같은 일도 있겠지요.

矢鍋 : 그것을 확실하게 말하자면 여러 곳에서 말이 되어있듯이 앞과 뒤, 그만한 관계로서 이면과 표면이라는 차이가 생기리라 하는데!

林 : 사관상(事官上) 대단한 차이가 있지 않을까요? 그러한 의미로 문화부가 생기고, 또 시과 씨께서는 민간에서 이 상망(象望)을 띠우시고 이러한 중직에 나가시게 된 것이니까요. 작년 어느 기회에 고천(古川) 전 도서과장도 그런 말을 했지만 지금까지의 행정상에 있어서 문화적 사업이라는 것은 주로 취체에 있었지 않았습니까.[156] 가령 국가적 견지에서 보아서 그 룰에서 벗어나지 않도록 감시한다든가 취체한다든가 하는 ……

矢鍋 : 취체한다든가 하는 소극적이고 이면적인 방법으로 해나가는 것이 아니라 문화부의 일이란 것은 이러한 것은 발달시키자, 이러한 방면에 나아가도록 하자 하듯이 이렇게 적극적으로 움직여오지 않으면 안될 것이라고 생각합니다. 그것은 역시 이면과 표면과의 차위(差違)가 있는 것이라고 말할 수 있겠지요.

林 : 그런 의미로 연맹의 문화부와 행정상에 것은 다른 것이겠군요. 즉 적극적인 의미에서 연맹의 문화부는 문화를 지도하는 것이라고 할까요.

矢鍋 : 그러니까 민간 각방면에 관계하는 이들의 의견도 철저하게 들어가야 하겠지요. 단지 이러한 취체의 표준으로 억제해 간다는 의미에서만이 아니라 ……

林 : 이것은 좀 다른 이야기입니다만, 정동(精動)시대에 가맹해 있던 단체로서 총력연맹이 된 뒤에 가맹되지 못한 단체가 있다고 들었는데요. 가령 문인협회같은 ……

矢鍋 : 먼저의 가맹단체는 이름을 변경해 가지고 들어오도록 되어있습니다. 즉 정동 때와 목적은 같으면서 특별한 의미를 갖지 않은 것은 연맹

---

156 원문에는 "않았습니다"로 되어 있으나 문맥상 "않았습니까"가 맞다고 생각된다.

에는 합류해 가지고 들어오고, 합류하는 것이 편의(便宜)하다고 하는 것은 합류하고, 그러나 특별한 사명을 가진 것을 강제로 합류시키는 일은 없지요.

林 : 그러나 연맹창립 당시 아마, 정동가맹단체를 정리한다는 말이 어딘가 발표되었던 것 같은데요. 즉 유명무실한 것은 정리하고 그렇지 않다고 인정되는 것은 연맹에 들이는 것이겠지요만, 문인협회 등의 거취는 지금까지 조직적으로 뚜렷치 않았던 것 같은데요. 어째서 그럴까요?
이번에 또 영화인협회, 연예협회, 음악의 단체가 됐습니다마는, 어떻습니까, 이러한 단체는 역시 단체로서 연맹에 가맹할 수 있습니까.

矢鍋 : 글쎄올시다. 단체에는 가맹할 수 있는지 없는지. 어떻게 되어있는지?

林 : 먼저 말씀드린 거와 같이 조선인의 예술방면의 단체가 차차로 늘어가겠는데 이런 것들의 조직계통은 하루라도 빨리 뚜렷이 되지 않으면 안 되리라고 생각는데요.

矢鍋 : 너무 뿔뿔이 헤저서는 연락이 취해지지 않으니까, 무슨 업종별 비슷한 협회라든가 단체가 되지 않으면 통제가 잡히지 않겠지요.

林 : 문화부로서는 단체로서 가입시키든가 그렇지 않으면 따로 단체를 만들게 하십니까?

矢鍋 : 그야 만들 수 있는 것과 만들게 할 수 없는 것이 있다고 생각하나 아직은 ……

林 : 이것은 역시 장래 경시할 수 없는 문제라고 생각하는데 어떻습니까.

矢鍋 : 어떻게 될지, 단체가맹이나 하부조직이라든가 하는 것이 되었으니까, 어떻게든지 관계만은 가지고 나가야 하겠다고 생각합니다.

문화의 직역봉공(職域奉公)

林 : 그렇습니까. 이것은 좀 추상적인 이야기입니다만 지극히 중대한 문제일 것 같습니다. 즉 직역봉공이라는 것 말씀입니다. 이것은 국가의 새로운 체제 밑에서 국민이 자기의 직역에서 총력을 가지고 봉공한다는 의미가 아닌가 하는데요, 각자의 직역에서 먼저 구체적으로 어떠한 방

법이 최선의 방법이 되느냐 하는 것이 문제가 되지 않으면 안 되리라고 생각합니다. 그런 의미에서 문화는 문화의 영역에서, 다시 말하면 그 직역에서 봉공할 때에 어떠한 성질이나 형태를 띠워야 하는 것인가, 부장께 그 의견을 듣고 싶습니다.

矢鍋 : 그건 곤란한데. 정신이라는 것은 연맹이라면 연맹이 국민으로서의 실천항목을 어떻게 해서 각 부문에 표현시켜 가느냐, 연예라면 연예를 하는 데 있어서, 영화라면 영화를 하는 데 있어, 그 정신을 소극적으로도 적극적으로도 표현할 수 있다. 단순한 오락본위로 하더라도 기분이 어디로 움직여 있느냐 그것을 감시한다. 이러한 의미에서 말이지요. 그 표현을 어떠한 방법으로 해가느냐, 구체적으로는 말할 수는 없으나 그것을 우리는 건전한 방면으로 밀어나갈 작정입니다.

林 : 그러나 문화는 경제, 정치, 군사와는 확실히 다른 점이 있다고 생각합니다. 즉 범위를 넓혀 말한다면 문화가 국가에 봉공하는 것은 정치, 경제, 군사와는 확연히 다른 점이 있다고 생각합니다. 그런 의미에서 문화는 내지에서도 어느 의미로서는 오해를 받아왔고 문화인 자신들도 오해하고 있었던 점도 있었습니다만 이번에 이러한 것은 뚜렷이 해두지 않으면 안될 것이라고 생각합니다. 이러한 점에 있어서 귀하의 의견은 대단히 중대한 것이라고 생각합니다.

矢鍋 : 오해되지 않도록 군들이 힘써주어야겠지.

정치와 문화

林 : 요즈음 제 친구로서 「문화이론의 재편성」[157]이라는 글을 쓴 사람이 있습니다. 그 사람은 문화이론 재편성의 주요표준을 문화주의의 청산이라는 곳에 두고 있습니다. 이 문화주의라는 것은 물론 구라파에서 들어온 것으로 일언이폐지하면 문화는 정치나 경제와 독립해서, 절대 자율성을 갖고 있는 것이라는 것으로 이것을 청산하지 않으면 안 되겠다는

---

157 최재서, 「문화이론의 재편성」, 『매일신보』, 1941.1.14.

것입니다. 그러나 본시 문화는 정치라든가 경제라든가 일상생활이라든가 하는 것과 관계가 없던 것이 아니었습니다. 단지 이러한 것과 차이나 구별이 있다는 것이 일방적으로 과장되어서 문화주의라는 것이 되었다고 생각합니다. 그러니까 새로운 문화이론은 단지 문화주의를 청산한다는데 그칠 것이 아니라 문화와 다른 것과의 정당한 관계를 정비한다는 것이 도로혀 중요할 것입니다.

矢鍋 : 물론 문화는 완전히 독립한 것이 아니겠지. 정치든 경제든 모두가 유기적으로 결합하지 않아서는 안 된다고 생각합니다. 그러니까 정치니 경제니 하더라도 문화적으로 되어 가지 않으면 안 되리라 하는데.

林 : 그러나 정치나 경제가 문화가 되어서는 탈이지요. 어디까지든지 정치는 정치 ……

矢鍋 : 문화가 되어버리라는 게 아니지.

林 : 그렇습니다. 가령, 문화인은 여러 가지로 사고도 하고 반성도 할 수 있습니다. 그러나 정치가나 군인은 문화인 같아서는 안 됩니다. 더구나 수만의 적을 앞에 두고 부대장이 반성도 하고 취고(就考)도 하다가는 전쟁은 못합니다. 행위는 결단이 생명입니다. 그러나 문화는 즉 정치나 군사가 급(急)을 요하는 결단을 위해서 꼼꼼이 생각지 못하는 것을 문화는 그 여유를 가지고 보충해 나가는 것이라고 할까요.

矢鍋 : 그렇지. 여하간 전체로 유기적으로.

林 : 그런 점에서 전번 대정익찬회(大政翼贊會)의 문화부장 안전국사(岸田國士) 씨가 "문예의 측위적(側衛的) 임무"라고 하는 방송연설은 경청할 가치가 있었습니다. 측위, 즉 전위를 정치라고 하면 문화는 후방을 견고하게 하는 것에 종사하여야 한다는 것입니다.

矢鍋 : 그렇지! 하여간 실제의 문화는 그 시대의 정세에 좌우되어가는 것이라고 생각하는데.

林; 그야 어떠한 시대에 있어서도 문화는 시대의 것이지요. 민족생활, 국가생활과 떨어지는 일을 없습니다. 이론이 문화의 특수성을 절대의 자율성까지 끌어갈 뿐입니다. 그러한 의미로 안전(岸田) 씨의 이제 말한 것과 같은 이야기는 흥미있는 것이라고 생각합니다. 그런 의미에서 문화의 역할을 구별하다는 것은 결코 소위 문화주의적인 사고의 방법이 아닐 것입니다. 결국, 소설을 쓰는 것같이 총을 쏠 수는 없을 게고 총을 쏘는 것같이 소설을 쓰는 것도 아닙니다. 총을 쏠 때는 총이, 소설을 쓸 때는 소설이 필요하지요.

矢鍋 : 총을 쏘는 속에 시(詩)도 있지.

林 : 적을 쏘는 것은 역시 총이지요. 그런 의미에서 문화는 역시 총후(銃後)의 역할이겠지요.

矢鍋 : 지금은 총후를 굳게 하는 것이 가장 긴요하니까.

조선문화의 특수성

林 : 그리고 우리들로서 생각하는 문제는 솔직하게 말씀드린다면, 직접 우리들이 생활하는 문화, 조선의 지역적인 특수성, 이러한 문제는 이제부터 장차 어떠한 방법으로 진행시키시렵니까. 하나의 국민문화가 건설되어 간다는 것은, 그다지 어려웁게 생각할 것이 아닐 것 같습니다만, 그 도상(途上)에 있는 조선문화는?

矢鍋 : 그런 것도 생각해야겠지요. 조선의 생활, 언어, 모든 방면의 특수성과 그 장래의 일을 생각하면 연구도 하고 고려도 해가지 않으면 안 되겠지만 지금은 역시 실제로 직면한 시국은 제일착으로 총후의 관계를 생각해야 하는 것이므로 문화도 대체로 그러한 방향으로 이끌어간다는 의의를 굳게 하지 않아서는 안 될 것 같습니다.

林 : 그런 의미에서 연맹의 문화부의 일은 익찬회의 문화부의 일과 다른 점이 있을 겁니다. 어느 의미에 있어서는 곤란할 것도 같습니다. 그 반면에 중대한 의의를 가졌다고 보는데요. 조선문화에 집착한다는 것은 아니나 그 특수성은 현존한 것이고, 거기에 대한 고려라고 하는 것도 장래의 견지에서 본다면 지극히 중대한 의미를 가진 문제일 겁니다. 연맹문화부는 또 자연히 이 문제에 관심을 갖지 않을 수 없을 것 같습니다.

矢鍋 : 그야 잘 고려할 문제이겠지만 의식하지 않아도 지역의 문화의 특색

은 반드시 나타나겠지. 말하자면 그 특색 속에 일반적인 것을 만든다는 것이 되겠지요.

林 : 문화 백년의 대계라고 할까요. 이러한 견지에서 보더라도, 사실, 국민문화라는 것은 제각기 다른 역사와 전통을 가진 문화를 토대로 하고 이들의 교류와 융합을 통해서, 크게 말하면 세울 수 있으리라고 생각합니다.

矢鍋 : 장래로 말하면 동아공영권의 지도의 중심이 되어가면서, 문화를 만들어가지 않으면 안 되겠지.

林 : 지나문화도 인도지나 문화도 난인(蘭印)[158]문화도 인도문화도 남양에 있는 토인의 문화도 생각해야 하니까요.

矢鍋 : 건설적인 장래의 일을 생각하면 끝이 없겠지요.

林 : 특히 이 기회에 시과부장의 위대하신 포부를 듣고 싶습니다.

矢鍋 : 그러나 지금에 있어서는 더 직접적인 문제를 생각해야 하니까.

언어문제

林 : 그것이 머지않아 직접적인 문제에 관련되어 올 것입니다. 언뜻 생각하면 먼 장래의 문제 같습니다만 추궁해 보면 곧 현재의 문제로 돌아오지 겠는데요. 가령 언어의 문제 이것은 델리케이트한 문제입니다. 내지의 친구들과 이야기할 기회에도 가끔 오해받기 쉬운 문제입니다만, 이런 것은 서로들 흉금을 털고 이야기할 필요가 있다고 생각입니다. 언어는 다른 각도로 본다면 일반 향토적 색채라든가, 민족적 색채라든가 하는 것으로 강하게 생각하는 것 같습니다. 또 다른 방면으로 본다면 하나의 민족이면 민족, 향토라면 향토를 가진 그 속에서 언어가 제일 일반적이고 국제적인 것 같은데요, 자연이라든지 역사라든지 혈통이라는 것은 번역이 되지 않습니다. 바꾸어칠 수는 없습니다. 그러나 일례를 든다면 조선의 '사랑'이라는 말은 국어로 '愛[아이]'라는 말로 번역됩니다. 번역 된다는 것은 다시말하면 조선어도 조선인적인 좁은 사상에만이 아니라

---

158 네델란드령 인도네시아.

좀 더 일반적인 사고와 건강한 사상이 들어갈 수 있다. 이렇게 보면, 조선어는 어느 의미에 있어서는 조선인들과 내지인들이 정신적으로 결합하는 데 있어서 금후의 유력한 수단으로 될 수 있다고 보는데요.

矢鍋 : 여간 신중하게 생각하지 않아서는 안 될 문제이겠지요마는 언어의 계통이 전연 다르다면 몰라도 다르지 않지요. 구주(九州)와 동북(東北)은 교통이 불편하던 때는 전연 말이 같지 않았던 것이 교통이 빈번해진 요즘에는 훨씬 공통적으로 알게 됐습니다. 그러니까 조선도 교통이 빈번해지면 차차 접근해지는 것도 있겠고 근래 내지에서 유입해서 조선어가 된 말이 많이 있고 또 조선말로서 내지의 말이 된 것도 많지요. 또 '아이노꼬'[159]와 같은 말도 생기고 했습니다. 이런 것을 생각하면 언어라는 것은 교류하는 것이라고 생각합니다. 무엇보다도 될 수 있는 데까지 언어가 통일되어지는 것이 여러 사람이 생활하여 가는 위에 있어서 가장 편의할 것이겠고. 언어가 다르다는 것과 같이 불편한 것은 없으니까.

林 : 그야 그렇지요. 그런 의미에서 문화부의 할 일은 언어를 중심으로 이것저것 해보는 것이 필요하지 않을까, 그리고 이것은 행정상의 사무와는 다른 것일 겁니다. 국어보급의 제일 큰 수단은 역시 교육일 겁니다. 행정상의 ……

矢鍋 : 의무교육이라도 된다면, 어린애들은 전부 국어를 알게 되지요. 다만 현재 여러 가지 지식을 지방에 보급시키려면 언문이라도 쓰지 않고는 보급의 방법이 없지요. 그런 의미에서 절대로 쓰지 못하게는 할 수 없으나, 고급한 이론을 모두 언문으로 하지 않으면 안 된다는 이유는 없을 거고 하급의 농민에 대하여 언문을 사용하지 않고는 아무런 것도 전할 방법이 없으니까 그런 의미에서 언문의 발달은 또 적당하게 하지 않아서는 안 되겠지요.

林 : 그렇겠지요. 그러한 의미에서 보아서 조선어의 필요는 아직도 많이 있으리라고 생각하는데요. 특히 문학방면에 대하여 희망하시는 것은 ……

---

[159] 잡종. 合(い)の子, 間の子.

矢鍋 : 문외한을 그런 어려운 전문(專門) 속에 끌어넣으면 이야기가 안될걸. 하하 …… 사실 말하면 우리는 단순한 이론으로서가 아니라, 실제 문제에 다닥쳐 가지고 어떻게 해나간다는 것을 결정해 나갈 수밖에 없지요.

문화의 건강성

林 : 요즈음 우리들도 문학의 건강성이라는 것을 문제하고 있는데요.

矢鍋 : 미술이나 음악이나 하는 것에도 건전한 것이 필요한데 그렇다면 건전한 표준을 어디다 두겠느냐 하는 것이 문제되겠지요.

林 : 그런 의미에서 먼저 비속한 것은 안 될 것 같습니다.

矢鍋 : 그야 문화가 향상해 가는데 있어서 야비(野卑)한 것이 적어진다는 것은 좋은 일이지요.

林 : 구체적으로 의견을 좀.

矢鍋 : 가령 '만재(漫才)'라든가 혹은 조선 것으로도 별별 것이 라디오에서 나오는데, 비속하지 않으면 알아듣지 못하는 사회층이 있지요. 우습지가 않다, 그러한 방면이 있으니까 어느 정도까지는 그런 것이 필요하지마는, 이것이 점점 비속한 영역을 벗어나서 향상해 가지 않아서는 안 되겠지요. 그러한 데다가 불시에 고급한 웃음을 가져다 논댔자 이해하지 못하는 사회층도 있으니까.

林 : 어느 정도까지라면 몰라도, 문화의 건전한 발전에 따라서 그런 것은 차차 해탈해 가야만 되겠지요. 저는 이점에 있어서 시과 씨의 영단(英斷)을 바라고 싶습니다. 가령 연극협회가 됐습니다만 물론 그러한 단체가 전부 비속한 연극을 하고 있는 사람들이라고는 생각하지 않습니다마는 그래도 주요한 단체라는 것이 다들 통속적인 연극을 하는 단체이니까 일고할 가치가 있는 것이라고 생각합니다 . 그렇다고 통속극단이 국책에 협력하지 못한다는 말은 물론 아닙니다. 국민적 연극이라고 하게 된다면 좀 더 높은 의미의 것이어야 하지 않겠습니까. 이런 의미에서 아마 이번 협회에는 그러한 극단이 하나도 들지 않았던 것 같은데요.

학생이나 지식인이라든가 하는 협소한 층을 상수(相手)로 하는 것이 아니라 옅은 층의 문화적 수준을 끌어 올리는 연극, 그런 것을 지도형성해 가는 것이 구체적으로 문제가 될 줄 압니다.

矢鍋 : 그렇게 끌어가는 방법을 어떻게 먼저 생각해보려고 합니다.

임 : 동경에서 신극, 가무기(歌舞伎)와 신파와의 두 단체가 합체했습니다만 이것은 건전한 국민극을 '모토'로 해왔습니다. 먼저에도 말씀드린 거와 같이 조선에도 그러한 단체가 두서넛 있습니다. 개인적인 희망일지 모르나 그와 같은 단체가 생겨도 좋지 않을까 합니다.

矢鍋 : 단체라도 개인이라도 좋지만, 그러한 방면에 세상의 이해를 얻고 하는 사람도 그러한 기분을 깊이하고, 선각자가 끊임없이 의견을 발표해서 끌어가지 않아서는 안 되겠지.

농촌오락에 대하여

林 : 그 점을 특히 생각해 주시기 바랍니다. 그리고 민중오락 말씀입니다. 거기에 대해서.

矢鍋 : 민중오락 특히 농촌오락은 고려해야겠지요.

林 : 작년 가을 총독과 정무총감이 총독부에서 황해도의 '탈춤'을 보셨지요. 저도 보았습니다만, 그것을 인정하겠다 합니다. 이 춤은 황해도 부근에서는 오랜 옛부터 전해오던 것이고 또 즐겨하던 것인데, 이러한 문제에 대하여는.

矢鍋 : 농촌에서 생긴 것으로 좋은 것이 있으면 좋지만 조선은 그런 점에 있어서는, 무어라고 할까 억제를 받아왔지.

林 : 전에는 이조(李朝)의 유교문화에, 근래는 외래문화에 눌렸습니다.

矢鍋 : 어떠한 민족이든지 농민오락은 있어야 할텐데.

林 : 시골 가면 여러 가지 있지요.

矢鍋 : 그중에 좋은 것은 치켜 올려야지요. 농민의 마음에 완전히 맞지 않으면 기뻐하지 않지요.

林 : 새로 나오는 유행가는 시골에서는 전(前)의 것일수록 부르지 않습니다.

矢鍋 : 도회의 문화인이 생각한 것만으로는 농촌오락은 되지 않겠지.

林 : 요즈음 충승현(沖繩縣)[160]의 향토예술이 문제가 됐습니다만 그것도 농촌오락의 문제가 될 수 없을까 하는데 추궁(追窮)해 말씀한다면, 민중의 교화적인 일과 오락과의 결연(結連)문제입니다. 오락은 즐거운 것, 낮에는 노동을 하고 밤에는 즐긴다, 이것은 간접으로 생산력 증진에도 관계되어집니다. 가령 낭화절(浪花節, 나니와부시)에다 강렬한 시국적인 내용을 넣는다, 그 의도도 좋고 의의도 있습니다만, 그것을 듣는 사람들은 노동을 하고나서 즐거히 보내야 할 시간에 무엇을 또 생각하지 않으면 안될 터니까요.

矢鍋 : 표현방법은 지극히 간접적이어야 합니다. 순수한 오락이 되어야 한다는 것을 생각해야겠지요. 종시 이론을 생각해야만 한다는 것은 좋지 않지요.

林 : 라디오를 들으면 내각 정보부에서 발행하는 '주보'의 논설 비슷한 것을 노래나 소설로 만들어서 읽습니다만 이렇게 돼서는 모처럼 즐거운 시간에 어려운 것을 생각하도록 하게 됩니다. 이런 것은 어떨까 생각되는데요.

矢鍋 : 그것을 이야기하는 작자의 머릿속에 그 정신이 있으면, 노골하게 내보이지 않아도, 충분히 되겠지. 그것을 노골하게 내논다, 다시말하면 표현방법이 어색하면, 지금 말씀한 거와 같이 역효과를 나타내게 되니까 이것은 생각할 문제이죠.

林 : 문학에도 그런 예가 있습니다.

矢鍋 : 그런 표현방법은 어려우니까, 역결과가 되는 수가 있지요. 그렇다면 서투른 것이지.

시간이 없으니 이쯤으로 해주시지.

林 : 너무 오래서, 미안합니다. 부디 저이들 편이 되어 주십시오.

矢鍋 : 편이란 정도(程度)가 아니지, 일치협력(一致協力)이니까 …… 그런데 당신이 하고 있는 출판일이라는 것은 어떠한 것입니까?

---

160 오키나와현.

林 : 작년에 시작했을 뿐입니다만, 말하자면 조선의 옛 서적을 중간(重刊)
하기도 하고, 그런 것을 하고 있습니다. 한문관계의 서적이지요. 그래
서 동양문화 연구라는 문제에 특히[161] 생각하게 되는데요, 유교같은 것
을 보면 덕천(德川)중엽의 강호(江戶)에 있던 한학자의 연구태도, 청조
(淸朝)말기의 학자의 연구태도, 이조(李朝)중엽 이후의 학자의 연구태도
는 참으로 유사점이 많더군요.

矢鍋 : 교류가 있어요.

林 : 교류가 있습니다. 내지의 경도(京都)에 있는 의사가 해부학을 쓴 것이
있습니다만, 조선에도 그것과 흡사한 과학자가 있습니다. 현금 동아공
영권의 문제가 절규되어 있고 또 장래에는 새로운 동아문화라는 것이
문제될 터인데, 과거의 문화유산을 정리하고 발전시킨다는 견지에서
이러한 연구와 고서(古書)의 출판도 필요하다고 생각합니다.

矢鍋 : 그것도 좋은 하나의 문화사업이지요.

林 : 오늘은 대단히 고마웠습니다.

(적근(赤根) 속기사무소 속기)

4. 「좌담회 "조선영화의 신(新)출발"」(『조광』 8권 1호, 1942.1)

출석자 : 안석영, 방한준, 임화, 이창용, 서광제, 박치우, 이병일, 이금룡
본사 측

기자 : 조선영화령으로 조선영화는 신(新)발족을 하게 되어 더욱 강력화되
리라고 보는데 그러면 앞으로 어떻게 진전되어 나가겠는지 영화의 권

---

161 원문에는 "수(殊)히"라 되어 있으나 오식으로 보인다.

위 되시는 여러분을 모시고 모든 문제를 남김없이 토의해 주십시사 하는 것입니다.

이 방면에 관해서는 저는 문외한이 돼서 회의의 진행을 안석영 씨에게 부탁합니다.

안 : 저도 영화계에 있기는 하지만 모든 것을 잘 안다고 할 수 없습니다. 여러분의 좋은 말씀을 들으러 온 것인데 그러한 중책을 맡기시니 외람합니다. 영화령 시행 이후에 영화인들의 등록이 있었습니다. 제작자편으로는 합동(合同)문제가 일어나서 대동단결의 기운이 보여 영화인들은 합동 실현기를 바라보고 새로이 출발해 보자고 대기하고 있으나 아시는 바와 같이 구체적 실현이 늦어서 서로들 궁금하게 생각하고 있습니다. 그러나 합동되리라는 가능성은 충분하다고 볼 수 있는 모양이니까 영화인으로서는 우선 어떠한 준비가 있어야 하겠는가 방한준 씨 먼저 말씀해 주십시오.

기자 : 일반 사람들은 영화계의 사정을 잘 모르니까 일반이 잘 알아듣도록 말씀해 주십시오.

방 : 합동을 가정하고 말하겠습니다. 내지 영화계와 달라 조선의 영화계라는 것은 모두가 분산상태에 있었습니다. 시국적으로 보아서도 당연히 통제되고 합동되어야 할 것이지만 기술적인 발전을 생각하더라도 그것은 지극히 긴급한 것이라고 봅니다. 그러니까 과거의 조선영화계를 고찰하여 그 표리(表裏)를 잘 아는 사람이 그 조직에 당(當)해야 할 것입니다.

박 : 이 문제는 언제부터 일어났습니까.

* : [1행 보이지 않음] 월 30일까지 만 1년간의 유예기간을 주고 그 사이에 제작기구의 기초를 견고히 한 합동회사의 실현을 위해서 촉진시킨 것이 아닌가 생각합니다. 그런데 돈 없이 합동이 쉬울 것이 아니니까 시일이 걸리는 것이 아닌가 생각합니다.

안 : 합동문제로 해서 여러 번 제작자 회의도 있었은 듯한데 그걸 봐서는 미구(未久)에 되는 것이 아닐까요.

방 : 내지는 40년간이나 영화가 기업화해 나려왔으니까 기업가들만 통일

시키면 간단할 것입니다. 제작상 기술문제 같은 것은 제2단(段)의 문제이지요. 그렇지만 조선영화는 이제부터 새로이 출발하는 곳이니까 기술문제를 중대시해야 할 것입니다. 여기에는 기술자끼리의 협력이 필요하지요.

박 : 당국에서는 어떠한 방침이 섰겠지요.

이병일 : 구체안은 모르지만 당국에서도 합동을 바라는 것이라 볼 수 있고 이 방면의 발전을 촉진시키리라고 봅니다.

(임화, 이창용 양씨(兩氏) 출석)

박 : 합동은 언제까지나 될 것 같습니까.

이창 : 단언키는 어렵습니다마는 머지않아 될 것 같습니다. 새로이 도서과장이 취임을 해서 어떻게 될는지 모르지만 그 문제는 그대로 진보[162]되리라고 생각하므로 시일이 좀 걸릴지는 모르지요.

박 : 당국의 방침은 언제부터 섰습니까.

이 : 오랬습니다.[163] 그동안 늘 회합이 있어왔습니다.

박 : 장래에 지금의 제작자들의 합동을 기본으로 새 회사가 생기는 것입니까.

이창 : 백지(白紙)로 환원해서 이상적인 조직을 하려는 것이니까 과거를 추궁할 의무는 없지요.

박 : 자본은 어떻게 됩니까.

이창 : 300만 원의 사분의 일이 제1회 불입이니까 75만 원 회사가 될 것입니다.

안 : 곧 실현됩니까.

이창 : 근본방침만 결정되면 '필름'은 그뒤에 곧 보낸다니까요.

박 : 필름은 어떻게 나옵니까.

이창 : 아직 새 회사가 되기 전에는 양이 적으나 장차 더 필요하게 되면 더 가지고 올 수도 있게 될른지도 모릅니다.

안 : 영화제작이 통제되면 배급도 일원화되겠지요?

---

162 원문에는 "進涉"이라 되어 있으나 오식으로 보인다.
163 원문에는 "오습랬습니다"로 되어 있으나 오식으로 보인다.

이창 : 네, 배급통제회사라는 것이 생길 것입니다.

총독부 방침으로는 조선 내에 독특한 배급회사를 만든다는 것입니다. 이유는 조선내의 이익을 문화향상에 쓴다는 것이지요. 제작회사를 만든다면 배급회사도 당연히 만들어야 하니까요.

　　외무성 방침으로는 내지와 외지를 포함한 일원화한 배급을 생각한 모양인데 총독부 방침은 조선에 독특한 것을 만들려고 하는 것 같습니다.

안 : 배급회사가 생겨서 조선내의 그 수효가 적은 상설관만을 상대로 해서는 안될 것이니 무슨 좋은 방법이 있겠지요.

이창 : 그렇습니다. 합리적으로 되니까 더욱 개척하기가 쉽게 됩니다.

서 : 이것은 거기와는 좀 다른 이야기 같으나 제 개인의 의견입니다만 통제회사가 생기면 프로듀서를 세 사람을 두어서 1, 2, 3부로 나누어가지고 그 프로듀서 밑에 감독과 배우를 둔단 말예요. 그럴 것 같으면 서로들 분발하는 의기(意氣)가 생겨서 자기 작품을 잘 만들려고 노력하게 될 것이니까 질의 향상을 도모할 수 있을 것입니다.

안 : 그런 말씀도 일리가 있습니다마는 제작과정에 있어서 기획과 제작에 당(當)한 책임자의 임무가 중대하다고 생각합니다. 내지에서도 이 기획에 여러 가지 연구와 협력이 있는 모양인데 조선에 있어서는 더욱이나 이것이 긴급한 문제라 생각합니다. 지금까지는 제작회사의 독자적인 기획도 있었으나 거기에 성공한 작품 그 배후에는 거기에 애쓴 사람도 있을 것입니다.

　　그리고 대개는 영화감독이 기획, 제작 그 외에 모든 것을 하지 않으면 안 되게 되었고 지금까지 나온 작품 중에 대다수가 그런 경로를 밟아 왔었습니다. 그런 고로 새 회사가 생기는 때는 그것이 어떠한 형태로 발표할까가 기대됩니다마는 제 의견 같아서는 기획에는 회사 사람이나 영화인 외에도 적당한 인물이면 참가시켜도 좋으리라 생각합니다. 그리고 제작 책임자를 영화계에서 등용할 수 없다고 하면 문화인 중에 나이도 지긋하고 덕망이 높고 지식수준이 높은 사람을 데려와서 그 밑에 제작에 경험이 있는 사람을 두면 훨씬 영화가 향상되고 그 밑에서 일을 하는 사람도 신념이 생길 것입니다. 또 그 외에 영화감독끼리 갈려가면서 그 임(任)에 당해보거나 하는 것인데 어쨌든 새 회사가 된다면 거기에는 그런 것을 잘 생각하는 사람이 있을 것이라 생각합니다. 어쨌든 모든 것을 '협력' 위에 두고 건설해야 할 줄 압니다.

이창 : 이러한 종류의 의견을 많이 말씀해 주시면 회사를 만드는 데 대단히 참고가 될 것입니다.

방 : 새 회사가 생길 것을 목표로 하고 하는 말인데 제작자로서는 자기의 역량을 발휘하려면 우수한 설비가 필요하니까 제작 도구는 어느 정도까지 구비해 달라고 하고 싶습니다. 예술가로서는 자기의 작품에 충실하고 기량을 다하는 것이 결국은 국책(國策)의 협력하는 일최선(一最善)의 길일 줄 압니다.

서 : 동보(東寶)에만 해도 이십 여 프로듀서가 있지 않아요? 그리고 신인의 나아갈 길도 생각해야 하겠는데요.

이창 : 어쨌거나 새 회사가 나온 뒤의 얘긴데 새사람에게도 기회를 주게 되겠지요.

박 : 조선 안에 감독이 대체 몇 사람이나 되나요.

서 : 영화령이 실시되면서 제1차로 등록이 된 감독이 열 명[十人]이니까 제작통제회사가 생겨나거든 제작본수의 수량이 어떤지는 모르나 이들을 모두 수용했으면 좋겠습니다. 그래서 고루 일을 시켜보면 수완에 있어서 유능무능이 판단나설 겁니다. 그러고보면 무능한 감독보담 유능한 감독은 발전을 보일 것이라고 생각합니다. 그리고 조선에 조감독이 없다고 하지만 새사람을 써서 양성하면 되리라고 생각합니다.

방 : 아닌게 아니라 신인양성이 급선무지요.

이창 : 모르기는 몰라도 새회사가 생긴다면 권위자를 망라해 가지고 장래가 있어 보이는 신인을 뽑아 유학을 보낸다든지 해서 영화에 대한 것을 뿌리깊이 공부시킬 복안이 있을 듯합니다.

방 : 우리도 평소에 늘 느끼는 바지만 영화 예술가란 상식이 많아야 한단 말예요. 어쩌다 나어린 연출가가 나서서 좋은 작품을 내놓는 수가 있기야

하겠지만 그런 천재적 작품이란 그때뿐이지 영속되지 못하는 것은 밑천이 짧은 까닭이라고 봅니다. 즉 교양이 부족한 탓이라고 보는데 새사람을 양성할 말이면 일주일에 한두 시간씩이라도 영화와 밀접한 관계가 있는 각 방면의 것을 공부시킬 필요가 있다고 생각합니다. 이를테면 문학에 대한 것은 문인에게서, 과학에 관해서 과학자에게, 미술에 관해서 미술가에게, 음악에 관해서 음악가에게 이렇게 각계 전문가로부터 즉접(卽接) 생신(生新)하고 깊이 있는 것을 받아들여 그것을 종합해서 교양을 높인다면 좋은 작품을 만들어낼 수 있는 바탕이 생겨질 줄 압니다.

안 : 내지나 외국의 연출가를 보면 다른 예술작품에서도 흔히 보는 것이지만 아무리 천재적인 사람이라도 30대, 40대가 넘어서 좋은 작품을 내놓는 모양입니다. 말하자면 인생을 배울 만큼 배운 후에 작품에 손을 대는 것이겠지요. 독일의 칼 리히터[164] 같은 사람은 60여 세나 됐는데 그의 작품은 지금이 한창 아닙니까. 이런 점도 생각해서 새 회사가 유망한 신인을 발굴했으면 합니다.

방 : 좋은 신인이 안 나온다는 것은 프로듀서가 사람을 잘 볼줄 아는 눈이 없는 관계도 있습니다.

안 : 과거의 우리의 죄도 있다고 보는데! 조감독이란 심부름이나 시킬 걸로 아는 수도 있었고 또 소질이 없는 사람도 있었으니까 언제 공부할 새가 있었어야지요. 제 1 조감독, 제 2 조감독이 있으면 그 밑에 심부름하는 조감독도 있겠지만 그것이 조감독이 아니겠지요.

이창 : 이제와서는 모든 희망이 새 회사에 달리게 됐습니다. 새 회사에서는 반드시 신인의 양성기관을 두어야 되겠습니다.

임 : 신인 발견, 양성 제도, 프로듀서 문제도 문제되겠지만 내 생각으로는 조선에도 영화비평이 있어야 하겠다는 말입니다. 신인이 조감독에서만 나온다는 것도 이상한 것이 그 회사에서 그 회사 사람을 보는 것과 딴사람이 비평적 눈으로 보는 것과는 다를 줄 압니다. 즉 제3자의 눈으로 냉

---

164 영화감독 한스 리히터(Hans Richter, 1888~1976)와 혼동한 것이 아닐까 생각된다.

정히 보아 비평하는 데서 수준[165]의 향상이 있지 않을까 합니다. 그러므로 회사기구도 중요하지만 비평 문제를 소홀히 해서 안 될 줄 압니다.

기자 : 이제는 제작본수가 정해 있게 됐고 등록된 감독은 많고 하니 신인이 나올 수가 있을까요.

서 : 전도(前途)가 있는 신인만 있다면 반드시 그렇게 되리라구요.

방 : 조감독이란 연출수단만을 공부하는 것만 아니고 영화제작 과정을 공부하는 것이란 것이 정작이겠지요.

안 : 신인도 신인이려니와 조선에서는 여지껏 시나리오 빈곤에 쪼들려 왔어요. 조선에는 감독도 없고 배우도 없다는 말을 듣는데, 좋은 시나리오를 주고 한번 만들게 해봐야 없는지 있는지도 알게 되겠지요.

　　사실 우리들의 실력부족도 있거니와 설비부족과 시나리오 라이터가 적은 것도 큰 원인이지요. 어쨌든 영화의 장래를 위해서 급속히 시나리오 라이터의 양성이 필요하지 않을까요? 그러나 제작이 활발치 못했으니 모든 원인을 감독, 배우만 책(責)하는 게 무리지요.

서 : 새 회사가 확고한 지반 위에서 생겨난다면 우수한 시나리오 라이터도 자연 생겨나겠지요. 여지껏 같아서야 나올래야 나올 도리가 없지 않았어요?

임 : 배우는 부족치 않습니까. 등록된 분이 몇이나 됩니까.

이창 : 49인입니다.

서 : 그나마 연극인이 대부분이지요.

이창 : 그렇지요. 영화만 믿고는 살아갈 수 없으니까 그보다 수입이 나은 연극으로들 가 있지요. 순수한 영화배우만을 친다면 많지 않습니다.

임 : 배우란 소재니까 문학자가 말을 발견하는 것과 꼭 같은 것이라고 봅니다. 그러므로 감독에 따라 배우 선택도 다를 게고 새 배우도 날 게고 한데 조선영화에서는 늘 보던 얼굴이 아무데고 나오는 게 재미적습디다.

서 : 배우도 신인이 나와야 할 것은 물론이지만 지금 같아서는 생활이 안

---

165 원문에는 "수준(水遑)"이라 되어 있으나 오식으로 보인다.

되니까 나올래야 나올 수가 없지요. 어쨌건 이것도 새 회사가 생기면 자연히 나올 줄 믿는데요.

방 : 배우감이 세상에 없는 바도 아니나 안 나오는 걸 어떻게 해요. 그러니까 영화 하나를 만들자면 이해(理解)있고 만만한 게 우리들 친구의 아내 되는 이에게라도 손이 발이 되도록 빌어 겨우 나오게 하니 이런 고충을 세상에서 아나요.

이창 : 1년에 겨우 한 작품에 출연할까 말까 하니 생활이 될 까닭 없습니다. 그러니 새 사람이 어찌 나오나요. 게다가 누가 영화적으로 보아 적당하다고 해서 가령 모집한다 치더라도 좀 될성부르면 다른 데로 가고 하니 곤란한 때가 있습니다.

기자 : 그럼 이외에 여러분의 고심담과 포부 경륜 여러 가지에 듣고 싶은 게 많습니다만 시간도 지나고 해서 이만 폐회하겠습니다. 좋은 말씀 많이 해주셔서 감사합니다.(*)

1. 「신문지와 말대리」(『별나라』, 1929.5 · 7)[166]

〈1〉
곳 : 불란서
때 : 구주대전란 때

인제는 봄도 다 가고 울타리 밑에 풀길이가 한자나 넘게 자란 때다.

서양 불란서란 나라 북쪽 시골 '요리아'란 땅에도 벌써 빵을 만들 밀밭에 어제까지 새각시풀같은 밀줄기가 벌써 바람에 푸른 물결을 일으키게 되었다.

이 조그만 나무가 몇 개 서있는 언덕 앞을 밀밭에서 서북쪽으로 건너가다 보려면 개천 하나를 건너서 인가가 한 스무집 밖에 안 되어 보이는 여기서 지금 밀밭에 잡풀을 온종일 뽑아주고 '쪼니'하고 집으로 돌아가려고 물에 손을 씻으며 머리를 만지는 '에레나'라는 어린 불란서의 귀여운 아가씨의 집이 이 마을이다.

해는 벌써 독일 나라와 불란서 나라의 사이를 가로걸러서 우뚝 솟은 높은 산 위에 가 걸쳤고 들엔 농사꾼들의 가는 그림자가 여기도 하나 저기도 하나 저녁 햇발을 안고 마을로 가는 것이 보인다.

---

[166] 총 4회 연재한 듯하나 현재 남아있는 것은 1회와 3회 뿐이다.

~~~~~~

'에레나'와 '쪼니'는 어머니도 일찍 돌아가시고 고개 넘어 고을에 있는 조그만 철공장(鐵工場)에 다니는 홀아버지를 모시고 오늘까지 남의 김을 매주고 품삯을 받아서 살아가는 불쌍한 남매이었다.

~~~~~~

겨우 올해에 열네 살 먹은 어린 '에레나'는 열 살 되는 사내 동생 '쪼니'의 피곤한 다리를 재촉해가며 아버지 저녁밥을 근심하고 가르마 같은 길을 집으로 향하고 있다.

그들이 가는 뒤의 밀밭은 생각없는 여름의 훈훈한 바람이 너울거리며 불쌍한 그들이 가는 다리를 이끌고 가는 줄도 모르는 것같다.

"그런데 누나!"

"응 왜 그러니 쪼니야!"

"아버지가 왜 여태 안오실까"

"무얼 아이두 언젠 안늦으시니. 밤일이 있으신 게지 오늘 저녁두"

어느때나 마찬가지로 '에레나'는 램프에 불을 켜놓고 또 아버지가 공장에서 하루종일 맛치질[167]만 하시다가 돌아오시면 잡수실 빵을 굽고 오늘은 특별히 품삯으로 산 생선으로 지지미를 만들어서 테이블에다가 아주 예쁘고 먹음직하게 늘어놓았다.

그리하여 저희들의 배고픈 것도 참고 아버지 오시면 같이 먹으려고 '쪼니'하고 의자에 가 앉았다가 '쪼니'가 일어나서 응석처럼 아버지를 걱정하고 있었다.

이렇게 음식을 차리고 있는 '에레나'도 '쪼니'하고 똑같이 아버지가 궁금했던 것이다.

그것은 동생의 말대답을 하고 있는 '에레나'의 입과 밝은 눈을 들여다보면 잘 알 것이다.

---

167 "망치질"로 추측된다.

벌써 아궁지 위 탁자에 놓은 앉은뱅이 시계는 벌써 열 시를 친다.

들창 바깥은 그냥 한없이 열려있는 북쪽 불란서의 여름밤의 어둠이 까맣게 덮였을 뿐이고 이따금 풀벌레가 유리창을 탕탕 치는 붕!붕!! 하는 날개소리 뿐이다.

그렇게 보채던 불쌍한 '쪼니'도 이제는 지쳤는지 그만 누이 무릎에서 잠이 들어 가는 코를 곤다.

'에레나' 손은 북실북실한 '쪼니'의 머리에서 가만가만히 물거미[168]처럼 오르나리기만 하고 있다.

'에레나'는 고개를 돌려서 몇 번 몇 번 창문 바깥을 내어다보고 천장을 지나는 쥐소리를 몇 번이나 아버지 말소리로 들었는지 모른다.

~~~~~~

아버지를 기다리는 '에레나'의 정성을 다한 저녁상은 아직도 꼼짝도 안하고 놓여만 있다.

~~~~~~

시계가 열한 시를 친다.

밤은 그대로 깊어도 가고 아버지 구두소리는 아직도 안났다.

'에레나'의 마음은 이제는 이상히 무서운 것도 같고 밤이 깊어 쓸쓸할수록 돌아가신 어머니 생각만이 머리에 떠올랐다.

캄캄한 어둠밖에 없는 들창 밖 들에를 아버지하고 어머니가 등불을 들고 오시는 것 같기도 하다.

그리고 벌레 울음소리는 똑 밭에서 돌아오시는 어머니의 군소리같이 들리었다. 그 등불이 유리창에 가 탁 부딪칠 때 '에레나'는 반딧불 개똥벌레의 장난이 너무 섭섭하고 서러웠다.

~~~~~~

"어머니! 아버지가 왜 안오실까? 아이 참 애야! 너 개똥벌레야! 너는 우리 아버지 일하시는 공장 있는 마을을 다녀왔겠지. 애 우리 아버지가 왜

---

[168] 물 위에 떠다니는 거미와 비슷하게 생긴 게아재비, 소금쟁이 따위의 벌레를 이르는 말.

안오시디"

~~~~~~

그러나 개똥벌레는 들창에 가 두어번 부딪다가 도로 날아가 버렸다.

'에레나'의 마음은 더욱 서럽고 쓸쓸한 생각이 가득 찼다.

'에레나'의 눈은 근심이 되어 아주 둥그래졌는데 긴 속눈썹 사이엔 샘이 솟는 것 같이 맑은 눈물이 핑 돌았다.

'에레나'는 동생을 일으키어서 아버지 있는 데까지 가보고도 싶었다.

그러나 무서운 것은 고사하고 곤히 자는 '쪼니'의 잠을 깨는 마음은 지나치게 착하였다. 그리하여 그냥 조그만 손을 '쪼니'의 머리에다 대었다 떼었다만 할 적에 문 바깥에는 무거운 구두소리가 저벅저벅 가까워오는 것이 분명하였다.

'에레나'는 또 혹시 딴소리가 아닌가 하고 한층 더 정신 차리고 귀를 기울이고 보아도 틀림없는 아버지의 발소리하고 조금도 틀리지 않은 큰 구두가 땅을 밟는 소리다. 틀림없는 아버지의 징박은 구두소리다.

"쪼니야! 쪼니야!"

"응–"

~~~~~~

"아버지 오신다. 응. 어서 일어나"

~~~~~~

"아버지 어디"

'쪼니'는 '에레나'를 따라 자다 깨인 눈을 비비고 문을 쫓아 나갔다.

그리하여 채 문손잡이에다 손을 대기도 전에 문이 확 열리며

~~~~~~

"네 아버지 계시냐?"

~~~~~~

'에레나'는 깜짝 놀라섰다. 분명코 아버지 소리는 아니다.

"네 누구세요"

'에레나'는 겨우 이 말 한마디를 입에서 내놓고 너무도 기다리고 기다리

던 발소리의 주인이 아주 생면 딴사람인 데는 알지못할 눈물이 솟고 가슴이 답답했다.

그리고 그냥 '쪼니' 눈도 둥그래만 지며 누이의 뒤에서 몸을 쪼그리고 그 사나이를 뚫어지도록 쳐다만 본다.

그 사나이는 촌에서는 잘 보기 드문 병정이다. 굉장히 긴 총을 들고 손바닥 두께같은 혁대에다 무시무시한 칼을 찬 험상스럽게 생긴 서른 살쯤 되어보이는 불란서 사람의 병정이었다.

"너의 아버지가 없느냐 말이야"

'에레나'는 그 말할 적마다 몹시 흔드는 몸짓에 번쩍거리는 칼총 이상한 모자가 그냥 무섭기만 하였다.

~~~~~~

"네 여태 안오셨어요"

~~~~~~

하고 동생 '쪼니'를 껴안으며 한걸음 주춤 물러섰다.

~~~~~~

"어디서"

~~~~~~

"공장에서요"

~~~~~~

'에레나'는 잘 대답도 할 수가 없었다. 그냥 눈만 무서움에 동그랗게 뜨고 그렇다고 고개짓만 하였다.

~~~~~~

"그럼 너의 아버지가 오시거든 아까 병정이 와서 이것을 주고 가더라구 이거를 드리고 내일 아침에 이 건너마을 영문으로 오시라고 그래라"

~~~~~~

하며 호주머니에서 무엇인지 빳빳한 글씨 쓴 종이를 내주고서 아무 말도 없이 문을 탁 닫고 가버렸다.

종잇장 받아들은 '에레나'는 문소리에 깜짝 놀래여 몸을 주춤하고 종이를 들여다보았다. 그러나 이 어린 '에레냐'는 그 두꺼운 종이가 장차 무슨 일을 일으킬지 아버지와 무슨 관계가 있는 것인지 알기에는 너무도 마음은 순하기만 하였다.

~~~~~~

"누나 무서워"

~~~~~~

'쪼니'는 종이 이야기는 무엇인지도 모르고 누이에게 가 바싹 안기었다. 그리고 종이를 들고 가만히 섰는 누나의 손을 꼭 쥐며

~~~~~~

"누나 그게 누구유. 그런데 그건 뭐유 그건"

~~~~~~

이렇게 철없는 '쪼니'가 아무것도 모르고 물을 적에 어린 '에레냐'의 마음에도 이 종이가 결코 아버지에게 좋은 소식을 전하러 온 것이 아니란 것만은 틀림없다는 생각이 어렴풋이나마 버럿다.

"아니다. 누가 우리들에게 지전을 갖다 주겠니. 아마 무슨 편지인가보다"

"편지?"

"그래"

이렇게 두 남매는 별안간에 일어난 이상한 일 때문에 조그만 머리를 수고롭게 하고 있을 때

~~~~~~

"무엇들을 하니. 너희들은 여태 안자고"

~~~~~~

부드러운 목소리와 함께 키가 홀쭉하고 참하게 생긴 직공복 입은 그들의 아버지가 문을 열고 들어왔다.

"아버지"

"아버지"

'에레냐'와 '쪼니'는 꿈에서나 깨인 듯이 아버지를 불렀다. 어떻게 반가웠는지 그대로 아버지한테로 달려갔다.

"오 불쌍한 것들. 애비를 기다리고 여태 안잤구나. 그렇게 밥은—또 안먹었구나. 왜 먼저 먹으래두 자식들"

그의 아버지는 어머니 없는 이 불쌍한 남매 양쪽 팔에다 안고 눈물을 삼키었다.

이 어머지도 없고 아버지 자기 하나만 믿고 저녁도 안먹고 자정때까지 기다리는 불쌍한 아들과 딸을 볼 때 눈물보다도 가슴이 콱 막혀 한참동안 힘껏 두 아들과 딸을 안고 있다가

"애 그런데 이게 무어냐 응 이게"

별안간 두 어린 것을 내려논 그는 이 '에레나'가 들고 있는 종이를 뺏어 들고 놀라는 것이다.
"너 이게 웬거냐"
"아까 병정이 와서 주고 갔는데 내일 아침에 건너마을 영문으로 오라구"
'에레나'와 '쪼니'는 눈이 점점 커지고 있다.
"무어 병정이 영문으로 오라구"
"응"
'에레나'는 아버지의 황겁해 하는 것을 보고 겨우 대답을 하였다.

오오! 그예 왔구나. 이놈의 전장이. '에레나'야! '쪼니'야 나도 이제 내일은 전장에를 가야하게 되었다. 너희들을 불쌍한 너희들을 어떡하고.

이때 바깥에는 또 구두소리가 난다. 한사람이 아니라 여러 사람의 발소리다.

〈3〉

'에레나'의 아버지는 그의 편지대로 불란서의 국경을 지나서 독일 병정들이 진을 치고 있던 '로렌'이라는 땅으로 옮겨가게 되었었다.

거기까지 가는 사이는 전에는 기차가 있었으나 지금은 독일 병정들이 도망을 갈 때 다른 나라 병정들이 못쫓아오게 그냥 모두 깨뜨려 버리었었다.

> 철교도 다 무너져서 돌만 남았고 '터널'도 무너져서 흙만 남았다

지금 '에레나'의 아버지가 끼어있는 이 일대는 그 '로렌'을 향하여 출발을 하는 것이었다.

야포병(野砲兵)의 일대는 소리가 요란한 대포를 끌고 산을 넘으며 기병(騎兵)들은 말위에 높이 불란서의 기를 들고 맨 앞장을 서서 나갔었다.

그러나 '에레나'의 아버지는 언제든지 걸어다니는 보병이었으므로 사열로 서서 나팔소리 함께 기운차게 걸어가는 것이었다.

> 행군(行軍)은 적병의 습격을 피하느라고 아침 일찍이 출발을 하여 낮에만 가도록 전노력을 다하여 가는 것이었다.

해는 아직도 떠오르지 않고 산넘어 하늘만 희미하게 밝아오고 걸음을 걷느라고 병정들의 발이 움직일 적마다 한여름에 무성한 풀숲은 우수수하며 이슬이 떨어졌다.

구두도 다 젖었다. 각반도 이슬에 젖었다. 이 아침에 산길을 가는 불란서 병정들의 행렬 속에서는 아무 말소리도 안들리고 오직 풀을 헤치고 나가는 여러 병졸들의 발소리만이 아침에 고요함을 흔들 뿐이었다.

'에레나'의 아버지는 키가 제일 큰 탓으로 열의 맨 앞에 가 서서 갔었다. 그 옆에는 '에레나'의 아버지보다도 나이가 훨씬 젊은 병정이 섰다.

그들은 서로 아무 말도 안하고 기계같이 걸어만 가고 있다.

> 그러나 그들의 마음은 결코 기계와 같이 편치는 않았다.

'에레나'의 아버지 옆에 서서 말없이 땅만 보고 발을 움직이고 있는 젊은 사나이는 '에레나'의 동리와는 여러 백리가 되는 땅에서 뽑혀온 사나이였다.

> 그리고 이 병정들 가운데서 누구보다도 '에레나'의 아버지와 친하게 지내고 있었다.

그들은 한참 말이 없다가
"헨리! 아저씨!"
하고 이 젊은 사나이는 '에레나'의 아버지를 불렀다.
"응 왜 그러나. 또 자네는 집생각이 나는 모양일세그려"
"아니에요. 그보담도 아저씨가 너무도 무슨 생각에만 젖어 계시기 때문에 그랬어요"
"내가 하하 이사람. 서로 다 마찬가지 생각을 하였네그려. 여보게 '휴쓰'! 자네는 이번에 어머님한테서 편지가 왔던가"
"아직 안왔어요. 아저씨는요?"
"나도 그러니 그 어린 것들이 잘 있는지"
두 사람은 여기까지 말을 주고받았다.
그러나 말이 한마디라도 더하면 더해갈수록 그들의 가슴은 더욱 답답해질 따름이었으며 지나간 날의 고향 산천에 흩어진 꿈이 생각나서 못견디었었다.
그만 그들은 말을 서로 약속이나 한 듯이 뚝 끊었다. 그리고 그냥 산길을 걸어가는 여러 사람의 발소리만이 저벅저벅 혼자 울 뿐이었다.
벌써 그들은 밤길을 걷고 있다.
사방은 지척도 분간키 어려울만치 캄캄하였다.

> 남쪽 독일 그들의 목적지 '로렌'이 여기이다. 조그만 아담한 도회이었다.

그들의 일행이 '로렌'을 들어섰으나 보이는 등불 하나 없었다.

그것은 독일 병정들이 진을 치고 있던 곳으로 그들이 한번 퇴각한 뒤 백성들은 다 피난을 하러 갔으므로 이 도시는 아주 캄캄하고 사람 하나 볼 수가 없었던 것이다.

그들의 군대는 나팔소리도 없이 가만히 이 도회로 들어섰다.

집은 모두 무너지고 유리창은 깨어지고 길바닥에는 벽돌조각 깨어진 세간 무엇들이 늘비하여 지나간 때의 전장의 자취를 말하고 있었다. 여기는 불란서 '에레나'의 아버지가 잇곳에서[169] 대포로 깨뜨린 곳이므로 산산히 부서진 것이다.

'에레나'의 아버지와 불란서 군사들은 어지러운 이집저집을 치우고 잘 준비를 하였다.

> 그리하여 그들의 일행은 여기에서 하룻밤을 자게 되었다.

밤이 퍽 늦었다.

'에레나'의 아버지도 먼저 같이 오던 나이 젊은 '휴쓰'도 어깨의 배낭을 내려놓고 총을 한귀퉁이에 세워놓고 지푸라기 위에 외투를 깔고 드러누웠다.

온종일 백리나 넘은 길은 걸은 그들은 초죽음이 다 되도록 피곤하였다. 그러나 결코 그들에겐 그렇게 쉽게 잠이 오지는 않았다.

집에 두고 온 불쌍한 '에레나'와 '쪼니'의 생각! 그들은 지금 과연 편히 자고 있을까.

---

169 원문 그대로임.

그렇지 않으면 혼자 아버지 생각하고 이 긴 밤을 울고 있을까 하는 생각을 할 때 가슴이 답답하고 눈물이 팽 돌았었다.

"아저씨! 헨리 아저씨!"

"응 왜 그러나"

"왜 그러셔요. 언짢아하지 말으세요. 아저씨가 그러시면 저도 따라 그래져요"

"오오 …… 그렇지. 우리는 어서 이놈의 전장을 지내고 그리운 고향으로 돌아가야 하네"

"그럼은요. 어서 저도 어머니한테를 가고 아저씨도 어린 것들이 기다리는 데를 가셔야지요"

이렇게 그들은 몸이 고단하면서도 몇십 년 친한 친구같이 서로 서러운 이야기를 하며 위로하고 잠이 안오면 고향 이야기 등을 하고 지냈었다.

그중에도 이 젊은 '휴쓰' 그중 '에레나'의 아버지를 친한 아저씨처럼 따랐었다.

밤은 점점 깊어가고 여기저기서 들리던 이야기 소리도 고요하여졌을 때 웬일인지 별안간 요란한 중얼거리는 소리가 나고 길가로 사람의 달음질치는 소리가 나더니만 일어나라는 나팔소리가 들리었다.

'에레나'의 아버지도 나어린 '휴쓰'도 다 깜짝 놀래었다.

"웬일인가 여보게"

"네 글쎄요 웬일인가요"

고요하던 이집저집은 별안간 요란하여지며 여기저기서 자다 깨어서도 이상한 무엇에 긴장한 눈이 번쩍이었다.

제가끔 손에는 총을 잡고 어깨에는 배낭을 짊어지고 나갈 준비이었다.

길거리도 극도의 요란에 빠졌다.

독일 군대의 야습(夜襲)이다!

누구의 입에서인지 이런 소리가 나왔다. 이때의 이 한 말은 일행으로
하여금 이상한 충동을 받게 하였었다.

　이어서 대포 소리가 나고 조그만 총소리가 들리었다.

　"독일 군대의 야습이다!"

　"독일 군대의 야습이다!"

　또한번 나팔소리는 급히 났다. 어서 나오라는 소리다.

　'에레나'의 아버지 나이젊은 '휴쓰'도 몸단장을 다 하고 길거리로 뛰어
나갔다.

　　(다음호에 끝납니다)

// 참고문헌 //

1. 기본 자료

『매일신보』, 『동아일보』, 『조선일보』, 『중외일보』, 『시대일보』, 『조선중앙일보』, 『京城日報』

『朝鮮年鑑 : 昭和10年』, 『朝鮮年鑑 : 昭和11年』, 『朝鮮總督府 キネマ』

『新興映畵』, 『プロレタリア映畵』, 『映画評論』

市川彩, 『アジア映画の創造及建設』, 國際映画通信社出版部, 1941.

朝鮮映畵文化硏究所, 「朝鮮映画三十年史」, 『映画旬報』, 1943.7.

김태현 외 편역, 『일본어 잡지로 보는 식민지 영화』 1~3, 문, 2012.

단국대학교 부설 동양학연구소 편, 『일상생활과 근대영상매체』 1·2, 민속원, 2007.

아단문고, 『아단문고 미공개 자료총서 2013』(전10권), 소명출판, 2013.

임화문학예술전집 편찬위원회 편, 『임화문학예술전집』, 소명출판, 2009.

한국영상자료원 영화사연구소, 『일본어 잡지로 본 조선영화』 1~5, 한국영상자료원, 2011~2014.

2. 단행본

김동호 외, 『한국영화정책사』, 나남출판, 2005.

김려실, 『투사하는 제국 투영하는 식민지』, 삼인, 2006.

김소연 외, 『매혹과 혼돈의 시대－50년대의 한국영화』, 소도, 2003.

김윤식, 『임화연구』, 문학사상사, 1989.

김종욱 편, 『실록 한국영화총서』, 국학자료원, 2007.

나카무라 미츠오 외, 이경훈 외역, 『태평양전쟁의 사상』, 이매진, 2007.

레이 초우, 정재서 역, 『원시적 열정』, 이산, 2004,

박현희, 『문예봉과 김신재－1932~1945』, 선인, 2008.

볼프강 야콥센 외, 이준서 역, 『독일영화사 1－1890년대~1920년대』, 이화여대 출판부, 2009.

사카이 나오키, 후지이 다케시 역, 『번역과 주체』, 이산, 2005.

연구모임 시네마바벨 편, 『조선영화와 할리우드』, 소명출판, 2014.

요네타니 마사후미, 조은미 역, 『아시아 / 일본—사이에서 근대의 폭력을 생각한다』,
　　　그린비, 2010.

유현목, 『한국영화발달사』, 한진, 1980.

이경훈 편역, 『한국 근대 일본어 평론, 좌담회 선집—1939~1944』, 역락, 2009.

이영일, 『한국영화전사』, 삼애사, 1969.

이영재, 『제국 일본의 조선영화』, 현실문화연구, 2008.

이재명, 『일제 말 친일 목적극의 형성과 전개』, 소명출판, 2011.2.

한국영상자료원 편, 『고려영화협회와 영화신체제—1936~1941』, 한국영상자료원, 2007.

　　　　　　　　　　, 『식민지 시대의 영화 검열(1910~1934)』, 2009.

加藤厚子, 『総動員体制と映画』, 新曜社, 2003.

高島金次, 『朝鮮映畵統制史』, 朝鮮映畵文化研究所, 1943.

牧野守 監修, 『日本映画論言説大系 第1期, 戦時下の映画統制期(10)』, ゆまに書房, 2003.

山本喜久男, 『日本映画における外国映画の影響』, 早稲田大学出版部, 1983.

新興映畵史 編, 『プロレタリア映畵運動理論』, 天人社, 1930.

岩崎昶, 『映画と資本主義』, 往来社, 1931.

　　　, 『映画論』, 三笠書房, 1936.

　　　, 「映画の轉機」, 『現實と映画』, 春陽堂, 1939.

岩本憲児 編, 『映画と'大東亞共榮圈'』, 森話社, 2004.

佐藤忠男, 『日本映画史』 2, 岩波書店, 1995.

　　　　, 『日本映畫史1(1896~1940)』, 岩波書店, 2006.

　　　　, 『日本の映画人』, 日外アソシエーツ, 2007.

津村秀夫, 『映畫戰』, 朝日新選書13, 朝日新聞社, 1944.

河上徹太郎 他, 『近代の超克』, 富山房, 1979.

Fatimah Tobing Rony, *The Third Eye : Race, Cinema, and Ethnographic Spectacle*, Duke
　　　University Press, 1996.

Hilmar Hoffmann, *The Triumph of Propaganda: Film and National Socialism*, Berghahn
　　　Books, 1996.

Richard F. Calichman(ed. and trans.), *Overcoming Modernity : Cultural Identity in Wartime Japan*, Columbia University Press, 2008.

Thomas Elsaesser, *Metropolis*, BFI, 2012.

3. 논문

강성률, 「영화에서의 신체제 옹호 논리 연구」, 『영화연구』 28호, 2006.

김승구, 「1930년대 『조선일보』의 영화 관련 활동」, 『한국민족문화』 36, 2010.3.

김종욱, 「일제강점기 임화의 영화체험과 조선영화론」, 『한국현대문학연구』 31, 2010.8.

문재철, 「식민지 조선영화에 있어 근대성에의 욕망과 초민족적 경향에 대한 연구」, 『영화연구』 45호, 2010.9.

방민호, 「임화와 학예사」, 『상허학보』, 2009.6.

이덕기, 「영화 '수업료'와 조선영화의 좌표」, 『한국극예술연구』, 2009.4.

이순진, 「한국영화사 연구의 현단계 - 신파, 멜로드라마, 리얼리즘 담론을 중심으로」, 『대중서사연구』 12호, 2004.12.

이화진, 「식민지 영화의 내셔널리티와 '향토색'」, 『상허학보』 13집, 2004.8.

이효인, 「카프영화와 프로키노의 전개과정 비교연구」, 『한민족문화연구』 41집, 2012.10.

이희원, 「상상의 영토화 - 현대 러시아 영화의 유라시아주의 기획」, 『동북아문화연구』 33집, 2012.

アーロン・ジェロー, "映画法という映画論", 『日本映画言說大系』 第1期 8권, ゆまに書房, 2003.

村山匡一郎, 「市川彩 『アジア映画の創造及建設』 解題」, 牧野守 監修, 『日本映画論言說大系 第1期, 戰時下の映画統制期 (10)』, ゆまに書房, 2003.

渡邊大輔, 「映画館調査の 「國際性」 - 市川彩に見る戰前映画業界言說の一側面」, 早稻田大学坪內博士記念演劇博物館, 『演劇研究』 35, 2012.

山本知佳, 「日本における 『メトロポリス(1927)』 の評價に關する一考察」, 日本大学文理学部 人文科学研究所, 『研究紀要』, 2014.

牧野守, "Rethinking the Emergence of the Proletarian Film League in Japan(Prokino)", A. M. Nornes(trans.), Aaron Gerow・A. M. Nornes(ed.), *In Praise of Film Studies*, Kinema Club, 2001.

A. M. Nornes, "The Creation and Construction of Asian Cinema Redux", *Film History : An*

International Journal 25-1, 2013.

Naoki Sakai, "Theory and Asian humanity : on the question of humanitas and anthropos", *Postcolonial Studies* 13-4, 2010.

Rey Chow, "Brushes with the-Other-as-Face : Stereotyping and Cross-Ethnic Representation", Paul Bowman(ed.), *Rey Chow Reader*, Columbia University Press, 2010.

새 천 년이 시작된 지도 벌써 몇 해가 지났다. 식민지와 분단국가로 지낸 20세기 한국 역사의 와중에서 근대 민족국가 수립과 민족 문화 정립에 애써온 우리 한국학계는 세계사 속의 근대 한국을 학술적으로 미처 정리하지 못한 채 세계화와 지방화라는 또 다른 과제를 안게 되었다. 국가보다 개인, 지방, 동아시아가 새로운 한국학의 주요 대상이 된 작금의 현실에서 우리가 겪어온 근대성을 다시 한번 정리하고 21세기에 맞는 새로운 모습으로 탈바꿈시키는 것은 어느 과제보다 앞서 우리 학계가 정리해야 할 숙제이다. 20세기 초 전근대 한국학을 재구성하지 못한 채 맞은 지난 세기 조선학·한국학이 겪은 어려움을 상기해 보면, 새로운 세기를 맞아 한국 역사의 근대성을 정리하는 일의 시급성은 아무리 강조해도 지나치지 않다.

우리 근대한국학연구소는 오랜 전통이 있는 연세대학교 조선학·한국학 연구 전통을 원주에서 창조적으로 계승하고자 하는 목표에서 설립되었다. 1928년 위당·동암·용재가 조선 유학과 마르크스주의, 그리고 서학이라는 상이한 학문적 기반에도 불구하고 조선학·한국학 정립을 목표로 힘을 합친 전통은 매우 중요한 경험이었다. 이에 외솔과 한결이 힘을 더함으로써 그 내포가 풍부해졌음은 두말할 나위가 없다. 연세대학교 원주캠퍼스에서 20년의 역사를 지닌 매지학술연구소를 모체로 삼아, 여러 학자들이 힘을 합쳐 근대한국학연구소를 탄생시킨 것은 이러한 선배학자들의 노력을 교훈으로 삼은 것이다.

이에 우리 연구소는 한국의 근대성을 밝히는 것을 주 과제로 삼고자 한다. 문학 부문에서는 개항을 전후로 한 근대 계몽기 문학의 특성을 밝히는 데 주력할 것이다. 역사 부문에서는 새로운 사회경제사를 재확립하고 지역학 활성화를 위한 원주학 연구에 경진할 것이다. 철학 부문에서는 근대 학문의 체계화를 이끌고 사회과학 분야에서는 학제 간 연구를 활성화시키며 근대성 연구에 역량을 축적해 온 국내외 학자들과 학술 교류를 추진할 것이다. 이러한 연구들은 일방성보다는 상호 이해와 소통을 중시하는 통합적인 결과물의 산출로 이어질 것이다.

근대한국학총서는 이런 연구 결과물을 집약적으로 정리하기 위해 마련한 총서이다. 여러 한국학 연구 분야 가운데 우리 연구소가 맡아야 할 특성화된 분야의 기초자료를 수집·출판하고 연구성과를 기획·발간할 수 있다면, 우리 시대 연구자들뿐만 아니라 학문 후속세대들에게도 편리함과 유용함을 줄 수 있을 것이다. 새롭게 시작한 근대한국학총서가 맡은 바 역할을 충분히 할 수 있도록 주변의 관심과 협조를 기대하는 바이다.

2003년 12월 3일
연세대학교 원주캠퍼스 근대한국학연구소